PARIS

SES ORGANES, SES FONCTIONS ET SA VIE

DANS LA SECONDE MOITIÉ DU XIXe SIÈCLE

PAR

MAXIME DU CAMP

> Paris n'est pas une ville, c'est un monde.
> FRANÇOIS Ier A CHARLES-QUINT.

CINQUIÈME ÉDITION

TOME DEUXIÈME

PARIS
LIBRAIRIE HACHETTE ET CIE
79, BOULEVARD SAINT-GERMAIN, 79

1875

Droits de reproduction et de traduction réservés

PARIS

SES ORGANES, SES FONCTIONS ET SA VIE

DANS LA SECONDE MOITIÉ DU XIXᵉ SIÈCLE

PARIS. — TYPOGRAPHIE LAHURE
Rue de Fleurus, 9

CHAPITRE VI

L'ALIMENTATION

I. — AVANT LA RÉVOLUTION.

La vieille France. — Le droit haineux. — Caricature. — Le *Bourgeois de Paris*. — La *Complainte du pauvre commun*. — Les voyages de découverte. — Frontières provinciales. — Henri IV. — Distique. — Premiers essais de liberté commerciale. — Richelieu. — Disettes et famines. — Louis XIV. — Deux hommes de bien : Boisguilbert et Vauban. — Exil et pilori. — 1709 : le pain de disette. — Les accapareurs. — Couplet. — Les chasse-marée. — Le cimetière de Larmes. — Charges et offices. — Mesures restrictives. — La Régence. — Le cardinal Fleury. — Louis XV à la chasse. — Lueur de raison. — Turgot. — Délivrance du blé. — La guerre des farines. — Le *Pacte de famine*. — Système d'opérations. — Disgrâce de Turgot. — Retour aux ordonnances caduques. — Foulon et Berthier. — Fin du *Pacte de famine*. — Journées d'octobre. — Fin de la monarchie.

L'histoire de l'alimentation de la France sous l'ancienne monarchie serait l'histoire d'une série de disettes touchant parfois à la famine. On peut dire avec certitude que notre pays a souffert de la faim jusqu'aux premiers jours du dix-neuvième siècle. Faute de savoir que la marchandise est attirée et trouve un débouché forcé là même où elle est nécessaire, les gouvernements, pour subvenir aux besoins de la nation et satisfaire aux exigences essentielles de la nature humaine, avaient recours à des mesures empreintes d'empirisme qui, ne s'appuyant sur aucun principe économique, augmentaient le mal au lieu d'y porter remède. Lorsque en 1709 les soldats, à jeun depuis plus de deux jours, disaient au maréchal de Villars : « Notre père, donnez-nous aujourd'hui notre pain quotidien, » ils répétaient l'humble prière que la France adressait incessamment à ses rois. Ceux-ci n'étaient point sourds assurément, mais la constitution de l'État était si enchevêtrée d'inextricables priviléges, qu'ils pouvaient, comme Louis XIV, être réduits à manger du *pain de disette*, mais qu'ils étaient impuissants à nourrir leurs sujets affamés. On le vit bien après l'entrée aux affaires et malgré les efforts de Turgot.

Le blé, immobilisé par des édits, des arrêts, des déclarations, des ordonnances contradictoires, qui souvent contraignaient de vendre et empêchaient d'acheter, ne pouvait arriver jusqu'aux lieux de consommation[1], pourrissait sur place, et le paysan, ce grand producteur de l'alimentation publique, écrasé par des charges énormes, ne trouvant plus aucune rémunération à son travail, laissait les champs en friche et abandonnait une culture qui ne lui procurait que la ruine et des avanies. Parfois, las de tant de misères, il saisissait sa cognée ou sa faux, et demandait à la violence une justice que la loi lui refusait. Il s'appelait alors les Jacques, les Piedsnus, les Guillerys, les Croquants, les Gauthiers; mais on en avait vite raison avec quelques arquebusades.

Le pauvre homme, rentré au logis, reprenait le hoyau et se remettait à fouir la terre, car il lui fallait payer

---

[1] Mme de Sévigné écrit, de Bourbilly, le 21 octobre 1673 : « Si vous n'aviez du blé, je vous offrirais du mien ; j'en ai vingt mille boisseaux à vendre; je crie famine sur un tas de blé. » *Lettres de Mme de Sévigné*, etc., tome III, p. 249, éd. Hachette.

les droits dont il était accablé : au roi, la taille, le taillon, les aides, les gabelles, l'ustensile, le logement des gens de guerre; au clergé, la dîme réelle, la dîme personnelle, la novale; à la ville, l'octroi, le pacage, le droit de vente, le droit d'asile, le péage à la porte d'entrée, le péage à la porte de sortie, le transit, l'aubaine, le soquet, l'arrière-soquet; au seigneur, la corvée, la tierce, le pulvérage, droit sur la poussière que les troupeaux soulèvent en marchant, l'agnelage, pour l'agneau qui naît, le brebiage, pour la brebis qui allaite, le vif herbage, qui est le droit à la dixième tête du bétail existant pendant la nuit de Noël, le carnelage, qui est un morceau désigné de l'animal abattu; puis le droit de prise, le droit de gîte, le cens, le surcens, le quint, le surquint, le champart, qui parfois est le quart de la récolte, le terrage, l'abonnement, les lods et ventes, qui étaient nos droits de mutation d'aujourd'hui; la taille seigneuriale, l'arage, le brennage, qui devait nourrir les meutes[1]. Le droit d'indire aux quatre cas était une menace permanente, car il permettait de doubler la redevance imposée en cas de voyage d'outre-mer, de nouvelle chevalerie, de captivité du seigneur, de mariage de la fille du seigneur; en outre, il fallait acquitter le fermage, être soldat au besoin et nourrir les troupes du roi, s'il en passait dans le pays. Par-dessus tous ces droits, il y avait le droit de préhension, en vertu duquel on pouvait prendre tout ce qui convenait « au service

---

[1] J'en passe, et beaucoup : la nomenclature serait interminable. Par les droits qui atteignaient le vin, on peut se figurer aisément de quels impôts toute denrée était frappée : « Le paysan payait encore au château les droits de vinade, pour tirer le vin de la cave; de traînade, pour le conduire en traîneau d'une maison à l'autre; de rouage, pour le transport et la vente; de limonage, pour les voitures qui le transportaient; de botage, pour le vendre en détail; de cellerage, pour le transport dans le cellier; de chantellage, de hallage, de remuage, de liage sur la lie, de vientrage, pour son entrée sur les terres du seigneur. » (Bonnemère, *Histoire des paysans*, t. 1er, p. 428.) — Voy. *Pièces justificatives*, 1.

du seigneur. » Qu'un peuple pressuré de la sorte ne soit pas mort d'inanition, c'est là le miracle. Le sac de blé, le bœuf, avaient souvent payé plus que la valeur qu'ils représentaient.

Ces droits, dont Bouteillier appelle l'ensemble *le droit haineux*, avaient une formule sinistre : « Le seigneur renferme les manans sous portes et gonds, du ciel à la terre; il est seigneur dans tout le ressort, sur tête et sur cou, vent et prairie; tout est à lui : forêt chenue, oiseau dans l'air, poisson dans l'eau, bête au buisson, cloche qui roule, onde qui coule [1]. » Le droit de chasse était un des plus pénibles, car il contraignait le paysan à faire certaines cultures préférées par le gibier, à laisser les récoltes sur pied et à supporter un parcours violent qui souvent les détruisait. Il n'était point prudent de se plaindre, et le Parlement de Paris, dans un arrêt de 1779, punit comme rebelles les habitants d'une paroisse qui avaient réclamé judiciairement des indemnités pour délits de chasse. A la veille même de la Révolution les mœurs ne sont pas changées et les habitudes féodales persistent avec une inexprimable brutalité. Au mois d'avril 1787, le duc d'Orléans, emporté dans une chasse au cerf, poursuit l'animal lancé jusque dans Paris, à travers le faubourg Montmartre, la place Vendôme, la rue Saint-Honoré, la place Louis XV, renversant et blessant plusieurs personnes sur son passage.

La noblesse et le clergé ne payant point d'impôts, tout retombait sur le laboureur, qui mourait à la peine. J'ai sous les yeux une caricature qui fut rendue publique vers 1788; elle peint la situation au vif et fait voir que les temps sont proches. Un paysan vieux et dépenaillé est penché en avant, appuyé sur sa houe; il ressemble ainsi à une sorte d'animal à trois pattes. Son dos courbé

---

[1] Michelet, *Origines du droit*.

supporte un évêque béat et un noble empanaché, qui ne se préoccupent guère du poids dont ils l'accablent. Des lapins, des lièvres, des pigeons dévorent la récolte mûre. Jacques Bonhomme est pensif, mais ses traits fortement accentués expriment tout autre chose que la résignation, et il dit, dans un mauvais patois : « A faut espérer qu'eu jeu-là finira tôt ! » Ce jeu est fini, et pour toujours ; l'égale répartition de l'impôt et la liberté du commerce ont sauvé la France au moment où la monarchie la laissait périr entre la famine et la banqueroute. Les lois de 1791, reprenant et appliquant les idées de Turgot, ont assuré désormais la libre circulation des subsistances. Nous avons subi et nous pouvons subir encore un renchérissement accidentel des denrées alimentaires ; mais l'approvisionnement de nos marchés sera désormais en rapport avec les besoins de la consommation. C'est par la liberté des transactions qu'on devait arriver sans secousses à ce résultat ; mais, pour y parvenir, il a fallu traverser des crises, des tâtonnements, des révolutions, qu'il n'est point inutile d'indiquer rapidement.

Tous les journaux que l'histoire a recueillis, celui que le *Bourgeois de Paris* écrivit pendant la maladie de Charles VI, celui de Pierre de l'Estoile, celui de Buvat, celui de l'avocat Barbier, sont unanimes sur ce point : la vie matérielle devient de plus en plus pénible à Paris. La ville ne peut se subvenir à elle-même ; pour se nourrir, elle fait appel à la province, à l'étranger, qui le plus souvent ne peuvent faire arriver les provisions jusqu'à elle, empêchés qu'ils sont par la guerre civile, par le brigandage, par le mauvais état des routes et surtout par une législation tracassière qui met des frontières partout, de province à province, de ville à ville, exige des péages sous tous prétextes, ruine, décourage, repousse les marchands forains.

Le *Journal du Bourgeois de Paris* n'est rempli que de lamentations sur le prix exorbitant des vivres : « Lors fut la chair si chère, que un bœuf qu'on avoit vu donner maintes fois pour huict francs ou pour dix tout au plus, coustoit cinquante francs ; un veau quatre ou cinq francs, un mouton soixante sols. » Pour remédier à ces maux, que faisait-on? Le blé valait huit francs le setier (1 hect. 59); on défendit de le vendre plus de quatre francs, et l'on ordonna aux boulangers de fabriquer « pain bourgeois et on pain festis » à un prix en rapport avec celui qu'on imposait au blé. Le résultat fut immédiat: les marchands cessèrent de vendre, les meuniers de moudre, les boulangers de cuire, et la ville tomba dans une misère sans nom. On a beau se presser à la porte des boulangers, on ne peut se procurer le pain nécessaire; vers le soir « ouyssez parmy Paris piteux plaintes, piteux cris, piteuses lamentations, et les petits enfants crier : Je meurs de faim; et sur les fumiers, parmy Paris, en 1420, puissiez trouver ci dix, ci vingt ou trente enfants, fils et filles, qui là mouroient de faim et de froid, et n'estoit si dur cœur qui les ouyst crier : Hélas! je meurs de faim, qui grand pitié n'en eust; mais les pauvres mesnagers ne leur pouvoient ayder, car on n'avoit ne pain, ne bled, ne busche, ne charbon. »

Cette époque du reste est la plus triste, sinon la pire de notre histoire; jamais peuple ne fut si près de sa fin. On pourrait croire qu'en cet état de souffrance et d'étisie la nation, parvenue au dernier degré de prostration, va se coucher et mourir. Nullement. Une énergie malsaine la met en mouvement; elle se donne au diable, du moins ses complaintes le disent; elle nargue la famine et la peste; elle est prise d'un vertige que la pathologie sait expliquer, et elle danse cette étrange danse macabre dont la Mort mène le branle, et qui pour les affamés de ce temps est une sorte de consolation, car elle leur prouve qu'en présence de l'éternelle faucheuse nous sommes tous égaux et que les seigneurs oppresseurs sont aussi durement atteints par elle que les manants opprimés. Au moment précis où cette chorée nerveuse donne à tous l'étourdissement lugubre des rondes sans fin, les paysans, réduits à des extrémités que, malgré l'unanimité des mémoires contemporains, on ne peut se figurer, font entendre une sorte de chant suprême de prières et de menaces que Monstrelet nous a conservé et qui éclaire d'un jour profond l'abîme de misère où ce peuple se débattait. C'est la *Complainte du pauvre commun et des pauvres laboureurs de France.* Ils s'adressent aux trois états qui vivent sur eux et par eux :

> Soustenir ne nous povons plus
> En nulle manière qui soit :
> Car, quand nous allons d'huys en huys,
> Chacun nous dit : Dieu vous pourvoye !
> Pain, viandes, ne de rien qui soit
> Ne nous tendez non plus qu'aux chiens ;
> Hélas ! nous sommes chrétiens.

Elle est longue, cette complainte, qu'il faudrait citer tout entière, car elle est, comme un cri involontaire, sortie du cœur même de la nation. Plus et mieux que tout autre document, elle raconte combien la faim était pressante, combien la misère était aiguë, combien la terre et l'homme étaient malades. Pour que la France sortît, blessée, mais vivante encore, de ces ténèbres de mort, il fallut un prodige, celui de Jeanne Darc. Et cependant, lorsque l'Anglais a enfin évacué une bonne partie du pays, lorsque la querelle d'Armagnac et de Bourgogne s'est assoupie, en 1437, l'année même où Charles VII fait son entrée solennelle dans sa capitale reconquise, la faim et la misère tuent plus de vingt mille personnes à Paris.

La France n'était point privilégiée, l'Europe souffrait

des mêmes maux. Le quinzième siècle est spécialement misérable. Dans son *Alimentation publique sous l'ancienne monarchie*, M. Charles Louandre fait remarquer avec raison que l'impossibilité de vivre, de nourrir sa famille, de payer les impôts, dans la patrie même, inspire le goût des découvertes. C'est à qui se jettera dans les lointaines aventures; tout pays inconnu semble un paradis en comparaison de celui que l'on habite. On parle le soir, à la veillée sans feu, de ces contrées d'au delà des mers où les montagnes sont en or pur, où les fleuves sont de lait, où les animaux viennent à la voix de l'homme; on part à la recherche de ces îles magiques où il n'y a ni faim, ni pauvreté, ni seigneurs : Diaz, Covilham, Vasco de Gama, Christophe Colomb, Cortez, Pizarre ouvrent la voie par où l'Europe allanguie, épuisée, surmenée, pourra s'écouler vers des destinées meilleures.

Chaque province, étant considérée comme un État particulier, avait ses frontières, et chaque frontière avait ses douanes, qui exigeaient chacune un péage. Ainsi, en admettant que le blé eût pu venir de Marseille, il eût avant d'arriver à Paris payé droit de passage au Comtat, au Dauphiné, à la Bourgogne, au Nivernais, à l'Orléanais, à l'Ile-de-France, sans compter les droits de transit et les péages particuliers. Quant à Marseille, quelles que fussent les récoltes du Nord, elle n'en connaissait rien, et même au siècle dernier elle tirait ses grains des États barbaresques[1].

On sait la misère qui accabla Paris sous le règne des Valois et pendant la Ligue. Les mères salaient et mangeaient leurs enfants morts. Pierre de l'Estoile a raconté

---

[1] A la veille de la nuit du 4 août 1789 qui vit abolir tous les priviléges, il existait encore en France 1,569 péages, dont 400 pour les rivières et 1,169 pour les routes; sur ce nombre, 1,426 appartenaient à la noblesse et au clergé.

tout cela en termes qu'on ne peut oublier. Sous Henri IV la situation du paysan ne se modifie que bien peu ; le roi a diminué les tailles royales; mais, ménageant la noblesse, il n'ose toucher à ses droits, et le laboureur paye deux cent cinquante-sept espèces d'impôts différents. Quant aux charges que le clergé fait peser sur le peuple, il faut se rappeler le distique italien cité par Brantôme :

> Preti, frati, monachi, pulli
> Mai non son satulli.

Cependant ce fut sous Henri IV, grâce à Sully, que les premières idées justes commencèrent à se faire jour. Dans les lettres patentes du 12 mars 1595, par lesquelles la circulation des grains est débarrassée de toute entrave, Sully fait dire au roi : « La liberté de trafic est un des principaux moyens de rendre les peuples aisés, riches et opulens. » Si Henri IV reprit momentanément cette liberté, pendant sa guerre contre Philippe II, afin que les Espagnols, maîtres de la Picardie, ne pussent s'emparer de nos grains, il la rétablit sans conditions dès 1601. De telles idées, si pratiques et si sages, étaient trop avancées pour l'époque, et elles devaient attendre bien du temps avant d'être appliquées d'une façon normale et régulière.

Richelieu, dont la théorie gouvernementale cyniquement avouée par lui-même était que, plus un peuple est malheureux, plus il est facile à conduire, remit en vigueur sous peine de mort les vieux édits de prohibition. Aussi quelle était la condition des agriculteurs? Les doléances du parlement de Normandie, en 1633, le disent explicitement : « Nous avons vu les paysans couplez au joug de la charrue, comme les bestes de harnois, labourer la terre, paistre l'herbe et vivre de racines. » Déjà en 1631 un manifeste du duc d'Orléans disait qu'à peine un tiers des habitants du royaume mangeait du pain ordinaire, un autre tiers vivait de pain d'avoine, et le reste mourait de faim ou dévorait des herbes et des glands, comme les animaux, ayant, tout au plus, pour aliment du son détrempé dans le sang ramassé aux égoûts des boucheries [1].

Louis XIV ne fut ni plus humain, ni plus intelligent que Richelieu sur cette question; par son ordre, la libre circulation est aussi punie de mort (1693, 1698), et si pendant le dix-septième siècle il y eut quelques essais de liberté commerciale, ces essais furent exceptionnels et limités à de rares localités sévèrement circonscrites. Le paysan est plus accablé que jamais; on ordonne (1660) que nul journalier ne pourra se rendre sur une autre paroisse sans payer double taille pendant deux ans; en 1675, Lesdiguières dit que les laboureurs du Dauphiné n'ont d'autre nourriture que l'herbe des prés et l'écorce des arbres. Sous le grand roi, la misère de la nation fut excessive, et Saint-Simon a pu, sans être exagéré, écrire cette phrase terrible : « Louis XIV tirait le sang de ses sujets sans distinction; il en exprimait jusqu'au pus! » C'est pendant la période la plus glorieuse du règne que La Bruyère a tracé cet impérissable portrait du paysan de France : « L'on voit certains animaux farouches, des mâles et des femelles, répandus par la

---

[1] A la disette se joignait la guerre civile. La misère était telle, que les plus inébranlables courtisans ne peuvent s'en taire. On lit dans les Mémoires de P. de la Porte, sous la date de 1652 : « Outre la misère des soldats, celle du peuple était épouvantable, et dans tous les lieux où la cour passait, les pauvres paysans s'y jetaient, pensant y être en sûreté, parce que l'armée désolait la campagne. Ils y amenaient leurs bestiaux, qui mouraient de faim aussitôt, n'osant sortir pour les mener paître. Quand leurs bestiaux étaient morts, ils mouraient eux-mêmes incontinent après; car ils n'avaient plus rien que les charités de la cour, qui étaient fort médiocres, et chacun se considérant le premier... Quand les mères étaient mortes, les enfants mouraient bientôt après; et j'ai vu sur le pont de Melun trois enfants sur leur mère morte, l'un desquels tétait encore. » (*Mémoires de P. de la Porte, premier valet de chambre de Louis XIV.* Coll. Petitot, tome LIX, p. 432.)

campagne, noirs, livides et tout brûlés du soleil, attachés à la terre qu'ils fouillent et qu'ils remuent avec une opiniâtreté invincible ; ils ont comme une voix articulée, et, quand ils se lèvent sur leurs pieds, ils montrent une face humaine : et en effet ils sont des hommes. Ils se retirent la nuit dans des tanières, où ils vivent de pain noir, d'eau et de racines : ils épargnent aux autres hommes la peine de semer, de labourer et de recueillir pour vivre, et méritent ainsi de ne pas manquer de ce pain qu'ils ont semé. »

Deux grands hommes de bien, sans s'être donné le mot, publient la même année, 1707, chacun un livre qui aurait dû ouvrir les yeux au roi et convertir les ministres de ses volontés. Le *Détail de la France* par Boisguillebert, et le *Projet de dîme royale* de Vauban, sont deux minces volumes où le salut de la monarchie était implicitement contenu, et qui sont le point de départ de toute la science économique de notre temps. Tous deux avaient vu la misère de près, ils avaient vécu au milieu de ce doux peuple de France dont ils avaient admiré la résignation, écouté les plaintes et déploré la persistante infortune. Frappés des maux qu'ils avaient contemplés, ils y cherchèrent un remède, le trouvèrent, le mirent au jour, et ne furent point écoutés.

Saint-Simon a raconté les dédaigneuses colères de Pontchartrain lorsqu'il eut connaissance de ces projets de réforme. La situation de la France y est exposée au vif. « Les peuples, dit Boisguillebert, s'estimeraient heureux s'ils pouvaient avoir du pain et de l'eau, à peu près leur nécessaire ; ce qu'on ne voit presque jamais. — Les denrées de la Chine et du Japon, en arrivant en France, n'augmentent que de trois fois le prix qu'elles ont coûté sur les lieux ; mais les liquides qui viennent d'une province à l'autre de la France, quoique souvent limitrophes, augmentent de dix-neuf parts sur vingt et même davantage. Les vins que l'on donne dans l'Anjou et l'Orléanais à un sou la mesure, se vendent vingt et vingt-quatre dans la Picardie et la Normandie ; — pour une pistole que le roi reçoit, il en coûte dix-neuf au peuple : ce sont ces dix-neuf-là qu'il faut lui rendre. » Et il ne demande pour le peuple que la permission de labourer et de faire le commerce. « Les paysans, dit Vauban, arrachent les vignes et les pommiers à cause des aides et des douanes provinciales ; le sel est tellement hors de prix qu'ils ont renoncé à élever des porcs, ne pouvant conserver leur chair. » Tous deux établissent d'une manière péremptoire que l'impôt est progressif en sens inverse ; moins on possède, plus on paye : une ferme rapportant quatre mille livres est taxée à dix écus ; une ferme de quatre cents livres est cotée à cent écus.

Quel remède à tant de maux ? Un seul : l'égalité devant l'impôt, égalité appuyée sur la liberté des transactions, sur l'abolition de toutes les entraves fiscales apportées à la culture et à la circulation des denrées alimentaires. L'idée n'était point mûre sans doute, car elle fut repoussée avec dédain ; elle avait encore quatre-vingts ans à attendre avant d'être imposée par la nation même. Boisguillebert, pour prix de ces conseils, fut exilé. Quant au *Projet de dîme royale*, condamné par arrêt du conseil en date du 14 février 1707 à être détruit par la main du bourreau, il fut brûlé au pilori de la place de Grève : le coup fut dur pour Vauban, il ne put le supporter, et mourut six semaines après (30 mars).

Ces deux humbles héros qui les premiers avaient osé parler pour le pauvre peuple de France allaient être vengés d'une façon terrible ; leurs prévisions furent cruellement justifiées par l'hiver de 1709, qui amena une épouvantable famine. Comme les lois punissaient ceux qui achetaient plus de blé que leur consommation n'en exigeait, il n'y avait de réserve nulle part ; comme une récente ordonnance avait doublé les droits de passage pour les céréales, rien n'était arrivé à Paris, qui se trouvait littéralement sans pain. Le 5 mars, les femmes de la Halle partirent pour aller elles-mêmes porter leurs plaintes à Versailles, montrer leurs enfants mourants et demander à manger ; elles furent arrêtées au pont de Sèvres et ramenées à Paris tambour battant ; mais la tradition de cette échauffourée resta vivante : on s'en souviendra aux journées d'octobre 1789.

Lorsque le dauphin venait à l'Opéra ou allait courir le loup à Marly, il était entouré par des bandes affamées qui criaient misère, et dont il ne se débarrassait qu'en leur faisant jeter de l'argent. On ordonna des perquisitions pour trouver les blés cachés ; mais on n'en découvrit pas, la disette était absolue. Les soldats de la garnison de Versailles mêmes sortaient en armes pour mendier et pillaient le pays. Les gens riches faisaient escorter leur pain par la maréchaussée. Que décidait le parlement pour remédier à tant de désastres? Il défendait de faire des gâteaux et de l'amidon. On eût été bien empêché, la farine manquait.

Quant au gouvernement, perdu au milieu de ses propres réglementations, il ne savait à quoi se résoudre. Les paysans, aussitôt qu'ils avaient pu, avaient semé de l'orge et de l'avoine ; mais on fit détruire cette récolte à peine sortie de terre, parce qu'elle poussait sur un sol qui aurait dû être ensemencé de blé. Un ordre si barbare et si stupide fut heureusement mal exécuté, sans doute par suite de la complaisante connivence des agents de l'autorité, et les grains que l'on obtint servirent à faire ce *pain de disette* que la cour elle-même fut forcée de ne pas dédaigner. Le 20 août, on se battit à Paris, tant la misère y était aiguë ; il y eut des morts ; sans M. de Boufflers, qui très-courageusement se jeta au milieu de l'émeute et parvint à la calmer, on ne sait trop comment les choses auraient tourné ; car le peuple était exaspéré à force de souffrances et de privations[1].

Les accapareurs ont-ils eu part à cette détresse ? on peut le croire. Les traitants, comme on disait alors, avaient grand intérêt au renchérissement des denrées ; ils étaient maîtres du marché, y faisaient la hausse et la baisse selon leurs besoins. Le circonspect et prudent Delamarre n'hésite pas à dire que les agioteurs ne s'épargnèrent point pour profiter de ces lamentables circonstances. La princesse Palatine va plus loin et frappe plus haut ; elle accuse nettement madame de Maintenon. « Quand la vieille guenippe vit que la récolte avait manqué, elle fit acheter sur les marchés tout le blé qui s'y trouvait ; elle a ainsi gagné horriblement d'argent ; mais tout le monde mourait de faim. » La douairière d'Orléans faisait profession de haïr madame de Maintenon et l'on peut douter que l'imputation soit vraie. La correspondance de la Palatine a du reste gardé trace des misères de ce temps. Le 2 mars 1709, elle écrit : « Je n'ai de ma vie vu une époque aussi triste. » Et le 9 juin : « Nuit et jour, on n'entend que des lamentations ; la famine est telle que des enfants se sont mangés les uns les autres. » Dans ces jours où, sauf quelques rares accès d'énergie, l'affaissement était au comble, tout finissait encore par des chansons ; on se vengeait par des épigrammes et l'on se croyait vraiment hardi quand on avait osé dire :

> Après les cruelles horreurs
> D'un hiver effroyable,
> Nous croyons goûter les douceurs
> D'un printemps agréable ;

[1] On trouve dans le *Journal* de Mathieu Marais une preuve des désastres que la France eut à supporter à cette époque : « Arrêt du 11 août 1720 qui défend de faire sortir du bois de noyer non ouvragé du royaume. C'est que l'espèce en est devenue rare depuis l'hiver de 1709. »

> Le vent, la grêle et le brouillard
> Causent mille désastres ;
> N'est-ce point quelque Chamillard
> Qui gouverne les astres?

Par une anomalie étrange, pendant que les blés et la viande, à cause des impôts excessifs et des ordonnances prohibitives qui les accablaient, ne pouvaient parvenir jusqu'à Paris, on ne reculait devant aucun sacrifice pour y amener le poisson de mer. Ce n'est pas qu'on l'eût dégrevé ; il était, comme les autres denrées, soumis à toute sorte de droits ; mais du moins des édits en assuraient le libre parcours, et, prévoyant même le cas où, par suite de la célérité nécessaire, les chevaux seraient morts de fatigue en route, réglaient l'indemnité due à leurs propriétaires. Un intérêt religieux influait certainement sur ces mesures relativement libérales ; dans l'année catholique, il y a cent cinquante-huit jours où les fidèles doivent s'abstenir de viande, et l'Église dut insister auprès des gouvernements pour que l'aliment maigre par excellence arrivât dans Paris en quantité suffisante.

La première ordonnance qui concerne les chasse-marée, ainsi qu'on a nommé les mareyeurs jusqu'au commencement de ce siècle, est de saint Louis et date de 1254. C'est un édit qui enjoint aux habitants riverains des routes suivies par les chasse-marée de toujours tenir le chemin en bon état. Des lettres patentes du 27 février 1556 et du 18 avril 1587 déterminent dans quelle proportion ils doivent être indemnisés de la perte de leurs chevaux ou de leur poisson, lorsque ce dernier a été gâté en route par suite de causes accidentelles. Sous Louis XIV on alla plus loin. Les marchands qui, venant de Boulogne, de Calais, de la baie de Somme, se rendaient aux halles de Paris, passaient par le village de Harmes (actuellement Hermes), non loin de Beauvais.

Là le chemin, rongé d'un côté par la rivière de Thérain, côtoyé de l'autre par un cimetière, étant devenu trop étroit, il fallait ralentir la marche des voitures. On n'hésita pas à porter la main sur le séjour des morts. Le grand-vicaire de l'évêché de Beauvais rendit, le 11 avril 1707, une ordonnance qui autorisait les agents du bailliage à agrandir la route au détriment du cimetière, auquel on enlevait un espace de 33 pieds carrés. Le 15 décembre de la même année, les travaux étaient achevés et les chasse-marée pouvaient entrer une heure plus tôt à Paris[1]. Ainsi, en fait de nourriture, tout manquait excepté le poisson ; mais le poisson coûtait fort cher et ne figurait que pour une bien faible part dans l'alimentation publique.

Une autre cause augmentait encore le renchérissement et par conséquent la rareté des denrées : c'était la quantité inconcevable d'offices que Louis XIV avait créés pendant les années de misère (1689 à 1715). Il y avait par exemple la charge de *toiseur du poisson du roi*, celle de *hâteur des rôtis royaux*[2]. C'était, parmi les vilains enrichis, à qui se jetterait sur ces sinécures honorifiques qu'on payait à beaux deniers comptants et qui flattaient des vanités faciles à satisfaire. Dans les vingt-cinq années qui précédèrent la mort de Louis XIV, il fut créé de cette façon sur les halles et marchés de Paris 2,461 offices qui furent vendus 77,479,526 livres[3]. C'étaient autant d'impôts nouveaux et mal déguisés dont on grevait les subsistances.

Entre la nécessité de vendre fort cher pour avoir un très-mince bénéfice et les refus du consommateur qui ne voulait pas payer les denrées au delà d'un prix rai-

---

[1] Delamarre, *Traité de la police*, t. III, p. 531-533.
[2] Le hâteur des rôtis royaux n'est pas celui qui en accélérait la cuisson, mais celui qui les embrochait : *hastator*, de *hasta*, lance, broche.
[3] Louandre, *de l'Alimentation publique sous l'ancienne monarchie*, p. 58.

sonnable, les producteurs et les marchands s'abstenaient, vivaient chez eux sur leurs propres récoltes et désertaient les marchés, où la population parisienne, grâce à tant de mesures vexatoires, ne trouvait plus de quoi s'approvisionner. Cependant Paris était le centre d'une zone qui, selon les circonstances et les époques, a varié entre 10 et 20 lieues et dans laquelle, sous peine de châtiment, il était interdit aux paysans de trafiquer de leurs denrées ailleurs que sur les halles publiques de la capitale. On y tenait sévèrement la main; un arrêt de 1661 défendait aux voituriers, sous menace de confiscation, de vendre des grains sur les routes ou même de *délier leurs sacs*. Ce grenier d'abondance qu'on avait eu ainsi la prétention d'établir autour de Paris, était lui-même si dénué, si âprement visité par l'esprit fiscal, que la ville manquait le plus souvent d'une nourriture suffisante pour ses besoins.

Sous la Régence, cela ne changea guère : au moment où le magicien Law transforme le papier en or, les denrées atteignent des prix exorbitants. Le bonhomme Buvat, juché dans sa haute chambrette de la Bibliothèque, regarde ce qui se passe et enregistre tout ce qu'il voit. Le 11 avril 1719, Law fait venir les principaux bouchers et leur intime l'ordre de donner la viande à quatre sous la livre, ce qui était impossible, puisqu'elle leur revenait plus cher. Il les menace, mais en vain. La viande n'en devient pas plus abondante, au contraire ; pendant le carême de 1720, l'Hôtel-Dieu, qui seul depuis le seizième siècle avait le privilége de vendre de la viande durant le temps consacré, vit sa boucherie absolument dégarnie, et, comme il faut trouver un motif à une telle disette, Buvat l'attribue au grand nombre de calvinistes, luthériens, protestants qui, attirés à Paris par l'agiotage, n'observent pas les prescriptions du jeûne catholique. Le 13 avril 1720, le conseil d'État prit un arrêté qui défendait pendant une année de tuer des agneaux, des veaux ou des vaches encore jeunes. C'est toujours le même système de mesures répressives. Quant à la législation qui régissait les grains, elle était simple dans sa complexité, et l'on peut la résumer ainsi : il était défendu de ne pas vendre, il était défendu d'acheter; si le producteur gardait son blé, si le consommateur achetait une provision supérieure à ses besoins ordinaires, ils étaient l'un et l'autre accusés d'accaparement, et dans ce cas il ne s'agissait de rien moins pour eux que de la corde.

Plus nous approchons de notre temps, plus les documents abondent et se pressent comme pour accabler le misérable système de l'ancien régime. Les témoignages contemporains sont unanimes et affirment que le dix-huitième siècle tout entier ne fut qu'une longue disette : 1740, 1741, 1742, 1745, 1767, 1768, 1775, 1776, 1784, 1789, sont des années de famine. Les années précédentes n'avaient guère été meilleures. Barbier écrit : « Le peuple est dans les gémissements, car le pain est à sept, à huit sols la livre, encore en a-t-on avec grand'peine, et cela se fait par un manége qu'il y a sur le pain, car on défend aux fermiers d'amener du blé aux marchés. On ne délivre aux boulangers qu'une certaine quantité de farine ; on a prescrit la manière de faire du pain. » En effet, — et l'on aura aujourd'hui peine à le croire, — par arrêt du 21 août 1725, le parlement ordonnait de ne plus faire à l'avenir que deux espèces de pain : pain bis blanc, et pain bis. Barbier ne peut s'en taire, il devine quel serait le remède, et il ajoute : « Il y a des endroits où le pain est à deux sols, et si la liberté était à l'ordinaire, il ne serait pas cher comme il l'est. » En 1740, le 22 septembre, la pénurie est telle qu'on ne distribue aux prisonniers de Bicêtre qu'une demi-livre de pain par tête, et quel pain ! Ils tentèrent de se révolter, l'on en pendit un pour l'exemple. Le lendemain, le cardinal Fleury, passant place Maubert, vit son carrosse entouré par une foule famélique qui criait : Du pain ! du pain ! Il jeta sa bourse et put s'échapper. Quant au parlement, il s'assembla, discuta longuement, interrogea tous les magistrats de police, et après une savante délibération prit enfin le grand parti (décembre 1740) d'interdire la fabrication des galettes pour le jour des Rois. Ceci n'était que puéril, mais voici qui est cruel : il ordonna que, par la force, on expulsât tous les pauvres de Paris.

En 1745, le duc d'Orléans eut cette hardiesse, entrant au conseil, de jeter sur la table devant le roi un pain de fougère et de dire : « Voilà de quoi vos sujets se nourrissent ! » Louis XV le savait bien, et n'ignorait pas à quel degré de misère son peuple était descendu. Un jour qu'il était à la chasse, il avisa un homme qui péniblement portait sur son dos une longue boîte en bois : « Que portes-tu là ? — Un mort. — Mort de quoi ? — De faim ! » Le roi tourna bride et ne dit mot. En dépit de tels avertissements, Louis XV restait indifférent et laissait faire. S'il sort de son indolence habituelle, c'est encore à propos du poisson de mer. Les chasse-marée, depuis leur point de départ jusqu'à leur arrivée à Paris, ne pouvaient sous aucun prétexte déballer et vendre leurs marchandises. En 1753, un ordre royal leur permit de s'arrêter à Pontoise pour fournir du poisson au parlement qu'on y avait exilé.

Cependant certains hommes plus clairvoyants que les autres réclamaient la libre circulation des céréales; quelques chambres de commerce, Tours (1761), Montauban (1762), essayaient par des mémoires de démontrer l'absurdité coupable du régime prohibitif. Une sorte de lueur fugitive semble éclairer alors l'esprit des ministres. Le 12 janvier 1764, M. de Laverdy, contrôleur général des finances, expose à la chambre de commerce de Paris « que les laboureurs ne tiraient plus du prix de leurs travaux de quoi payer leurs impositions, leurs baux et leur propre subsistance; que l'effet de l'abondance des dernières récoltes était préjudiciable au royaume, puisque les cultivateurs, surchargés par leurs propres richesses, qu'ils voyaient journellement dépérir sous leurs yeux malgré les soins qu'ils prenaient pour les conserver, et qui dégénéraient pour eux en de nouvelles charges, se voyaient forcés de réduire leur culture au seul nécessaire, et regardaient eux-mêmes la fertilité comme une augmentation de leur misère[1]. »

Le cultivateur était donc ruiné par l'abondance aussi bien que par la disette. M. de Choiseul, mû par un sentiment de justice, poussait aux réformes, et, le 19 juillet 1764, un édit fut proclamé qui établissait la liberté du commerce des céréales; seulement l'importation des grains étrangers pouvait être interdite lorsque le blé français serait au-dessous d'une certaine valeur. Ce libre système fonctionna pendant six ans et fut brusquement interrompu par une ordonnance du 23 décembre 1770, qui remettait les choses dans l'ancien état.

Ce ne fut qu'au temps de Louis XVI et de Turgot[2] qu'on essaya de faire entrer définitivement la nation dans les voies fécondes de la concurrence. Turgot dit, dans l'arrêt du conseil du 13 septembre 1774 : « Plus le

---

[1] Collection Fontanieu, portefeuille 719, dépôt des manuscrits de la Bibliothèque nationale; cité par Louandre, *de l'Alimentation*, etc ; p. 65.

[2] « Il n'y a que M. Turgot et moi qui aimions le peuple, » disait Louis XVI. Il ne tarda pas cependant à se dégoûter de son ministre et on lui attribue ce mot grossièrement cruel : « Je crois toujours entendre appeler des chiens courants, quand on me parle de tous ces économistes. Turgot, Baudeau, Mirabeau. » Lorsque le roi renvoya Turgot, celui-ci lui dit cette parole prophétique : « Un prince faible n'a le choix qu'entre le mousquet de Charles IX et l'échafaud de Charles Ier. »

commerce est libre, animé, étendu, plus le peuple est promptement, efficacement et abondamment pourvu ; les prix sont d'autant plus uniformes, ils s'éloignent d'autant moins du prix moyen et habituel sur lequel les salaires se règlent nécessairement. » Et il ajoute ces paroles qui durent paraître bien singulières aux gens de cour : « Les approvisionnements faits par le gouvernement ne peuvent avoir le même succès. » Dans la déclaration datée du 5 février 1776 et enregistrée au lit de justice du 12 mars, portant suppression de tous droits établis à Paris sur les blés, farines, etc., il fait dire au roi : « Les grandes villes et surtout les capitales appellent naturellement l'abondance par la richesse et le nombre des consommateurs. Cependant nous reconnaissons avec peine que l'approvisionnement de notre dite ville de Paris, loin d'être abondant et facile, comme il le serait dans l'état d'une libre circulation, a été depuis plusieurs siècles un objet de soins pénibles pour le gouvernement et de sollicitude pour la police, et que ces soins n'ont abouti qu'à repousser entièrement le commerce ; puis, citant les ordonnances de 1415, du 19 août 1661, du 30 mars 1635, il conclut en ces termes : « Ainsi la même police, par des dispositions contradictoires, force de vendre et défend d'acheter. » Il était difficile de voir plus juste et de mieux dire.

« Il y avait en France, s'écrie M. Michelet, un misérable prisonnier, le blé, qu'on forçait de pourrir au lieu même où il était né. Chaque pays tenait son blé captif. » Turgot voulut le délivrer à tout prix ; mais il eut fort à faire et n'y réussit pas ; il ne fut compris par personne, ni par le peuple ni par les nobles [1]. Des habitants d'Auch,

[1] Voltaire avait dit de Turgot : « Ce ministre fera tant de bien qu'il finira par avoir tout le monde contre lui. » De son côté, Horace Walpole écrivait, à la date du 10 octobre 1775 : « Ce pays est bien plus heureux ; il est gouverné par des hommes qui veulent le bien et le font, sous un prince qui n'a pas encore commis une faute et qui sera aussi heureux

voyant l'intendant de la généralité se disposer à ouvrir des routes qui auraient permis le facile transport des céréales, firent une humble supplique où ils disaient : « Ne prétendons pas être plus sages que nos pères ; loin de créer pour les denrées de nouvelles voies de circulation, ils obstruaient fort judicieusement celles qui existaient. » Voilà donc ce que pensaient les cultivateurs. Les nobles ne pensaient pas mieux : en 1775, le 18 avril, M. de la Tour du Pin, intendant de Bourgogne, disait aux paysans qui étaient venus à Dijon crier famine autour de lui : « Allons, bonnes gens, retournez à vos terres, voici que l'herbe pousse. » Ce n'était pas un conseil dérisoire ; à cette époque, la moitié de la France broutait [1]. Aux efforts de Turgot on répondit par *la guerre des farines*. En 1777, il y eut dans la Brie, la Normandie, le Soissonnais, le Vexin, des soulèvements de peuple pour empêcher les grains de circuler librement d'une province à l'autre.

Ces mouvements réactionnaires de la population étaient-ils spontanés et réels ? Sur beaucoup de points, oui certes, car les préjugés sont tenaces quand ils s'appuient sur l'ignorance et la crédulité ; mais dans bien des endroits ils furent fomentés par des gens intéressés [2]. Turgot avait contre lui les hommes de cour qui vivaient d'abus et tous les agents d'administration, à qui l'exer-

que son peuple, s'il emploie toujours de pareils hommes. MM. Turgot et de Malesherbes sont des philosophes dans toute l'acception du mot, c'est-à-dire des législateurs ; mais comme leurs plans ont pour but l'utilité publique, vous pouvez être sûr qu'ils ne satisferont pas les intérêts individuels. »

[1] Il existe encore des pays où la misère réduit les pauvres à cette extrémité ; il n'est pas un voyageur en Égypte qui n'ait vu les fellahs arracher du trèfle dans les champs et le manger.

[2] Ce qui tendrait à le prouver, c'est que les cahiers des États généraux sont presque unanimes pour demander, comme le bailliage d'Avesnes, à l'article 14 : « Que les barrières, dans l'intérieur du royaume, soient reculées aux extrêmes frontières, et que la circulation intérieure et le commerce de toutes marchandises et denrées soient entièrement libres et exempts de tout péage de traverse. »

cice des mille droits vexatoires donnait une importance excessive ; de plus, il était combattu secrètement et paralysé par les fermiers généraux, qui faisaient une pêche d'autant plus fructueuse que l'eau était plus trouble. Les céréales, et par conséquent la vie matérielle de la France, appartenaient à une compagnie de maltôtiers qui, par leurs relations, par l'intérêt qu'ils donnaient de l'argent qu'on leur confiait, étaient une vraie puissance dans l'État, puissance plus redoutable que celle du roi, car elle déterminait à son gré l'abondance ou la disette.

Dans le principe, sous le règne de Charles IX, le droit d'exportation était mis aux enchères; sous Louis XIV, il résultait d'un brevet acheté à prix d'argent. Ce brevet dégénéra bientôt en bail réel, qui, rendu définitif, attribuait en quelque sorte à celui qui le possédait le privilége exorbitant du commerce exclusif des grains. Des baux de cette nature furent passés en 1729 et en 1740. Le dernier, celui que l'histoire a flétri du nom de *Pacte de famine*, fut signé à Paris le 12 juillet 1765 en faveur de Malisset, ancien boulanger convaincu de banqueroute, homme intelligent, hardi, peu scrupuleux et inventeur d'une prétendue mouture économique. Louis XV était intéressé à la spéculation pour une somme de dix millions, qu'il avait versée et qui rapportait d'énormes intérêts. Les malheureux, du reste, n'étaient point oubliés; cet acte, d'où allait sortir une fortune scandaleuse pour Malisset et pour MM. de Chaumont, Rousseau et Perruchot, qui lui servaient de caution, contient à l'article 19 une clause dérisoire : « Il sera délivré annuellement une somme de 1,200 livres aux pauvres, laquelle sera payée par quart à chaque intéressé, pour en faire la distribution *ainsi qu'il jugera convenable.* » Louis XV ne semble guère dissimuler sa participation à ce genre de spéculation, car l'*Almanach* de 1774 indique la charge de trésorier des grains pour le compte de Sa Majesté.

Le procédé était aussi coupable qu'élémentaire. Grâce aux capitaux dont il disposait, Malisset accaparait les grains sur les marchés de France, puis il les expédiait à travers la Normandie vers les petits ports étagés le long de la côte qui forme aujourd'hui la partie ouest du département de la Manche, pour être transportés de là sur des bateaux dans les îles de Jersey et de Guernesey, où l'association avait ses principaux magasins. Lorsque, grâce à ces manœuvres, la disette se faisait sentir en France (et nous avons dit que la disette fut en quelque sorte l'état normal du dix-huitième siècle), on rapportait les blés sur nos marchés, où on les revendait à des prix léonins. Le setier de blé, payé dix francs en 1767 par la compagnie Malisset, n'était livré par elle l'année suivante qu'au prix de trente et trente-cinq francs. On voit quels immenses, quels honteux bénéfices sortaient de ces opérations. Il n'était pas prudent de regarder de trop près dans ces affaires impures. Un homme de bien, M. Leprévôt de Beaumont, ancien secrétaire des assemblées du clergé, s'étant procuré les actes constitutifs de la société Malisset et se disposant à en saisir le parlement de Normandie, fut enlevé et disparut tout à coup. On ne le retrouva que vingt-deux ans après, le 14 juillet 1789, à la Bastille.

Les premiers personnages de la cour, des princes du sang, des ducs et pairs, étaient secrètement les associés de Malisset. Dans son rapide passage au ministère, Turgot dut renoncer à lutter contre cette puissance, d'autant plus forte qu'elle était occulte. On sent qu'il soupçonne plutôt qu'il ne sait, et qu'il veut aux yeux des sujets dégager la personne du souverain, car l'article 3 de l'arrêt du 13 septembre 1774 spécifie que le roi veut à l'avenir qu'il ne soit fait aucun achat de grains ou de farine pour son compte. Turgot, qui, disait-on, avait non pas l'amour, mais la rage du bien public, ne put résister au flot d'influences qui le battaient et qui ébranlaient la faible volonté de Louis XVI. Celui dont Malesherbes disait qu'il avait le cœur du chancelier l'Hospital et la tête de Bacon, quitta son poste le 12 mai 1776. Sa chute produisit des impressions bien diverses qui ont trouvé leur écho dans les correspondances de l'époque. « J'avoue que je ne suis pas fâchée de ce départ, » écrit Marie-Antoinette à sa mère. « Je suis atterré, écrit Voltaire, je ne vois plus que la mort devant moi depuis que M. Turgot est hors de place. Ce coup de foudre m'est tombé sur la cervelle et sur le cœur. »

Après Turgot, les ordonnances gothiques sont invoquées de nouveau, tout système disparait, on va à l'aventure, et l'on arrive à ce point d'aberration que, par un arrêt en date du 15 janvier 1780, le parlement interdit l'usage de la faux pour couper les blés. Le traité Malisset fut renouvelé ; Foulon et Bertier avaient été substitués aux anciens signataires de l'acte de 1765 ; seulement à cette heure on trouvait sans doute Jersey et Guernesey trop proches de la France, car nos blés étaient transportés à Terre-Neuve. Le caissier général de l'association était un certain Pinet, qui avait succédé à ce Mirlavaud que l'abbé Terray avait nommé en 1773 trésorier des grains pour le compte du roi. Il offrait aux capitaux qu'on lui apportait un intérêt qui variait, selon les années, de 30 à 75 pour 100 ; on peut croire que l'argent ne lui manquait pas. L'instinct des masses ne s'était point trompé. Sans rien savoir de ce qui se passait, elles devinaient en Foulon et en Bertier des accapareurs de la pire espèce, et les poursuivaient d'une haine implacable. Après la prise de la Bastille, Foulon fit répandre le bruit de sa mort, faire ses funérailles et alla se cacher à Viry. On le reconnut, on le saisit, on l'amena à Paris où, reçu aux barrières, il fut conduit place de Grève et pendu à cette fameuse lanterne qui devait tant faire parler d'elle pendant la Révolution. Sa tête, avec une poignée de foin dans la bouche, fut promenée au bout d'une pique et rencontrée par Bertier que la foule entraînait aussi ; ce dernier se débattit, lutta et fut tué. Ceci se passait le 22 juillet. Le 29, Pinet se rendit dans la forêt de Vésinet, où il fut retrouvé le lendemain, la tête fracassée, mais encore vivant ; il affirma qu'il avait été assassiné ; l'opinion publique ne s'égara pas et prétendit qu'il s'était fait justice en se brûlant la cervelle. Avec ces trois hommes mourait le Pacte de famine, et si plus tard, dans des jours douloureux, il y eut encore des accapareurs, on peut croire qu'ils agissaient à leurs risques et périls, sans aucune connivence avec les employés du gouvernement.

La mort de ces malheureux n'amena point l'abondance, tant s'en faut ; leurs agents épouvantés se cachèrent, n'osèrent révéler de quelles ressources l'association disposait, et les grains pourrirent dans quelques magasins ignorés d'outre-mer. Aussi après le très-dur hiver de 1789 la disette s'abattit sur Paris. Le peuple n'y comprenait rien ! il s'était figuré que, puisqu'il était libre, il allait enfin avoir du pain à discrétion. Au mois d'octobre, on n'y tenait plus. Le temps était passé où M. de Boufflers avec quelques bonnes paroles, le cardinal Fleury avec quelques écus, les Suisses avec quelques bourrades, avaient bon marché d'une émeute. Les femmes partirent pour Versailles sans autre dessein préconçu que de demander du pain, d'en exiger, d'en obtenir ; l'affaire de la cocarde nationale insultée fut bien plus le prétexte que le motif. Quand Maillard parut à l'Assemblée, il dit : « Nous sommes venus à Versailles pour demander du pain, » et lorsque quelques minutes après on lui apporte une cocarde aux trois couleurs de la part des gardes du corps, toutes les femmes s'écrient : « Vive le roi ! vivent les gardes ! »

C'était le moment où la farine était si rare à Paris, que les personnes invitées à dîner étaient priées d'apporter leur pain. On connaît ces lugubres journées. Les femmes ramenèrent dans Paris « le boulanger, la boulangère, le petit mitron ! » Elles s'imaginaient que le roi de France, cette antique idole si souvent invoquée en vain pendant les longs siècles de la monarchie, apportait avec lui, comme un génie tout-puissant, ce pain tant désiré, tant attendu, et la fin de la misère. Les premiers instants purent le faire croire ; grâce à l'activité extraordinaire du comité des subsistances, l'approvisionnement de Paris fut fait, pendant quelque temps, avec une certaine régularité. A cette heure précise, après les deux grandes dates, après le 14 juillet et le 4 août, on vivait encore dans le rêve ; la réalité n'était pas loin cependant ; elle allait apparaître traînant à sa suite des années calamiteuses où la famine sera telle, que la législation la plus prévoyante comme la plus terrible sera impuissante à la modérer. Sous le rapport de la disette, les mauvais jours de la république n'ont rien à reprocher aux mauvais jours de la monarchie.

II. — DEPUIS LA RÉVOLUTION.

L'héritage de la faim. — Consommation de Paris en 1789. — Comité des subsistances. — Circulation entravée. — A la lanterne ! — La loi martiale. — Persistance du vieil esprit municipal. — Décret du 16 février 1791. — Peine de mort, peine inutile. — Ordonnance de saint Louis renouvelée par un décret. — Vains efforts de l'Assemblée. — Sottises de la municipalité. — Phraséologie. — Écarts des prix. — Décret du 26 juillet 1793. — Greniers d'abondance. — Le *maximum*. — Le *pain de l'égalité*. — Bons de pain. — Les boulangers. — L'agneau à 15 francs la livre. — Carême patriotique. — M. et madame Bapeaume. — Retour à la raison. — Origine de l'*échelle mobile*. — Nouveau *maximum*. — Réserve de Paris. — Ce qu'elle coûtait. — Affaire de Buzançais. —

Système actuel. — Taxes persistantes. — Circulation intérieure. — Initiative individuelle. — Rapport des préfets. — Travaux publics.

Le cri qui si souvent avait frappé les oreilles de Charles VI, de Henri III, de Louis XIV, de Louis XV, de Louis XVI : Du pain ! devait retentir sans relâche autour des hommes de l'Assemblée constituante, de l'Assemblée législative, de la Convention, du Directoire. En s'écroulant, le vieux monde léguait à la France l'héritage de la faim, dernier résultat d'une série de lois oppressives dont l'esprit étroit, égoïste, tracassier avait pénétré les mœurs et faisait corps avec elles. La manie de réglementation, qui est une maladie essentiellement catholique et latine dont nous ne pouvons arriver à nous guérir, en était venue au point de paralyser absolument l'initiative individuelle et d'entraver tous les rouages administratifs. Pour lutter contre l'apathie des populations, pour détruire leurs préjugés, pour mettre en mouvement des richesses qu'une longue et traditionnelle habitude rendait immobiles, les hommes nouveaux n'eurent qu'une volonté excellente et manquèrent de moyens pratiques. A ce moment où l'ère espérée va s'ouvrir, où la législation des subsistances va enfin, après tant de siècles, être débarrassée des liens qui la paralysent, quelle est la consommation annuelle de Paris et quels besoins va-t-il falloir satisfaire ? Le rapport de Lavoisier nous répondra[1].

Les 600,000 habitants de Paris consommaient alors annuellement : « 206 millions de livres de pain ; 250,000 muids de vin (mesure de Paris), équivalant à 670,000 hectolitres ; 8,000 muids d'eau-de-vie, équivalant à 23,440 hectolitres ; 5,850,000 livres de beurre frais, 78 millions d'œufs ; des fruits et des légumes

[1] Ce rapport ne donne que des chiffres ronds et n'a pu être composé sur des documents précisément exacts, comme ceux que l'administration municipale possède aujourd'hui.

pour une valeur de 12,500,000 francs ; 90 millions de livres de viande ; 1,200,000 francs de poisson d'eau douce. » Dans son tableau, qui comprend la droguerie, l'épicerie, le bois à brûler, Lavoisier ne donne aucun chiffre pour la marée ; en revanche, il indique les salines pour une somme de 1,500,000 francs. Un tel approvisionnement serait aujourd'hui si facile, grâce à nos moyens de transport perfectionnés, qu'il ne causerait aucun souci à l'administration ; mais en 1789 il n'en était pas ainsi. Il y avait là un problème économique et politique que la perturbation des provinces, l'état déplorable des chemins, les habitudes routinières de la population, joints à une récolte insuffisante, ne permettaient pas de résoudre aisément. C'est ce que sentirent les députés dès que l'Assemblée fut réunie.

Le 6 juin, le clergé demande qu'on nomme une commission destinée à pourvoir aux besoins de la nation ; le 19 du même mois, le comité des subsistances est formé, et Barère, imbu des vieilles idées administratives, écho des inquiétudes de la population, exige qu'on fasse des perquisitions partout, qu'on donne des primes aux producteurs qui apporteront leurs denrées sur les marchés, et qu'on désigne des commissaires chargés de faire sortir le grain des retraites où on le cache. Le 4 juillet, M. Necker annonce que, pour ménager le blé, il faut se contenter de pain de seigle, qu'on en servira sur la table même du roi, et que ce dernier a dépensé plus de 25 millions pour favoriser l'arrivée des céréales sur les marchés où l'on en manque. Ces mesures n'arrêtent pas la famine ; dans les campagnes, comme jadis, les paysans sont réduits à manger du son et de l'herbe bouillie.

Malgré les efforts du comité des subsistances, malgré le zèle des commissaires envoyés par l'Assemblée pour assurer et activer la circulation des grains, des plaintes sont journellement formulées, et dans la séance qui suivit la nuit du 4 août, M. d'Antraigues, au nom du comité des rapports, signale des faits regrettables. Les blés achetés au Havre pour l'approvisionnement de Paris et embarqués sur la Seine sont arrêtés par la milice de Louviers et confisqués au profit de cette ville. Des scènes analogues se renouvellent partout. Les provinces ne veulent pas laisser sortir les grains et retiennent violemment les convois qui traversent leur territoire. C'est toujours le vieil esprit municipal qui anime les populations ; l'Assemblée a beau multiplier les décrets, sa volonté et sa puissance se brisent contre d'égoïstes préjugés.

Bien peu de temps après les journées d'octobre, la question du pain soulève encore Paris. Vingt-quatre heures ne se passaient pas sans que l'Hôtel de Ville fût assailli par des bandes défiantes et irritées. Le 21 octobre, un boulanger du marché Palu, nommé François, est traîné à la maison commune sous prétexte qu'il a refusé de vendre du pain. Le pauvre homme donne des explications très-plausibles d'où il résulte que, dans ces jours de disette, pour subvenir aux besoins des malheureux de son quartier, il a fait jusqu'à huit et neuf fournées de suite. Ce furent les femmes, nerveuses et irréfléchies, toujours cruelles aux heures d'émotions populaires, qui le saisirent et le livrèrent à la populace amassée sur la place de Grève ; un bandit appelé George Toinet s'en empara et le pendit[1]. Ce fait, porté à la connaissance de l'Assemblée, motiva la loi martiale, votée séance tenante sur la proposition de Foucault et de Barnave ; elle autorisait les officiers municipaux à faire tirer sur les attroupements après trois sommations restées infructueuses. Une pareille mesure ne faisait que com-

[1] D'après J. Peuchet, ce même Georges Toinet aurait assassiné Flesselles, Foulon et Berlier ; plus tard, il se fit chauffeur.

pliquer la situation ; aussi, dans la séance du 24 octobre, les ministres déclinèrent-ils la périlleuse responsabilité de pourvoir à l'approvisionnement de Paris. Ils établissent en effet très-nettement dans leur rapport que « les moyens mis en œuvre pour favoriser la circulation intérieure des grains ont été rendus inutiles par les oppositions des provinces, des villes, des villages, malgré les décrets de l'Assemblée nationale. »

Ainsi, l'on avait beau détruire les anciennes douanes provinciales[1], l'esprit de prohibition qui avait inspiré ces institutions néfastes survivait à tout et se manifestait brutalement dès que les circonstances le permettaient. Rouen retenait par la force les bateaux de blés destinés à la capitale, et la population essayait de piller, malgré la loi martiale, les magasins de subsistances que la municipalité de Paris avait fait établir à Vernon. De semblables événements se reproduisent incessamment pendant tout le cours de la Révolution. Paris est toujours affamé, non par le mauvais vouloir ni par la jalousie, mais par l'esprit étroit de la province, par les fausses idées économiques qui présidaient aux transactions, par les mesures précipitées, incohérentes, contradictoires que prenaient à l'envi l'Assemblée nationale et les municipalités. On ne pensait même pas à imaginer que la disette provenait, en grande partie, des perpétuelles hésitations de la législation même et l'on se reprit à croire aux accapareurs avec une foi d'autant plus vive, qu'elle était excitée par une manie de soupçons qui semble avoir été l'épidémie mentale de cette époque et que rien ne parvenait à calmer.

Un pas de géant fut fait en 1791. Dans l'enthousiasme des premiers jours, chacun avait offert, en la nuit du

---

[1] Au mois de mars 1787, l'Assemblée des notables avait rejeté le projet de la suppression des douanes provinciales, comme attentatoire au bien public.

4 août, le sacrifice de ses privilèges ; mais c'était là en quelque sorte une décision provisoire qui avait besoin d'être régularisée et rendue définitive par une série de décrets successifs. Celui qui devait mettre fin aux maîtrises, aux jurandes, aux corporations, à toutes ces antiques constitutions défensives qui s'étaient formées pendant le moyen âge, fut voté dans la séance du 16 février 1791. Tous les producteurs, tous les marchands de denrées alimentaires, enfin débarrassés des mailles du réseau que leurs ancêtres avaient tissé jadis avec tant de précautions jalouses, allaient pouvoir, en servant leur propre intérêt, satisfaire celui des populations ; mais les mœurs sont plus fortes que les lois, les traditions du passé pesaient encore lourdement sur la France, et les habitudes acquises contrarièrent, neutralisèrent ce que les prescriptions du décret avaient de juste, de raisonnable et de libéral. La suite le prouva avec une douloureuse évidence.

Le 16 septembre 1792, dans une des séances que le *Moniteur* intitule « suite de la séance permanente du 10 août », l'Assemblée législative vote d'urgence un décret qui punit de la peine de mort tout individu qui aurait tenté d'entraver la libre circulation des grains. La misère du reste était telle, et le besoin de pain si pressant, que l'Assemblée, renouvelant à son insu une ordonnance de saint Louis, promulgua, le 14 mars, un décret qui exemptait les boulangers et leurs aides du service militaire ; on avait même proposé la formation d'un corps de « volontaires du comité des subsistances ». L'Assemblée voulait assurer par tous moyens l'exécution des décrets des 29 août, 18 septembre, 5 octobre 1789, 2 juin, 15 septembre 1790, 26 septembre 1791, qui, reprenant les idées émises autrefois par Turgot, affranchissaient le blé comme toute autre marchandise et cherchaient à lui assurer le droit de circulation que les populations s'obstinaient à lui refuser; mais on s'arrêtait là. Le blé ne pouvait sortir de France; par les décrets des 5 et 8 décembre 1792, du 1ᵉʳ mars 1793, tout exportateur était frappé de mort; les charretiers qui, pour obéir à leurs maîtres, conduisaient des grains destinés à l'exportation devaient être punis de six ans de galères. Ces lois farouches ne remédiaient guère à la disette.

En présence des violences qui les menaçaient sans cesse, les minotiers découragés renonçaient à toute tentative de négoce, et Roland pouvait écrire avec raison, en date du 27 novembre 1792 : « Il n'est presque plus aucun citoyen qui puisse ou qui ose aujourd'hui se livrer au commerce des grains. S'il en fait transporter, on l'accuse d'accaparer; des attroupements se forment, se portent au marché, taxent les grains, les enlèvent même sans les payer. » La municipalité de Paris avait acheté des farines et les faisait vendre à perte sur les marchés ; cette mesure pitoyable eut un effet auquel on ne s'attendait guère, elle dégarnit immédiatement les halles. « On vient, dit Roland, des districts voisins pour s'y approvisionner ; le commerce cesse de les alimenter de son côté, parce qu'il ne peut vendre au même prix. » Cela était élémentaire, et pourtant on devait plus tard renouveler la même faute qui amena le même résultat.

Cependant plusieurs membres de l'Assemblée, persuadés que tout le mal venait de la façon dont le commerce des céréales était compris, voulaient le réglementer à outrance. Alziary disait, dans la séance du 25 novembre 1792 : « Les pères de la nation doivent décréter la peine de mort pour quiconque, hors de la loi, osera traiter des grains comme d'une marchandise commerciale. » Le 2 décembre, Robespierre touche du doigt la vérité, lorsqu'il dit : « Dans tous les pays où la nature fournit avec prodigalité aux besoins des hommes, la disette ne peut être imputée qu'aux vices de l'administration ou des lois elles-mêmes ; » mais plus loin, abandonnant cette idée qui eût mérité d'être développée longuement, il accuse les agioteurs d'être cause de tout le mal : « Les subsistances circulent-elles, s'écrie-t-il, lorsque des spéculateurs avides les retiennent entassées dans leurs greniers et calculent froidement combien de familles doivent périr avant que ces denrées aient atteint le prix fixé par leur atroce avarice ? »

On peut facilement deviner à quels excès de telles opinions émises vont entraîner les esprits. Cependant il suffit de jeter un coup d'œil sur les variations du prix du blé à cette époque pour comprendre que, selon les différentes régions, c'est la difficulté des transports et l'absence de circulation régulière qui donnent la vraie raison de tant de souffrances. Pendant la première quinzaine de décembre 1792, le setier, mesure de Paris, équivalant à 1 hectolitre 59, offre dans les diverses parties de la France un écart de 25 à 97 livres. Dans les pays où la viabilité est absolument insuffisante (Hautes-Alpes, Basses-Alpes, Cantal, Creuse, Gard, Hérault, Haute-Loire, Puy-de-Dôme) le setier se paye depuis 60 jusqu'à 97 livres ; dans d'autres contrées où les moyens de communication sont moins imparfaits, telles que les départements de Seine-et-Marne, de la Somme, du Haut-Rhin, du Pas-de-Calais, de l'Aisne, il tombe à 31, 30, 28, 25 livres.

En présence de difficultés que doublait encore l'émission exagérée des assignats, on perdit la tête, et Collot-d'Herbois fit rendre le 26 juillet 1793 un décret dont l'article 1er était ainsi conçu : « L'accaparement est un crime capital. » Ce qu'il y a de plus terrible dans ce décret, c'est le vague d'une rédaction qui peut permettre toutes sortes d'interprétations redoutables. Ainsi l'article 2 dit : « Sont déclarés coupables d'accaparement ceux qui dérobent à la circulation des marchandises ou denrées de première nécessité, qu'ils achètent ou tiennent enfermées dans un lieu quelconque, sans les mettre en vente journellement et quotidiennement. » Vient ensuite l'énumération des denrées réservées, depuis le pain jusqu'au papier, jusqu'aux étoffes, les soieries exceptées. Rien ne fut changé par ce décret à l'état de choses douloureux où la France se débattait, luttant contre l'étranger, contre les soulèvements de la Vendée, contre la disette qui l'étreignait de toutes parts. Le gouvernement songe à se faire marchand de grains lui-même et à établir des réserves qu'on livrerait à la population. Le 9 août 1793, Barère propose la création de greniers d'abondance dans les principales villes de la république. « Vous choisirez, dit-il, pour greniers, les palais des féroces émigrés, leurs châteaux, et vous ferez concourir au soulagement du peuple ces repaires de la féodalité. » Le même jour le décret fut adopté et la trésorerie nationale recevait ordre de tenir 100 millions à la disposition du conseil exécutif pour achat de grains.

Toutes ces mesures devaient encore être impuissantes, et l'on eut enfin recours, le 9 septembre 1793, à la fameuse loi du *maximum*, qui, comme on le disait à cette époque, « ne fit point fleurir les doux présents de Cérès [1]. » Peu de temps après, le 3 frimaire an II (23 novembre 1793), la commune de Paris, s'inspirant d'une mesure prise à Lyon par Fouché et Collot-d'Herbois, promulguait un arrêté où l'on peut lire : « La richesse

---

[1] « Depuis ce moment (loi du *maximum*), les fermiers n'ont apporté ni beurre, ni œufs au marché, et les bouchers refusent de tuer comme à l'ordinaire ; bref, on ne peut plus rien acheter ouvertement. Les paysans, au lieu de vendre leurs provisions en public, les portent en cachette dans les maisons particulières, en sorte qu'outre le prix exorbitant déjà établi, nous devons leur payer les risques qu'ils encourent en éludant la loi. » *Un séjour en France, de* 1792 *à* 1795 ; *Lettres d'un témoin de la Révolution française*, trad. par H. Taine. Lettre du 25 février 1794.

et la pauvreté devant également disparaître du régime de l'égalité, il ne sera plus composé un pain de fleur de farine pour le riche et un pain de son pour le pauvre. Tous les boulangers seront tenus, sous peine d'incarcération, de faire une seule et bonne espèce de pain, *le pain de l'égalité.* » On fit alors un recensement des habitants de Paris. Des cartes ou plutôt des bons de pain, envoyés aux sections, furent distribués aux citoyens, et cette mesure parut si bonne que Dumez, administrateur des subsistances, dit au conseil de la commune de Paris (13 décembre 1793) que « dans quelques jours les difficultés pour avoir du pain cesseront absolument ». Les difficultés ne firent que redoubler, et comme, après avoir accusé les satellites de la tyrannie, Pitt, Cobourg, les émigrés, les accapareurs, on ne savait plus guère à qui s'en prendre, on accusa les boulangers qui n'en pouvaient mais, et on en arrêta plusieurs sous prétexte d'accaparement : en effet, chez plusieurs d'entre eux on avait trouvé vingt sacs de blé !

On peut croire que les boulangers accusés d'être contre-révolutionnaires n'avaient qu'un goût médiocre pour le nouvel ordre de choses. En butte à toutes les calomnies, à toutes les défiances, à toutes les dénonciations, harassés de travail et mal rétribués, voyant dès le matin leurs boutiques assaillies par ces longues files de gens que dès lors on appela des *queues,* sans cesse malmenés par les officiers municipaux qui leur imputaient les mauvais résultats de l'administration de la Commune, guillottinés par le gouvernement s'ils achetaient trop de farine, pendus par le peuple s'ils ne vendaient pas assez de pain, leur sort était digne de pitié, et l'on comprend qu'ils aient parfois regimbé contre les dures obligations qu'on leur imposait. La république avait, en mesures restrictives, en châtiments excessifs, laissé bien loin derrière elle les erreurs de la monarchie. En présence de l'échafaud toujours dressé pour punir des crimes imaginaires, on oubliait les actes par lesquels les anciens parlements avaient, cent ans auparavant, emprisonné des hommes convaincus d'avoir acheté dix setiers de blé pour leur consommation personnelle.

En 1794, pendant l'hiver, la disette de viande se fait cruellement sentir à Paris ; la livre de bœuf monte subitement de 18 à 21 sous. Si l'on n'est pas en pleine famine, on y touche du moins de très-près, car la Commune prend un arrêté qui fixe le débit de la viande à une livre par tête et par décade. La rareté et le renchérissement consécutif des denrées dépassent tout ce qu'on peut imaginer ; aussi les Halles sont dégarnies dès neuf heures du matin. A minuit les queues commencent à la porte des boulangers et l'agneau se vend 15 francs la livre au marché de la Vallée. L'emphatique Barère croit avoir trouvé un moyen de calmer la faim générale. Dans la séance du 21 janvier 1794 il propose d'instituer un carême patriotique : « Jadis, disait-il, nous avons jeûné pour un saint du calendrier ; aujourd'hui sachons jeûner pour la liberté ! » En 1795, l'hiver est particulièrement rigoureux ; les rivières sont gelées ; les vivres n'arrivent pas, ni le bois non plus, qui monte jusqu'au prix incroyable de 400 francs *la corde*. Dans le faubourg Saint-Antoine des femmes criaient : un roi, mais du pain ! A l'automne, la livre de viande valait 21 sous, ce qui permettait encore d'en faire usage ; mais en ventôse elle coûte 3 fr. 10 sous, après qu'on a eu soin d'en enlever toute la graisse pour faire du suif, car on manquait de chandelles comme on manquait de pain. Sous le Directoire, la pénurie était si vive, et les approvisionnements se faisaient d'une manière si insuffisante, que deux braves bourgeois de Rouen, M. et madame Bapeaume, doués par la nature d'une obésité remarquable, n'osaient sortir de leur maison dans la crainte d'être lapidés. Plusieurs fois ils avaient été reconduits chez eux à coups de pierres par des gens affamés qui les traitaient d'accapareurs et les accusaient de trop bien se nourrir.

Dès qu'on put respirer et qu'on pressentit l'apaisement, on mit fin à toutes les prescriptions exceptionnelles dont on avait embarrassé un commerce qui, plus que tout autre peut-être, a besoin d'une liberté absolue pour ne pas devenir illusoire. La loi du 21 prairial an V rétablit la libre circulation des grains à l'intérieur. Quant à la liberté complète qui permet l'exportation et l'importation, elle ne fut jamais régulièrement appliquée sous le Consulat ni sous l'Empire. On ne pouvait raisonnablement l'attendre du souverain qui avait imaginé le système du blocus continental. Cependant le régime prohibitif cessa d'être absolu à partir du 25 prairial an XII. On autorisa la sortie des blés, mais pour certaines destinations seulement, destinations sévèrement désignées, parfois modifiées et qui restaient toujours soumises à l'approbation ministérielle. L'*échelle mobile*, qui, avec des variations diverses, et indépendantes du principe en lui-même, a fonctionné jusqu'à l'époque récente où la loi du 15 juin 1861 a établi la liberté du commerce, date en réalité du 6 juillet 1806. Ce système permettait l'exportation dans certains cas et l'interdisait dans d'autres. L'hectolitre de blé français était frappé à la sortie d'un droit qui variait selon la valeur sur les marchés : à 19 francs il payait 1 fr. 35; à 20 fr., 1 fr. 50 cent.; à 21 fr., 2 fr.; à 22 fr., 3 fr.; à 23 fr., 4 fr.; à 24 fr., toute exportation était prohibée. Les mauvaises récoltes de 1810, 1812, 1813, amenèrent une prohibition absolue.

En 1812, on alla plus loin : par décret impérial du 4 mai, la loi du 21 prairial an V fut suspendue jusqu'au 1er septembre; les grains ne pouvaient être vendus que sur les marchés publics. On ne s'arrêta point là, on revint au système désastreux de 1792, et un décret du 8 mai fixa la valeur maximum de l'hectolitre de blé-froment à 33 francs, sur les halles des départements de la Seine, de Seine-et-Marne, de l'Aisne, de l'Oise, d'Eure-et-Loir ; la conséquence fut immédiate, les marchés furent désertés et tout commerce disparut. On aurait pu croire que le gouvernement n'en reviendrait plus à ces extrémités, car toute précaution semblait avoir été prise pour parer à l'éventualité des disettes possibles. En effet, le décret du 9 août 1793 sur les greniers d'abondance[1], décret qui, à l'époque où il fut promulgué, ne produisit qu'une détente très-passagère dans la situation, fut repris en l'an VI, et l'on décida qu'une réserve de 30,000 sacs de blé serait établie aux minoteries de Corbeil ; le propriétaire de ces moulins passa un traité de deux ans qui ne fut même pas renouvelé. En 1801, la récolte fut insuffisante, et, pour obvier au manque de céréales, le gouvernement fit acquérir à l'étranger 575,000 quintaux métriques de grains, sur lesquels il en restait environ 245,000 en 1803. A cette époque, le Premier Consul arrêta que, sur cette quantité, 150,000 quintaux, représentant 62,000 sacs de blé, seraient mis en réserve, gardés et renouvelés successivement dans les magasins de l'État. Ces grains étaient spécialement destinés à l'approvisionnement de Paris, approvisionnement qui, aux yeux de chaque gouvernement, a toujours passé avec raison pour une précaution politique de la plus haute importance. En 1811, la ré-

---

[1] La première idée des greniers d'abondance est fort ancienne en France et se retrouve dans une ordonnance de Henri III, du 27 décembre 1577. Sous Louis XV, l'établissement de Corbeil contenait l'approvisionnement des blés du roi, c'était une régie ; mais de 1776 à 1789 (acte Malisset) l'administration fut confiée à des particuliers, sur bail débattu. La réserve destinée à Paris, vers la fin de la monarchie, était de 25,000 sacs de blé.

serve, élevée à 250,000 hectolitres, fut épuisée tout entière et put atténuer en partie les inconvénients d'une très-mauvaise récolte.

Pendant les années qui suivirent, de terribles préoccupations avaient saisi tous les esprits et l'on ne pensa guère aux greniers d'abondance, qui restèrent vides. Les achats recommencèrent en 1816, et une ordonnance royale du 3 décembre 1817 prescrivit l'établissement immédiat d'une réserve de 260,000 quintaux de blé. En 1828, on redouta la disette, le pain valait à Paris 40 centimes le kilogramme, ce qui était fort cher pour l'époque ; le conseil municipal, inquiet et craignant les émotions populaires, vota la mise en vente des céréales contenues dans les greniers publics. 25,000 sacs de blé furent écoulés entre les mois d'octobre 1828 et de juillet 1829. On s'occupait à renouveler la réserve de Paris lorsque la révolution de 1830 vint enlever du même coup la monarchie du droit divin et le système des greniers d'abondance. Ce système était du reste fort souvent onéreux, et, en 1817, on voit dans un rapport daté du 22 décembre que la revente à perte des grains achetés coûtait 22 millions à l'État, qui en outre avait déboursé 24 millions pour maintenir à Paris le pain à un taux abordable pour la population. On peut voir par là que la cherté des subsistances retombe toujours forcément sur le contribuable, qui ne peut échapper à la surélévation du prix des aliments que par l'augmentation de l'impôt[1].

Sous le gouvernement de Louis-Philippe, nulle prescription nouvelle importante ne fut ajoutée à celles que nous avons fait connaître. On continua à s'appuyer sur le système de l'échelle mobile, et à l'intérieur les céréales circulèrent librement. Un fait douloureux et qui eut un retentissement considérable vint prouver une fois

---

Voy. *Pièces justificatives*, 2.

de plus combien les populations étaient encore arriérées en matière de liberté commerciale, et combien elles revenaient vite aux criminelles erreurs d'autrefois, lorsqu'elles se croyaient lésées dans leur intérêt direct. L'année 1846 avait été stérile, et la disette fut grave en 1847. Le vieux mot d'accapareur reparut dans le vocabulaire des paysans ; des menaces furent proférées ; on s'aigrissait de jour en jour. Trois voitures de blé à destination d'Issoudun, traversant Buzançais, furent arrêtées de force le 13 janvier par la population soulevée, qui déclara qu'elles seraient conduites au marché, et que le blé serait vendu à raison de trois francs le double décalitre au lieu de sept francs qu'il valait partout. Le lendemain, les émeutiers mirent des moulins au pillage, brisèrent les meules qu'ils précipitèrent dans la rivière, ce qui était un assez piètre moyen d'avoir du pain à bon marché. De là, ils se répandirent dans la ville et firent signer aux principaux propriétaires l'engagement « de donner au peuple le décalitre de blé-froment pour 1 fr. 50 cent., et l'orge pour 1 franc. » Un M. Chambert-Huart, ayant refusé son adhésion, fut assassiné et presque dépecé. Les autorités, la force armée survinrent ; on arrêta vingt-six personnes qui furent traduites à la cour d'assises de l'Indre. Les débats révélèrent un fait qui se retrouve à chaque page de l'histoire de nos révolutions. Les hommes, après s'être emparés des charrettes, les abandonnèrent sur l'observation du maire ; ce fut alors que les femmes apparurent, firent honte aux hommes de leur lâcheté, les excitèrent, les entraînèrent et furent jusqu'à la fin à la tête du mouvement. Le verdict reconnut vingt-cinq coupables, dont trois furent condamnés à la peine de mort, qu'ils subirent, et les vingt-deux autres à diverses peines, variant entre les travaux forcés à perpétuité et cinq ans de réclusion.

Notre système actuel paraîtrait à l'abri du reproche, si on l'avait débarrassé d'une mesure fiscale qui pèse encore sur les transactions, mais qui, je l'espère, ne tardera pas à disparaître. Le commerce des grains est absolument libre, l'exportation et l'importation ne sont plus soumises à aucun règlement restrictif ; seulement les blés importés sont frappés, par hectolitre, d'un droit de 50 centimes, auquel il faut ajouter le décime de guerre imposé par la loi du 6 prairial an VII, décime qui ne devait être que temporaire et que nous acquittons encore aujourd'hui. Les bœufs payent 3 francs et les moutons 25 centimes par tête. Ces taxes sont, à notre avis, regrettables, et nous voudrions que pour les denrées de subsistance la franchise fût absolument complète et sans restriction d'aucune sorte. A l'intérieur, la circulation, autrefois si redoutée, si difficile, est enfin entrée dans nos mœurs. Il faut dire que, s'il était aisé jadis d'arrêter sur une mauvaise route des voitures pesamment chargées et marchant au pas, on ne pourrait guère maintenant faire rebrousser un convoi roulant à toute vitesse sur un chemin de fer. Avec les moyens de communication rapide que la vapeur nous donne sur terre et sur mer, la France est à l'abri des disettes. Ce que nous pouvons craindre, c'est le renchérissement et non plus la famine. Il y a cent ans, l'année 1868 eût compté parmi les plus mauvaises et les plus lamentables. Grâce à la liberté des transactions tout se passe sans trouble, sinon sans malaise. La Hongrie, la Russie, l'Amérique, nous envoient leurs grains, et, si le prix du pain a augmenté, c'est du moins dans des proportions acceptables et qui ne font concevoir aucune inquiétude. Pour que la France fût exposée à traverser encore une de ces crises alimentaires si fréquentes au dernier siècle, il faudrait d'abord que sa récolte fût singulièrement pauvre, ensuite que la disette ravageât le monde entier ou que nous fussions engagés dans une guerre à la fois continentale et maritime ; il faudrait, en un mot, tant de mauvaises conjonctures réunies, qu'on peut être certain de les éviter.

Se fiant à l'initiative individuelle conseillée par l'intérêt, aux multiples moyens de transport dont le commerce dispose aujourd'hui, aux rapports permanents qui existent entre les besoins de consommation et les ressources de la production, le gouvernement ne cherche plus à créer par lui-même une abondance qui presque toujours avait été illusoire et onéreuse. Il s'en rapporte à l'intelligence des négociants, et fait bien. Tous les ans les préfets adressent directement au ministère de l'agriculture cinq mémoires sur l'état de la culture des céréales dans leur département : le premier au moment où le blé sort de terre, le second pendant la floraison, le troisième au temps de la moisson, le quatrième après la récolte, le cinquième après le battage. Ces rapports répondent à une mesure d'ordre excellente, mais les renseignements qu'ils renferment sont connus des négociants intéressés bien avant que le ministre les reçoive. Il y va pour eux de leur fortune à faire ou à maintenir, et ils s'arrangent de façon à se procurer en temps utile tous les avis spéciaux dont ils ont besoin pour assurer la réussite de leurs entreprises. Toutefois, dans les plus mauvaises années, le gouvernement se met en devoir de venir au secours des populations laborieuses. Au lieu d'acheter des blés, ainsi qu'on le faisait jadis, ou de fixer un maximum arbitraire, il augmente la somme consacrée aux travaux publics, appelle sur les chantiers le plus d'ouvriers possible, et, en échange d'un labeur utile convenablement rétribué, leur offre les moyens d'éviter le froid, la misère et la faim.

III. — DISPOSITIONS GÉNÉRALES.

Autorité municipale. — Les facteurs. — *Grimbelins*. — Jurés-vendeurs. — Création des facteurs. — Leur organisation. — Droits de commission. — Le *papier* des facteurs en 1848. — Surveillance. — Halles et marchés. — Personnel. — Inspection générale. — Droits d'octroi et droits de vente *ad valorem*. — Convoyeurs. — Droits municipaux. — Action de la Préfecture de police. — Tarifs des chemins de fer. — L'Angleterre s'approvisionne à Paris. — Paris gros mangeur.

La loi des 16-24 août 1790 confie le soin de l'alimentation de Paris à l'autorité municipale ; l'arrêté consulaire du 12 messidor an VIII, qui détermine les fonctions du préfet de police, impose à ce dernier, par l'article 29, le devoir « d'assurer la libre circulation des subsistances selon la loi », et par l'article 33, la charge spéciale de veiller à l'approvisionnement de la ville. C'est en vertu de cet arrêté, qui est toujours en vigueur, que la préfecture de police a dans ses attributions les « halles et marchés, l'inspection des denrées alimentaires, la vérification des poids et mesures ». C'est elle qui nomme les *facteurs*, sorte de fonctionnaires particuliers munis d'une charge, versant un cautionnement, révocables, responsables vis-à-vis des producteurs, des acheteurs, de l'administration, et qui rendent d'innombrables services à la population parisienne en favorisant l'arrivée des denrées nécessaires sur le carreau des Halles, en assurant la régularité des ventes, en épargnant à leurs commettants les frais et les ennuis des déplacements et des recouvrements. Ils sont à peu près aux denrées alimentaires ce que les agents de change sont aux valeurs mobilières, à cette différence près que toute opération se fait au comptant et qu'ils versent eux-mêmes régulièrement à la caisse municipale les droits d'octroi perçus sur les marchandises vendues par eux.

Leur installation sur les halles de Paris ne date pas

d'hier, mais leur organisation définitive est assez récente. Autrefois, la défiance contre les producteurs était telle, que divers règlements (ordonnance du 5 septembre 1625, arrêt du 16 décembre 1661, édit de décembre 1672) les forçaient à venir en personne trafiquer de leurs denrées sur les marchés. Cet état de choses devint intolérable lorsque la zone d'où Paris tirait ses approvisionnements s'étendit à une grande distance. Au lieu de se présenter eux-mêmes, de perdre ainsi un temps précieux mieux employé à la culture, les fermiers choisirent à Paris des intermédiaires, espèces de commissionnaires libres, qui recevaient les denrées expédiées, les vendaient aux Halles et en percevaient le prix. Par le surnom que ces industriels portaient au siècle dernier, on peut juger qu'ils ne jouissaient pas d'une trop bonne réputation. On les appelait *grimbelins*, corruption du mot *grimelin*, qui signifie petit joueur, cherchant les minces profits.

Ces commissionnaires officieux, trop souvent infidèles, nuisaient aux opérations qu'ils faisaient sans responsabilité et sans contrôle; comme ils engendraient sur les marchés plus d'inconvénients que d'avantages, on les remplaça par les jurés-vendeurs, dont le titre seul indique la fonction. Ces derniers disparurent pendant la Révolution avec la ferme des aides, emportés par la loi qui abolissait les priviléges. On ne tarda pas à les regretter, car ils étaient les mandataires d'une quantité considérable de petits producteurs qui par eux seulement pouvaient trouver un débouché facile et un gain rémunérateur. Des agents de vente libres eurent la prétention de se substituer aux anciens jurés-vendeurs et de les remplacer; mais, agissant sans caractère défini, dans un temps où la sévérité excessive de la loi la rendait le plus souvent impraticable, où l'on ne savait jamais le soir en s'endormant sous quel régime on se réveillerait le lendemain, ils ne vécurent que d'abus, rançonnèrent leurs commettants et arrivèrent à exiger d'eux des droits de commission exorbitants, s'élevant parfois à 5 et 6 pour 100. Un tel état de choses portait un trop vif préjudice à l'approvisionnement de Paris pour qu'on le laissât subsister ; aussi, dès les premières années du Consulat, une série d'ordonnances promulguées entre l'an VIII et l'an XII créa, sous le nom de *facteurs*, des intermédiaires responsables pour les différentes ventes se rapportant à l'alimentation publique. En même temps qu'on organisait ces fonctionnaires, on instituait auprès d'eux des agents spécialement chargés de surveiller, contrôler et vérifier leurs opérations. Ces mesures produisirent un résultat immédiat. En six mois, les envois et les ventes avaient quintuplé sur les halles de Paris.

Aujourd'hui ce service est remarquablement organisé et fonctionne avec une régularité irréprochable. Le contrôle permanent auquel il est soumis est assez ingénieux et assez complet pour qu'on puisse affirmer, sans craindre d'être démenti par les faits, que toute fraude est devenue impossible. Cinquante-cinq facteurs sont chargés de la vente des denrées alimentaires ; tous, ils ont versé un cautionnement proportionné à leurs opérations. Ils reçoivent les expéditions, vendent à la criée ou à l'amiable ; envoient à leurs commettants, à moins d'arrangements contraires, le produit des ventes aussitôt qu'elles sont terminées, stimulent la production des objets demandés, retiennent les droits municipaux, qu'ils versent tous les dix jours entre les mains des percepteurs de la préfecture de la Seine. Ils ont une clientèle de producteurs, non-seulement en province, mais à l'étranger, avec lesquels ils sont en rapport constant, les tenant au courant du prix des marchandises, des besoins exceptionnels, de la probabilité des bénéfices et des pertes ; on peut dire que par leur correspondance, par leurs agents, ils rayonnent sur la France entière et lui demandent ce qui est nécessaire à la nourriture de Paris. Il n'est point indispensable d'être en relations d'affaires avec eux pour avoir recours à leur entremise. Il suffit, par exemple, de jeter, dans le premier wagon qui passe un panier de fruits, un morceau de viande, à l'adresse des Halles, pour que l'objet y soit apporté, confié à un facteur qui en fera effectuer la vente et dans les vingt-quatre heures tiendra compte à l'expéditeur de la somme qu'il aura touchée. On comprend que ceci donne aux transactions une facilité extraordinaire. Tout individu quel qu'il soit, connu ou inconnu, peut avoir ainsi à des frais singulièrement minimes un représentant de ses intérêts sur l'énorme marché où s'approvisionne la capitale [1].

On a calculé que les Halles parisiennes sont alimentées par les envois ou les apports de plus de 6,000 producteurs qui, pour la plupart, sont représentés par les cinquante-cinq facteurs actuellement en activité. Ceux-ci sont divisés en plusieurs catégories, selon les denrées

[1] Toute réclamation adressée à la préfecture de police sur le service des facteurs donne immédiatement lieu à une enquête, à laquelle prennent part les inspecteurs, les contrôleurs, les vérificateurs. Entre un nombre considérable de réclamations dont les procès-verbaux ont passé sous mes yeux, j'en citerai un qui est caractéristique et prouve avec quel soin toutes ces opérations sont conduites. Un sieur N..., habitant Alger, envoie à un facteur de la halle aux légumes une caisse contenant des artichauts qui, trop pressés et mal emballés, arrivèrent sur le carreau, mous, noirs et flétris. Le vérificateur les ayant reconnus avariés, mais non insalubres, ils sont mis en vente à la criée et adjugés à un prix insignifiant. L'expéditeur réclame et accuse le facteur de l'avoir trompé. La préfecture envoie la plainte à l'inspecteur général ; les livres du facteur sont vérifiés, contrôlés avec le registre de l'administration ; on acquiert la preuve que la vente a été loyale et que la marchandise détériorée ne pouvait atteindre une enchère plus élevée. On répond alors à M. N... pour lui donner des explications concluantes, et l'on pousse la bonne grâce jusqu'à lui expliquer pourquoi ses artichauts sont arrivés en mauvais état, et quelles précautions il aura à prendre dorénavant dans l'emballage de ses denrées pour éviter un nouvel et semblable accident.

qu'ils sont chargés de vendre, et touchent des droits différents. Il y a douze facteurs aux farines, douze aux graines et grenailles, trois aux viandes à la criée, huit à la volaille et au gibier, trois aux huîtres, huit à la marée, un au poisson d'eau douce, un au fromage, cinq au beurre et aux œufs, deux aux fruits et légumes. Leur droit de commission, qui varie selon la marchandise, est en général de 1 pour 100; le plus élevé est de 2 1/2.

La confiance dont jouissent les facteurs sur la place de Paris et dans les provinces est extraordinaire; elle est d'ailleurs amplement justifiée par leur probité et par la sûreté absolue des relations qu'on entretient avec eux. En 1848, au moment où les billets de la Banque de France elle-même ne passaient que difficilement, le *papier* des facteurs de la Halle était accepté partout, sans perte, comme espèces métalliques. Il est absolument interdit aux facteurs, sous peine de révocation immédiate, de faire le commerce où la commission pour leur propre compte; ils sont, ne doivent et ne peuvent être que des intermédiaires. Il était peut-être possible de se passer de facteurs autrefois, quand la zone nourricière de Paris s'étendait à vingt lieues au plus; mais maintenant que la Russie nous envoie ses moutons et son gibier, l'Algérie ses légumes, l'Espagne ses oranges, la Hollande, la Suisse, l'Italie leurs poissons d'eau douce, l'Angleterre sa marée, les facteurs sont indispensables et apportent à l'alimentation publique un concours d'autant plus précieux que les besoins deviennent chaque jour plus nombreux et plus pressants.

C'est un vieil axiome de police que « tout ce qui entre au corps humain doit être sain et loyal »; aussi le service de l'approvisionnement de Paris comprend-il un certain nombre d'employés spéciaux qui sont chargés d'examiner les denrées mises en vente et offertes au public. La mission de ces agents n'est pas seulement circonscrite aux halles et aux marchés, elle s'étend à tout Paris, à chaque boutique où l'on vend des denrées alimentaires, à chaque étal, à chaque cabaret, à chaque charrette à bras qui porte dans les rues des légumes, du poisson ou des fruits. Ils veillent sur la santé publique et saisissent impitoyablement toute marchandise avariée ou frelatée. A côté de ces agents qui, toujours en mouvement, sont à la recherche des contraventions qu'ils doivent réprimer, se placent les vérificateurs des poids et mesures [1]; armés de l'ordonnance royale du 17 avril 1839, ils sont chargés de constater l'exactitude des poids, des balances, des mesures de capacité, et de rappeler au marchand, s'il était tenté de l'oublier, que, d'après l'article 8 de la loi, « tout instrument nouvellement acheté, neuf ou d'occasion, doit être immédiatement présenté au vérificateur de l'arrondissement pour y être marqué du poinçon de l'année. » Ces deux ordres d'agents assurent aux transactions, dans la mesure du possible, une sincérité absolue.

Le service général de l'approvisionnement comporte huit halles où se fait la vente en gros, cinquante-sept marchés de détail, un marché central pour les bestiaux, quatre abattoirs. Le personnel qu'occupent ces soixante-dix établissements est bien plus nombreux qu'on ne l'imagine à première vue, car il se compose environ de 30,000 personnes, qui sont toutes placées sous l'autorité de la préfecture de police en ce qui concerne leur industrie ou leurs fonctions. Ce sont, en dé-

---

[1] L'origine de la vérification des poids et mesures remonte, en réalité, au fondateur même des halles de Paris. En 1220, Philippe-Auguste autorisa la corporation des marchands de la marchandise d'eau à établir des jurés-crieurs ; il leur afferma, pour la somme de 320 livres par an, les poids et les mesures et leur abandonna, comme équivalent, la haute police et la basse justice en cette matière. Voir Leroux de Lincy, *Hist. de l'Hôtel de Ville*, p. 110.

hors du personnel administratif, qui seul comprend 275 employés, les facteurs, les forts, les gardiens, les porteurs, les surveillants des abattoirs, les conducteurs de bestiaux, les titulaires de places sur les marchés, les aides, etc. Tout cela marche régulièrement, activement, comme une troupe rompue à la discipline.

Au-dessus de tous les agents dont je viens de parler plane l'inspection ; elle se compose d'un inspecteur général et d'un adjoint. Ce sont ces derniers qui s'assurent que les règlements sont observés, que tout est en ordre dans ce monde à part des Halles ; qui signalent immédiatement tout fait accidentel survenu dans l'apport ou la vente des denrées ; qui, par leurs employés inférieurs, pénètrent jusque dans les derniers détails du marché ; qui contrôlent les opérations des facteurs ; qui reçoivent les rapports, les approuvent ou les modifient avant de les envoyer à l'autorité compétente. Enfin ils représentent les organes essentiels du mouvement dont l'impulsion est donnée par la deuxième division de la préfecture de police.

Un décret du 10 octobre 1859 a réglé les attributions de la préfecture de police et de la préfecture de la Seine. Cette dernière est chargée de tout ce qui concerne la construction et l'entretien des halles et marchés, de la fixation des tarifs, des services de la voirie et du stationnement des voitures, enfin de la perception des droits municipaux. Pour favoriser autant que possible un apport abondant de denrées sur les marchés publics et pour dispenser la population d'avoir recours à des intermédiaires toujours onéreux, on a établi une différence notable entre les droits d'octroi. Ceux que l'on réclame aux barrières sur les objets de consommation directement adressés aux marchands de détail ou aux particuliers sont généralement perçus selon le poids, tandis que ceux qui frappent les denrées vendues à la criée publique varient selon le cours du jour et sont pour cela même appelés droits *ad valorem*. Un exemple fera saisir immédiatement l'avantage de cette combinaison. Un faisan dont la valeur moyenne est de 5 francs, introduit à Paris par un particulier, acquitte un droit fixe de 1 fr. 50 centimes ; vendu le même prix, à la criée publique des Halles, il paye 10 pour 100, c'est-à-dire 50 centimes. C'est un décret du gouvernement provisoire, en date du 24 avril 1848, qui a établi cette disposition, excellente en soi, mais que le renchérissement successif des denrées va peut-être rendre illusoire. Il faudra, pour en maintenir toute l'importance, ou diminuer les droits *ad valorem*, ou augmenter les droits de perception directe [1].

Cette mesure particulière à l'octroi de Paris entraîne une conséquence qu'il n'est pas inutile de faire connaître. Il est sévèrement interdit aux voituriers qui conduisent des objets destinés aux Halles de s'arrêter en route une fois qu'ils ont franchi les barrières et de déposer aucune partie de leurs marchandises en chemin. Autrement la loi serait facilement éludée et le fisc lésé, puisque les droits municipaux ne sont perçus qu'après la vente même. Pour couper court à l'envie de frauder, des employés de l'octroi escortent les charrettes et camions jusqu'au carreau des Halles ; là, ils les remettent à un de leurs collègues de service, et la vente est surveillée par un agent spécial des perceptions municipales. Comme on le voit, toute précaution est minutieusement prise pour amener le plus de denrées possible sur nos marchés et pour garantir en même temps la rentrée ré-

---

[1] Un décret du 28 juillet 1874 a modifié, d'une façon regrettable, cette organisation pour la vente de la volaille et du gibier. Les droits *ad valorem* payés à la Vallée ont été convertis en taxes d'octroi qui sont bien plus onéreuses. En outre, les marchandises destinées à être vendues sur le marché supportent un droit d'abri de 2 francs par 100 kilogrammes. Cette dernière mesure a eu pour conséquence l'augmentation des envois directs à domicile au détriment du marché

gulière des droits imposés. Ces droits, qui se nomment « remises sur les ventes en gros dans les halles d'approvisionnement », ont produit en 1868 la somme de 5,584,000 francs. Les droits de location dans les marchés régis par la ville se sont élevés à 3,678,300 francs. Les marchés dont l'exploitation a été concédée à des compagnies particulières ont rapporté 409,500 fr. 01 cent., ce qui donne un total de 9,671,800 fr. 01 cent. : total misérable et peu en rapport avec les améliorations importantes que la préfecture de la Seine a apportées depuis quelques années dans la construction et l'aménagement de nos marchés publics. Cependant ce produit a doublé depuis neuf ans, car en 1859 il n'avait été que de 4,769,672 fr. 41 cent.

On voit en quoi consiste l'intervention de l'autorité municipale, qu'elle s'exerce par la préfecture de la Seine ou par la préfecture de police. C'est à cette dernière administration qu'incombent la tâche la plus lourde et les précautions les plus subtiles, car il est naturel que le magistrat responsable de la tranquillité publique ait la haute main sur tout ce qui touche à la grosse question des subsistances. Grâce à notre législation sur la matière; grâce aux mesures administratives que j'ai rapidement indiquées, cette question est devenue de jour en jour moins redoutable ; l'impulsion donnée est acquise et ne se ralentira pas. On a profité habilement des fautes du passé pour faire face aux nécessités du présent et assurer l'avenir. Quoique la moins-value des monnaies métalliques et l'agglomération sur un seul point d'une population énorme rendent la vie matérielle de plus en plus chère, celle-ci garde son niveau et est en rapport direct avec l'augmentation des salaires et de la fortune générale. L'important c'est que les denrées ne manquent pas, et tous les moyens sont mis en œuvre pour les attirer en abondance.

Les compagnies de chemins de fer ont compris de la façon la plus libérale le rôle bienfaisant qu'elles étaient appelées à remplir dans l'alimentation publique. Successivement et selon les circonstances, elles ont abaissé leurs tarifs jusqu'à les mettre à la portée des plus petites bourses. Dès qu'un colis dépasse un certain poids réglementaire, on obtient pour lui des facilités de transport considérables. La denrée, ne payant que fort peu pour arriver à Paris, se vend naturellement moins cher, et c'est, en somme, le consommateur qui profite de tous les avantages accordés au commerce. Au fur et à mesure que, continuant la construction des réseaux projetés, les chemins de fer s'éloignent de Paris, ils ouvrent des débouchés nouveaux, pénètrent dans des centres de production fermés jadis et qui maintenant s'empressent, car leur intérêt les y convie, d'établir des relations avec nos Halles.

Loin de craindre que les marchés soient quelquefois insuffisants pour les besoins de la capitale, on aurait plutôt à redouter un encombrement momentané, si les nations voisines, connaissant nos inépuisables ressources, ne venaient bien souvent s'alimenter à Paris même. L'Angleterre fait sur nos Halles des achats considérables d'œufs, de beurre, de légumes, de fruits et même de viande. La prétendue liberté de ses marchés, fondée sur des priviléges exclusifs légués de père en fils, de famille en famille, ne peut lui donner les résultats que nous obtenons avec la simple organisation de nos facteurs. Nous avons résolu à Paris ce problème difficile : pourvoir à tous les besoins d'une population immense sans qu'elle puisse jamais concevoir un sentiment d'inquiétude et sans même qu'elle s'aperçoive des précautions prises pour assurer le service de son alimentation Et cependant l'approvisionnement que nécessitent ces besoins est énorme. Paris est gros mangeur ; chaque jour il exige impérieusement la nourriture indispensable aux 1,825,274 habitants qui constituent sa population fixe. C'est par millions de têtes, de kilogrammes, d'hectolitres, qu'arrivent les animaux, les denrées, les boissons destinés à calmer un appétit toujours renaissant. L'apport, l'installation sur les marchés publics, la vente à la criée, la revente au détail d'une si grande quantité de subsistances, la surveillance, les soins, les précautions dont elles sont l'objet, les formalités qui assurent la fidélité du débit, le mécanisme administratif mettant en mouvement et ménageant scrupuleusement les intérêts du producteur et ceux du consommateur, les mesures de police qui complètent les mesures fiscales, les lieux différents réservés aux transactions diverses, les fonctions des agents multiples qui font respecter les règlements, maintiennent l'ordre et dénouent sur place tant de contestations inévitables, enfin le travail immense qui s'accomplit avec régularité en quelques heures pendant que le Paris oisif sommeille encore, est un des plus curieux que l'on puisse étudier.

Appendice. — Quoique l'institution des facteurs près des halles et marchés soit sérieusement menacée par la Préfecture de la Seine, elle subsiste encore et continue à rendre au public des services qui devraient la faire respecter. Il n'y a plus à la Halle aux Blés que 12 facteurs en exercice : 4 pour les farines, 8 pour les grains et grenailles ; en revanche un nouveau facteur aux beurres a été créé par arrêté du 20 février 1875 ; le factorat parisien est donc naturellement représenté par 44 titulaires.

Le service spécial chargé d'assurer la sincérité des opérations et de vérifier les denrées alimentaires vendues à la population fonctionne toujours avec une régularité irréprochable ; il se compose de 8 commissaires de police inspecteurs des poids et mesures qui surveillent l'emploi des instruments de pesage et de mesurage de tous les commerçants de Paris et qui constatent les fraudes ; 22 inspecteurs de comestibles, 17 inspecteurs de la boucherie, 30 dégustateurs des boissons, 30 inspecteurs des combustibles, forment des brigades ambulantes qui n'ont pas trop de douze heures par jour pour essayer de mettre obstacle aux sophistications où les marchands excellent plus que jamais.

En 1873, les remises sur les ventes en gros dans les halles d'approvisionnement ont produit 8,492,644 fr. 09 c.; les droits de location dans les marchés régis par la ville ont rapporté 4,055,952 fr. 45 c.; et les marchés concédés à des compagnies particulières ont compté pour 411,000 fr. 01 c. : le total, qui est de 12,959,596 fr. 55 c., accuse une augmentation de 3,287,796 fr. sur celui de l'année 1868.

CHAPITRE VII

LE PAIN, LA VIANDE ET LE VIN

I. — LA HALLE AUX BLÉS.

Les trois aliments primordiaux. — La vieille Halle aux Blés. — Hôtel de Soissons. — Souvenir de Law. — La coupole. — La halle. — Calme et désert. — Marché en plein vent. — Agiotage. — *Filière*. — Entrée des blés et farines. — Moulins. — Transports par chemin de fer. — Mélanges. — La boulangerie. — Le grand panetier de France. — Arrêté du 19 vendémiaire an X. — Prescriptions léonines. — Rapport proportionnel des boulangers et de la population. — Taxe instantanée. — Taxe périodique. — Le système de compensation. — Liberté de la boulangerie. — La même chose en d'autres termes. — Le pain. — Nombre des boulangers. — Pain municipal. — Pain *extérieur*. — Consommation.

Le pain, la viande et le vin sont les trois éléments primordiaux de l'alimentation parisienne ; les autres denrées ne doivent venir qu'au second plan, car si elles sont utiles, elles ne sont point indispensables. Celles-là seules sont de première nécessité qui assurent la vie de l'homme, augmentent ses forces et lui permettent d'accroître la somme de travail dont il est capable. Aussi, comme nous l'avons dit plus haut, on s'est toujours préoccupé d'attirer vers Paris et d'y retenir les farines, les bestiaux, les liquides en quantité suffisante pour pourvoir à sa consommation quotidienne. De tous temps, aux époques les plus reculées comme les plus récentes, les plus troublées comme les plus calmes, on a établi des lieux spéciaux régis par des règlements sévères, où doit se faire publiquement la vente de ces objets d'une nécessité si rigoureuse qu'elle touche aux plus hauts intérêts de la politique et de l'ordre social. Les emplacements directement soumis à l'autorité municipale sont la Halle aux Blés, le marché aux bestiaux, les abattoirs et l'entrepôt général des liquides.

Sur les plans de Quesnel, de Gomboust, de Turgot, on voit très-nettement la configuration de l'ancienne Halle aux Blés. Large triangle compris entre les rues de la Fromagerie, de la Cordonnerie, de la Tonnellerie, elle était composée d'une vaste cour fermée par de hautes maisons, et se trouvait située à l'endroit où la rue des Halles débouche aujourd'hui sur le marché. Serrée entre des voies étroites que l'accroissement de la population rendait de plus en plus incommodes, elle resta là jusqu'en 1767. Par lettres patentes en forme de déclaration, datées du 25 novembre 1762, Louis XV avait ordonné que la Halle aux Blés serait reconstruite à l'endroit même où nous la voyons aujourd'hui. Les terrains qu'elle occupe étaient jadis un vignoble appartenant aux seigneurs de Nesle; ils y firent bâtir, dans les premières années du treizième siècle, une maison de plaisance qu'ils donnèrent à saint Louis par acte authentique de 1232. C'est là que résida Blanche de Castille. L'habitation eut successivement pour propriétaires Philippe le Bel, Charles de Valois, Jean de Luxembourg, qu'on appelait le roi de Béhaigne (Bohême), et qui mourut à la bataille de Crécy. Ayant fait retour à la couronne, en vertu du mariage de Bonne de Luxembourg et du roi Jean, l'hôtel de Nesle fut, en 1355, offert par ce dernier au comte Amédée VI de Savoie. Acquis par Louis d'Anjou et repris pour la somme de 1,200 livres, au nom de Charles VI, il appartint à Louis d'Orléans. En 1500, Louis XII en abandonna une partie aux religieuses pénitentes et céda l'autre à Robert de Framezelles. Catherine de Médicis racheta en 1572 et 1573 une portion de ces terrains et y éleva un palais magnifique qu'on nomma l'Hôtel de la Reine. La tour où elle montait pour étudier les conjonctions astrologiques existe encore, déguisée en fontaine et munie d'un gnomon.

De mains royales en mains royales l'Hôtel de la Reine passa, le 21 janvier 1606, entre celles de Charles de Bourbon, comte de Soissons; dès lors ce palais et ses dépendances prirent le nom du nouveau possesseur. Entré dans les domaines du prince de Carignan, il fut utilisé par Law pendant la fureur de l'agiotage, et le cabinet des estampes de la Bibliothèque impériale garde une très-curieuse gravure qui représente l'hôtel de Soissons et le jardin divisé en logettes, avec ce titre : *Plan de la Bourse de Paris, établie par ordonnance du roy, le 1er août 1720.* Le prince de Carignan mourut insolvable ; ses créanciers firent détruire l'hôtel en 1748 et 1749, à l'exception de la colonne élevée autrefois par Bullant; celle-ci avait été achetée par Bachaumont, qui la céda à la ville sous condition qu'elle ne serait pas renversée. La ville acquit les terrains en 1755, et dès que l'ordonnance royale eut été rendue, sept ans après, on se mit à l'œuvre. La coupole, qui exigea un long et minutieux travail, ne fut terminée qu'en 1783 ; en 1802, elle s'écroula. Un décret impérial du 4 septembre 1807 en prescrivit la reconstruction, et spécifia même les matériaux qu'on devait y employer, car il est dit : « La Halle aux Blés sera couverte au moyen d'une charpente en fer, dont les arcs verticaux seront en fer fondu. Elle sera couverte en planches de cuivre étamé. » Terminée en décembre

1811, elle n'a plus été modifiée, et nous la voyons aujourd'hui telle qu'elle était alors.

Cette halle est un bâtiment circulaire, lourd, épais, sans grâce et sans grandeur, qui n'a rien de curieux qu'un écho vertical d'une puissance et d'une rapidité extraordinaires. La colonne de Catherine de Médicis n'offre qu'un médiocre intérêt, malgré le très-remarquable escalier en vis qui en garnit l'intérieur ; elle ressemble au couteau de Jeannot, dont on refaisait le manche après y avoir adapté une nouvelle lame ; elle a été réparée si souvent que la mère des derniers Valois ne la reconnaîtrait plus. L'aspect intérieur de la coupole est désagréable ; Victor Hugo l'a définie d'un mot cruel, mais mérité : « Le dôme de la Halle au Blé est une casquette de jockey anglais sur une grande échelle. » Elle est supportée par vingt-quatre arcades plein cintre sans ornement qui donnent à cette immense salle un aspect singulièrement froid et monotone. Un double escalier conduit au premier étage, où sont situés les bureaux des employés de l'administration, et au second étage, qui sert de halle aux toiles.

Autant les marchés de Paris sont bruyants et animés d'une fiévreuse activité, autant celui-ci est calme et pour ainsi dire endormi. Des sacs de grains sont empilés, çà et là, les uns sur les autres ; d'autres sont entr'ouverts pour laisser apercevoir les lentilles, les haricots, les farines, les maïs qu'ils contiennent ; un sergent de ville ennuyé se promène les mains derrière le dos ; quelques *forts* causent entre eux, à demi couchés sur des bancs, le grand chapeau à leurs pieds, le bâton à clous de cuivre pendu au poignet ; quelques rares passants traversent, en prenant garde de ne point se blanchir, les ruelles ménagées entre les monceaux de sacs ; le long des piliers s'élèvent des baraques en bois louées à raison de 50 centimes par jour, et où des marchandes au détail tricotent en attendant les pratiques ; est-ce un marché public, est-ce un magasin insuffisamment garni ? On peut s'y tromper.

Malgré tous les efforts de l'administration, on n'est jamais parvenu à retenir dans l'enceinte même de la Halle aux Blés les marchands de grains et de farines, les minotiers et les boulangers. C'est dans la rue de Viarmes, dans les cafés voisins qu'ils se tiennent, débattent leurs intérêts et font leurs affaires. Dire le chiffre de ces dernières est impossible, car le grain, comme toute denrée de consommation indispensable que le temps ne détériore pas, est devenu un objet de spéculation au lieu de rester ce qu'il devrait être, le plus respectable des objets de trafic. Les hommes qui se réunissent là autour de cette vaste rotonde les lundis, mercredis et samedis, sont en général des agioteurs bien plus que des commerçants. On achète des farines avec report et fin courant, comme ailleurs on fait des opérations sur des valeurs fictives. Les différences se payent sans que la marchandise ait été livrée ou même entrevue, et il peut se trouver tel négociant en grains qui se soit enrichi ou ruiné sans avoir jamais fait glisser dans ses mains une poignée de seigle ou de froment.

Certaines farines dont la provenance est notoire sont plus recherchées que les autres et trouvent immédiatement un débit assuré. Ce sont les farines dites des *quatre marques*, dont chacune représente la marque d'un meunier spécial. On en a, il y a dix ans environ, adopté quatre autres, ce qui porte les farines demandées, on peut même dire célèbres, à huit marques. Dès qu'une partie de farine a été déposée dans un magasin, le fait de ce dépôt est constaté par un bulletin de récépissé connu sous le nom de *filière*. Ce bulletin devient dès lors l'objet même de la spéculation ; selon que les farines sont en hausse ou en baisse, il acquiert ou perd de la valeur ; on le transmet par voie d'endossement comme un billet à ordre ; le dernier signataire, celui qui se fait délivrer la marchandise, est le seul qui ait à acquitter le prix originel entre les mains du propriétaire qui a opéré le dépôt. Les *filières* des *huit marques* portent parfois la signature de plusieurs centaines de personnes qui toutes ont participé à la spéculation avec des chances diverses, mais dont deux seulement — le premier vendeur et le dernier acheteur — ont fait un commerce réel. On comprend d'après cela combien il est difficile de savoir à la Halle aux Blés sur quelles quantités de grains les opérations sérieuses ont eu lieu ; mais nous avons pour nous renseigner avec certitude les constatations de l'octroi. En 1868 il est entré à Paris 11,157,192 kilogrammes de blés et 218,514,849 kilogrammes de farines.

Le chiffre des farines est bien plus élevé que celui des grains ; ce fait s'explique de lui-même ; Paris ne possède que deux ou trois moulins, tandis que les départements ont des minoteries considérables. Ce sont ces dernières qui alimentent la capitale. Six cents meuniers environ répandus dans trente-six départements concourent, en temps régulier, à notre approvisionnement. Le département de Seine-et-Oise compte jusqu'à 250 moulins en rapport avec Paris ; Seine-et-Marne, 80 ; Eure-et-Loir, 66 ; puis le nombre va en diminuant jusqu'à la Moselle, la Côte-d'Or, les Bouches-du-Rhône, la Dordogne, qui chacun n'en possèdent qu'un seul. Les farines principalement employées à Paris proviennent des blés de Beauce, de Brie et de Picardie. Les qualités nutritives en sont égales, mais les nuances diffèrent ; la première est très-blanche, la seconde légèrement rousse, la troisième est d'une couleur intermédiaire entre les deux précédentes. Ces trois types de farines mêlés ensemble arrivent à en former un seul qui sert de base à la fabrication de notre pain. Les boulangers font le mélange eux-mêmes, chez eux, dans une chambre spéciale, car ils achètent ces diverses farines en sacs séparés à la Halle aux Blés.

Si le commerce des grains jouit depuis longtemps déjà d'une franchise qui lui a permis de prendre enfin l'essor dont il était susceptible, il n'en est pas ainsi du commerce de la boulangerie qui, pendant bien des années tenu sous le régime d'une réglementation des plus sévères, n'en est pas encore arrivé, quoi qu'on puisse croire, à la liberté absolue. Il n'y a pas à revenir sur les entraves dont les derniers siècles embarrassaient toute transaction qui avait pour objet les denrées alimentaires, mais il est utile de faire connaître quelles sont les différentes précautions restrictives qui, de notre temps, ont entouré la profession de boulanger. Elle ne relève plus du grand panetier de France, comme avant l'ordonnance du 25 septembre 1372, mais elle dépend encore de l'autorité municipale qui, dans certains cas prévus et déterminés, peut toujours intervenir.

Un arrêté consulaire du 19 vendémiaire an X en consacrait le monopole, et exigeait de chaque boulanger un approvisionnement de farines proportionné à l'importance du débit, approvisionnement qui devait être déposé en partie dans les magasins de l'État (grenier d'abondance ou de réserve) et en partie gardé au domicile même du boulanger. Une série de décrets et d'ordonnances promulgués de 1812 à 1828 ne se rapportent qu'à des modifications de détail. Les prescriptions auxquelles les boulangers étaient astreints peuvent se résumer ainsi : obligation d'obtenir une permission après justification de bonnes vie et mœurs, d'apprentissage suffisant et de connaissance du métier; obligation d'un dépôt d'approvisionnement ; obligation d'exercer à l'endroit fixé par l'autorité compétente et d'avoir la boutique toujours garnie de pain; défense d'abandonner sa profession avant d'en avoir donné l'avis préalable six mois d'avance; faculté pour l'autorité municipale d'interdire le boulanger dont l'approvisionnement est incomplet, d'emprisonner administrativement le boulanger dont l'approvisionnement est épuisé jusqu'à ce qu'il l'ait reconstitué ou en ait versé la valeur représentative à la caisse des hospices; défense de faire vendre ailleurs que dans sa boutique; obligation d'accepter la taxe officielle. L'ordonnance qui accordait au préfet ou au maire le droit exorbitant de faire, en dehors de l'action de la justice, incarcérer un boulanger, a été rapportée en 1849; mais les autres prescriptions furent maintenues et étaient encore en vigueur il y a peu d'années.

Le nombre des boulangers de Paris était calculé de façon qu'il y en eût un pour 1,800 habitants, et l'approvisionnement qu'on exigeait d'eux devait pouvoir subvenir pendant trois mois aux besoins de la consommation parisienne. Au moment de son extension, Paris comptait 604 boulangers, auxquels l'annexion de la banlieue en a ajouté 319. Il n'y avait pas de commerce moins libre; on a souvent sans raison comparé la taxation à la loi du maximum; l'une en effet existait avant l'autre, car l'article 30 de la loi des 19-22 juin 1791 reconnaît positivement à l'autorité municipale le droit de fixer le prix du pain. Les différents éléments dont on se servait pour déterminer la taxe étaient le prix du blé d'après les mercuriales, les frais de mouture, le poids du blé, le rendement du blé en farine, le rendement de la farine en pain, et enfin une allocation de sept francs pour la panification d'un quintal métrique de farine. C'étaient là les bases immuables sur lesquelles on appuyait la taxe depuis 1811, époque à laquelle on commença à faire des calculs proportionnels sérieux pour arriver à satisfaire d'une façon équitable les droits du fabricant et les nécessités du consommateur.

Pendant plusieurs années la taxe n'était modifiée que rarement, dans certaines circonstances exceptionnelles d'accroissement ou de diminution rapide du prix des céréales ; c'est ce qu'on appelait *la taxe instantanée ;* mais à partir de 1823 le prix du pain a été fixé par le préfet de police, tous les quinze jours, après délibération d'une commission municipale [1], d'après la valeur moyenne des farines de première et de seconde qualité vendues à la Halle pendant les deux dernières semaines ; c'est là la *taxe périodique* qui fonctionnait hier encore.

Deux décrets du 27 décembre 1853 et du 7 janvier 1854 instituèrent pour la boulangerie une caisse garantie par la ville de Paris et surveillée par le préfet de la Seine. C'est alors que commença le système de compensation. En dehors de diverses opérations qui étaient destinées à faire des avances aux boulangers, à solder leurs achats de farines et qui ne rentrent pas d'une manière impérative dans notre sujet, la caisse devait percevoir et payer les différences que la taxation imposait aux boulangers entre la valeur réelle et le prix de vente. Ainsi, lorsque la récolte abondante devait faire abaisser d'une façon notable le taux du pain, on le maintenait à une certaine élévation, et l'excédant du prix de vente était versé à la caisse de la boulangerie, qui se constituait ainsi un fonds de réserve ajouté aux 56 millions qu'elle avait été autorisée à emprunter par décrets du 18 janvier 1854, du 20 janvier et du 15 mars 1855 ; mais par contre, lorsque, les céréales manquant sur le marché, le pain était menacé d'une augmentation trop onéreuse pour la population de Paris, la taxe était fixée au-

---

[1] Cette commission était composée du chef de la seconde division, du chef du premier bureau de la seconde division de la préfecture de police, de l'inspecteur général des halles et marchés, des deux syndics de la boulangerie, du doyen des facteurs aux farines et d'un meunier.

dessous du cours normal, et le déficit que dans ce cas chaque boulanger avait à supporter était remboursé par la caisse. Ce système, que l'état inquiétant de nos récoltes en 1853 avait fait imaginer, était simple, ingénieux, d'une application facile et a rendu de sérieux services aux habitants de Paris.

On a pu croire qu'on y renonçait définitivement lorsque le décret du 22 juin 1863 proclama la liberté de la boulangerie[1], et que celui du 31 août de la même année modifia l'organisation de la caisse; il n'en fut rien. En effet, ce dernier décret, qui établissait un droit d'octroi supplémentaire de un centime par kilogramme de blé et de un centime trois millièmes par kilogramme de farine, disait à l'article 5 : « Toutes les fois que le prix pour le kilogramme de pain de première qualité dépassera 50 centimes, *d'après les appréciations de l'administration municipale,* la caisse de la boulangerie supportera l'excédant. » Or le nouvel impôt était destiné à remplacer la surtaxe de compensation. Les mots ont changé, le fait est resté le même. L'année 1868, au point de vue du produit des céréales, a été exceptionnellement mauvaise ; dès l'automne de 1867, le prix du pain monta d'une façon inquiétante, il avait dépassé un franc les deux kilogrammes; le préfet de la Seine est intervenu immédiatement, et, le 8 novembre 1867, il a rendu un arrêté par lequel, sous des termes différents, la taxe est rétablie. Le bénéfice de la panification est porté à neuf francs au lieu de sept, le prix du kilogramme de pain est fixé à un maximum de 50 centimes et la diffé-

[1] Un essai fut tenté sous François I*er* pour établir la liberté de la boulangerie. Le 15 février 1523 un « cry à son de trompe » fut fait dans les rues de Paris pour apprendre à la population que dorénavant chacun pourrait exercer la profession de boulanger; que tout acheteur aurait le droit de faire peser son pain et que, si le poids exact ne se trouvait pas, il y aurait, pour la première fois, confiscation du pain ; pour la seconde, une amende de soixante livres ; pour la troisième, confiscation de corps et de biens.

rence est remboursée aux boulangers. Cet arrêté n'avait aucune force obligatoire; mais le commerce de la boulangerie s'y est soumis immédiatement, et c'est grâce à ces prescriptions que nous avons traversé sans troubles des conjonctures très-pénibles qui ont pesé d'une façon redoutable sur le nord de l'Europe et sur l'Algérie. Le meilleur moyen de ne jamais manquer de blé est encore de supprimer les droits de douane et d'abaisser jusqu'aux dernières limites les frais de transport des céréales sur les chemins de fer.

Malgré le décret du 22 juin 1863, la situation de la boulangerie parisienne n'a donc pas été essentiellement modifiée; elle échappe, il est vrai, à la limitation et à l'approvisionnement forcé, mais elle est restée exposée à l'influence directe de l'autorité dès que le prix du pain dépasse un certain taux. Par là, le gouvernement semble se démentir lui-même. Doit-on l'approuver ou le blâmer? C'est aux économistes à décider la question. Il ne faudrait pas s'étonner cependant, si la récolte des années prochaines n'est pas abondante, qu'on en revînt purement et simplement à la taxe périodique. Si ce système est contraire à la liberté des transactions, il a du moins cet avantage inappréciable de rassurer la population et de lui prouver qu'elle ne paye pas le pain au-dessus de sa valeur réelle.

Il est inutile de dire comment se fait le pain, de raconter ce que c'est que *la délayure*, *la frase, la contre-frase, le découpage* et *la cuisson*. Tout le monde sait qu'un ferment est nécessaire pour faire lever la pâte, c'est-à-dire pour développer en elle du gaz carbonique qui la gonfle, la perce de petites cavités nombreuses, la rend légère, nourrissante et digestive. On opère généralement à Paris avec du *levain*, portion de pâte déjà fermentée et gardée dans une pièce dont la température est invariable, ou avec de la *levûre* de bière. Ce qui constitue l'infériorité indiscutable du pain parisien par rapport au pain allemand, c'est que ce dernier est toujours fait avec de la levûre fraîche, tandis que le nôtre est préparé avec de la levûre sèche, qui, pour peu qu'elle ne soit pas employée dans les proportions précises, donne à la pâte une saveur désagréable. Un quintal métrique de farine produit 130 kilogrammes de pain; le blé rend poids pour poids; ce sont là du moins les calculs officiels vérifiés par l'expérience et sur lesquels on s'est toujours appuyé pour établir la taxe.

Une cause qui tend à maintenir le pain à un taux élevé, c'est que l'exploitation des boulangeries a augmenté dans des proportions considérables. Autrefois il y avait 920 boulangers; en juin 1869 on en compte 1,286[1]; la clientèle s'est donc répandue et divisée; mais les frais n'ont pas diminué, et dès lors les prix n'ont pu être abaissés. La préfecture de la Seine, afin d'assurer à la population des subsistances en rapport avec les petites bourses, fait vendre sur les halles et les marchés du pain de deuxième qualité fabriqué à la boulangerie municipale pour les hospices et les prisons. Ce pain a bonne apparence, quoiqu'il soit opaque et trop chargé de mie. En général, il n'est pas à souhaiter que l'État se fasse commerçant; c'est là un mauvais principe, car les moyens dont il dispose sont tels qu'il peut arriver facilement au monopole. Dans le cas présent, l'intention qui a dirigé la préfecture de la Seine est honorable. La population de Paris a une sorte d'aversion instinctive pour le pain de deuxième qualité, dont elle n'use que

---

[1] C'est beaucoup moins qu'au dix-septième siècle. En 1680, il y avait à Paris 650 boulangers fabriquant des petits pains, et dans les faubourgs 950 vendant du gros pain. Le nombre avait singulièrement augmenté en quelques années, car Saurat n'en compte, en 1635, que 1524, « dont cinq à six cents sont de la ville et des faubourgs, les autres qui y viennent apportent du pain de différents endroits des environs, dont le principal est Gonesse. »

lorsqu'elle ne peut faire autrement. Un relevé fait en 1859 prouve que la vente du pain de première qualité effectuée par les boulangers en boutique s'est élevée à 161,751,231 kilogrammes, tandis que celle du pain de seconde qualité n'a atteint que le chiffre de 2,005,918 kilogrammes. On a voulu prouver aux consommateurs que le pain municipal était bon et avait de sérieuses qualités nutritives; y est-on parvenu? C'est à en douter; car quoiqu'il coûte cinq centimes de moins par kilo, il n'en a été vendu sur les marchés que 1,591,940 kilogrammes pendant le cours de l'année 1868[1].

En dehors de leurs 1,286 boutiques munies de fours, les boulangers ont dans différents quartiers 526 dépôts qu'ils alimentent avec les produits de leur fabrication ; de plus, le décret qui a proclamé la liberté de ce genre de commerce a permis aux boulangers des départements de faire entrer du pain dans Paris, à la condition de payer aux barrières un droit d'un centime par kilogramme. Certaines espèces de pain de nos environs avaient jadis une grande réputation ; on sait que le pain de Gonesse était considéré comme le meilleur de tous ceux qui se fabriquaient en France ; cette vieille renommée semble ne plus subsister aujourd'hui, et les arrivages de pain *extérieur* n'apportent qu'un appoint insignifiant aux quantités que Paris absorbe chaque année. En effet, les entrées, pour 1868, ne se sont élevées qu'au chiffre de 2,082,090 kilogrammes, chiffre très-minime par rapport à la consommation de Paris, qui, pendant le cours de la même année, a été de 276,681,939 kilogr. 150 gr. : ce qui donne par habitant une consommation annuelle de 151 kilogr. 583 gr., et

[1] Ce n'est pas d'aujourd'hui que les Français se montrent très-difficiles sur la qualité du pain ; dans sa *Campagne de France,* Gœthe s'émerveille de voir de jeunes paysans requis pour conduire sa voiture refuser nettement de manger le pain de munition qu'il leur offrait et dont il se contentait lui-même.

une consommation quotidienne de 415 gr. 29 centigrammes.

II. — LE MARCHÉ AUX BESTIAUX.

Poissy et Sceaux. — Marché de la Villette. — Frais de transport et de chargement. — Régie. — Droits d'entrée au marché. — Droits d'abri. — Le nouveau marché. — Les halles de vente. — Bouveries et bergeries. — Aménagements mal compris. — Formalités. — Estampilles. — La flânerie. — Chiens de berger. — *Garantie nonaire*. — Troupeaux. — Envois successifs. — L'alimentation et la force musculaire. — *Caveant consules*.

Au seizième siècle, deux marchés à bestiaux furent établis aux environs de Paris : l'un à Poissy, pour les bœufs venus de Normandie, l'autre à Sceaux, pour les moutons de Brie et de Champagne ; le marché aux veaux, longtemps situé près de la place du Châtelet, fut, par arrêt du 8 février 1646, transféré sur le quai des Ormes. Ces trois marchés, où affluait, à jours désignés, toute la viande sur pied destinée à l'alimentation de Paris, fonctionnaient il y a peu de temps encore ; celui de Poissy n'a pas perdu toute son importance, et de vieilles habitudes traditionnelles y ramènent encore quelques marchands. Cependant un décret du 6 avril 1859 déclarait d'utilité publique la construction à Paris d'un marché central aux bestiaux ; on trouvait avec raison qu'il était inutile d'aller s'approvisionner au dehors, et qu'il était plus simple d'attirer les animaux sur les lieux mêmes où ils devaient être abattus, dépecés et consommés.

A la Villette, nouvellement annexée, vers l'extrémité de la rue d'Allemagne, en limite de la route militaire côtoyée par les fortifications, auprès du canal de l'Ourcq, à deux pas de la porte de Pantin, sur un vaste terrain contenant 23 hectares, on a élevé le nouveau marché aux bestiaux, qui doit, par la seule force des choses et dans un temps très-rapproché, absorber à son profit tout le trafic du bétail. Une convention passée entre le préfet de la Seine et l'un des administrateurs du chemin de fer de ceinture, en date du 26 juillet 1864, et approuvée par le conseil municipal le 4 août de la même année, a eu pour résultat la construction d'un embranchement de voie ferrée qui amène les bestiaux dans l'enceinte même du marché. Le prix du transport est fixé par tête et par kilomètre à 10 centimes pour un bœuf, 4 centimes pour un porc ou un veau, 2 centimes pour un mouton; les frais de chargement et de déchargement sont de 5 centimes par mouton, 20 centimes par porc et par veau, 50 centimes par bœuf. Une régie adjugée sur soumission cachetée a été chargée de l'établissement du marché, de la construction du chemin de fer, de l'exploitation du marché pendant cinquante ans. D'après le cahier des charges autorisé par décret du 11 décembre 1864, les régisseurs perçoivent pour l'entrée sur le marché un droit de 2 francs 50 centimes par bœuf, de 1 franc par veau, de 50 centimes par porc, de 25 centimes par mouton; de plus, tout animal vendu ou non vendu est soumis à un droit d'abri par chaque nuit qu'il passe dans le marché; ce droit varie de 50 à 10 centimes, selon qu'il s'agit de bœufs ou de moutons. Le premier marché a été tenu le 21 octobre 1867 sur le nouvel emplacement, qui, deux jours auparavant, avait été inauguré.

Derrière des grilles élevées sur la rue d'Allemagne, l'établissement s'ouvre par un large préau divisé en barrières assez semblables à celles qu'on met à la porte des théâtres dans les jours d'affluence; c'est par là que les bestiaux doivent passer, afin de pouvoir être plus facilement comptés par les employés de l'octroi. Sur une place actuellement nue, triste et grise, mais qui plus tard sera sans doute gazonnée[1], se dresse, dans toute la laideur de sa simplicité, cette fontaine qu'on voyait jadis près de la caserne du Prince-Eugène, et qui ressemble à ces maigres surtouts où les ménagères de province excellent à étager les petits pots de crème. Deux grands bâtiments en pierre de taille viennent ensuite et sont affectés aux bureaux et au logement des agents de la régie, de la préfecture de la Seine et de la préfecture de police. Deux abreuvoirs à pente douce précèdent les halles immenses destinées à abriter le bétail pendant la vente.

Ces halles parallèles, au nombre de trois, sont divisées par de larges rues qui permettent aux voitures apportant les menus bestiaux d'aborder contre le quai même du marché. C'est une vaste construction composée d'un toit vitré supporté par des colonnettes en fonte. Si c'est glacial en hiver, c'est brûlant pendant l'été; mais les animaux n'y font pas un très-long séjour et du moins ils ne sont pas exposés à toutes les intempéries de l'air. La halle du milieu, consacrée aux bœufs, aux taureaux et aux vaches, a 216 mètres de longueur sur une largeur de $87^m,20$. La halle de droite, réservée aux porcs, a 100 mètres de moins en longueur et une largeur égale; elle est en tout semblable à la halle de gauche, où l'on empile les moutons et les veaux dans des parquets trop étroits. Pendant les jours de grande chaleur, les moutons couverts de laine, forcément pressés les uns contre les autres, seront haletants, promptement épuisés, et l'on en verra plus d'un mourir d'apoplexie foudroyante. Le terrain ne manquait pas, et, quitte à ne pas rester dans une parfaite symétrie de construction, on aurait pu donner aux parcs une ampleur que comportait l'abondance parfois extraordinaire des moutons.

[1] Elle ne l'était pas encore au mois de décembre 1873.

Au delà des halles pleines de mugissements, de bêlements, de grognements, s'étendent les bouveries et les bergeries, grands bâtiments formant étables, surmontés de greniers et disposés de façon à ménager au centre une cour garnie d'un abreuvoir. Ces constructions sont toutes récentes ; elles ont été élevées pour un objet déterminé, et, comme telles, devraient remplir certaines conditions indispensables. Il semble cependant qu'elles pourraient être plus complètes et mieux aménagées à l'intérieur. Les bouveries, disposées pour recevoir 852 animaux, sont divisées en plusieurs compartiments garnis de mangeoires et de râteliers armés d'anneaux ; à certains moments d'entrée et de sortie, les troupeaux sont exposés à se mêler, à se confondre et à produire un grand désordre, parce que chaque compartiment ne s'ouvre pas sur une porte spéciale ; c'est là un inconvénient notable et auquel il serait extrêmement facile de remédier, à la grande joie des conducteurs et des gardiens.

Ce défaut n'existe pas pour les bergeries, dont chaque parquet a une porte particulière qui donne des dégagements commodes et assure la régularité du service. Mais les parcs, contenant cent cinquante animaux, ont des râteliers arrangés de telle sorte que cent seulement peuvent y trouver à manger ; deux râteliers latéraux pour un si grand nombre de bêtes sont manifestement trop restreints, et l'on devrait établir une mangeoire transversale qui, séparant le parquet en deux parties égales, permettrait à chaque animal d'atteindre aisément sa nourriture. Malgré son apparence futile, cette question est fort grave, car il importe singulièrement que l'animal, déjà fatigué par une longue marche, par un voyage en chemin de fer, par une modification radicale de ses habitudes, puisse se *refaire* convenablement au moment même où il va être abattu et livré à la consommation. La vitellerie paraît à l'abri de toute critique ; elle est spacieuse, bien distribuée en larges compartiments et alimentée par une énorme chaudière qui permet de donner à boire aux veaux l'eau tiède qui leur est indispensable.

Le marché est quotidien, mais il faut du temps pour déraciner les habitudes prises, et là plus qu'ailleurs il est facile de s'en apercevoir. Le jeudi, qui correspond aux anciens marchés de Poissy et de la Chapelle, ce sont les porcs et les bœufs qui abondent; le lundi au contraire voit arriver les moutons, qui ce jour-là affluaient à Sceaux. Les halles peuvent abriter 4,600 bœufs et 22,000 moutons. Quand un conducteur a franchi les grilles avec son troupeau, il fait sa déclaration et reçoit en échange un numéro d'ordre. Avant que la vente soit commencée, ces numéros réunis sont tirés au sort et désignent les places réservées. De cette façon il n'y a ni passe-droit ni intrigues, et chaque marchand subit les chances du hasard. Les bœufs, les vaches, les taureaux sont soigneusement séparés les uns des autres. Il m'a semblé que certains animaux visiblement affaiblis et souffrants étaient attachés à part comme s'ils n'avaient plus aucune prétention à devenir viande de boucherie et se résignaient d'avance aux humiliations de l'équarrissage.

Chaque animal porte une double estampille de reconnaissance qui lui sert de signalement. Les bœufs sont marqués avec des ciseaux, à droite par le marchand, à gauche par l'acquéreur, qui, à côté de son chiffre, a soin de figurer le nombre d'animaux qu'il a achetés, de façon que le conducteur du troupeau puisse toujours s'assurer si ce dernier est au complet. Les moutons sont tachés de rouge ou de bleu; les porcs sont timbrés au fer rouge, méthode cruelle contre laquelle protestent des cris effroyables et d'épouvantables grognements.

Les ventes, échelonnées selon les espèces d'animaux, commencent à dix heures et finissent à trois heures et demie. Les marchands de bestiaux sont très-flâneurs ; ils vont, ils viennent, ils causent d'affaires indifférentes tout en guignant de l'œil les animaux qu'ils convoitent ; ils se rendent au café, en sortant, y rentrent, sifflotent entre leurs dents d'un air désintéressé et cherchent à faire croire par leurs allures qu'ils sont peu décidés à traiter. Il se passe ainsi, sans pourparlers actifs, une heure, deux heures et plus ; mais le temps marche, la cloche qui donne le signal de la fermeture réglementaire du marché va bientôt sonner, il ne reste plus qu'un quart d'heure ; tout change alors : une sorte de fièvre semble avoir saisi chacun de ces promeneurs si tranquilles il n'y a qu'un instant ; en quelques minutes toutes les transactions sont proposées, acceptées, conclues ; on se frappe dans la main et il n'y a plus à s'en dédire.

Les conducteurs arrivent, suivis de leurs grands chiens si intelligents, si prévoyants, si rapides ; les différents lots de bestiaux sont marqués, séparés et dirigés vers la bouverie, vers l'abattoir, vers la barrière, selon la destination à laquelle on les réserve. Les chiens les escortent, l'œil au guet, rassemblant le troupeau, se jetant au fanon des bœufs qui vont trop vite, mordant les jambes de ceux qui vont trop lentement, les défendant de tout, même d'un choc de voiture. Le marché se vide peu à peu, devient désert, on n'entend plus que quelques mugissements lointains qui se confondent avec les bruits de la grande ville ; les halles, où souffle un puissant courant d'air, semblent des solitudes mornes et désertes ; des hommes viennent alors, on commence le balayage et l'on recueille le précieux engrais que laissent après elles ces longues troupes d'animaux.

Un vieil usage, reconnu par un arrêté du 13 juillet

1699, par lettres patentes du 1ᵉʳ juillet 1782, et affirmé de notre temps par un arrêt de la cour de cassation en date du 19 janvier 1841, assure aux marchands, bouchers ou autres, qui achètent des bœufs, ce qu'on appelle la *garantie nonaire*, c'est-à-dire que si le bœuf meurt de mort naturelle avant que le neuvième jour qui suit la vente soit écoulé, la transaction est nulle de plein droit et le prix de l'animal est restitué s'il y a lieu. C'est là une sorte de coutume féodale qu'on est surpris de voir subsister encore ; elle pouvait avoir sa raison d'être lorsque les troupeaux parcouraient une longue route et supportaient des fatigues sans nombre avant de parvenir à Paris, mais aujourd'hui que les trajets se font avec une célérité extrême, il semble que cet usage suranné devrait être abrogé. C'est aux bouchers à agir à leurs risques et périls, et à n'acquérir que des animaux en bon état.

Les bestiaux arrivés en 1868, à destination de Paris, tant sur les anciens marchés qu'au marché central, forment des troupeaux près desquels ceux qu'Ulysse admirait dans l'île de Trinacria sont à peine dignes d'être mentionnés : 218,853 bœufs, vaches et taureaux, 201,562 veaux, 153,289 porcs, 1,308,312 moutons et 98 chèvres. Le total représente 1,882,114 animaux vendus et réservés à notre nourriture. On pourrait croire qu'il y a parfois une abondance extraordinaire de bestiaux, puis un ralentissement successif, et par conséquent une sorte de disette, car si la consommation est incessante, la production est limitée. Par suite d'usages locaux, d'habitudes anciennes dont on retrouve déjà trace au moyen âge, les provinces nourricières semblent s'être donné le mot pour n'arriver qu'à tour de rôle sur notre marché.

La Normandie nous envoie ses bœufs de juin à janvier ; le Maine-et-Loire d'octobre à mars ; le Nivernais, le Charolais, le Bourbonnais de mars à juin ; le Limousin, la Charente, la Dordogne de novembre à juin. Il en est de même pour les moutons : ceux de l'Allemagne viennent de septembre à janvier ; ceux du Midi, c'est-à-dire de la région située au sud d'Orléans, de mai à septembre ; de Maine-et-Loire de juillet à novembre ; du Nord (Aisne, Oise, Somme, etc.), de janvier à mai ; du Berri, de mai à septembre ; du Soissonnais, de février à mai ; de la Champagne, d'août à décembre ; des environs de Paris, entre l'époque des récoltes et celle des semailles. La bonne et maternelle France s'est divisé la lourde tâche d'alimenter sa capitale qui, comme un enfant gâté, regorge de biens sans même s'inquiéter d'où ils lui arrivent.

Les départements expéditeurs les plus importants sont au nombre de trente-deux, parmi lesquels ceux du Calvados, de la Nièvre, de la Sarthe, de Seine-et-Oise, de Maine-et-Loire, font les envois les plus réguliers et les plus considérables. Cependant, malgré la richesse de notre sol, il est à croire que nous ne suffisons plus aux besoins de notre subsistance, car voilà l'étranger qui pousse ses troupeaux jusque sur notre marché. Grâce aux chemins de fer ils arrivent sans trop souffrir, et l'on peut, par des chiffres puisés à des documents authentiques, montrer que l'Europe entière concourt à notre approvisionnement. En effet, pendant l'année 1868, l'Allemagne a expédié à Paris 629,342 moutons ; l'Italie, 1,950 bœufs ; l'Espagne, 1,501 bœufs et 2,604 moutons ; la Hongrie, 178,280 moutons ; le Tyrol, 2,183 moutons ; la Suisse, 1,239 veaux. On ne s'arrêtera pas là, et je sais que des commissionnaires sont partis pour la Roumanie afin d'aviser au moyen d'amener jusqu'à Paris, sans trop de frais ni trop de déchet, les immenses troupeaux qui paissent là-bas dans les steppes. La viande de boucherie deviendra, dans un temps rapproché, une question sociale à laquelle il ne serait pas inutile de réfléchir dès à présent. Autrefois, l'ouvrier qui mangeait quotidiennement de la viande était une exception ; aujourd'hui, c'est le contraire qui a lieu. Il faut s'en applaudir, car l'homme abondamment nourri est apte à une somme considérable de travail.

A l'époque où l'on construisait le chemin de fer de Rouen au Havre, qui, on se le rappelle, avait été concédé à une compagnie de Londres, on mit côte à côte et l'on fit travailler ensemble des ouvriers anglais et des ouvriers français. Ces derniers, malgré leurs efforts, malgré l'amour-propre qui les talonnait, n'arrivaient qu'à grand'peine à faire la moitié de la besogne que leurs compagnons achevaient facilement. Les encouragements, les menaces échouaient ; il y avait là une sorte d'impuissance physique qu'il fallait reconnaître et subir. Un médecin consulté sur ce fait s'enquit de la nourriture respective des ouvriers. Les Français dînaient avec de la soupe, un plat de légumes, du fromage, beaucoup de pain et de l'eau ; les Anglais buvaient de la bière et mangeaient de la viande. Le problème était résolu. On mit nos compatriotes au régime de leurs rivaux ; quinze jours après ils les avaient égalés.

C'est là un fait heureux, et l'alimentation plus substantielle donne aujourd'hui plus de force à notre population ; mais la propriété est excessivement divisée en France, les vastes pâturages sont rares où l'on peut entretenir et nourrir de nombreux troupeaux ; les biens des communes sont incultes ou peu s'en faut, et il est fort probable que, dans un assez bref délai, la France ne produira plus la viande nécessaire à sa consommation. Dans ce cas-là nous serions, sous ce rapport, dans la complète dépendance de l'étranger. Il y a là un péril qu'il est bon de signaler, c'est aux économistes et aux agriculteurs à trouver le remède, car une nation doit toujours être en mesure de se nourrir elle-même.

III. — LES ABATTOIRS.

Souvenirs des bouchers. — Tueries. — Abattoirs terminés en 1818. — Abattoir actuel. — *Chevillards*. — L'octroi. — Vendredi saint. — *Procumbit humi bos!* — Égorgeurs. — Bœuf paré. — Sacrificateurs juifs. — Le tendon de Jacob. — Orientation. — *Coscher* et *treipha*. — Utilisation. — Corporation des bouchers. — Armagnac et Bourgogne. — Liberté de la boucherie. — La viande aux Halles centrales. — Le pavillon n° 3. — *Gobets*. — Inspection. — Viandes insalubres. — Vente à la criée. — Consommation annuelle et quotidienne. — Hippophagie. — Répulsion. — Bœuf à la mode. — Kirghizes. — Le bœuf violé. — Bœufs gras. — Accidents. — Intermittences. — Comparses du cortège. — Petits théâtres et garnison.

Les animaux achetés au marché n'y font point un long séjour, et promptement ils sont conduits à l'abattoir, qui s'étend maintenant de l'autre côté du canal de l'Ourcq sur une superficie de 214,672 mètres, et s'ouvre sur la rue de Flandre. Les deux établissements, reconnus nécessaires par le décret du 6 août 1859, ont été construits simultanément ; l'abattoir a pu être ouvert le 1er janvier 1867. La dénomination de certaines rues du vieux Paris indique les étapes que les bouchers ont successivement parcourues dans la ville. On retrouve leurs traces dans la Cité par l'église de Saint-Pierre-aux-Bœufs, qui fut détruite en 1837 ; puis, près du Châtelet, par Saint-Jacques-la-Boucherie, par les rues de la Tuerie, de la Tannerie, de la Vieille-Place-aux-Veaux, surnommée la *place aux Saincts-Yons*, du nom d'une famille de bouchers célèbre ; par le quai de la Mégisserie. Autrefois on tuait partout, à chaque étal était accolé un abattoir. « Le sang ruisselle dans les rues, dit Mercier ; il se caille sous vos pieds et vos souliers en sont rougis. »

Malgré différentes tentatives pour rejeter hors des murs ces tueries dangereuses à tout point de vue, le vieil esprit de routine avait prédominé, et dans les premières années de ce siècle on égorgeait encore les animaux devant les portes mêmes des boutiques où la viande devait être débitée. Il ne fallut rien moins que trois décrets impériaux (9 février, 19 juillet 1810, 24 février 1811) pour mettre fin à cet abus intolérable. Ces décrets prescrivaient la construction immédiate de cinq abattoirs situés à proximité des quartiers du Roule, de Montmartre, de Popincourt, d'Ivry et de Vaugirard ; mais ils ne furent terminés qu'à la fin de 1818. Ils ont disparu en partie aujourd'hui, emportés par des voies nouvelles, et doivent tous être remplacés par le grand établissement de la rue de Flandre. Ce dernier n'est pas beau et n'a rien de monumental ; il est réuni au marché aux bestiaux par un pont jeté sur le canal de l'Ourcq.

Ainsi qu'au marché, on compte les animaux lorsqu'ils entrent à l'abattoir, en ayant soin de ne les laisser pénétrer qu'un à un par la grille entr'ouverte. En face de cette grille, au delà d'une vaste cour pavée, s'étendent quarante pavillons, séparés en groupes égaux par trois rues perpendiculaires et trois rues transversales qui s'entre-croisent à angle droit ; ces pavillons contiennent des bouveries destinées à abriter les animaux et 151 *échaudoirs*, où on les dépèce lorsqu'ils ont été abattus dans la cour intérieure qui s'allonge au centre de ces constructions. Ces échaudoirs, ces cours sont cimentés avec soin, et le terrain, disposé en pente, aboutit à une rigole qui se dégorge dans une bouche d'égout ; partout il y a des fontaines et de l'eau en abondance. Chaque jour, un millier d'ouvriers bouchers, fondeurs, tripiers, fréquentent l'abattoir et lui donnent une sinistre animation.

Le travail commence, selon les saisons, de quatre à six heures du matin, et se prolonge jusque vers une heure. A deux heures, les bouchers viennent faire leurs achats aux *chevillards* ; on appelle ainsi des hommes dont le commerce consiste à acquérir des bestiaux au marché, à les faire abattre et à les vendre, morts et parés, aux marchands détaillants. Tout animal *habillé* est pendu à une forte cheville en fer, d'où le nom de chevillard. Sept cent vingt-cinq voitures numérotées, tarées, dont on connaît le poids précis, font le service de l'abattoir aux différents quartiers de la ville. Avant de franchir la grille, elles sont forcées de passer devant le pavillon des employés de l'octroi et de s'arrêter sur une bascule ; on pèse ainsi exactement la quantité de viande qu'elles emportent. Les droits, acquittés immédiatement, sont de 11 centimes 0735 par kilogramme ; deux centimes sont réservés spécialement pour ce que l'on nomme les droits de l'abattoir. Les frais de construction seront ainsi promptement couverts par cette surtaxe assez minime.

On travaille tous les jours, mais le vendredi saint, et cela se comprend aisément, amène un surcroît de besosogne ; les étaux sont dégarnis, il faut pourvoir aux besoins de la ville, et l'on se met à l'œuvre ; les hécatombes commencent alors dès le milieu de la nuit, et souvent ne sont point terminées à trois heures de l'après-midi. Malgré les anciens abattoirs encore subsistants, c'est celui de la rue de Flandre qui occupe le plus grand nombre d'ouvriers et fournit le plus d'aliments à la consommation de Paris. En 1868, dans l'abattoir général et dans les abattoirs de Villejuif, Grenelle, Belleville, de la Petite-Villette, de Batignolles, on a mis à mort 1,725,365 animaux, représentant 104,478,281 kilogrammes de viandes prêtes à être vendues en détail. Le poids moyen a été, pour les bœufs, de 350 kilogrammes, de 210 pour les vaches, de 65 pour les veaux et de 19 pour les moutons. Le prix moyen de la viande achetée à l'abattoir a été, en 1868, pour les bœufs, 1 fr. 34 par kilogramme; pour les vaches, 1 fr. 25; pour les veaux, 1 fr. 65; pour les moutons, 1 fr. 35. Malgré ces grands massacres, tout se passe avec un calme et un ordre parfaits.

Dans leurs vêtements de travail maculés de sang, les garçons bouchers ressemblent aux sacrificateurs antiques. Avec leurs manches retroussées qui laissent voir la vigoureuse musculature de leurs bras, avec leur cou épais, leurs larges épaules, ils ont une haute tournure qui ferait pâmer d'aise un peintre intelligent. Ils ont de gros sabots; le bas de leur pantalon est retenu par un tortil de paille qui le maintient et l'empêche de flotter ; une longue serpillière les couvre depuis le haut de la poitrine jusqu'au milieu des jambes; une ceinture de cuir rattache à leur côté la *boutique*, sorte de trousse triangulaire en bois où sont fichés les six couteaux nécessaires à leurs sanglantes opérations ; à côté, au bout d'une lanière, pend le fusil sur lequel les lames courtes et fortement emmanchées sont incessamment aiguisées. A les voir occupés à leur rude besogne, il est difficile de ne pas admirer leur adresse. Le bœuf est amené dans la cour rougie où plane une vague odeur tiède et fade. Une corde forte et courte enlace ses cornes. Cette corde est passée dans un anneau fixé au sol; on fait un nœud solide ; l'animal courbe la tête, et tout son corps présente ainsi l'image d'un plan irrégulier incliné. Le boucher saisit un merlin et frappe un coup, un seul, entre les deux cornes. Sans un cri, sans un mugissement, le bœuf tombe sur les genoux et se laisse glisser sur le flanc. Dans son œil qui roule et semble vouloir sortir de l'orbite, se peint un étonnement sans nom; il pousse un souffle bruyant par ses naseaux dilatés; parfois il cherche à se relever, il tourne sa pauvre tête alourdie. Trois ou quatre coups de masse donnés sur le frontal le couchent par terre et l'achèvent. On lui coupe la gorge alors, et l'on recueille le sang avec soin dans de larges baquets que l'on appelle des *roues* et où on l'agite précipitamment pour l'empêcher de se coaguler.

Les moutons sont simplement égorgés; on les amène, on les étend de force sur des claies qui peuvent en contenir dix, et on leur coupe le cou, l'un après l'autre, pendant qu'un homme, poussant devant lui une auge à roulettes, reçoit le sang qui s'échappe de leur blessure. On ne peut s'imaginer l'agilité de ces égorgeurs, la précision de leurs mouvements, la rapidité de leurs gestes. Calculant sur une montre à galopeuse, j'ai vu qu'il fallait 48 secondes pour mettre à mort 20 moutons. Lorsque l'animal, assommé et saigné, n'offre plus aucun signe de vie, on le souffle, c'est-à-dire qu'à l'aide d'un énorme soufflet dont le tuyau a été introduit dans une incision faite à la peau, on le gonfle, de manière à séparer facilement le cuir de la chair. Puis on l'ouvre, on le vide et on le pare. *Parer* un bœuf, c'est, après l'avoir accroché à une poutre transversale, le dépouiller de sa peau, le débarrasser de tous les organes intérieurs, détacher les épaules, enlever la tête, le fendre dans toute sa longueur et lui donner la plus belle apparence possible. Cette minutieuse et fatigante besogne exige une demi-heure de la part d'un ouvrier expérimenté.

Il est bien rare qu'à l'abattoir on se serve de scie; là, les garçons bouchers dédaignent cet instrument, qui facilite singulièrement le travail; ils n'emploient que le couteau et une sorte de hache toute en fer, afin de n'être jamais exposée à se démancher, qu'on nomme le *fendoir*. Ils le manient avec une dextérité merveilleuse. A l'aide de cet outil, qui paraît lourd et incommode, ils divisent d'un bout à l'autre la colonne vertébrale d'un bœuf avec une telle précision, que la moelle épinière est séparée en deux parties exactement égales. Un professeur d'anatomie se reconnaîtrait difficilement au milieu des dénominations employées par les gens de l'abattoir ; les maxillaires supérieurs d'un bœuf s'appellent le *canard ;* la moelle épinière devient l'*amourette ;* le péritoine, c'est la *serviette ;* chaque portion de l'animal prend ainsi un nom auquel les nomenclatures scientiques sont demeurées absolument étrangères.

Parmi ces hommes alertes et solides qui chantent et rient tout en se hâtant, il en est quelques-uns que l'on distingue, car ils ne procèdent point comme les autres. Ce sont les sacrificateurs juifs ; il y en a quatre à l'abattoir central. Ils sont, selon l'usage, désignés par le grand rabbin après examen préalable, car pour eux il y a certaines prescriptions à observer, et l'on sait que le peuple israélite ne s'écarte pas facilement de ses vieilles coutumes. Tout animal destiné à la nourriture des juifs doit être égorgé, et ne peut, sous aucun prétexte, être préalablement assommé. Cette méthode, toute hiératique, et qui n'a de raison d'être que dans les pays très-chauds, où la viande se décompose avec une extrême rapidité, est cruelle, et j'ai vu des bœufs se débattre longtemps avant de pouvoir mourir. De plus, la bête, aussitôt qu'elle est morte, doit être ouverte et examinée avec minutie, car, si elle est impure, elle ne peut être livrée au peuple de Dieu. Le *Lévitique,* chapitre xxii, a énuméré tous les cas qui doivent faire rejeter la viande destinée à la nourriture. Autrefois les Juifs ne mangeaient jamais la cuisse des animaux, en souvenir de la lutte pendant laquelle Jacob (le boiteux) eut le fémur déboîté par l'ange ; « c'est pourquoi, jusqu'à ce jour, les enfants d'Israël ne mangent pas le tendon qui se trouve à l'emboîture de la hanche, parce qu'il (l'ange) avait touché l'emboîture de la hanche de Jacob, le tendon. » (*Genèse,* chap. xxii, v. 32, Cahen.) Les juifs italiens les premiers sont arrivés à enlever très-prestement le tendon interdit, et maintenant nulle portion de l'animal n'est abandonnée aux chrétiens, ainsi que cela se faisait jadis avec certains détails que Buxtorf raconte[1].

L'animal qu'on s'apprête à sacrifier devrait être, selon l'antique usage des Juifs, attaché par les quatre pieds réunis, en souvenir d'Isaac que son père lia ainsi sur le bûcher; aujourd'hui, à Paris du moins où les minutes valent des heures, on se contente à moins. Lorsque le bœuf est solidement fixé à l'anneau, on lui passe un nœud coulant à chaque jambe de devant ; la corde est attachée à un câble manœuvré à l'aide d'un treuil; en deux tours de roue, l'animal est par terre, étendu sur le flanc. Un boucher pose un genou sur son épaule, le saisit par les cornes et lui ramène violemment la tête en arrière. Involontairement, lorsqu'on assiste à ce spectacle, on pense aux sculptures commémoratives du culte de Mythra.

Pendant ce temps, le *schohet* (textuellement le trancheur) est debout ; il tient son *damas* à la main. C'est un coutelas enmanché très-court, à lame longue, droite, inflexible et arrondie du bout. Il passe deux fois très-attentivement l'ongle sur le fil afin de s'assurer que celui-ci n'est point ébréché, car il est dit au *Lévitique* : « Vous ne mangerez d'aucun sang, » et les juifs croient que si la lame avait une entaille, si petite qu'elle fût, l'animal pourrait s'effrayer, que dans ce cas le sang se coagulerait dans le cœur d'où il ne pourrait s'écouler. Le sacrificateur s'avance alors ; en marchant, il doit dire mentalement : « Béni soit le Seigneur qui nous a jugés dignes de ses préceptes et nous a prescrit l'égorgement. »

---

[1] « Armos itaque posteriores christianis vendunt : verum qui hanc carnem libenter ab illis emunt perpendant id, quod ab omnibus Judæis ad christianam fidem conversis unanimi consensu scribitur, illos hanc carnem primum inquinare, ab illorum filiis et filiabus conspurcari, dirisque hujuscemodi et devotionibus illam christianorum esui destinare; diram mortem carnis hujus esus christiano afferat. » (*Synagoga judaica*, Joannis Buxtorf, cap. xxvi.)

Arrivé près du bœuf, il se baisse, lui saisit le fanon, et d'un seul coup lui tranche la gorge ; il se jette précipitamment en arrière pour éviter le jet de sang, se redresse, et deux fois encore passe l'ongle sur la lame de son couteau pour s'assurer qu'il n'a pas touché la colonne vertébrale, car alors la viande serait devenue impure. Je ne sais si c'est un effet du hasard, mais tous les animaux que j'ai vu sacrifier étaient tournés du côté de l'est, direction idéale vers laquelle tant de religions inclinent à leur insu et sous différents prétextes, comme si elles se souvenaient encore des cultes solaires.

Le bœuf égorgé se débat avec des gestes spasmodiques et terribles ; je n'affirme pas que, dès que le sacrificateur a le dos tourné, un garçon boucher ne saisisse pas une masse et ne frappe pas la victime pour l'achever et abréger ses angoisses dernières. Il est un fait à noter : ces hommes qui vivent dans le sang, dont le métier est de tuer, ont horreur de voir souffrir les animaux et ils procèdent toujours de façon à les anéantir du premier coup. Lorsque le bœuf a enfin poussé le dernier râle, qu'on est certain qu'il est bien mort, on l'ouvre. Le schohet revient alors, il examine s'il n'y a pas d'adhérence au poumon, si l'estomac ne contient pas un objet qui aurait pu à la longue amener une perforation, si la vésicule du fiel, si la rate sont intactes, si nulle fracture, fût-ce celle d'une vertèbre caudale, n'atteint les os [1]. Lorsque l'examen est satisfaisant, lorsque nul signe néfaste n'a été remarqué, l'animal est dit *coscher* (droit), c'est-à-dire permis, et comme tel on le

---

[1] Un animal qui, déjà lié pour le sacrifice, se briserait un membre en tombant, deviendrait immédiatement impur. Ce n'est pas seulement la religion juive, c'est l'antiquité païenne tout entière qui a exigé qu'un animal fût parfait pour être offert en sacrifice. Voir dans *les Acharniens* d'Aristophane la scène de la vente des prétendus cochons entre le Mégarien et Dicéopolis.

marque à différentes places d'une estampille spéciale ; sinon il est *treipha* (lacéré), c'est-à-dire interdit, et on le livre immédiatement aux chrétiens. Ces deux mots, qui sont de l'hébreu chaldaïque, ont subi quelque transformation en passant par la bouche des garçons bouchers ; on les a francisés, et à l'abattoir on les prononce invariablement *coche* et *treifle*. Le sacrificateur juif se contente d'égorger et de vérifier si l'animal remplit toutes les conditions exigées ; le reste ne le concerne plus et rentre dans les attributions des bouchers ordinaires.

D'un animal mort rien ne se perd, la sagace industrie sait tirer parti de tout. A l'abattoir même, dans la cour d'entrée, s'élève un pavillon divisé en deux compartiments, munis de larges chaudières, où l'on prépare les pieds de mouton et les têtes de veau, de façon à les mettre dans l'état où nous les voyons à la porte des boucheries, flottant dans un baquet plein d'eau de puits, car l'eau de rivière les noircit. Les graisses sont gardées avec soin ; on a même construit deux *fondoirs* dans l'enceinte de l'établissement ; mais, à ce qu'il paraît, ils pèchent singulièrement sous le rapport pratique, car on n'est pas encore parvenu à les utiliser. La graisse de mouton, lorsqu'elle est de bonne qualité, est employée à faire de la stéarine, qui sert à la fabrication des bougies. Le pied de bœuf fournit une huile dont on use en horlogerie. Les gros intestins du bœuf sont achetés par les charcutiers, qui en enveloppent quelques-uns de leurs produits ; les intestins grêles sont expédiés en Espagne, où l'on sait en confectionner certains saucissons très-recherchés au delà des Pyrénées ; les intestins grêles du mouton deviennent des cordes de harpe ; les os font du noir animal. Tous les détritus absolument inutiles sont réunis au fumier et forment avec ce dernier un engrais assez recherché, car chaque année il s'en vend à l'abattoir central pour une somme de 16,000 francs environ.

Les bouchers ne sont plus aujourd'hui ce qu'ils ont été jadis, une corporation toute-puissante, formée d'un certain nombre de familles privilégiées, et imposant souvent leurs volontés à Paris, ainsi qu'ils le firent sous le règne de Charles VI, lorsqu'ils prirent parti pour le duc de Bourgogne contre les Armagnacs. En 1411, les Saincts-Yons, les Goys, dirigés par leur chef Caboche, eurent assez d'influence pour forcer le roi à substituer dans ses emblèmes la couleur blanche à la couleur bleue. On peut penser que lorsque les Armagnacs rentrèrent à Paris, ce ne fut point pour ménager de pareils adversaires ; en effet on rasa les grandes boucheries du Châtelet et du parvis Notre-Dame, qui étaient devenues des lieux de rassemblements redoutables. « Le vendredy, quinzième jour du dit mois (février 1416), dit le Bourgeois de Paris, firent commencer à abattre la grande boucherie de Paris ; et le dimanche ensuivant vendirent les bouchers de ladite boucherie sur le pont Nostre-Dame, moult ébahis pour les franchises qu'ils avaient en la boucherie, qui leur furent ostées. »

Ce fut là en réalité le coup de mort pour la corporation, qui n'arriva jamais à se reconstituer d'une façon exclusive. Plus tard, en février 1587, Henri III continua l'œuvre de destruction et ouvrit le commerce de la boucherie à tous ceux qui se montrèrent capables de l'exercer. Néanmoins il en fut des bouchers comme des boulangers, la prétendue liberté dont ils jouissaient n'était qu'illusoire, et la loi du 19-22 juillet 1791 réserve *provisoirement* à l'autorité municipale le droit de fixer la taxe de la viande. Cette mesure durait encore il y a quelques années et dura jusqu'au décret du 28 février 1858, qui proclamait la liberté de la boucherie ; mais légalement le droit de taxation appartient toujours aux municipalités, puisque la loi de 1791 n'a pas été abrogée.

Les bouchers ont passé, avant d'en arriver là, par le régime de la taxe et par le système des catégories, système compliqué, pénible à comprendre pour les acheteurs, et dont l'application créait des difficultés sans nombre. En effet, les bouchers excellaient à si bien mêler les catégories ensemble qu'il n'était point aisé de s'y reconnaître et que les plus habiles s'y laissaient prendre. La quantité des étaux était limitée à 500 autrefois ; maintenant il n'en est plus ainsi, la liberté est vraiment complète, rien ne peut plus restreindre le nombre des bouchers, et ils vendent la viande à prix débattu, comme on peut faire pour toute autre espèce de denrée. Il y a aujourd'hui dans Paris 1,574 boutiques de bouchers, auxquelles il faut ajouter 268 étaux dans les halles et marchés.

Pour encourager les bouchers de province à profiter de la rapidité des chemins de fer et à envoyer de la viande à Paris, on a ouvert, en vertu de l'ordonnance de police du 3 mai et du 24 août 1849, une vente à la criée pour les viandes directement expédiées par les départements. Ce marché, qui se tenait d'abord rue des Prouvaires, est devenu assez considérable pour occuper aux Halles centrales le pavillon n° 3, qui est divisé en deux parties distinctes, l'une réservée à la vente en gros et l'autre à la vente au détail. Quoique d'institution récente, cette *criée* a déjà produit des résultats excellents, et son importance augmente tous les jours ; en 1858, les transactions s'opéraient sur 10 millions (chiffre rond) de kilogrammes de viande, et en 1868 ce chiffre avait doublé, puisqu'il s'est élevé à celui de 19,251,997 kilogrammes 9 hectogrammes.

Le pavillon spécialement réservé à ce genre de commerce est curieux à visiter. Dès une ou deux heures du matin, les viandes parées, venues des abattoirs ou des débarcadères de chemins de fer, sont apportées, mises en place, accrochées à des chevilles et divisées, selon les propriétaires auxquelles elles appartiennent, en un certain nombre de *gobets*, c'est-à-dire lots de vente. Lorsque ce premier travail est achevé, que chaque morceau est numéroté, les inspecteurs de la boucherie commencent leur tournée, et à l'aide d'un cachet imbibé d'encre bleue marquent d'un V majuscule chaque pièce jugée saine. Celles qui, après examen, ont été reconnues insalubres sont mises à part. Toute viande qui conserve encore, malgré une mauvaise apparence, des qualités nutritives, est expédiée pour la nourriture des animaux carnassiers au Muséum d'histoire naturelle, qui en 1868 a reçu 134,341 kilogrammes. Le reste est arrosé d'essence de térébenthine et remis à des équarrisseurs qui l'utilisent pour des usages industriels. La quantité des viandes saisies en 1868 a été de 157,296 kilogrammes [1].

Quand les viandes sont estampillées, on en vérifie la marque et on les met sur *le plateau*, énorme balance expressément surveillée par les préposés du poids public ; une fiche de papier répétant le numéro d'ordre de la pièce sert à inscrire le poids reconnu, et est fixée par une épingle sur le morceau lui-même. Quand tous ces préliminaires sont terminés, mais seulement alors, la vente à la criée commence. Telles sont les opérations

---

[1] Autrefois on se contentait d'enterrer ou de jeter à la rivière les viandes insalubres ; mais un fait inqualifiable qui s'est passé en 1831 a nécessité l'emploi d'une méthode plus sûre et absolument radicale. En effet, je lis dans un rapport de police en date du 1ᵉʳ avril 1831 et relatif à la foire aux jambons : « Les viandes insalubres jetées à l'eau étaient repêchées immédiatement. On les enfouit dans les *réservoirs* de Montfaucon, d'où les marchands de vins gargotiers les tirent encore pour les livrer à la consommation. Enfin, avant d'enfouir les viandes saisies, on les coupe par morceaux et on les enduit d'un lait de chaux afin d'ôter toute possibilité de les reporter dans le commerce. »

diverses, toutes accomplies sous l'œil même des agents de l'autorité compétente, par lesquelles on assure à Paris la viande de boucherie dont il a besoin. La consommation en est très-considérable, et se décompose ainsi pour l'année 1868 : viande de boucherie et abats de veau sortant des abattoirs ou venant de l'extérieur, 126,457,324 kilogrammes ; viande et abats de porc sortant des abattoirs ou venant de l'extérieur, 19,902,608 kilogrammes, ce qui donne pour l'année une consommation de plus de 146 millions de kilogrammes. La population de Paris étant actuellement, y compris la garnison, de 1,825,274 habitants, la consommation d'un Parisien est donc, en viande de boucherie, par an, de 69 kilogrammes 28 ; par jour de 189 grammes 8 centigrammes ; en viande de porc, de 10 kilogrammes 90 par an ; par jour de 29 grammes 8 centigrammes [1].

Ce genre d'alimentation qu'il faudrait pouvoir propager sans mesure a le défaut de coûter très-cher ; pour remédier à cet inconvénient on a essayé de populariser l'usage de la viande de cheval. La tentative a été nulle, pour ne pas dire plus, et jusqu'à présent l'hippophagie n'a obtenu que des résultats négatifs. Il ne suffit pas en effet à quelques savants animés d'excellentes intentions de se réunir autour d'une table bien servie, de manger des beefsteacks de cheval aux truffes, des rognons de cheval au vin de Champagne, des langues de cheval à la sauce tomate, de boire de bons vins, de prononcer d'élégants discours pour vaincre des préjugés enracinés et faire accepter un aliment nouveau. Les gens pauvres savent très-bien que les chevaux abattus et destinés à servir de nourriture sont de vieux animaux fatigués, épuisés par un long labeur, par l'âge, et que c'est là un objet de subsistance mauvais, peu réparateur, parfois

---

[1] Les charcutiers sont au nombre de 849.

dangereux. Certains esprits forts ont pu faire, par curiosité, un essai qu'ils n'ont pas renouvelé, mais la masse ne s'est point laissé entraîner par toutes les belles promesses qu'on faisait au nom de l'hippophagie, et franchement nous ne pouvons l'en blâmer. Une ordonnance de police du 6 juin 1866 a réglé les conditions d'existence des boucheries de cheval, qui ont commencé à fonctionner le 9 juillet de la même année ; au 31 décembre 1866 on en comptait 22 ; aujourd'hui il n'en existe que 19, qui toutes font d'assez maigres affaires ; il y a quatre abattoirs spéciaux à Bicêtre, Gentilly et Pantin. Le nombre des animaux mis à mort jusqu'à ce jour (septembre 1869) a été de 5,801 chevaux, 246 ânes et 37 mulets ; la moyenne de l'âge est de 14 ans et le total du poids de la viande qu'on en a retirée est de 1,121,520 kilogrammes.

Ces établissements sont surveillés aussi par les inspecteurs de la boucherie, qui saisissent tout animal insalubre ; dans un seul abattoir, 24 chevaux ont été détruits et livrés aux fabricants d'engrais, parce que sur ce nombre cinq étaient atteints de fracture avec fièvre, dix de morve et de farcin, sept d'affections chroniques de poitrine, deux d'ulcères et de maladies cutanées.

La viande des chevaux livrés aux bouchers se décompose vite, car elle est presque toujours frappée d'anémie par suite des longues fatigues que l'animal a supportées et qui ont ruiné son organisme ; il faut s'en défaire cependant et les acheteurs n'en veulent pas. Alors on en confectionne des saucissons auxquels on donne la forme et l'apparence de ceux qui sont fabriqués à Arles, en Lorraine, en Allemagne, et on les écoule en les faisant vendre par des fruitiers, des épiciers, des marchands de salaisons[1]. Au bout de peu de temps cette charcute-

---

[1] On fabrique des saucissons avec toute autre chose que de la viande de cheval ; le *Moniteur universel* du 30 août 1872 raconte le fait sui-

rie d'une nouvelle espèce se désagrège, se décompose et devient immangeable. De plus, pendant la nuit et en grand mystère, car il faut éviter l'œil trop bien ouvert de la police, on porte de la viande de cheval chez les traiteurs infimes, qui en font des entrecôtes et des filets; il n'est pas rare chez ces bouchers de découvrir dans quelque coin retiré une pièce de cheval piquée et prête à devenir du bœuf à la mode; quand on surprend ces hommes en flagrant délit de colportage prohibé, ils répondent : « Que voulez-vous que nous fassions de notre viande, puisqu'on n'en vend pas à l'étal ? » Ce n'est point par de tels moyens que les marchands feront cesser le

vant : « La rue Saint-Éloi, à Levallois-Perret, se compose de deux maisons. Dans l'une d'elles, portant le n° 7, habitait, il y a quelques années, le nommé Avinain, boucher, qui fut exécuté comme auteur de plusieurs assassinats et comme convaincu de dépecer ses victimes, dont il tirait parti pour son commerce. Cette maison fut ensuite louée par un parfumeur de Paris, qui y établit une succursale assez importante. Ensuite, cette maison fut sous-louée par un sieur Perrin, se disant chimiste. Tout récemment, cet établissement, connu sous le nom de maison Avinain, devenait un foyer pestilentiel. Des exhalaisons putrides se répandaient dans le voisinage, et les habitants, pleins du souvenir du boucher, prétendaient que le locataire avait découvert des cadavres enterrés secrètement pendant la Commune, et qu'il les faisait fondre la nuit, dans une chaudière, pour les utiliser ensuite. Cette supposition avait déjà pris une certaine consistance dans le pays, lorsque le sieur Bonnin, se disant passeur administratif au pont de la Grande-Jatte, actuellement en réparation, déclara chez le commissaire de police de Levallois qu'il avait acheté de trois individus, les nommés Perrin, Bouchet et Binet, au prix de 35 centimes la livre, trois quintaux de saucissons, pour les revendre au détail aux maçons et aux nombreux pêcheurs qui fréquentent ces parages, et qu'il avait été indignement trompé, les saucissons étant corrompus. Ces marchandises furent immédiatement saisies. Telle était la putréfaction de ces viandes, que les experts chargés de les examiner furent pris de vomissements et purent à peine accomplir leur triste mission. Une perquisition faite au domicile de Perrin fit découvrir un appareil au moyen duquel les viandes désossées étaient hachées et passaient dans des boyaux dont on formait des saucissons. L'enquête a constaté que la fabrique était alimentée par les chiffonniers, et que ces viandes provenaient, détail écœurant, d'animaux domestiques morts, ramassés dans les rues de la capitale, tels que chiens, chats, etc. Perrin, ainsi que Bouchet et Binet, gens sans aveu qui s'étaient adjoints pour l'écoulement de ses produits, ont été arrêtés et conduits à la préfecture. Les saucissons et les détritus de viande trouvés dans la fabrique ont été, par mesure de salubrité, enterrés profondément. »

vieux préjugé qui subsiste malgré tous les efforts faits pour l'ébranler, car bien des malheureux ont refusé des bons de viande de cheval qu'on leur avait gratuitement distribués; et cependant certains peuples, ne seraient-ce que les Kirghizes qui vivent en nomades dans les steppes asiatiques, sont très-friands de viande de cheval et la préfèrent à toute autre.

Il est difficile de parler du commerce de la viande sans dire quelques mots du *bœuf gras*. D'où vient cette puérile cérémonie? Du paganisme sans doute, duquel nous l'avons acceptée, sans en conserver la signification religieuse et astronomique. Rabelais raconte que Gargantua s'amusait à jouer au *bœuf violé;* c'était là, en effet, le nom qu'on donnait jadis, en France, à l'animal promené dans la ville, au son des *violes*, le jeudi gras, par les garçons bouchers. Placé sur son dos, un enfant tenait à la main une épée et un sceptre, signes d'une royauté éphémère. Pendant la Révolution, ce vieil usage païen tomba en désuétude, et l'on put croire qu'il était pour jamais abandonné; mais il fut promptement remis en honneur par le Consulat, qui cherchait volontiers à distraire la population et à l'éloigner des préoccupations politiques. C'était alors le syndicat de la boucherie qui faisait les frais de la mascarade.

Tous les bœufs gras n'ont point été des victimes pacifiques, et quelques-uns, ennuyés du bruit qui les entourait, cherchèrent à y échapper. En 1812, le dimanche 10 février, sur la place du théâtre des Italiens, le bœuf jeta bas l'enfant qu'il portait, s'enfuit, renversa plusieurs personnes, et ne fut repris qu'avec peine; en 1821, il se débarrassa, deux jours de suite, du palanquin où siégeait l'Amour. De ce moment, l'autorité décida que le bœuf ne servirait plus de monture à personne; ce fut alors qu'on mena à travers Paris le char symbolique conduit par le Temps lui-même. C'est de-

1822 que date l'inauguration de cette promenade olympique où des dieux enrhumés et des déesses grelottantes se montrent à demi nus aux badauds de Paris. En 1848, 1849, 1850, nous n'eûmes pas de bœuf gras ; une décision du préfet de police datée du 24 janvier 1849, et approuvée par les ministres de l'agriculture et de l'intérieur, avait supprimé cette bacchanale ; mais en 1851 on la rétablit. Seulement, comme aucun boucher parisien n'avait consenti à acheter de bœuf gras, ce fut le directeur de l'Hippodrome qui se chargea de la promenade. Depuis le rétablissement de l'Empire, cette fête semble prendre un développement plus considérable ; en dehors des quêtes faites à domicile, ceux qui l'organisent reçoivent directement de l'administration une somme de 6,000 francs, votée par le conseil municipal. Aujourd'hui, c'est l'acquéreur même du bœuf gras qui est le grand maître de ces inutiles cérémonies, dans lesquelles il trouve une réclame flatteuse pour sa vanité.

On croit généralement que les déesses, les druides, les héros et les dieux sont pris parmi le corps des bouchers ; que la plus jolie bouchère devient Vénus, et que le plus beau garçon boucher est momentanément coiffé du casque de Mars. C'est là une erreur. Depuis longtemps déjà la *boucherie* parisienne semble tenir à honneur de s'éloigner de ces exhibitions surannées. Le personnel de quelque théâtre de troisième ordre donne les figurantes qui, sous le fard et le blanc de céruse, peuplent l'Olympe de carton ; quant aux comparses, mousquetaires, Mexicains, gardes-françaises, qui forment l'escorte, s'arrêtent à toute station pour trop boire, et qui, malgré les oscillations imprimées par l'ivresse, conservent dans les rangs une sorte de régularité disciplinée, ils sont tout simplement empruntés à la garnison de Paris au prix de 2 fr. 50 par homme et par jour, versés à la masse du régiment. Nous regrettons, pour notre part, qu'on ne s'en soit pas tenu à l'arrêté de police du 29 janvier 1849, et qu'on ait cru devoir renouveler un spectacle qui n'amuse guère que les bonnes d'enfants. Serait-ce un encouragement à l'agriculture ? Il est illusoire en présence du concours de Poissy, institué par ordonnance ministérielle du 31 mai 1843, et qui maintenant est établi au marché central de la Villette[1].

IV. — L'ENTREPOT GÉNÉRAL.

Le marché en bateaux. — Halle aux vins. — Décret du 20 mars 1808. — L'entrepôt. — Dispositions. — Caves et celliers. — Location. — Précautions. — Dégustation. — Dépotoir. — Marché en gros. — Les tonneaux. — Huiles et vinaigres. — Vins frelatés. — Le mariage des vins. — Fabrique de vins. — Vin noir. — Vins de Madère et de Zucco. — Amélioration de l'eau-de-vie. — Dégustateurs assermentés. —11,346 cabarets. — Le vin au ruisseau. — Consommation de Paris. — Équilibre rompu. — Exiguïté de l'entrepôt. — Tolérance. — Bercy. — Grenier d'abondance. — Projets. — Le Muséum et la Salpétrière. — Modifications indispensables.

Le temps n'est plus où les particuliers et les marchands ne pouvaient vendre leurs vins que lorsque l'on avait déjà crié dans les rues de Paris « le vin du roi, le vin des seigneurs, le vin des moines » ; ce commerce est absolument libre aujourd'hui, une fois qu'il s'est mis en règle avec le fisc. Jadis et jusque vers le milieu du dix-septième siècle, le marché aux vins se tenait sur la Seine même, dans des bateaux qui avaient amené les produits de Bourgogne. En 1656, les sieurs de Chamarande et de Baas, maréchal de camp près les armées du roi, obtinrent de Louis XIV l'autorisation de construire une halle aux vins, à la condition d'en partager le pro-

[1] La dernière promenade du bœuf gras date du carnaval de 1870. Depuis cette époque, on ne l'a pas renouvelée ; espérons que nous en avons fini pour jamais avec cette mascarade.

duit avec l'administration de l'hôpital général. L'édifice ne fut guère terminé que vers 1664 ; il s'élevait quai Saint-Bernard, près la porte du même nom, en face du fort de la Tournelle, sur des terrains que la lutte d'Abeilard et de Guillaume de Champeaux avait jadis rendus célèbres.

Cette halle étant devenue insuffisante, Napoléon prescrivit, par décret impérial du 20 mars 1808, la création d'un entrepôt général des liquides, destiné à recevoir les vins, alcools, huiles et vinaigres expédiés à Paris par la province. Dans le projet primitif, l'établissement s'ouvrant quai Saint-Bernard devait occuper tout l'emplacement compris entre la rue de Seine (aujourd'hui Cuvier) et la place Maubert ; de plus, il eût été traversé par un canal qui aurait permis d'apporter, sans transbordement, la marchandise sur le lieu même où elle serait emmagasinée. Le 15 août 1811, on posa la première pierre des constructions, qui auraient dû être complétement achevées en 1816 ; mais le gros œuvre ne fut élevé que vers 1818, et jusqu'en 1845 on travailla à mettre la dernière main à l'entrepôt, dans l'enceinte duquel, durant les premières années du règne de Louis-Philippe, on avait momentanément installé la prison de la garde nationale, au vieil hôtel de Bézancourt. Couvrant aujourd'hui une superficie de 14 hectares, dont 10 sont occupés par des bâtiments, il affecte une forme trapézoïdale et se trouve bordé par le quai Saint-Bernard, la rue des Fossés-Saint-Bernard, la place Saint-Victor et la rue Cuvier. Bâti en pierres meulières, couvert en tuiles, il est sombre et triste d'aspect.

Il est divisé en trois parties distinctes : l'une, réservée aux vins, située sur le quai Saint-Bernard et formée de quatre pavillons ; l'autre, presque insignifiante, consacrée aux huiles et adossée à la rue Cuvier ; la troisième enfin, exhaussée sur une terrasse, et renfermant trois constructions destinées aux alcools et à la cave particulière de l'administration des hospices. Le long des grilles s'étendent les bâtiments qui servent de postes aux agents de l'octroi, aux pompiers, aux employés divers que nécessite le service intérieur. Soixante-trois fontaines versent l'eau indispensable à une telle exploitation. Les vastes quadrilatères en pierres spécialement attribués à l'entrepôt des vins comportent 158 caves au niveau du sol, 49 caves souterraines, deux magasins partagés en 312 travées et 116 celliers ; les constructions isolées où l'on resserre les eaux-de-vie ont 69 celliers ; le terrain superficiel qui peut être couvert par la marchandise a une étendue de 95,742 mètres 35 centimètres. La location de l'emplacement varie selon l'importance de ce dernier ; un arrêté préfectoral du 30 mars 1866 fixe les prix ; on paye annuellement dix francs par mètre carré dans les caves et les celliers à eau-de-vie ; trois, cinq, six et huit francs pour le mètre carré dans les caves et les celliers à vins ; d'après le budget de la ville de Paris, l'entrepôt a rapporté 725,774 francs 85 centimes en 1868.

C'est un va-et-vient perpétuel de haquets qui entrent et qui sortent, de futailles qu'on roule, qu'on *rouanne*, qu'on gerbe, qu'on poinçonne, qu'on charge et qu'on décharge. Devant sa cave spéciale, chaque marchand entrepositaire possède une petite cabane en bois qui semble portative tant elle est grêle et légère ; c'est là son bureau, et c'est dans cette sorte de guérite qu'il reçoit les acheteurs. Dans le pavillon des vins et dans les rues qui l'avoisinent, on peut fumer ; mais dans celui des eaux-de-vie, cela est formellement interdit ; là, en effet, au milieu de ces matières inflammables par excellence, une étincelle peut allumer un incendie redoutable, et l'on ne saurait user de trop sévères précautions. Chaque soir, après la fermeture de l'Entrepôt, fermeture qui a lieu à six heures en été et à cinq en hiver, la moitié des employés passe une inspection générale dans tous les magasins, afin de bien s'assurer qu'il n'existe nulle chance de sinistre. Aussi, malgré les avantages tout particuliers qu'elles offrent aux entrepositaires, les compagnies d'assurances contre l'incendie ne font là que des affaires assez restreintes.

Nulle pièce de liquide ne peut être conduite hors de l'Entrepôt sans avoir été visitée par les agents de l'octroi, et il doit en être ainsi, puisque les droits ne s'acquittent qu'à la sortie. Une déclaration signée par le marchand est confiée au voiturier, qui la remet aux préposés de service à la grille spécialement désignée pour l'expédition. Si la pièce contient du vin, on la jauge à l'aide d'un bâton gradué, qu'on nomme le bâton d'octroi, et qui donne une appréciation assez juste ; de plus, pour s'assurer que le liquide ne contient pas plus des 18 degrés d'alcool déterminés par les règlements, on le goûte. C'est là le côté vraiment pénible du métier, et l'on ne comprend pas comment ces agents peuvent résister à cette perpétuelle et insupportable dégustation. Devant leur corps de garde, à l'endroit où les haquets s'arrêtent, le pavé est violâtre et exhale une insupportable odeur de lie de vin. Si le tonneau renferme de l'alcool, on en prend une certaine quantité qu'on expérimente à l'aide de l'alcoolomètre, qui permet de reconnaître immédiatement quel est le nombre de degrés de la liqueur. Tout liquide qui contient plus de 18 centièmes d'alcool, acquitte les droits imposés aux trois-six.

Lorsqu'il y a discussion entre les employés de l'octroi et l'entrepositaire expéditeur sur la contenance d'une futaille, on a recours au *dépotoir*, instrument de précision qui prononce en dernier ressort, car il est combiné de façon à être infaillible. C'est une série de vingt et une cuves cylindriques en cuivre étamé ; chacune d'elles peut recevoir jusqu'à huit hectolitres et est mise en rapport direct avec un tube de verre gradué qui, opérant comme un niveau d'eau, indique exactement la quantité de liquide versée dans la cuve. On décante le tonneau dans la cuve, dont le robinet est fermé, le tube marque la quantité contestée, et la vérification s'opère alors sur des données irrécusables.

Lorsqu'il y a contestation entre les marchands, ce qui arrive souvent pour les alcools, à cause des droits très-élevés qui les atteignent, c'est encore le dépotoir qu'on fait intervenir. Ce service est dirigé par un employé assermenté du poids public et par quatre ouvriers qui déposent un cautionnement, car ils sont responsables des dégâts que peut entraîner la manutention des pièces. Les droits que l'on acquitte pour faire dépoter sont de cinq centimes pour 20 litres. En 1868, on a dépoté 132,776 hectolitres 98 litres ; les neuf dixièmes des opérations ont porté sur les alcools.

Le commerce qui se fait à l'entrepôt est actif et très-important sur les vins ordinaires, mais ne touche que d'une façon accidentelle et restreinte aux vins fins ; c'est là que les détaillants viennent s'approvisionner, que l'industrie achète ses alcools ; presque tous les marchés ont lieu en gros, et sauf quelques rares exceptions, on ne vend qu'à la pièce. Par suite d'habitudes provinciales, et aussi, il faut bien le dire, de l'impossibilité presque matérielle pour les tonneliers de faire deux fûts ayant exactement la même dimension, toutes les pièces reçues à l'Entrepôt sont de contenance différente ; mais, au premier coup d'œil, un marchand exercé reconnaît la provenance d'un tonneau et sait par cela même quelle en est la capacité approximative ; pour le Mâconnais et le Beaujolais, 212 litres ; pour Cahors et Marseille, 215 ; Anjou et Bordelais, 218 ; Beaugency, 230 ; Touraine, 250 ; Bourgogne, 271. — Il est vivement à désirer, pour la sécurité et la facilité des transactions, qu'on arrive à l'uniformité de mesures; mais, à moins de remplacer les futailles par des bacs en cuivre étamé ou en fer boulonné, on n'y parviendra pas de sitôt.

Dans le principe, l'Entrepôt avait été construit pour centraliser et abriter les *liquides* en général qui peuvent se conserver sans avaries; les huiles et vinaigres devaient y tenir une place notable; mais on verra, par les chiffres qui suivent, que ces deux denrées n'arrivent au quai Saint-Bernard qu'en quantités illusoires. En effet, en 1868, le mouvement a été, pour les vins: stock de l'année précédente, 407,083 hectolitres 04 litres; entrées, 983,910 hectolitres 30 litres; sorties, 956,847 hectolitres 58 litres. Pour les alcools: stock de 1867, 31,610 hectolitres 26 litres; entrées, 199,105 hectolitres 95 litres; sorties, 195,826 hectolitres 19 litres et demi. Ces chiffres-là sont importants et ont amené un roulement de fonds considérable; mais les huiles représentent 4,176 hectolitres 85 litres pour les entrées, et 3,462 hectolitres 90 litres et demi pour les sorties; quant aux vinaigres, la proportion est à peu près la même: 4,873 hectolitres 16 litres à l'entrée et 3,693 hectolitres 38 à la sortie.

On peut affirmer que les vins sont très-rarement frelatés à l'Entrepôt, car, pendant l'année 1868, sur la grande quantité que nous venons de citer, on n'a saisi que 150 hectolitres. C'étaient plutôt des liquides tournés, entrés en souffrance par suite du voyage ou des mauvaises conditions de l'emmagasinement que des vins sophistiqués. On confisque les vins trop faibles en alcool ou déjà aigris; dans ce cas, on les mélange avec du vinaigre et on les rend au propriétaire, qui peut en tirer parti sous cette nouvelle forme. Lorsque le vin est jugé définitivement mauvais et insalubre, on roule la pièce qui le contient jusqu'au port Saint-Bernard et on la défonce tout simplement dans la Seine. Si les vins ne sont pas falsifiés à l'Entrepôt, ce n'est pas cependant une raison pour qu'ils en sortent tels qu'ils y sont entrés. On n'y ajoute pas d'eau, car les pièces payant d'après la jauge, les négociants se gardent bien de donner dans une telle duperie ; mais on fait le vin, c'est-à-dire qu'on mêle ensemble les produits de différents crus, de façon à obtenir un seul *type*, — c'est le mot consacré.

Cette opération se fait dans de vastes cuves ou dans des foudres gigantesques ; on procède avec méthode, sans mystère, aux yeux de tout le monde : c'est un usage reçu et accepté par le commerce. Quand on veut obtenir de bon vin de Bordeaux ordinaire, on prend deux pièces de vin de Blaye, vin rouge, sain, mais plat, deux pièces de ces petits vins blancs qu'on appelle vins d'entre deux mers, qui sont récoltés aux environs du bec d'Ambez, et une pièce de vin de Roussillon. On verse ces différents vins dans la cuve, on les agite fortement de façon à activer le *mariage*, puis on laisse reposer le liquide, que ne tarde pas à atteindre une légère fermentation ; quand cette dernière a produit tout son effet, on met le vin en pièce et le tour est joué. Les vins de Mâcon s'obtiennent avec un mélange proportionné de vins de Beaujolais, de Tavel et de Bergerac. Cette opération, qui n'est peut-être pas d'une régularité à l'abri de tout reproche, s'appelle techniquement le *soutirage*.

Autrefois, dans les temps naïfs dont fut témoin notre enfance, on donnait de la couleur aux vins trop affaiblis avec des baies d'hièble ou de sureau [1], avec des mûres, avec du bois de Campêche ; aujourd'hui, on a renoncé

---

[1] Les baies de sureau ont même tenu quelque place dans l'histoire par la légende peu miraculeuse que raconte Grégoire de Tours : « En ce temps nous vîmes l'arbre que nous appelons sureau porter des raisins, sans aucune accointance avec la vigne ; et les fleurs de cet arbre, qui, comme on sait, produisent une graine noire, donnèrent une graine propre à la vendange. »

à tous ces vieux ingrédients, et on les remplace à l'aide d'un vin naturel fait avec du raisin dans le département du Loiret, et qu'on nomme *vin noir*. Il sert uniquement à colorer les vins trop pâles. Une barrique d'eau, quelques litres de vin noir, un peu d'alcool, forment une boisson qui trouve un débit facile. Il y a dans le Midi, à Cette, des fabriques ostensibles de vins. Là toutes les espèces sont obtenues avec les gros vins du pays, dans lesquels on fait infuser des labiées. Selon la quantité de sucre qu'on y ajoute, les vins sont doux ou secs. La plupart des vins de Xérès, de Lunel, de Frontignan, qu'on boit ici, n'ont pas d'autre origine. Madère n'exporte pas mille pièces de vin par an ; on sait cependant combien il se boit de vin de ce nom : c'est Cette qui en fournit le monde entier. Heureusement que les vins de Zucco et de Marsala, vins siciliens, très-francs et très-nets, tendent à se substituer au vin de Madère qui, tel qu'il est offert à la consommation, n'est le plus souvent qu'une drogue malsaine et capiteuse.

L'eau-de-vie, j'entends celle qu'on débite au petit verre chez les détaillants, ne contient pas un atome d'esprit-de-vin ; on la compose avec de l'alcool de fécule à 90°, que l'on coupe d'eau de façon à le réduire à 47 ou 49 ; on la teinte avec du caramel, on la sucre avec de la mélasse ; et, ainsi préparée, elle devient ce *casse-poitrine* cher aux ivrognes. La bonne eau-de-vie, celle qui est réellement obtenue avec du vin et qui nous est envoyée par le pays de Cognac, n'a que 41° ; mais parfois il arrive, à cause d'une fabrication trop rapide ou trop récente, qu'elle reste verte et rêche. On emploie alors, pour l'adoucir, la vieillir, lui donner *de la soie*, un procédé très-simple et absolument inoffensif : à un quartaut de 50 litres on ajoute deux litres d'infusion de thé bouillant dans laquelle on a fait dissoudre avec soin une demi-bouteille de sirop de guimauve. Les plus fins gourmets y sont pris, et l'eau-de-vie prend vingt ans en dix minutes.

La falsification des liquides s'opère presque toujours chez le détaillant, qui excelle à faire trois pièces de vin avec deux, grâce à un tiers d'eau. La préfecture de police a dans son service vingt-huit dégustateurs dirigés par un dégustateur en chef accosté d'un adjoint, dont l'unique mission est de goûter, de contrôler les vins et liqueurs dans tous les établissements qui en vendent, de découvrir les fraudes et de déclarer les contraventions. Ces employés assermentés ne sont admis qu'après examen ; leur métier n'est point une sinécure, car ils ont à Paris, en dehors de Bercy et de l'Entrepôt, 23,643 établissements à visiter, parmi lesquels il faut compter 11,346 marchands de vins au détail [1]. Autrefois les vins saisis étaient jetés au ruisseau devant la porte même du délinquant : mais bien des pauvres gens se précipitaient avec des éponges, des casseroles, des cruches, pour recueillir la liqueur bleuâtre et malsaine qu'on poussait vers l'égout ; l'impression qu'on voulait obtenir tournait à mal, et l'on produisait précisément l'inconvénient qu'on cherchait à éviter. Aujourd'hui les choses se passent d'une façon moins théâtrale et amènent le résultat désiré ; les vins confisqués sont conduits à la Seine et rendus à la rivière, d'où bien souvent ils viennent en grande partie.

Lorsque Napoléon Ier décréta la construction de l'Entrepôt, la plupart des vins arrivaient par voie de navigation. Paris ne comptait (1811) que 622,636 habitants, la plupart des provinces consommaient elles-mêmes

---

[1] Les autres établissements où l'on débite les liquides sont : marchands de vins en bouteilles et succursales, 883 ; — liquoristes, 644 ; — crémeries, 1,062 ; — fruitiers et marchands de comestibles, 924 ; — cafés et brasseries, 1,631 ; — traiteurs-restaurateurs, 2,093 ; — tables d'hôte, 444 ; — épiciers, débits de tabacs, 5,657 ; — frituriers et regrattiers, 256 ; — débits interlopes, 103.

leurs produits, et les chemins de fer, auxquels on ne pensait guère à cette époque, n'allaient pas chercher, pour nous les apporter, les denrées alimentaires jusque dans les communes les plus retirées ; l'Entrepôt pourvoyait donc alors amplement aux besoins qu'il était destiné à satisfaire. D'après les calculs de M. A. Husson, Paris a absorbé annuellement, de 1809 à 1818, en moyenne 752,795 hectolitres de vin[1]. Les relevés de l'octroi prouvent qu'en 1868 il est entré dans la capitale 3,627,929 hectolitres de vin[2]. L'équilibre est donc absolument rompu aujourd'hui, et cet Entrepôt qu'on trouvait si magnifique, si spacieux il y a trente ans, est à cette heure tellement insuffisant, que son exiguïté frappe les yeux les moins exercés. En le triplant on lui donnerait à peine les dimensions qui lui sont nécessaires. Les négociants sont prêts à bien des sacrifices pour obtenir l'emplacement qui leur est nécessaire et qui assurerait à leur commerce une amplitude réellement magistrale.

On parle de prendre une partie des rues intérieures et d'y établir des celliers, d'élever des constructions sur les caves déjà existantes et d'augmenter ainsi la place qu'on réclame de toutes parts et que l'administration est impuissante à créer, car non-seulement elle a donné toute celle dont elle pouvait disposer, mais encore elle ferme les yeux sur bien des abus qui se commettent journellement et que l'état des choses fait naturellement excuser. Ainsi, il est élémentaire que les voies de communication conduisant d'un pavillon à l'autre, que les trottoirs ménagés le long des constructions doivent être maintenus libres pour assurer une circulation

---

[1] *Les Consommations de Paris*, p. 312.
[2] Ce qui donne en vin naturel et dégagé de toute opération, pour la consommation de chaque habitant, par an, 198 litres; par jour, 54 décilitres.

facile. Cependant les rues, les trottoirs sont obstrués de pièces, non-seulement de celles qu'on dépose momentanément avant la mise en cave, de celles qu'on roule ou qu'on répare, mais de pièces gerbées, c'est-à-dire placées symétriquement les unes sur les autres, comme dans un cellier.

Ceci est une contravention parfaitement définie, mais que faire? Supporter sans se plaindre un tel inconvénient, puisque le défaut d'espace le rend inévitable. L'entrée même des caves est tellement étroite qu'on ne peut y rouler les fûts de forte jauge; on est obligé de les dresser, opération d'autant plus pénible que le tonneau est d'une contenance plus considérable. Dans de telles conditions, le travail se fait mal; il faut mettre en magasin des vins qui auraient besoin de rester en cave; les liquides se détériorent faute d'être soignés; les négociants sont contraints de laisser une partie de leurs marchandises chez le producteur, loin de leur surveillance, et, par suite, exposées à bien des accidents.

La situation de l'Entrepôt est pénible aujourd'hui; dans peu de temps elle sera intolérable. En effet, le décret d'annexion a singulièrement modifié les conditions d'existence de Bercy qui, profitant de la loi du 16 juin 1859, est devenu un entrepôt fictif. Mais ses immunités ont cessé le 1er janvier 1870, et Bercy supporte toutes les charges communes aux autres arrondissements de Paris. Les négociants en vins qui vivaient au delà de la Râpée vont, et c'est leur droit, réclamer leur place à l'Entrepôt général. Que fera-t-on alors? Agrandir l'Entrepôt est impossible et serait ruineux; on ne peut que surélever les constructions, ce qui ne remédiera pas à grand'chose, ne créera qu'un emplacement sans importance, et amènera, par les pentes à franchir, de singulières complications dans un travail déjà difficile et qui ne peut être exécuté que de plain-pied.

Pour obvier à de tels inconvénients, on a pris un moyen terme, et l'on a loué le *grenier d'abondance* du quai Bourdon[1] à un entrepreneur qui en a fait une sorte de succursale de l'Entrepôt. C'est là un palliatif qui ne porte au mal indiqué qu'un remède illusoire. Il est question de rebâtir un Entrepôt gigantesque à Bercy même, et l'on dit que des portions de terrain considérables ont déjà été achetées en prévision de ce projet. Il me semble qu'il y avait mieux à faire et que, sans dépense excessive, on pourrait donner satisfaction à tous les intérêts. Deux grands établissements d'utilité publique contigus, séparés l'un de l'autre par une rue étroite et presque toujours déserte, étouffent chacun pour sa part dans les limites où ils sont enfermés. C'est l'Entrepôt général des liquides et le Muséum d'histoire naturelle que borde tous deux la petite rue Cuvier. Le Jardin des Plantes dépérit et meurt faute d'espace. Les végétaux s'étiolent, les animaux souffrent, les collections, entassées les unes sur les autres, n'offrent plus que des sujets d'étude difficiles à démêler ; notre admirable et récente collection anthropologique est cachée plutôt qu'exposée dans des mansardes ; il y a péril en la demeure, et le temps n'est pas éloigné où il faudra prendre un parti radical si l'on veut sauver une institution et un établissement indispensables à tous les points de vue.

Pourquoi ne pas jeter bas la rue Cuvier, qui ne sert à rien, et ne pas donner au Muséum tous les terrains occupés par l'Entrepôt? Le Jardin des Plantes pourrait s'étendre alors, mettre les animaux dans des conditions qu'ils ne connaissent pas aujourd'hui, augmenter les plantations, faire construire des serres assez vastes pour

[1] La première pierre du *grenier d'abondance* fut posée en 1807 sous le ministère Cretet; la construction ne fut achevée qu'en 1816. Cette sorte de halle servit d'hôpital temporaire, en 1832, pendant le choléra. Le grenier d'abondance a été incendié par la Commune.

que les végétaux ne soient pas en souffrance, étendre les parcs, agrandir les ménageries, creuser une rivière factice et établir les collections dans des milieux spacieux, aérés, où les *sujets* ne seraient point serrés les uns contre les autres comme des volumes dans une bibliothèque. Pour être remplacé par le Muséum, l'Entrepôt des liquides, dont une ville comme Paris ne peut se passer, ne serait pas détruit. On le transporterait plus loin, au delà du boulevard de l'Hôpital, sur l'emplacement où s'élève la Salpêtrière.

Il ne faudrait laisser dans la ville que les hôpitaux d'urgence, c'est-à-dire ceux qui jour et nuit doivent s'ouvrir pour recevoir et abriter les habitants pauvres frappés d'accidents ou de maladie. Quant aux hospices qui n'offrent point ce caractère, et qui, de quelque nom qu'on les désigne, ne sont à proprement parler, que des asiles, on doit les rejeter hors de notre enceinte. Charenton, Bicêtre, le Vésinet, Vincennes, n'en sont pas moins fréquentés pour être à quelques kilomètres de Paris. Il ne manque pas, dans nos environs, de larges emplacements excellemment situés et qu'on pourrait acquérir à bon compte pour y établir la Salpêtrière, qui est l'hospice de la vieillesse, qui n'est destinée à secourir aucun cas de mal subit, où l'on n'entre qu'après un stage assez long, et qui, par conséquent, ne perdrait rien à être transférée au delà de nos barrières. Il n'y a là aucun monument qui mérite d'être ménagé ; l'église, bâtie par Bruant, n'a rien de remarquable, nul souvenir ne s'attache à ces lieux qui, depuis 1657, n'ont abrité que la misère, la débauche et la vieillesse ; ce n'est pas la mémoire de madame Valois-Lamotte qui les rendra sacrés. Or, les constructions, les cours et les jardins de la Salpêtrière couvrent une étendue de 31 hectares, sur lesquels il semble que l'Entrepôt trouverait facilement la place qui lui est nécessaire et que réclament impérieusement les besoins du commerce.

Placé ainsi à proximité de la Seine et pouvant recevoir les apports de la navigation, côtoyant le débarcadère du chemin de fer d'Orléans, par lequel lui arrivent tous les produits du Bordelais et du Midi ; relié, près du pont Napoléon, au chemin de fer de Lyon qui dessert la Bourgogne, le Bourbonnais, les côtes du Rhône, un entrepôt situé de la sorte, réunissant l'entrepôt actuel et les magasins de Bercy, répondrait à toutes les exigences de la production, de la vente et de la consommation des vins. Les transactions, déjà considérables, prendraient une importance plus grande, et la ville de Paris récupérerait promptement, par l'accroissement des entrées, les sommes qu'entraîneraient un tel déplacement et de semblables modifications. Qui empêcherait, du reste, la préfecture de la Seine de faire pour l'Entrepôt ce qu'elle a fait récemment pour l'Abattoir central ? Les constructions de ce dernier seront rapidement payées à l'aide d'une surtaxe de deux centimes imposée à chaque kilogramme de viande ; un droit additionnel analogue frappant les liquides amènerait une augmentation de rentrées où le trésor municipal trouverait facilement son compte.

Paris se transforme ; est-ce au moment où, s'occupant avec sollicitude des denrées de nécessité première, l'autorité compétente vient d'élever un abattoir, un marché aux bestiaux, des halles centrales, qu'il est équitable de laisser l'Entrepôt général dans des conditions d'exiguïté et de malaise qui renversent le but qu'on s'était proposé d'atteindre en le créant ? Que l'on choisisse l'emplacement de la Salpêtrière ou celui de Bercy[1], il faut se hâter de donner, par une solution dé-

[1] C'est à ce dernier parti, fort onéreux, que l'on s'est arrêté, pour ne point troubler des habitudes commerciales prises depuis longtemps. Voir tome II, chap. xxxi : *la Fortune de Paris*.

cisive, des garanties aux intérêts engagés, car l'état de choses actuel est sur le point de devenir insoutenable et périlleux.

Appendice. — *Le pain.* Le commerce de la boulangerie est absolument libre aujourd'hui. La Préfecture de police établit encore une taxe officieuse, mais la Préfecture de la Seine n'en fait plus ; la caisse de la boulangerie, définitivement supprimée, est liquidée ; il n'en reste plus que le souvenir. Le recensement des boulangers, fait à Paris en 1873, indiquait 1,466 boulangeries avec four et 589 dépôts de pain. Depuis la guerre le *pain municipal* a cessé de paraître sur nos marchés ; il en est de même du pain extérieur ; un seul boulanger en envoie encore au marché Beauveau : ses apports en 1873 se sont élevés à 124,000 kilogrammes. Un décret du gouvernement de la Défense nationale, rendu le 17 décembre 1870, a aboli les droits d'octroi sur les blés, farines et pains ; nul document statistique n'existe plus pour constater l'entrée de ces denrées ; on ne peut donc établir que d'une façon conjecturale la consommation du pain dans Paris, mais on touchera la vérité de bien près en la fixant entre 170 et 180,000,000 de kilogrammes par an.

La viande. Les marchés de Poissy et de Sceaux n'ont plus aucun rapport avec Paris ; ils ne subsistent que pour l'alimentation fort restreinte des communes où ils sont situés ; le marché de la Villette a bien atteint le but que l'on s'était proposé, il a absorbé les marchés forains à son profit. Un arrêté du préfet de la Seine en date du 15 janvier 1872 a modifié le tarif des droits de place pour le marché aux bestiaux ; cette taxe est actuellement de 3 francs par tête de bœuf, 1 franc par veau, 1 franc par porc, 30 centimes par mouton. 1,939,914 bestiaux ont été vendus en 1873 sur le marché : ce total se décompose en 190,599 bœufs, vaches et taureaux ; 180,109 veaux ; 227,781 porcs ; 1,241,332 moutons ; 502 chèvres et boucs. Dans ces chiffres l'importation des bestiaux étrangers figure pour 651,712 têtes ; l'Allemagne seule nous a expédié 395,237 moutons. La viande de boucherie consommée en 1873 représente 114,573,427 kilogrammes, auxquels il convient d'ajouter 21,840,938 kil. de viande de porc ; ce qui porte le total à 136.414,379 kil. — Il existe aujourd'hui à Paris 1,774 boutiques de bouchers, 547 étaux dans les halles et marchés et 795 charcutiers.

Les transactions à la criée des viandes, aux Halles centrales, se sont opérées sur 19,395,953 kil. ; le total des saisies de viandes insalubres a été de 319,207 kil., dont 205,458 pour la criée des halles ; 165,375 kil ont été adressés au Muséum d'histoire naturelle pour la nourriture des animaux féroces.

Les boucheries hippophagiques persistent : on en compte 50 actuellement, soit en boutiques, soit dans les marchés au détail ; en 1873, on a abattu 7,634 chevaux, 692 ânes et 66 mulets, parmi lesquels 1 mulet, 5 ânes et 104 chevaux ont été saisis pour cause d'insalubrité. La viande de cheval, dont on a été forcé de se contenter pendant le siége, ne parait décidément pas être du goût de la population ; on l'écoule surtout à l'aide de fausses étiquettes chez les gargotiers sous forme de saucissons; ces sortes de fraudes sont surveillées de très-près par le service de l'inspection. On promet à Paris l'importation d'une nouvelle viande ; un sieur L...., commissionnaire en denrées alimentaires, a obtenu de vendre aux halles de la viande de bison ; deux arrêtés préfectoraux, du 29 mars et du 18 décembre 1873, autorisent la vente publique de cette lourde chair souvent célébrée par Fenimore Cooper ; on l'attend toujours, car elle n'a pas encore fait son apparition (mars 1875).

Le vin. Quoique Bercy soit aujourd'hui tout entier un entrepôt, qu'il y ait deux autres entrepôts, le premier à Ivry, le second au pont de Flandre, on n'a point abandonné l'Entrepôt général du quai Saint-Bernard ; loin de là, on en a augmenté les constructions aux dépens de la surface ; le terrain superficiel couvert par la marchandise est actuellement de 105,947 mètres 75 cent.; le nombre des caves au niveau du sol est maintenant de 214 et celui des celliers à eau-de-vie de 93 ; en outre deux hangars ont été élevés sur les bâtiments nouveaux ; en 1873, les locations de l'entrepôt ont rapporté 813,576 fr. 73 c. Les quantités de liquides qui ont passé au dépotoir étaient contenues dans 10,236 fûts et représentaient 54,879 hectolitres 76 litres. Le service de la dégustation n'a point chômé, car le nombre des débits de boissons a encore augmenté ; on a constaté, au 31 décembre 1873, qu'il s'élevait au chiffre de 24,831.

Le mouvement des liquides à l'entrepôt général a été pendant l'exercice 1873 : vins en cercles et en bouteilles, quantités prises en charge : 1.560,482 hect. 99 litres ; alcool pur, 155,182 hect. 06; vinaigre, 5,992 hect. 89 ; huile d'olive, 3,720 hect. 31. — A Bercy, vins en cercles et en bouteilles : 2,934,207 hect. 65 litres ; alcool pur, 31,939 hect. 09; vinaigre, 3,984 hect. 20; huile d'olive, 553 hect. 95. — Entrepôt d'Ivry, vins en cercles et en bouteilles, 161,640 hect. 22 litres ; alcool pur, 1,431 hect. 67 ; vinaigre, 150 hect. 35; huile d'olive, 75 hect. 59. — Entrepôt du pont de Flandre, vins en cercles et en bouteilles, 52,529 hect. 33 litres ; alcool pur, 19,637 hect. 07; vinaigre, 1,531 hectolitres. — Les registres de l'octroi prouvent qu'en 1873 il est entré à Paris

4,078,685 hectolitres de vins en cercles, 17,049 hectolitres de vins en bouteilles et 90,100 hectolitres d'eaux-de-vie ou liqueurs. Les sociétés de tempérance ont fort à faire si elles veulent inspirer le goût de la sobriété à la population parisienne.

CHAPITRE VIII

LES HALLES CENTRALES

I. — LES PAVILLONS.

Le pilori du roi. — Montaigu, Capeluche, Armagnac. — Croix des banqueroutiers. — Le marché Palu. — Les *Champeaux*. — Étymologie naïve. — Les Halles au quatorzième siècle. — Limitation des ventes. — Ordonnance de 1590 — Les poissardes. — Le marché des Innocents. — Décrets de Napoléon I⁰ʳ. — Ordonnance royale du 18 janvier 1847. — Projet de M Horeau. — Le *fort* de la Halle. — Nouveau mode de construction. — Début des travaux. — État actuel. — Vieilles Halles. — Les Halles définitives. — Les voitures d'approvisionnement. — Les pavillons. — *Resserres.* — *Railway.* — Les forts. — Police des halles et marchés. — Dénominations. — *La Vallée.* — Locations. — Le carreau — Eau et gaz.

« Le pilori du roi est aux halles de Paris. » Cette phrase, qui se retrouve dans tous les vieux historiens, apprend à qui les marchés appartenaient avant la Révolution. C'était en effet le seigneur justicier qui seul dans les communes avait le droit de faire élever des halles et en percevait le produit. On se montrait jaloux de ce privilége, et il était rare de ne pas voir quelque instrument patibulaire se dresser, comme un signe de possession redoutable, sur la place même où les marchands apportaient les denrées premières indispensables à la vie; c'était un emblème de puissance; le mot populaire potence (*potentia*) l'indique suffisamment. Le prieur du Temple, l'abbé de Sainte-Geneviève, l'abbé de Saint-Germain des Prés, avaient aussi leur pilori sur les marchés relevant de leur juridiction. La loi du 28 mars 1790 abolit régulièrement cet usage féodal, que la Révolution avait renversé dès les premiers jours d'août 1789.

Le pilori royal était situé à l'endroit où se fait aujourd'hui la vente à la criée du poisson de mer. C'était une tourelle octogone coiffée d'un toit en éteignoir. Sur la plate-forme, une roue horizontale percée de trous était portée sur un moyeu à pivot. Dans les trous, on faisait entrer la tête et les mains du patient, on mettait la roue en mouvement, et le malheureux était ainsi montré circulairement et méthodiquement aux regards de la foule. Le pilori offrait un spectacle fort recherché de la multitude, car c'est là qu'on exposait le corps des criminels exécutés en place de Grève avant d'aller les pendre aux fourches de Montfaucon. Près du pilori se dressait le gibet qui servait dans certaines circonstances graves ; c'est là que fut pendu Jean de Montaigu ; plus tard, en 1418, Capeluche, le bourreau de Paris, qui avait frappé dans la main du duc de Bourgogne, fut mis à mort aux Halles, après avoir indiqué à son aide épouvanté comment il fallait s'y prendre pour proprement décapiter son homme. C'est là aussi, sur un grand échafaud construit exprès et tout tendu de noir, que Jacques d'Armagnac périt par le glaive, le 4 août 1477. Avant de gravir la sinistre échelle, il avait fait ses dévotions suprêmes dans la halle aux poissons, qu'on avait lavée avec du vinaigre et du genièvre, pour en neutraliser la désagréable odeur.

Entre le pilori et le gibet, une large croix étendait ses bras de pierre. Les débiteurs insolvables venaient y faire cession de leurs biens et recevoir le bonnet de laine verte que le bourreau lui-même leur mettait sur la tête. La croix des banqueroutiers et le pilori, qui avaient été reconstruits en 1562, disparurent pour toujours quelques années avant la Révolution; en 1786, au moment où l'on enleva le charnier des Innocents ; du reste, il y avait déjà longtemps qu'ils étaient inutiles. Tous ces souvenirs sont effacés aujourd'hui, et l'on n'en retrouve aucune trace visible dans les Halles centrales, qui sont un des monuments les plus curieux de Paris.

Lorsque Paris tout entier était contenu dans l'île de la Cité, un seul marché, le marché Palu, situé à côté d'une église nommée Saint-Germain le Vieil, subvenait aux besoins de la petite ville; mais lorsque les rives de la Seine furent franchies, un nouveau marché s'établit place de Grève et ne tarda pas à devenir insuffisant. Louis le Gros, voyant sa capitale prendre un grand développement et voulant lui donner un marché digne d'elle, acheta, en dehors des murailles et à proximité de la ville, un vaste terrain qui appartenait à l'archevêque de Paris. Cet espace, très-considérable et alors cultivé, s'appelait *Campelli;* les rues Croix et Neuve-des-Petits-Champs en consacrent aujourd'hui le souvenir.

Lorsque le préfet de la Seine établit les droits de place dans les nouvelles Halles et porta au tarif 20 centimes par deux mètres pour l'occupation des emplacements sur la voie publique aux abords des pavillons, les forains des environs de Paris invoquèrent le souvenir de la reine Blanche, qui, disaient-ils, les avait exemptés de toute charge pour l'étalage des provisions qu'ils apporteraient aux Halles.

Est-ce une tradition qui s'est transmise de père en fils? Je n'en ai trouvé nulle trace écrite.

Les premières constructions furent élevées sur les

Champeaux, en 1183, par Philippe Auguste, qui y installa une foire permanente dont il avait racheté le privilége à la maladrerie de Saint-Lazare ; l'emplacement fut alors entouré de murailles dont les portes étaient fermées tous les soirs, et les marchands eurent des abris qui les mirent à couvert pendant le mauvais temps. En 1278, Philippe le Hardi, pour secourir « povres femmes et povres pitéables personnes », fit bâtir le long du cimetière des Saints-Innocents des étaux destinés à la vente des chaussures et de la friperie. Philippe le Bel augmenta ces constructions ; les halles devinrent le rendez-vous de tous les marchands de Paris, « et, dit Gilles Corrozet, fut appelé ce marché *halles* ou *alles*, parce que chacun y allait. » étymologie naïve et qui concorde peu avec l'appellation de *aulœ Campellorum*, qu'on trouve dans les écrivains de ce temps-là.

A cette époque, l'aspect des Halles ne ressemblait en rien à celui qu'elles nous présentent aujourd'hui ; on y trouvait des denrées alimentaires, ceci n'est point douteux, mais les marchands de comestibles s'étaient groupés instinctivement d'abord, puis ensuite avec une certaine régularité, autour des lieux où l'on vendait les draps, les chanvres, la friperie, la cordonnerie, les armes, les heaumes et toute sorte d'autres objets usuels. C'était, en un mot, bien plutôt un bazar qu'un marché. Grâce au *Tractatus de laudibus Parisius* de Jean de Jeandun, que M. Leroux de Lincy a publié dans *Paris et ses historiens aux quatorzième et quinzième siècles*, nous avons une description complète des halles vers 1325 et l'énumération des objets qui s'y vendaient, vêtements, colliers, gants, aumônières, pelisses, étoffes, et autres « matières délicates dont l'auteur avoue ne pas connaître les noms latins ». L'auteur termine sa description en disant : « Dans ces lieux d'exposition, les regards des promeneurs voient sourire à leurs yeux tant de décorations pour les divertissements des noces et pour les grandes fêtes, qu'après avoir parcouru une demi-rangée, un désir impétueux les porte vers l'autre, et qu'après avoir traversé toute la longueur, une insatiable ardeur de renouveler ce plaisir, non pas une fois ni deux, mais comme indéfiniment, et reprenant au commencement, leur ferait recommencer l'excursion, s'ils voulaient en croire leur désir[1]. »

En ce temps, la vente des différentes denrées était limitée à certains quartiers désignés ; loin de chercher la centralisation, on semblait la fuir. « On ne vend du porc qu'à Saint-Germain, du mouton qu'à Saint-Marceau, du veau qu'à Saint-Germain, du bœuf qu'à la Halle du Châtelet[2]. » Guillebert de Metz, qui visita Paris au quinzième siècle, parle avec admiration des halles « contenant l'espace d'une ville de grandeur ». Au seizième siècle, la population parisienne avait pris un accroissement considérable, mais le grand marché urbain était resté le même, serré dans ses antiques limites, pressé de toutes parts par des rues trop étroites, incommode, obstrué, impraticable. En 1551, on prit un grand parti : on démolit et on reconstruisit les Halles, autour desquelles, en 1553, on perça de nouvelles voies devenues indispensables à la circulation et à l'apport des marchandises. C'était alors, dans la ville même, comme une sorte de ville particulière toute consacrée au négoce et où chaque corps d'état avait sa rue spéciale dont quelques-unes existent encore, ou du moins ont gardé leur ancien nom : rue des Potiers-d'Étain, de la Heaumerie, de la Cossonnerie (volaille), de la

---

[1] Voy. *Pièces justificatives*, 5.
[2] Alexis Monteil *Histoire des Français des divers états*, t. I, p. 31. Longtemps après cet état de choses durait encore ; une ordonnance du mois de novembre 1546 désigne quatre emplacements pour « les marchés au pain ». Ces quatre emplacements étaient : les Halles, le cimetière Saint-Jean, la rue Neuve-Notre-Dame et la place Maubert.

Lingerie, des Fourreurs, de la Cordonnerie, et bien d'autres.

Si le seizième siècle vit la reconstruction des Halles, il vit aussi la confirmation des édits qui contraignaient les approvisionneurs à se rendre à des endroits déterminés. L'*Ordonnance de police* du 28 septembre 1590 est formelle. « Il est fait défense à ceux qui amènent des vivres en cette ville pour vendre, de les descendre ailleurs qu'ès halles et places publiques accoutumées, pour y être vendues; et à toutes personnes d'acheter ailleurs qu'ès dites halles et places publiques, le tout sous peine de confiscation et d'amende arbitraire, de laquelle le tiers sera appliqué au payement du salaire des sergents qui seront employés à l'exécution de la présente ordonnance. »

Les dames de la Halle, les poissardes, comme on les appelait communément, ne jouissaient pas d'une excellente réputation ; Villon avait dit depuis longtemps :

Il n'est bon bec que de Paris !

Elles étaient volontiers « fortes en gueule » comme les servantes de Molière, très-jalouses de certains priviléges qui les autorisaient à aller complimenter le roi en quelques circonstances spéciales, lestes à la riposte et peu embarrassées de faire le coup de poing lorsqu'il le fallait. On fit bien des efforts pour calmer leur intempérance de langage, mais ils furent infructueux ; elles tenaient à leur verbe haut, à leurs phrases injurieuses, plaisantes, presque rimées ; cela faisait partie du métier, c'était l'esprit de corps ; aussi ne tinrent-elles aucun compte de l'ordonnance de police du 22 août 1738 qui, sous peine de 100 livres d'amende et de la prison, leur défendait d'insulter les passants. Tout cela est bien changé aujourd'hui, et M. de Beaufort, s'il revenait, ne reconnaîtrait plus ce peuple des Halles dont il aimait à se dire le roi.

La suppression du charnier des Innocents, qui était devenu un danger permanent pour la santé publique, donna aux Halles une extension dont elles avaient besoin. Par arrêt du conseil en date du 9 novembre 1785, Louis XVI avait décidé que le terrain occupé par le charnier servirait à établir un marché aux herbes et légumes. L'année suivante, la place fut nivelée ; les ossements portés aux catacombes ; la fontaine construite par Jean Goujon au coin de la rue aux Fers et de la rue Saint-Denis fut démolie avec soin, transportée pièce par pièce et rétablie au centre du nouveau marché, où les vendeuses n'étaient couvertes que par des abris mobiles, sortes d'immenses parapluies qu'on fermait le soir et qu'on rouvrait le matin. En 1813, la condition de ces pauvres femmes parut trop pénible à l'autorité municipale, qui leur fit élever des galeries de bois que nous avons encore vues, car elles ont subsisté jusqu'au jour où les Halles furent modifiées selon un nouveau plan.

Ce plan ne date pas d'hier, mais il fallut attendre de longs jours avant qu'il fût mis à exécution. Napoléon s'était fort préoccupé des Halles ; il les avait parcourues souvent et y avait même entendu parfois d'assez vertes vérités. Il savait combien elles étaient défectueuses. Ne pouvant plus littéralement contenir toutes les denrées que chaque jour on y apportait et que l'amélioration successive de la viabilité française rendait de plus en plus abondantes, elles débordaient dans les rues voisines, dont la chaussée devenait ainsi une succursale du marché, au grand détriment de la circulation, du bon état des denrées et de la surveillance qu'on doit exercer sur des transactions de cette espèce. Par deux décrets, du 24 février et du 11 mai 1811, il prescrivit la reconstruction complète des Halles, et l'on put croire que Paris allait enfin posséder un marché digne de lui-même. Il n'en fut rien cependant ; 1812 arrivait, apportant la guerre de Russie, et l'empire, entraîné vers d'autres soucis, abandonna le projet formé, avant même que l'on eût pu ébaucher un commencement d'exécution.

La Restauration se souvenait avec trop d'amertume du rôle joué pendant la Révolution par les gens des Halles pour porter grand intérêt à leur bien-être ; rien ne fut fait alors, ni pendant les premières années du règne de Louis-Philippe, quoique le percement de la rue de Rambuteau, emprunté au projet impérial de 1811, pût faire croire qu'on allait enfin se mettre sérieusement à l'œuvre. Un mauvais génie semblait toujours faire différer une reconstitution complète que chaque année rendait plus nécessaire. Une ordonnance royale du 18 janvier 1847 prescrivit en principe l'établissement de Halles centrales en rapport avec la population et ses besoins. A cet effet, une loi du 1er août de la même année autorisait un emprunt dont le produit fut promptement détourné de sa destination, car il fallut faire face aux nécessités créées par la disette de 1847 et par la révolution de 1848. Un second emprunt, approuvé par la loi du 4 août 1851, permit enfin de commencer les travaux.

Deux projets se trouvaient en présence, l'un appuyé par la préfecture de la Seine, l'autre présenté par M. Horeau. D'après ce dernier, les Halles, partant de la rue de Rambuteau, prenant façade sur la rue Saint-Denis d'un côté et de l'autre sur une rue future qui eût absorbé la rue des Potiers-d'Étain et la rue des Orfèvres, allait chercher la Seine sur le quai de la Mégisserie, demandant au fleuve tous les services qu'on peut en exiger pour le transport des denrées et l'enlèvement des immondices. Trois immenses pavillons divisés en marchés particuliers eussent abrité les marchands, les acheteurs et les denrées. Après une enquête à laquelle prirent part les ministres, le conseil municipal, la préfecture de la Seine, la préfecture de police, ce projet très-grandiose fut repoussé, et l'on s'arrêta au premier, qui reproduisait celui que l'Empereur avait adopté en 1811.

On commença les fouilles en hâte, et, le 25 septembre 1851, le président de la république posa la première pierre des Halles nouvelles. Le bâtiment, qui peu à peu sortit de terre, avait un aspect singulier ; plus il s'élevait, plus il avait l'air étrange. Il était composé de fortes pierres de taille, si épaisses et si bien liées qu'elles paraissaient à l'abri du canon ; trapu, solide, percé d'ouvertures si manifestement trop étroites qu'en les voyant on pensait involontairement aux embrasures d'une forteresse barbacanée, il ressemblait à un formidable blockhaus placé là pour contenir une population turbulente, et n'avait rien d'un pavillon destiné à la vente de denrées pacifiques. On ne s'y trompa guère, et dès qu'il fut terminé, les gens du quartier le surnommèrent le *fort* de la Halle. On dit que ce bâtiment, dont le plan n'aurait déparé aucun ouvrage technique de castramétation, déplut singulièrement en haut lieu, mais il ne subsista pas moins jusqu'au jour où l'ouverture de la rue Turbigo, dégageant la caserne du Prince-Eugène, vint le rendre stratégiquement inutile.

L'essai était malheureux, on ne le renouvela pas, et l'on chercha un genre de construction mieux approprié au but qu'on s'était proposé. La partie vitrée de la gare de l'Ouest et le souvenir du Palais de Cristal qui avait, à Londres, abrité l'Exposition universelle de 1851 donnèrent, sans aucun doute, l'idée d'employer presque exclusivement la fonte et le verre. On peut voir aujourd'hui qu'on a eu raison d'avoir recours à ces légers matériaux qui, mieux que tous autres, remplissent les conditions qu'on doit exiger dans des établissements semblables. Depuis 1851, on n'a cessé de travailler aux Halles, et cependant elles ne sont pas encore terminées. Rien n'a manqué cependant, ni l'activité, ni l'argent; mais l'œuvre était longue, d'autant plus longue et délicate qu'on l'avait entreprise sur les terrains occupés par les marchands, qu'il a fallu respecter leurs droits, ne pas apporter une trop vive perturbation dans les habitudes traditionnelles de ce monde à part, et qu'on a été contraint alors d'avancer avec une prudence extrême qui a entraîné beaucoup de lenteur. Il est probable cependant que l'on touche au terme, et que bientôt les Halles, absolument reconstruites, offriront une telle ampleur que nul marché connu ne pourra leur être comparé.

Le changement a été si profond qu'il n'a rien laissé subsister des choses du passé. Les piliers, ces fameux piliers des Halles dont il a été tant parlé jadis, ont disparu; les passages entre-croisés, sales, malsains, par où si difficilement on arrivait sur le carreau, ont fait place à des voies larges, aérées et commodes; ces cabarets qui dès minuit s'ouvraient à toute la population vagabonde de la grande ville, aux chiffonniers, aux ivrognes, aux repris de justice, qui là, sous toutes sortes de dénominations, trouvaient de l'alcool à peine déguisé [1]; ces repaires où l'ivresse engendrait la dé-

---

[1] On lit dans le *Journal des Débats* du 21 août 1872 : « On a enterré avant-hier, au cimetière de La Chapelle-Saint-Denis, un nommé Étienne Salles, mort à l'âge de quatre-vingt-deux ans. Cet homme avait tenu pendant plusieurs années un établissement public connu de la France entière : c'est lui qui, au moment de la démolition des ruelles avoisinant les Halles centrales, exploitait, au n° 26 de la rue aux Fers, le célèbre cabaret désigné généralement sous le nom de Paul Niquet. On sait que ce cabaret était souvent le repaire des vagabonds, le réceptacle de toutes les immondices sociales. On y entrait par une allée longue,

bauche et menait au crime ont été enlevés et rejetés hors de l'enceinte actuelle de Paris ; en modifiant ce quartier, en l'épurant, on l'a moralisé. Les Halles sont aujourd'hui ce qu'elles auraient dû toujours être : un lieu de transactions sévèrement surveillées, un réservoir où la population parisienne peut venir en sécurité puiser les subsistances dont elle a besoin. Autour de ce marché central, quelques restes de l'ancien Paris sont cependant encore demeurés debout comme une impuissante protestation du passé; à traverser la rue Pirouette, les rues de la Grande et de la Petite-Truanderie, on s'étonne que l'on ait pu vivre et que l'on vive encore dans de pareils cloaques.

Les Halles terminées comprendront quatorze pavillons, dont dix sont en service aujourd'hui ; les quatre qui restent à élever doivent entourer la Halle au Blé, servir en partie de logement aux employés de l'administration et remplacer les groupes de vieilles maisons étagées dans les rues du Four, Sartines, Mercier,

étroite, humide, mal éclairée, ayant accès sur la rue aux Fers. A l'intérieur, une immense salle rectangulaire, garnie de tables scellées dans le sol, et, tout autour, des cabinets de quatre, huit et dix consommateurs. Trois cents personnes environ allaient chaque nuit chercher un asile dans cette sentine, car on pouvait y passer la nuit. C'étaient des hommes à l'aspect repoussant, truands de tout âge ; on y voyait aussi des femmes sans nom, couvertes de guenilles, ivres ou cherchant à s'enivrer, et des jeunes gens dont le visage portait les traces de la débauche et d'une corruption précoce. Et tout ce monde buvait, mangeait, criait, jurait, chantait, se querellait, s'injuriait. C'est dans ce cabaret que Poulmann donna son premier coup de couteau. Cet établissement, à l'époque où il était tenu par Etienne Salles, était devenu une curiosité de Paris. Aussi avait-on disposé deux cabinets de telle manière que l'on pouvait voir ce qui se passait dans la salle commune. On allait là, en partie de plaisir, se repaître du spectacle de la dégradation humaine. On dit même que des femmes du monde ne dédaignaient pas d'aller partager ces tristes émotions. Bien plus, d'après la légende, assez invraisemblable d'ailleurs, M. Delessert, préfet de police, y aurait un soir conduit le roi Louis-Philippe. Etienne Salles, qui vient de mourir, avait gagné là, en peu d'années, une petite fortune. Quant à Paul Niquet, le fondateur, il laissa un demi-million à ses héritiers. » Il est inutile de dire que l'anecdote prêtée au roi Louis-Philippe et à Gabriel Delessert est absolument apocryphe.

Obin, Babille et des Deux-Écus. Ce sera à peu près l'emplacement exact qu'occupait jadis l'hôtel de Soissons. Les Halles ainsi complétées auront coûté 60 millions, ce qui n'a rien d'excessif, s'étendront sur une superficie de 70,000 mètres et seront bornées à l'est par la rue Pierre-Lescot, au nord par la rue de Rambuteau, au sud par la rue Berger, à l'ouest par la future rue du Louvre, qui, partant de la Seine, où elle communiquera par un pont avec la prolongation de la rue de Rennes, aboutira rue Réaumur et probablement sera poussée jusqu'au boulevard Poissonnière.

Ainsi environnées de voies de communication très-larges, qui directement ou par leurs affluents desservent les barrières et les gares de chemins de fer, les Halles offriront à l'apport et à l'enlèvement des denrées des facilités exceptionnellement favorables qui donneront au service intérieur de cet immense marché une activité et une régularité de plus en plus grandes. 2,600 voitures environ servent chaque nuit à l'approvisionnement des Halles, se mêlent aux charrettes à bras, aux porteurs de hottes et exigent un emplacement de 22,000 mètres pour stationner[1]. Aussi l'encombrement serait excessif si une ordonnance de police n'empêchait toute autre voiture de circuler dans le périmètre des Halles entre trois et dix heures du matin. Le soin de faire exécuter les mille et minutieuses prescriptions que nécessite un service pareil est confié à une brigade de quarante sergents de ville et à un peloton de garde municipale.

[1] Chaque voiture qui vient aux Halles pour approvisionner ou désapprovisionner paye un droit de stationnement et de garde qui varie, selon son importance, entre 45 et 25 centimes ; les hottes, mannes, paniers et denrées en tas payent 20 centimes. Chaque propriétaire de voiture, de hottes ou de tas doit se munir d'un bulletin délivré par un agent du service des perceptions municipales. En 1868, il a été délivré 3,558,248 bulletins, et les droits de stationnement et de garde ont produit 79,070 francs 05 centimes.

Les pavillons sont d'énormes constructions couvertes d'un vitrage et dont les parois, faites de verre et de colonnettes en fonte, sont portées sur des murailles de briques. Divisés selon l'objet spécial auquel ils doivent servir, ils sont très-vastes et élevés au-dessus d'immenses caves qui sont des magasins et qu'on nomme des *resserres*. La pierre de taille et la brique sont seules entrées dans l'édification de ces souterrains, où les marchands gardent les denrées qu'ils n'ont point vendues; où se fait l'abatage des volailles; où les lapins, les canards vivants, sont enfermés dans des cages de fil de fer; où le beurre, le fromage, les œufs sont empilés dans des casiers distincts; où le poisson d'eau douce est conservé dans des bassins grillés, vivifiés par une eau courante toujours renouvelée; où d'énormes rats se promènent la nuit, à la lueur vacillante du gaz; où malgré les soins de propreté exigés, malgré une aération qui paraît suffisante, plane une fade odeur de moisi et de renfermé. Au milieu de ces salles inférieures s'étend, derrière des barrières sévèrement closes, une route droite, abritée sous une voûte et garnie de rails. C'est un chemin de fer; mais jusqu'à présent il a été inutile, et l'on peut croire qu'il ne servira pas de si tôt. On avait eu l'idée de relier les Halles au chemin de fer de ceinture par une voie souterraine qui eût singulièrement facilité le transport des denrées. Ce dessein, devant lequel l'Angleterre n'eût certainement pas hésité, a-t-il rencontré trop de difficultés d'exécution dans un terrain traversé par des égouts, des conduites d'eau, des tuyaux de gaz, des caves et des fondations de maisons? A-t-on reculé devant une dépense qui, trop considérable, n'eût pas été en rapport avec la rémunération présumée? Je ne sais; mais ce tronçon de rail-way constate un projet qui n'a pas été conduit à terme.

Dans chacun des pavillons s'élève une large cabane de bois qui sert de bureau à un inspecteur et à ses employés ; les agents du poids public y ont aussi leur installation, de sorte que le contrôle est permanent, toujours sur les lieux mêmes, prêt à relever la moindre infraction aux règlements. Le service intérieur des Halles est fait par 481 *forts*, dont le bénéfice annuel varie entre 1,500 et 3,000 francs. Ces hommes, divisés en équipes dirigées par des syndics, sont placés sous l'autorité des inspecteurs de police et offrent toutes les conditions possibles de probité, de bonne conduite et d'exactitude. Il ne leur suffit pas de sortir intacts d'une enquête très-sérieuse faite sur leur vie privée, il faut encore qu'ils triomphent d'une épreuve physique à laquelle on les soumet pour les essayer. Dans les pénibles exercices auxquels ils se livrent presque en se jouant, ils déploient une adresse et une vigueur vraiment remarquables. Grâce à leurs larges chapeaux enduits de blanc d'Espagne et à leur colletin en très-gros velours d'Utrecht, qui empêchent les fardeaux de glisser, ils ont les mains libres et gardent une agilité de mouvement qui semble doubler leur puissance. Ce sont les forts qui, sous leur responsabilité personnelle, ont mission de décharger les voitures et d'en porter le contenu sur le carreau des ventes.

Une ordonnance du 30 décembre 1865 fixe la police des halles et marchés, prescrit les précautions à prendre dans tous les cas qu'il a été possible de prévoir et ne laisse prise à aucune équivoque. Toute cause d'incendie semble devoir être écartée par la défense expresse de fumer, d'avoir des instruments à feu, des chaufferettes non fermées et des lumières libres ; la lanterne seule est permise. Chaque catégorie de denrées est soumise à des dispositions particulières ; une vigilance toujours en éveil a imposé aux marchands ces sages prescriptions qui aujourd'hui sont si bien entrées dans leurs mœurs, qu'elles font partie de leurs habitudes et qu'on n'a même plus à les leur rappeler.

Les pavillons portent des numéros d'ordre qui leur servent de dénominations officielles, mais les gens des Halles ont leur vocabulaire ; au lieu du pavillon n° 3, ils disent la Boucherie ; au lieu du pavillon n° 9, ils disent la Marée, et, fait plus étrange, au lieu du n° 11 où se vend la volaille et le gibier, ils disent la Vallée. Ce marché se tenait jadis sur le quai de la Mégisserie qu'on appelait alors *la Vallée de la Misère*[1], à cause du grand nombre d'oiseaux, d'agneaux, de cochons de lait qu'on y faisait mourir. La Vallée de la Misère devint peu à peu et simplement la Vallée ; quand la vente de la volaille fut établie dans le triste et froid bâtiment élevé en 1809, par Lenoir, sur l'emplacement du couvent des Augustins[2], le vieux nom s'imposa à la construction nouvelle, et récemment il a suivi les marchands lorsqu'ils sont venus s'installer aux Halles centrales.

On pense bien que les places ne sont pas gratuites dans les pavillons, mais le prix qu'on exige varie selon les denrées. Les étaux de la boucherie sont loués 3 francs par jour ; les comptoirs de la marée, 1 fr. 25 ; ceux du poisson d'eau douce, 1 fr. 50 ; ceux de la volaille, 1 franc ; ceux de la verdure, 75 centimes ; ceux des huîtres, 20 centimes ; les *resserres*, à quelque catégorie qu'elles appartiennent, ont un prix de location uniforme : cinq centimes par jour et par mètre super-

---

[1] Dans le principe, ce marché était au parvis Notre-Dame, et je lis dans le *Dictionnaire* de Jean de Garlande, écrit vers 1090 : « *In platea nova ante paravisum domine nostre, aves inveniuntur vendende, anseres, galli et galline, capones, anates, perdices, phasiani, alaude, passeres, pluvinarii, ardee, grues et cigni, pavones et turtures.* »

[2] Le marché à la volaille du quai des Augustins a été démoli pour faire place à des maisons. Il n'en subsiste plus aujourd'hui (avril 1875) que trois arcades, qui abritent une remise de l'entreprise générale des omnibus.

ficiel. Les pavillons sont entourés de larges trottoirs qui forment ce qu'on appelle spécialement *le carreau;* là se tiennent à découvert les approvisionnements de gros légumes; autour des pavillons 6 et 8 s'installent les marchandes dites *au petit tas,* qui n'ont d'autre abri que des parapluies insuffisants lorsque la pluie tombe ou que le soleil brûle; chacune de ces marchandes, au nombre de 599, acquitte quotidiennement un droit fixe de 15 centimes. Les places sont louées à la semaine, du lundi matin au dimanche soir, et le prix en est versé d'avance entre les mains du receveur municipal. Tout vendeur, qu'il soit à l'intérieur ou à l'extérieur des pavillons, doit accrocher à l'endroit le plus apparent de son étalage une plaque indiquant son nom et le numéro particulier de sa place, de façon qu'il soit toujours facile de constater à qui l'on a affaire et de pouvoir remonter à une responsabilité certaine.

L'eau n'a point été ménagée, car il en faut là plus que partout ailleurs; la propreté, la salubrité des denrées, le nettoyage des étaux, le balayage des rues intérieures en exigent des quantités considérables : aussi l'autorité municipale s'en montre prodigue et fait verser 2,800,000 litres par jour pour la consommation des Halles centrales. La lumière non plus n'est pas épargnée; on voit aux Halles bien mieux la nuit que le jour, et les 700,000 mètres cubes de gaz qu'on y brûle annuellement produisent la clarté indispensable. Si l'on compte les lanternes, les brûleurs, les lampes d'illuminations réservées pour les solennités publiques, on verra que le gaz allumé, s'échappant par 11,310 trous, peut donner une lumière et une chaleur qui répondent à toutes les exigences d'un service permanent.

II. — LES TRANSACTIONS.

Paris s'endort, les Halles s'éveillent. — Forains non abrités. — *Plano sub jove*. — Opinion d'un fonctionnaire municipal. — *Boueux*. — La viande. — Fleurs et légumes. — Vagabonds. — Vierges sages. — Première criée. — Contrôle. — Le cresson. — Mode d'expédition. — La verdure! — Bruit et mouvement. — La marée. — Le *coupage* — Abus et mauvaise foi. — Réglementation du *coupage*. — La vente du poisson. — *Verseurs*. — Exiguïté du pavillon de la marée. — Les huîtres. — Accaparement. — Pavillons des beurres et des œufs. — Transactions. — Maniotte. — *Bixa ocellana*. — Les œufs. — *Compteurs-mireurs*. — *La Vallée*. — Les *gaveurs*. — Volailles et gibier. — Chasse. — Coqs de bruyère. — Ventilateur. — Fruits et légumes. — Oasis. — Arlequins et rogatons. — Dessertes. — Clientèle. — Boulangers en vieux. — Opiat. — Incendie. — Insuffisance des Halles. — Elles débordent déjà. — Fin du marché. — Registres officiels.

    Quand les théâtres se ferment, quand les cafés vont être clos, lorsque les lampes s'éteignent dans les maisons, que Paris est sur le point de s'endormir, les Halles s'éveillent et la vie commence à y circuler, à petit bruit d'abord et avec une certaine lenteur que l'obscurité relative des rues semble rendre discrète. Les premiers approvisionneurs qui apparaissent sont les maraîchers, enveloppés dans leur grosse limousine à raies blanches et noires, à demi endormis, conduisant au pas leur cheval paisible. En arrivant, ils s'arrêtent devant une petite guérite où un employé de la préfecture de la Seine leur délivre, à la clarté d'une pâle lanterne, un bulletin constatant qu'ils ont versé au fisc le prix de leur place, qui coûte 20 centimes pour un mètre de face sur deux mètres de profondeur. Ces gens-là sont ce que l'on appelle en langage administratif les forains non abrités.

    Le nom est bien choisi. Quel que soit le temps, qu'il pleuve, qu'il vente, qu'il grêle, qu'il neige, ils sont réduits à rester en plein air, sur les trottoirs du carreau, sur le pavé, grelottants, mouillés, transis. Cela est cruel ; lorsqu'on voit ce spectacle par une nuit d'hiver, il est difficile de n'en être pas péniblement impressionné. Ne pouvait-on pas, puisque l'on reconstruisait les Halles de fond en comble, disposer des abris pour ces malheureux qui viennent de faire une longue course sur des charrettes découvertes ? Jadis ils avaient la ressource d'aller chercher un refuge dans les cabarets du voisinage, mais aujourd'hui ils n'ont même plus ce triste moyen d'échapper aux intempéries. Se serait-on, dans une installation si déplorable, moins inquiété de l'homme que de la denrée ? On peut le croire, car on lit dans un document officiel : « En 1842, un des fonctionnaires de la préfecture de la Seine, émettant son avis sur la question de savoir s'il était nécessaire de construire des abris, se prononçait pour la négative et s'exprimait ainsi : Le mauvais temps ne nuit pas sensiblement aux légumes sur le marché. » Il est possible, quoique le fait paraisse contestable, que la grêle et la pluie ne détériorent pas les navets, les choux et les petits pois ; mais l'homme n'est point ainsi, et il y aurait quelque humanité à élever des hangars vitrés où les marchands de ces denrées inaltérables pussent se mettre à couvert pendant les nuits inclémentes.

Plusieurs maraîchers se hâtent de déposer leurs marchandises, qu'ils cèdent en gros et à l'amiable, soit aux fruitiers, soit aux femmes des Halles, qui les revendront en détail ; ils donnent le picotin d'avoine à leur cheval et repartent promptement. On reconnaît facilement ceux qui sont si pressés à leurs voitures, qui sont toujours des tombereaux et jamais des charrettes. En effet, ils ont passé un contrat avec la compagnie concessionnaire de l'enlèvement des boues de Paris, et dès qu'ils ont déposé leurs denrées sur le carreau, ils s'éloignent pour ramasser, au coin des rues, ces tas d'ordures qui deviennent entre leurs mains un fumier fécond, à la fois chaud et léger. C'est un échange, une sorte de *circulus* intelligent; Paris rend en engrais ce qu'il reçoit en nourriture.

Pendant cette partie de la nuit, les Halles sont assez calmes, excepté aux environs du pavillon n° 3, où les pièces de viande affluent, apportées par les camions des chemins de fer. Là règne une activité que rien n'arrête, car il faut, pour la vente au détail, qu'avant sept heures du matin les animaux soient dépecés et débités. Les voitures des maraîchers continuent à arriver une à une ; sur le trottoir se promènent des hommes à la veste desquels brille une médaille d'argent : ce sont les syndics des forts qui constatent si leurs compagnons sont à leur poste ; dans les pavillons fermés plane un grand silence que troublent parfois les aboiements d'un chien terrier en chasse de rats dans la cave ; des agents de police vont et viennent enveloppés de leur capote, marchant à petits pas, deux par deux et l'œil aux aguets.

La nuit s'avance, le cadran lumineux de l'église Saint-Eustache marque trois heures ; le mouvement s'accentue ; la grande rue longitudinale couverte qui sépare les pavillons en groupes égaux et où les places coûtent 40 centimes le mètre, commence à se remplir ; on y apporte les primeurs, les fleurs, les mousses, les branches d'arbres verts ; quelques fourgons venus des gares déchargent les légumes expédiés par la haute Bretagne, par Roscoff et Saint-Pol-de-Léon. Sous cette immense voûte que la lumière du gaz semble rendre plus élevée encore, un insupportable courant pousse des nappes d'air froid. C'est là cependant, à côté des piles de chicorées et des monceaux de carottes, que les vagabonds, les misérables, chassés de place en place, des bancs où ils s'étaient étendus, des coins de porte où ils s'étaient pelotonnés, viennent chercher un asile qui leur est rapidement disputé. On les voit grelottants, les épaules courbées, les bras serrés contre la poitrine, s'asseoir derrière quelques mannes oubliées et essayer de dormir. Un agent de police les réveille, les secoue, les force à se relever, les renvoie; ils font dix pas, et croyant n'être plus observés, ils se recouchent, la tête appuyée contre la muraille, et se hâtent de reprendre leur sommeil interrompu. Encore une fois, on les avertit, on les menace; la fatigue est plus forte que leur volonté; ils se font un nouveau gîte. On les découvre encore et on les conduit au poste, où le violon leur garantit du moins le droit de finir la nuit et de dormir en paix.

Un peu avant cinq heures du matin, on voit arriver des femmes qui, semblables aux vierges sages dont parle l'Écriture, portent à la main des lumières enfermées dans une lanterne; elles se réunissent à l'angle de la rue Rambuteau, sur le trottoir de la rue Pierre-Lescot. On apporte un bureau portatif près duquel un homme s'installe. On entend faire l'appel des forts; si l'un d'eux n'est pas arrivé, il est mis à pied pour la journée, c'est-à-dire qu'il est privé de son bénéfice, tout en étant forcé de travailler comme d'habitude. Un coup de cloche résonne en même temps que l'horloge indique cinq heures. C'est la vente du cresson qui va commencer. Tout le monde est à son poste; voici le facteur, son commis-écrivain, son crieur; voici l'agent de l'inspecteur du marché; voici l'inspecteur des perceptions municipales. Chacun de ces employés écrit l'objet et le prix de la vente; il y a donc, en toutes circonstances, trois documents qu'on peut contrôler l'un par l'autre et qui font foi lorsqu'il y a contestation.

Le cresson, qui entre aujourd'hui pour une part considérable dans l'alimentation parisienne, est, jusqu'à un certain point, d'importation récente [1]. Avant 1810, on

---

[1] Le cresson — l'humble cresson — a eu son rôle dans l'histoire des séditions parisiennes. Le 1ᵉʳ mars 1382, un percepteur royal voulant

ne vendait que du cresson de fontaine, dont la production était forcément très-restreinte. En 1810, un ancien officier d'administration qui avait fait les campagnes d'Allemagne et qu'on nommait M. Cardon, imagina d'établir, à Saint-Léonard, dans la vallée de la Nonette, entre Senlis et Chantilly, des cressonnières factices semblables à celles qu'il avait remarquées à Dresde et à Erfurt. Ce cresson expédié à Paris se vendit bien et immédiatement. Un facteur aux légumes intelligent, comprenant de quel intérêt une telle nourriture, saine, fortifiante, peu coûteuse, serait pour les pauvres gens de Paris, stimula de toutes ses forces le zèle des producteurs, auxquels il promit des bénéfices qui ne leur ont point manqué.

Les rives de la Nonette, de cette petite rivière que les poëtes domestiques de la maison de Condé chantaient autrefois à l'envi, sont devenues des cressonnières fertiles ; Buc, Saint-Gratien, Gonesse, ont suivi l'exemple donné par le département de l'Oise, et aujourd'hui les Halles reçoivent le cresson en assez grande quantité pour qu'il s'en soit vendu 10,887,912 bottes pendant l'année 1868. On l'expédie d'une façon ingénieuse, dans de grands paniers montés sur traverses ; le cresson parfaitement botelé est disposé le long des parois intérieures, présentant sa feuille de tous côtés ; le panier est donc tapissé et non rempli. Aussi lorsque la vente commence, les acheteuses laissent glisser dans ces larges mannes leur lanterne retenue par une ficelle ; de cette façon elles peuvent examiner le lot tout entier et reconnaître si les 25 ou 30 douzaines de bottes qui le composent sont de bonne ou de médiocre qualité. Dès que la criée

exiger une obole pour une botte de cresson que vendait une femme, fut tué par les gens des halles. Le peuple s'arma et se mit en révolte ouverte. Ce fut là l'origine de cette insurrection si durement châtiée par Charles VI après la victoire de Roosebeke et que l'on a appelée la guerre des Maillotins. Voir *Le religieux de Saint-Denys*, livre III.

en gros est terminée, les paniers sont vidés, et à la même place les marchandes commencent la vente au détail et crient : « La verdure ! la verdure ! »

Pendant ce temps, à un signal de cloche — car aux Halles c'est la cloche qui règle tous les mouvements, comme le tambour indique ceux de la caserne — les pavillons ont été ouverts ; sur le carreau, les transactions sont plus actives ; les acheteurs particuliers commencent à arriver ; des sous-officiers escortés de soldats portant de larges sacs tournent autour des monceaux de légumes et choisissent les denrées de l'*ordinaire ;* des religieuses, des cuisiniers de colléges, des propriétaires de petits restaurants, viennent, marchandant, liardant, se disputant, faire les provisions du jour. Il y a là un caquetage de voix aiguës et criardes qui semble broder une mélodie glapissante sur une basse continue, sourde et puissante, qui est formée par le bruit des fourgons des chemins de fer arrivant en foule, attendus avec impatience, déchargés avec empressement et curiosité, car ils apportent la marée.

C'est là, dans nos consommations journalières, la denrée aléatoire par excellence, et plus d'un Vatel y a trouvé sa déconvenue. En effet, il suffit d'un coup de vent pour que Paris manque de poisson. Selon l'époque, la vente commence à six ou sept heures du matin. Chaque panier porte le nom du propriétaire et l'adresse du facteur ; les forts, rompus à toutes les habitudes du métier, font immédiatement la répartition ; d'un coup d'œil, un facteur peut voir l'importance de l'envoi dont il devient responsable. Comme on lui remet les feuilles d'expédition, il sait de quelle manière la vente sera distribuée. Le poisson ne peut pas être vendu comme toute autre denrée, car le prix en diminue à mesure que la journée avance ; les premiers lots offerts à la criée ont donc un avantage sur ceux qui ne viennent qu'après. Pour maintenir l'égalité des droits individuels et ménager les intérêts des expéditeurs, on avait imaginé de faire mettre au banc de vente des lots successivement pris à chaque voiture, quel que fût son chargement. La mesure était équitable et paraissait donner satisfaction à tout le monde; mais vers 1860 quelques commissionnaires virent la partie faible de cette disposition, et au lieu de laisser les fourgons des chemins de fer apporter à la Halle la marée qui leur était envoyée, ils imaginèrent d'aller la chercher en gare et de diviser le chargement normal et primitif sur plusieurs petites voitures; de cette façon ils obtenaient des tours de vente plus nombreux et écoulaient plus rapidement leur marchandise. Cette manœuvre un peu trop subtile s'appelait *le coupage*. L'exemple était donné; il fut suivi, et le poisson de mer n'arrivait plus aux Halles que sur une quantité infinie de charrettes à bras, de charrettes à un cheval qui obstruaient la circulation et dont le chargement illusoire rendait vaines les prescriptions les plus sages.

La progression est intéressante à constater : en 1859, 11,634,000 kilogrammes de marée sont apportés par 16,042 voitures; en 1863, 14,659,850 kilogrammes en occupent 52,280, et enfin en 1866, 14,166,866 kilogrammes arrivent sur 78,604 voitures. Ainsi de 1859 à 1866 la quantité de poisson de mer s'est accrue de 22 pour 100, et le nombre des voitures destinées à le transporter a augmenté de 391 pour 100. En décembre 1866, la moyenne de chaque chargement est de 155 kilogrammes; c'était abusif au premier chef, et les expéditeurs se plaignirent hautement, car un tel état de choses faisait retomber sur eux des charges très-lourdes. Un envoi de poisson expédié de Boulogne à un commissionnaire et valant 65 francs avait été transvasé en gare sur 17 voitures différentes qui, louées à raison de trois francs l'une, avaient coûté 51 francs que l'expéditeur s'était vu forcé de rembourser.

Pour arrêter le mal d'un seul coup et empêcher qu'il ne se renouvelât, une ordonnance de police datée du 23 février 1867 déclare que les voitures transportant la marée cesseront d'être considérées comme unités servant de base au règlement des tours de vente; que les marchandises des divers expéditeurs seront présentées alternativement et suivant l'ordre successif des arrivages; que le nombre des lots sera de un par centaine ou fraction de centaine de kilogrammes. C'est la lettre de voiture ou le bulletin d'expédition qui fait foi et permet de se reconnaître facilement au milieu de tous ces paniers de forme et de contenance diverses qui, au moment où la vente va s'ouvrir, encombrent les abords du pavillon n° 9.

Le poisson déballé est placé sur de larges paniers plats qui ressemblent à des éventaires et est porté sur un des huit bancs de vente qui entourent le marché. Ce travail, qui exige une certaine habileté, car il faut assembler les espèces, faire les lots de telle manière qu'ils ne soient ni trop forts ni trop faibles, présenter les marchandises sous l'aspect le meilleur, sans cependant en dissimuler les défauts, est accompli par des agents spéciaux, au nombre de seize, et qu'on appelle *verseurs*. Ils passent le poisson ainsi préparé à l'un des trente-quatre compteurs-crieurs qui sont chargés d'annoncer la denrée mise en vente, de recevoir les enchères et d'indiquer aux commis du facteur le nom de l'acquéreur. Malgré le tumulte, les cris, les plaisanteries salées qui s'entrecroisent, tout se passe avec ordre et célérité. C'est dans cette circonstance surtout que le temps est de l'argent. Aussi les corbeilles où brillent les poissons nacrés ne font-elles que paraître et disparaître. Lorsque d'aventure une pièce rare a été apportée, saumon gigantesque, esturgeon monstrueux, des hommes vont la criant à grands efforts de voix parmi les Halles pour prévenir les marchands et exciter la concurrence. La vente et ensuite l'étalage sont surveillés par l'inspecteur du marché, qui fait impitoyablement enlever et jeter aux ordures tout poisson qui lui parait insalubre. C'est dans ce même pavillon que se fait la criée du poisson d'eau douce. Celui qui vient du port Saint-Paul est disposé assez habilement dans les mannes qui le contiennent pour arriver vivant; on le verse en hâte dans une *boutique* en pierre alimentée d'eau courante où, après quelques mouvements indécis, les carpes, les brochets, les tanches et les anguilles se remettent à frétiller de plus belle.

En 1868, il a été vendu aux Halles 19,649,522 kilogrammes de marée et 1,958,097 kilogrammes de poisson d'eau douce ; les premiers ont été adjugés au prix de 15,508,135 fr. 50, et les seconds au prix de 2,158,956 francs. L'étranger est entré pour une part notable dans cet apport, car il nous a envoyé 4,144,655 kilogrammes de marée et 1,246,664 kilogrammes de poisson d'eau douce ; une grande quantité de ce dernier vient de Hollande, de Prusse, de Suisse, d'Italie; la Belgique et l'Angleterre ont surtout expédié de la marée; plus de 51 pour 100 des moules mangées à Paris sont de provenance belge.

Ce pavillon n° 9 est manifestement trop exigu; l'encombrement y est excessif dès l'ouverture du marché ; c'est à peine si devant les étalages, si autour des bancs de vente on peut passer ; la foule se presse, se heurte, et interrompt toute circulation régulière. Plus tard, cet état de choses sera modifié ; lorsque les Halles seront terminées, le poisson d'eau douce sera transvasé au pavillon maintenant occupé par la volaille, et on y adjoindra les huîtres, qui ont trouvé une place provisoire dans le pavillon n° 12. Les huitres se vendent peu et mal aux Halles, où elles ne sont apportées que depuis la suppression du marché spécial de la rue Montorgueil.

C'est un commerce tout particulier que celui-là, et malgré les efforts de l'administration, il reste soumis à certaines habitudes traditionnelles qui ressemblent bien à ce que jadis on appelait l'accaparement. Aux termes des règlements ministériels, la pêche ouvre le 1er septembre et ferme le 30 avril; mais avant de partir pour aller draguer les bancs désignés, les pêcheurs se sont entendus avec les représentants des marchands de Paris et ont fixé avec eux, d'un commun accord, le prix auquel l'huître future sera livrée. C'est une sorte de taxe consentie, dont la durée se prolonge pendant toute la campagne, quels que soient les résultats que l'on obtienne. Ce prix augmente d'année en année dans une progression excessive : en 1840, le mille valait 12 francs; en 1850, 16 fr. 50; en 1860, 26 francs; en 1868, il a atteint le chiffre de 71 fr. 90. La rareté des huitres, la stérilité des bancs ne sont pas seules causes de cet accroissement de valeur; les chemins de fer portent aujourd'hui cet aliment recherché, non-seulement dans l'intérieur de la France, mais en Allemagne et jusqu'en Russie. Les huitres d'Ostende, qui presque toutes arrivent du comté d'Essex, en Angleterre, ont disparu ou à peu près de nos marchés; on les mange aujourd'hui à Vienne, à Pétersbourg et à Berlin. En 1868, Paris a consommé 25,496,752 huitres, dont la majeure partie venait de Courseulles et de Saint-Waast; les huitres d'Ostende n'ont figuré que pour 5,350, et celles de Marennes pour le chiffre insignifiant de 58,500. C'est là, au grand préjudice de la population, un aliment précieux qui, par le prix élevé qu'il atteint, tend chaque jour davantage à n'être plus qu'une denrée de luxe et échappe forcément aux ressources de la plupart des Parisiens.

Pendant que la vente du poisson de mer et d'eau douce s'effectue sur le point spécial qui leur est réservé, les autres pavillons ne sont points déserts. Dans les Halles tout s'anime, tout s'embrase à la fois, comme un feu d'artifice dont on allumerait les pièces au même instant. Aux heures matinales, une sorte d'activité fébrile semble agiter les marchands, les acheteurs, les forts, les employés d'administration ; tout le monde court et crie, c'est un tohubohu sans nom, où cependant chacun se retrouve et s'occupe à sa besogne particulière.

Dans le pavillon n° 10 on vend les beurres, les fromages et les œufs, commerce énorme, qui ne chôme jamais et auquel concourt la France entière ; avant que la vente puisse commencer, chaque motte de beurre est pesée, marquée d'un numéro d'ordre et d'un chiffre relatant le poids exact ; puis le nom de l'expéditeur et le poids du colis sont indiqués au facteur mandataire, à l'agent des perceptions municipales et à l'inspecteur du marché. A l'aide d'une sonde, on peut enlever une portion centrale de la marchandise et la goûter, de façon à s'assurer que la qualité indiquée est bien réelle. C'est la Normandie et la Bretagne qui font les envois les plus considérables. Les transactions publiques se sont exercées aux Halles, en 1868, sur 11,268,132 kilogrammes de beurre, qui ont rapporté 31,836,265 fr. 58. Les fromages sont arrivés en moindre quantité, quoique l'Allemagne commence à nous en envoyer ; les 3,647,978 kilogrammes qu'on a vendus ont produit 2,454,612 fr. 37 centimes.

On fait parfois subir aux beurres une opération analogue à celle que les marchands de vin appellent le *soutirage* et dont j'ai parlé précédemment. Par le mélange de plusieurs espèces de beurres, provenant de sources différentes, on obtient un seul et même type. Sur de longues tables contenues dans la *resserre*, les divers échantillons, préalablement amollis par une *trempée* d'eau tiède, sont pétris avec force et longtemps, comme une pâte de pain. C'est ce qu'on nomme la *maniotte*. Le beurre ainsi foulé devient blanchâtre et prend un aspect crayeux auquel on remédie par l'adjonction d'une teinture mystérieuse que les gens du métier appellent le *raucourt*, composition dont ils cachent la recette avec soin, et qui n'est autre que le rocou, sorte de matière onctueuse et rouge qui entoure la graine du rocouyer (*Bixa ocellana*). La plus recherchée vient de Cayenne ; mais comme elle coûte assez cher, on la remplace souvent par un faux rocou composé de carottes et de fleurs de souci.

Les œufs sont enfermés dans de vastes paniers qui en contiennent mille environ, tassés, pressés les uns contre les autres et, par suite d'un emballage habile, parviennent intacts à travers les chocs des chemins de fer, les transbordements et toutes les causes qui devraient pulvériser des objets si fragiles. Dans l'année 1868, 228,997,515 œufs sont arrivés aux Halles et ont été vendus 17,045,013 fr. 14. On les vend à la manne, en raison du nombre indiqué par l'expéditeur ; mais des employés spéciaux, désignés sous le nom explicatif de *compteurs-mireurs*, sont chargés de vérifier le contenu des paniers et la qualité des œufs. Ces agents, au nombre de quatre-vingts, remplissent une fonction qui ne laisse pas d'être pénible, car il est des saisons où chaque œuf doit être examiné avec soin, par transparence à la lumière, afin qu'on puisse constater qu'il est dans des conditions de salubrité satisfaisantes. Les œufs qui, tachés, trop vieux, opaques, paraissent offrir quelque inconvénient pour la santé publique, sont livrés à l'industrie, qui les utilise, pour la dorure sur bois et pour la confection des colifichets destinés aux oiseaux. Les œufs tout à fait gâtés sont immédiatement détruits. C'est dans les *resserres* que travaillent les compteurs-mireurs, dans l'obscurité, assis devant une bougie allumée et entourés de vastes paniers où ils puisent sans cesse. La moitié d'entre eux seulement est occupée à cette besogne ; l'autre moitié est ambulante et va chez les fruitiers, les crémiers, examiner avec soin les œufs que ceux-ci ont achetés et constater les déchets dont il doit leur être tenu compte par les facteurs-vendeurs.

Les arrivages seraient plus considérables encore sur les Halles, si l'Angleterre, très-friande de ce genre de denrée, ne prenait chez nous une partie des œufs qu'elle consomme. Trente-deux producteurs appartenant aux départements de la Seine-Inférieure, de la Somme, du Pas-de-Calais, de la Sarthe, de la Mayenne, d'Ille-et-Vilaine, de l'Orne, de l'Eure, ont abandonné le marché de Paris et font des envois outre-Manche. Leurs expéditions amènent à Londres environ 50 millions d'œufs par année ; est-ce à cette cause, est-ce à la rareté de la denrée elle-même qu'il faut attribuer le renchérissement excessif que les œufs ont subi en 1867 ?

Comparé au pavillon de la marée, celui où l'on vend le beurre et les œufs est assez paisible, car il est très-vaste et suffit amplement aux acheteurs, qui le parcourent en examinant la marchandise ; mais le bruit, l'animation, l'encombrement ne font point défaut au pavillon n° 4, où l'on vend les volailles. Le marché y est toujours animé le lundi, le mercredi, le vendredi et le samedi, en souvenir de *la Vallée*, dont c'étaient les jours de vente. Là, le bruit atteint parfois des proportions diaboliques, car aux cris des marchands, aux appels des crieurs, viennent se joindre le bêlement des agneaux, le gloussement des poules, le roucoulement des pigeons, le nasillement des canards ; toutes ces voix humaines et animales forment un insupportable charivari. Quelques hommes exercent là une industrie toute spéciale contre laquelle Mercier protestait déjà de son temps, dans le *Tableau de Paris;* je parle des *gaveurs.* Les pigeons sont expédiés vivants, dans des paniers légers et fermés ; au fur et à mesure qu'ils parviennent sur le marché, ils sont déballés et passés à un homme qui, s'emplissant la bouche d'eau tiède et de grains de vesce, pousse cette nourriture forcée dans le bec de « la volatile malheureuse ». Le gavage se fait avec une rapidité extraordinaire et ne doit pas produire des bénéfices considérables, car cette opération disgracieuse est payée à raison de 30 centimes par douzaine de pigeons ; encore faut-il fournir les graines.

Pendant l'année 1868, 12,506,744 pièces de volaille et de gibier ont été vendues et ont produit 27,785,622 fr. 41 cent. sur ce marché qui est bien moins alimenté qu'il ne pourrait l'être, car beaucoup de particuliers et de marchands de comestibles se font expédier directement les animaux dont ils ont besoin, quitte à payer à l'octroi des droits plus élevés que ceux qui sont exigés aux Halles. Les apports de gibier pendant la période de chasse 1868-1869 ont atteint le chiffre de 1,634,357 pièces, dont le détail intéressera tout chasseur[1]. Ce qui domine, c'est l'alouette, car on en a compté 756,688 ; mais l'affluence en varie singulièrement selon les époques : en octobre, 310,611 ont paru sur le marché ; septembre n'en a fourni que 125. Il en est à peu près ainsi de tous les gibiers : 12,174 cailles en septembre, 56 en janvier ; sur les 22,162 bécasses, 66 arrivent dans le mois de l'ouverture de la chasse, et 8,438 en novembre ; les 11,996 daims, cerfs et chevreuils se répartissent à proportions à peu près égales en novembre, décembre et janvier ; pour les 63,008 fai-

---

[1] Il y a une diminution notable sur la campagne de chasse 1867-68, qui avait amené 2,114,295 pièces de gibier aux Halles. — Voy. *Pièces justificatives,* 4.

sans, novembre, décembre et janvier seuls en donnent 50,493 ; les perdrix, dont le total est de 415,504, débutent brillamment par 129,817 en septembre, et en janvier tombent à 19,737 ; les lièvres, qui ont été au nombre de 287,085, varient dans les deux premiers mois entre 20 et 49,000 ; mais dès que novembre arrive, que les grandes battues d'Allemagne sont commencées, l'accroissement se fait sentir et la Vallée en reçoit 76,842,

Depuis 1867, on a autorisé l'entrée en France du gibier qui ne vit pas sous notre latitude et dont la destruction ne peut par conséquent nous causer aucun préjudice. Deux ou trois fois par semaine, des paniers tressés en lanières de sapin qui servent en Russie de berceaux pour les enfants, nous apportent des coqs de bruyère, des gelinottes, des lagopèdes, des ptarmigans venus directement des bords du Dnieper et de la Néva, sur un lit de grains d'avoine. Jusqu'à présent, la population parisienne semble ne se familiariser que difficilement avec ce genre d'alimentation, qui est cependant agréable et substantiel. Les coqs de bruyère surtout, quoique ce soit un gibier rare et recherché, n'ont pas encore atteint le prix qu'ils valent à Moscou et à Wilna ; tandis que les poulardes de la Bresse et du Maine sont enlevées au feu des enchères, c'est à peine si le grand coq des bois, ce rêve de tout chasseur, offre quelque tentation aux marchands de comestibles. Rien ne sent plus mauvais que la volaille rassemblée ; aussi, lorsque aux pigeons et aux poules on joint les lapins de clapier, on obtient vite d'insupportables émanations. Pour affaiblir ces détestables odeurs, on a élevé au milieu de la salle de vente un fort ventilateur qui renouvelle l'air empesté et va vivifier les *resserres* souterraines.

Rien de semblable n'est nécessaire dans le pavillon n° 8, qui est consacré aux légumes. Selon les saisons, les fruits et les légumes varient à la criée; pendant l'hiver, la vente publique semble réservée pour les caisses d'oranges envoyées par l'Algérie, par l'Espagne, par le Portugal, pour quelques paniers de primeurs venus de l'étranger. L'appréciation de ces denrées est fort difficile, et l'on ne peut vraiment pas dire quelles espèces particulières ont été livrées au public, mais on sait que 316,434 colis contenant des fruits, et que 99,952 colis renfermant des légumes ont été mis en vente pendant 1868 et ont produit une somme de 5,349,700 fr. 50 centimes. Les fruits et les fleurs sont installés au pavillon n° 7; c'est une oasis. Je ne sais rien de plus charmant que ces longues tables qui, selon les époques, disparaissent sous des gerbes, sous des monceaux de ravenelles, de narcisses, de roses, de lis, de seringas, de giroflées ; là, ce n'est point comme aux pavillons de la marée et de la volaille, l'air est embaumé ; des parfums subtils planent autour des marchandes et pâlissent leur teint. En hiver, des fleurs de camélia en boîtes, des violettes d'Italie sont apportées par les chemins de fer ; mais c'est en mai et en juin qu'il faut aller visiter cet amoncellement de plantes épanouies ; les inspecteurs du marché en sont fiers et disent volontiers : Notre allée de fleurs! C'est là que s'approvisionnent la plupart des bouquetières de Paris, et c'est là aussi que les pauvres gens, lorsqu'ils vont au cimetière visiter leurs morts, viennent acheter des couronnes d'immortelles et des médaillons emblématiques représentant un saule pleureur effeuillé au-dessus d'une croix noire.

Dans ce dernier pavillon, il n'y a aucune espèce de transaction en gros, tout se vend au détail, à prix débattu. Il en est de même pour le pavillon n° 12, qui contient des fruitiers, des boulangers débitant le pain municipal et ces industriels absolument spéciaux que le langage administratif désigne sous le titre de marchands de viandes cuites, et le langage populaire sous le nom de *bijoutiers*. Ceux-là sont au nombre de dix-sept et méritent qu'on en parle. Ce qu'ils vendent se nommait jadis des rogatons, mais l'argot a prévalu, et cela s'appelle aujourd'hui des *arlequins*. De même que l'habit du Bergamasque est fait de pièces et de morceaux, leur marchandise est composée de toutes sortes de denrées. Ces gens-là recueillent les dessertes des tables riches, des ministères, des ambassades, des palais, des grands restaurants et des hôtels en renom. Chaque matin, eux-mêmes ou leurs agents traînant une petite voiture fermée et garnie de soupiraux facilitant la circulation de l'air, vont faire leur tournée dans les cuisines avec lesquelles ils ont un contrat. Tous les restes des repas de la veille sont jetés pêle-mêle dans la voiture, et ainsi amenés aux Halles jusque dans la *resserre*. Là, chaque marchand fait le tri dans cet amas sans nom, où les hors-d'œuvre sont mêlés aux rôtis et les légumes aux entremets. Tout ce qui est encore reconnaissable est mis de côté avec soin, nettoyé, *paré* (c'est le mot) et placé à part sur une assiette. On se cache pour accomplir ce travail d'épuration, et le client n'y assiste pas, en vertu de cet axiome, encore plus vrai là qu'ailleurs, qu'il ne faut jamais voir faire la cuisine. Lorsque tout est terminé, qu'on a tant bien que mal assimilé les contraires, on fait l'étalage habilement, mettant les meilleurs morceaux en évidence, tentant la gourmandise des passants par une timbale milanaise à peine éventrée, par une pyramide de brocolis. Là, tout se vend, et il n'y a guère d'exemple qu'un marchand de viandes cuites n'ait fini sa journée vers midi ou une heure.

Beaucoup de malheureux, d'ouvriers employés aux Halles préfèrent ce singulier genre d'alimentation à la nourriture plus substantielle, mais trop chère, qu'ils trouvent dans les cabarets et les gargotes. Pour deux ou trois sous, ils ont de quoi manger. Chose étrange, les marchands ont une clientèle attitrée, et ils l'attribuent uniquement aux cuisines savantes d'où ils tirent ces débris de nourriture. Bien des gens riches, mais avares, sans oser l'avouer jamais, viennent faire là secrètement leurs provisions ; on les reconnaît promptement à leur mine inquiète et fureteuse ; on s'en moque, mais, comme ils payent, on les sert sans leur rire au nez. Tout ce qui peut offrir encore une apparence acceptable est donc vendu de cette manière ; mais il faut savoir tirer parti de chaque chose, et quand un choix indulgent a été fait, il reste encore bien des détritus qu'il est difficile de classer. Ceci est gardé pour les chiens de luxe. Les bichons chéris, les levrettes favorites ont là leurs fournisseurs de prédilection, et chaque jour bien des bonnes femmes font le voyage des Halles pour procurer aux animaux qu'elles adorent une pâtée succulente et peu coûteuse. Les os, réservés avec soin, sont livrés aux confectionneurs de tablettes de bouillon, et revendus ensuite aux fabricants de noir animal, après qu'on en a extrait la gélatine. Il n'y a pas de sots métiers, dit-on : je le crois sans peine, car l'on cite quelques *bijoutiers* qui se sont retirés du commerce après avoir, en peu d'années, amassé une dizaine de mille livres de rente.

C'est là qu'on trouve aussi les marchands de mie et de croûte de pain. On utilise tout dans cet immense Paris, et il n'est objet si détérioré, si dédaigné, si minime, dont quelque homme intelligent ne parvienne à tirer parti. Le fond de la marchandise première dont ces industriels ont besoin est fourni surtout par les colléges, par les pensionnats. Les enfants gâchent volontiers le pain qu'on leur donne, ils le jettent, le poussent à coups de pied dans les cours où ils prennent leur récréation, sans plus de souci que si c'étaient des cailloux ou des mottes de terre. Tous ces morceaux de pain couverts de poussière, tachés d'encre, qui ont trempé dans les ruisseaux, qui ont durci oubliés derrière un tas d'ordure, sont recueillis avec soin par les domestiques et vendus aux *boulangers en vieux*. Ceux-ci divisent leur marchandise en catégories, selon qu'elle est plus ou moins avariée. Les fragments encore présentables, préalablement séchés au four et passés à la râpe, deviennent les croûtes au pot et servent à faire de la soupe; la plupart des *croûtons* en forme de losanges posés sur les légumes n'ont point d'autre origine. La mie et les croûtes trop défectueuses sont battues au mortier, pulvérisées, et forment la chapelure blanche que les bouchers emploient pour paner les côtelettes et la chapelure brune dont les charcutiers saupoudrent les jambonneaux. Quant aux débris infimes, on les fait noircir au feu, on les pile, et ainsi réduits en poudre noirâtre on les mêle avec du miel arrosé de quelques gouttes d'esprit de menthe, de façon à en composer un opiat pour les dents, qui, dit-on, n'est pas plus mauvais qu'un autre.

Un incendie occasionné par une fuite de gaz, et dont Paris s'est effrayé à juste titre, a détruit de fond en comble, dans la nuit du 10 juillet 1868, le pavillon n° 12 où s'abritaient les marchands de viandes cuites. La préfecture de la Seine s'est mise à l'œuvre avec un louable empressement; moins d'une année après ce sinistre, tout dégât était réparé, et un nouveau pavillon s'élevait à la place de celui que le feu avait dévoré [1].

Les Halles sont bien grandes, l'aménagement en a été fait avec soin, et cependant elles sont insuffisantes

---

[1] Voy. *Pièces justificatives*, 5.

à contenir tous les marchands qui voudraient y trouver place. Certains marchés débordent et occupent déjà les rues voisines, comme au temps où l'espace ménagé et devenu trop étroit forçait les approvisionneurs à se réfugier le long des maisons, loin des pavillons couverts en bois qui ne pouvaient les abriter. Dans la rue de la Ferronnerie des femmes accroupies sur le pavé, au milieu de la chaussée même, vendent pendant la matinée des plantes officinales. Ce genre d'herboristerie est surveillé d'une façon toute spéciale, car il faut éviter que derrière des bottelées de sauge et de romarin on puisse dissimuler les herbes chères aux sorcières pour leurs maléfices les plus coupables, la rue, l'armoise et la sabine. La rue des Halles est envahie par les pois, les fèves, les haricots, qu'on amoncelle sous la pluie, sous le soleil. Dans la saison des fruits, à ce moment où tous les départements de France semblent se donner le mot pour envoyer à Paris le produit des vergers, la rue Turbigo, dans la partie qui côtoie les environs des Halles, disparaît sous les paniers de prunes, de pêches, de cerises et de fraises. L'achèvement des pavillons donnera-t-il une place convenable à tous ces forains non abrités ? Il faut l'espérer ; mais Paris, sa population flottante, ses besoins vont toujours en augmentant dans des proportions redoutables, et il est à craindre qu'en terminant les Halles on ne s'aperçoive qu'elles sont trop restreintes et qu'elles n'atteignent pas complètement le but qu'on s'était proposé.

Déjà le pavillon de la boucherie est manifestement trop étroit ; tout y est à la gêne, les marchands, les acheteurs et les denrées ; celui de la marée suffit à peine à la foule qui s'y presse. Il est probable, si Paris lui-même ne subit pas un temps d'arrêt dans son développement, que les Halles devront être modifiées d'ici à quelques années, qu'elles absorberont le square inutile et désert où l'on a réédifié la fontaine des Innocents et qu'elles s'ouvriront rue Saint-Denis par une façade monumentale où les matériaux solides auront une part importante, car il n'y a pas jusqu'à présent d'architecture possible sans pierres de taille. Il serait bon aussi de pouvoir abriter, ne serait-ce que par une large marquise en verre, les trottoirs du carreau où les maraîchers peuvent demeurer pour vendre leurs denrées en gros jusqu'à dix heures du matin. A ce moment ils doivent se retirer; les légumes dont ils n'ont pu parvenir à se défaire sont portés dans la resserre publique, qui est située à côté du poste de la Lingerie[1]; ils les y reprendront le soir, à minuit, après avoir acquitté un insignifiant droit de garde. De cette façon la marchandise n'est point détériorée par des transports répétés, et elle conserve les conditions de salubrité qui permettent de trouver encore un débit facile.

Les charrettes qui réglementairement ont été rangées et gardées autour de la Halle au Blé, sur les quais, boulevard Sébastopol, jusque sur les places du Châtelet et de l'Hôtel de Ville, s'éloignent une à une ; tout ce quartier qu'on appelle le périmètre des Halles, et que les règlements de police isolaient, pour ainsi dire, en le limitant à un mouvement d'affaires particulier, reprend sa physionomie ; les voitures ordinaires commencent à circuler de nouveau, les forts ont fini leur travail, les inspecteurs sont rentrés dans leurs bureaux ; le poste de la Lingerie, spécialement attribué aux gardes de Paris chargés de maintenir l'ordre dans les Halles, a été relevé, une voiture cellulaire est venue chercher les vagabonds ramassés pendant la nuit ; les marchandes se sont installées derrière leur étalage, elles appellent les clients d'une voix criarde et traînante ; toutes les ventes en gros

---

[1] Depuis le mois d'août 1874, la resserre publique est placée dans le sous-sol du pavillon n° 6.

ont pris fin, excepté celle de la marée, qu'on se hâte de terminer, et qui va se prolonger peut-être jusqu'à midi si le poisson a été abondant ; les cuisinières, bras nus et portant des paniers, arrivent pour faire leur provision ; les fiacres se rangent à leur place désignée au chevet de l'église Saint-Eustache ; les cafés, les cabarets des environs sont pleins ; tous les paniers de forme différente, mannes et bourriches, qui tout à l'heure embarrassaient le marché, sont rassemblés, réunis, ficelés par lots, munis d'une étiquette indicative, et sont empilés dans les *resserres* en attendant que le service des chemins de fer les fasse enlever pour les reporter gratuitement aux expéditeurs ; le balayage est fait, les boueux conduisant leurs lourds tombereaux enlèvent les tas d'ordures, et les marchandes aux petits tas, apportant avec elles leur chaise, leur table, leur chaufferette, prennent possession de l'emplacement qui leur est réservé, jusqu'à l'heure où, les pavillons étant clos, le marché sera fermé.

Telles sont les diverses opérations qui ont lieu aux Halles durant la nuit et les heures actives de la vente à la criée. Pendant le reste de la journée, elles offrent le spectacle d'un marché très-vaste, mais qui ne diffère des autres que par ses dimensions exceptionnelles. Pour un lieu qui a été si profondément agité, c'est relativement la période du repos qui commence. Les inspecteurs de chaque pavillon en profitent pour faire mettre au net par leurs employés les écritures rapidement ébauchées le matin et constatant les transactions. Leurs gros registres où sont inscrits la désignation des marchandises, le nombre des lots, le mode et le produit de la vente, le nom des acquéreurs, les droits dus à la préfecture de la Seine et aux facteurs, contiennent sous une forme aride et sèche le détail quotidien de l'alimentation de Paris. Ils seront plus tard d'un intérêt de premier ordre pour l'historien qui voudra toucher sérieusement à cette question; il est à désirer qu'ils soient conservés avec soin et qu'ils aillent augmenter la collection déjà si riche et si importante des archives de la Préfecture de police.

III. — LE MARCHÉ AMBULANT.

Garde-manger de Paris. — Marchés reconstruits. — Marchands des quatre saisons. — Cris de Paris. — Itinéraire imposé. — Mesure excellente. — Misère. — Usure. — 1820 pour 100 d'intérêt. — Efforts infructueux. — Marchands de friture. — Cuisines en plein vent. — Rôtisseurs. — Restaurateurs et caboulots. — Les *flaireurs*. — Fraudes permanentes. — Inspection — Le lait. — Double baptême. — Gros et petits fermiers. — Mauvais exemple. — Café d'argile. — Pieds de cochon truffés au mérinos. — Huile d'olive. — Répression insuffisante. — Souvenir d'un voyage en Orient. — Ustensiles de cuisine. — Poids et mesures. — Contraventions. — *Panier à salade.* — Consommation générale. — Détails et quantités. — Enchérissement des denrées. — Difficultés de la vie matérielle. — Cabarets. — Question vitale.

Les Halles n'ont donc plus rien de commun aujourd'hui avec ce qu'elles étaient jadis. On n'y vend plus ni draps, ni chaussures, ni friperies; tous ces différents genres de négoce ont été dispersés dans Paris, où l'on rechercherait vainement le marché aux vieilles perruques, qui pendant le siècle dernier se tenait sur le quai des Morfondus. Tout est actuellement consacré à l'alimentation, et par le fait c'est le marché des Innocents qui, s'étendant de proche en proche, a fini par s'emparer en maître de toute la place. A l'heure qu'il est, le but des Halles est parfaitement déterminé : elles représentent le garde-manger de Paris; elles fournissent des vivres aux cinquante-cinq marchés urbains, aux maisons particulières et à 23,643 restaurants.

La préfecture de la Seine ne s'est point contentée de reconstruire les Halles, elle a fait élever ou réédifier presque tous les marchés de Paris, les réduisant autant

que possible à un plan uniforme, dans lequel on s'est
singulièrement préoccupé des conditions de salubrité,
d'espace et de bien-être. Au lieu des horribles masures
en bois, noircies et déchiquetées, que nous avons vues,
il y a peu d'années encore, sur l'ancien emplacement
des Jacobins et ailleurs, on a maintenant d'élégantes
et vastes constructions en fer et en verre, qui ne ressemblent sous aucun rapport aux cloaques d'autrefois.
Chaque jour voit s'ouvrir des marchés nouveaux dans
l'ancien Paris et dans les communes récemment annexées, et bientôt ils seront assez nombreux, assez convenablement aménagés pour répondre amplement à
toutes les exigences de la population.

Ces marchés stationnaires ne sont pourtant pas suffisants. Une ville comme Paris est habitée par une
très-grande quantité de personnes que leurs occupations retiennent forcément au logis. Pour ces gens-là,
qui sont particulièrement intéressants, car ils sont en
général très-pauvres et réduits à de pénibles labeurs,
tout déplacement est une perte de temps onéreuse. Ils
ne peuvent sans préjudice pour eux aller aux provisions, ce sont alors les provisions qui doivent venir vers
eux, et l'on a organisé une sorte de marché ambulant
représenté par 6,000 industriels qu'on nomme marchands des quatre saisons, car, selon l'époque de l'année, ils vendent du poisson, des fruits, des légumes,
des œufs. Poussant devant eux une petite voiture à bras,
ils crient leurs marchandises d'une façon toute particulière. Kastner, recueillant toutes ces intonations différentes, mélopées trainantes ou notes vivement accentuées, a fait une curieuse symphonie sur les cris de
Paris. Il est resté de tradition à l'Opéra que le cri : Ma
botte d'asperges! a servi de motif déterminant à la
romance de *Guido et Ginevra* : *Quand reviendra la
pâle aurore*. Chaque cri, chaque air, varient selon la

denrée. A la barque! veut dire : Voilà des huîtres. A la coque! indique des œufs. La violette! signifie qu'il y a des éperlans à vendre. Au gros cayeux! annonce des moules, et bien des marchandes, ignorant l'origine de ce mot de terroir, crient sans s'occuper de la science des étymologies : Au gros caillou! au gros caillou!

Ces marchands, qui vaguent ainsi un peu partout, sont soumis à une règlementation sévère ; on a tracé autour de chaque marché une zone de 100 mètres dans laquelle il leur est interdit de faire le commerce ; ils ne peuvent stationner dans les rues, et de plus on leur prescrit l'itinéraire qu'ils doivent suivre dans leur tournée journalière. Ceci peut sembler excessif, nulle mesure pourtant n'est plus juste ; le fait qui l'a déterminée en fournira la preuve. Aussitôt que le décret d'annexion eut fait entrer dans Paris les communes suburbaines, les marchands ambulants qui desservaient la banlieue abandonnèrent leur ancien parcours, quittèrent les quartiers pauvres qu'ils alimentaient, et, cherchant de meilleurs bénéfices, descendirent au cœur même du Paris opulent. Le résultat ne tarda point à se faire sentir ; les pauvres gens virent du jour au lendemain changer leurs conditions d'existence. Forcés d'aller eux-mêmes au marché, ils firent entendre des plaintes qu'on écouta. Si la permission de vendre des denrées alimentaires sur la voie publique est une sorte de privilège accordé par l'autorité, cette dernière a le droit d'imposer certaines charges en compensation. C'est ce que l'on fit. Du moment que les marchands ne rendaient plus à la population l'espèce de service démocratique qu'on attendait d'eux, qu'au lieu de distribuer les subsistances dans chaque partie de la ville, ils se portaient tous dans les centres riches, on était en droit de modifier les règlements spéciaux auxquels ils sont tenus d'obéir.

Toutes les autorisations furent donc annulées, puis immédiatement renouvelées, mais à la condition expresse que les permissionnaires auraient à parcourir un chemin pour ainsi dire tracé d'avance et calculé de telle façon que tous les quartiers, — riches et pauvres, — fussent chaque jour traversés par eux. Ce service, qui est d'une incontestable utilité, fonctionne aujourd'hui avec régularité, quoique les marchands des quatre saisons se mettent souvent en contravention et méritent plus d'avertissements qu'il ne faudrait.

Les sévérités administratives ne sont pas le plus grand mal qui les atteigne, car ils sont rongés par une plaie terrible : l'usure les dévore. La plupart sont pauvres, ils vivent au jour le jour, le bénéfice quotidien pourvoit aux nécessités quotidiennes ; ils logent en garni ; lorsqu'ils sont malades, c'est l'hôpital qui les reçoit, et quand la vieillesse les atteint trop durement, quand les infirmités s'abattent sur eux, ils vont demander asile aux établissements de bienfaisance. A leur pauvreté s'ajoute une imprévoyance qui n'est que trop commune dans le peuple de Paris. Pour eux, l'acquisition de la charrette à bras qui constitue tout l'outillage de leur métier serait une charge accablante et devant laquelle ils reculent presque toujours. Ils louent la petite voiture qui leur est indispensable, et, de plus, comme ils n'ont pas d'argent pour « faire leur marché », ils empruntent 20 francs à des gens inconnus. Le soir même ils doivent rendre 22 francs : un franc pour la location de la charrette, un franc représentant l'intérêt de l'argent. C'est monstrueux, et cependant c'est pour ces malheureux le seul moyen de vivre. Les efforts n'ont pas manqué pour changer cet état de choses, mais ils ont échoué, se brisant contre l'insouciance des uns, l'âpreté des autres et surtout contre des habitudes invétérées. Quels sont les hommes qui se livrent à cet horrible commerce, qui pressurent la misère et lui font suer un intérêt annuel de 1820 pour 100? Il est difficile, sinon impossible de le savoir; ils ont tout intérêt à cacher leur déplorable industrie; quant à ceux qui ont recours à eux, ils n'osent pas parler, car ils risquent de se fermer tout crédit, et par conséquent de se trouver en présence d'une situation inextricable.

Il y a quelques années, un très-considérable établissement de crédit a voulu intervenir, arracher ces pauvres diables à l'usure; cette tentative est restée infructueuse en présence d'une réserve exagérée, mais naturelle de la part de gens qui ignorent tout sinon que, si on leur prête 20 francs, ils pourront gagner leur vie. Ces prêteurs à la petite semaine, usuriers de la pire espèce, sont activement recherchés, et malgré leur habileté excessive on réussit parfois à les saisir la main dans le sac. Deux d'entre eux, surveillés depuis longtemps par un inspecteur des halles, ont pu être pris sur le fait et convaincus d'exiger un intérêt de 50 centimes par jour pour 10 francs; sur le rapport motivé de l'agent de l'autorité, ils ont été traduits en police correctionnelle et condamnés chacun à six mois de prison.

Il est une autre catégorie de marchands ambulants qui, il y a peu d'années encore, parcouraient Paris qu'ils remplissaient de leurs clameurs, et que maintenant on ne retrouve plus. C'étaient les marchands de friture qui s'en allaient vendant les pommes de terre, les saucissons, les beignets qu'ils faisaient frire, tout en continuant à marcher, sur des poêles grésillantes que soutenait leur éventaire muni d'un réchaud. Voulant déblayer la voie publique, que l'accroissement de la population encombre chaque jour davantage, malgré les nouveaux débouchés qu'on lui crée, l'autorité a relégué ces cuisiniers primitifs dans de petites boutiques où tant bien que mal ils persistent dans leur commerce. Le pont Neuf était autrefois le rendez-vous de ces fortes commères qui transportaient leur marchandise brûlante au milieu des passants.

Au siècle dernier, les cuisines en plein vent abondaient dans Paris : « Voyez, dit Mercier dans son *Nouveau Paris*, le long des bâtiments du Louvre, du côté de la Seine, ces frêles échoppes dont les toits sont à jour. C'est là que de laborieux hercules, que beaucoup d'hommes de peine viennent calmer leur faim pour un prix raisonnable. Des cordons de harengs enfilés qui sèchent au soleil attendent le gril; c'est l'affaire d'un clin d'œil : viandes, boudins, œufs, merluches, tout se trouve mêlé dans le même plat; la marmite bout devant la boutique entre deux pierres et est bientôt épuisée. » C'est là une industrie disparue; de même que celle des rôtisseurs, dont on apercevait flamber les feux clairs au fond des boutiques sans fenêtres et qui animaient si bien la rue de la Huchette, qu'un ambassadeur turc ne pouvait se lasser d'aller les admirer. La multiplicité des cabarets, des restaurants de bas étage, des crèmeries, de ces mille établissements douteux que l'argot moderne appelle des *bouis-bouis* et des *caboulots* a rendu inutiles ces cuisiniers fixes ou vagues qui emplissaient la ville de vociférations, de cris et de mauvaises odeurs. Il ne faut pas s'en plaindre : Paris y perd peut-être au point de vue d'un certain pittoresque trop débraillé, mais il gagne singulièrement sous le double rapport de la salubrité et de l'aspect.

Il y aurait une étude curieuse à faire sur les restaurants de Paris, depuis ceux du Palais-Royal et du boulevard des Italiens, où l'on dîne sobrement à 25 francs par tête, jusqu'à ceux des barrières où l'on peut trouver à manger pour quelques sous. Il y en a pour toutes les bourses. Pendant que les uns n'utilisent que des truffes et des vins de grand cru, les autres sont forcés d'avoir recours à *l'employé aux yeux de bouillon* [1], pour donner une apparence à peu près acceptable à la soupe qu'ils puisent à la fontaine et colorent avec un peu d'oignon brûlé ; mais il y a là des arcanes culinaires que nous n'osons pénétrer. Plus d'une de ces tables interlopes s'alimente au pavillon n° 12, auprès des marchands d'*arlequins*. Du reste, tous ces établissements, depuis le plus élevé dans la hiérarchie gastronomique jusqu'au plus infime, jusqu'à celui où le repas complet coûte 30 centimes, sont activement surveillés et soumis à des règlements de police dont les prescriptions, toujours respectées, sont fréquemment rappelées par les agents de l'autorité.

J'ai dit en son lieu quelle était la fonction spéciale des inspecteurs de la boucherie, des dégustateurs, des compteurs-mireurs. D'autres employés, désignés sous le nom d'inspecteurs ambulants des comestibles et vulgairement appelés *flaireurs*, sont chargés de visiter toute maison, quelle que soit son enseigne, où l'on vend des denrées alimentaires sous une forme quelconque. Ce service, qui ne chôme pas dans une ville aussi vaste que Paris, comprend un personnel de vingt-huit agents dirigés par un inspecteur-principal et un inspecteur-principal-adjoint. Toujours marchant, allant par rues, faubourgs, quais, places et boulevards, ils veillent incessamment sur la santé des Parisiens, qui ne s'en doutent guère.

[1] « Un homme prend une cuillerée d'huile de poisson dans sa bouche, au moment où doivent arriver les pratiques, à l'heure de l'*ordinaire*, et, serrant les lèvres en soufflant avec force, il lance une espèce de brouillard qui, en tombant dans la marmite, forme les yeux qui charment tous les consommateurs. Un habile *employé aux yeux de bouillon* est un homme très-recherché. » (Privat d'Anglemont, **Paris-anecdote**, p. 45.)

Les altérations que les débitants font subir aux objets destinés à la subsistance sont sans nombre. En les réunissant, on pourrait faire un gros livre plein de révélations curieuses qui prouvent de la part des marchands plus d'imagination que de probité. L'amour d'un bénéfice anormal, d'un gain illicite les entraine et développe en eux des ressources qu'il est difficile de soupçonner. Les avertissements, les reproches, les procès-verbaux, les condamnations, les amendes, l'emprisonnement même sont impuissants à amener ces incorrigibles fraudeurs à la sincérité.

Les inspecteurs ambulants ne s'épargnent pas, et chaque mois ils visitent en moyenne 8,000 établissements; les saisies varient de 300 à 600 selon les saisons; pendant l'été, les substances alimentaires se détériorent bien plus rapidement qu'en hiver: aussi les destructions de denrées sont-elles fréquentes en juillet, en août, en septembre. Chaque mois, un rapport détaillé est adressé à la préfecture de police, relatant la quantité et l'espèce des saisies. Les marchands de comestibles, les fruitiers, les épiciers en détail, sont les plus ordinairement frappés et dans une notable proportion. Ainsi, pendant le mois de juillet 1868, des visites faites dans 8,164 établissements ont amené 569 saisies, qui ont atteint trente-deux espèces d'industries, parmi lesquelles il faut compter 60 marchands de comestibles, 136 épiciers détaillants et 220 fruitiers.

Le lait est l'objet d'une surveillance toujours active. On a répandu bien des fables sur la façon dont les crémiers sophistiquaient leur marchandise; on a parlé de plâtre, de cervelles de chevaux et de je ne sais quels autres mélanges dignes de la marmite des sorcières de Macbeth; tout cela est singulièrement exagéré. En pareille matière, la calomnie dépasse le but, la vérité suffit. Le lait est allongé d'eau dans des proportions considérables après qu'on l'a préalablement écrémé et mêlé à du bicarbonate de soude, pour l'empêcher de tourner. Ainsi préparé, il n'offre aucun danger au consommateur, mais il perd une bonne partie de ses qualités nutritives, ce qui ne peut que porter préjudice aux enfants et aux vieillards, dont le lait est l'aliment par excellence. Le lait vendu à Paris contient en moyenne 18 pour 100 d'eau ; le lait tout préparé, j'allais dire tout baptisé, est expédié par les producteurs aux crémiers détaillants qui ne se font pas faute de le *mouiller* de nouveau. Non-seulement les débitants sont surveillés, mais dans les gares mêmes des chemins de fer, à l'arrivée des trains qui apportent le lait à Paris, les inspecteurs vont examiner les boîtes et s'assurer de ce qu'elles contiennent. Les contraventions ne sont pas rares, car les gens de campagne excellent aujourd'hui à ce genre de commerce dont le puits leur fournit l'élément principal. Ce ne sont pas seulement les petits cultivateurs, les pauvres fermiers qui allongent le lait, ce sont aussi les gros propriétaires, qui ne reculent pas devant une fraude coupable pour augmenter leurs bénéfices. Il y a peu d'années, un personnage fort important par sa situation politique est intervenu pour affaiblir les conséquences auxquelles un de ses parents s'était exposé par des altérations semblables et réitérées. On peut regretter qu'on ait fait remise au coupable de la peine de l'emprisonnement et de l'amende de 20,000 francs qui l'avaient frappé, car, surtout en pareil cas, plus l'exemple atteint haut, plus il est salutaire.

Le café torréfié contient en général de l'orge, du maïs, de l'avoine, de la betterave, des carottes, des glands, des marrons et surtout de la chicorée. Pour éviter d'être victimes de ces vols, bien des personnes font acheter leur café en grains verts et le font brûler elles-mêmes ; c'est au mieux, et la précaution n'est point mauvaise. Mais il ne faut pas oublier alors que certains épiciers fabriquent des grains de café avec de l'argile plastique qu'on façonne dans la forme voulue à l'aide d'un moule. Cela peut sembler inconcevable au premier coup d'œil, mais il y a des jugements qui sont de nature à convaincre les plus incrédules. Que dire de ce charcutier, dont l'histoire est connue, qui truffait des pieds de cochon à l'aide de morceaux de mérinos noir, et qui, traduit en police correctionnelle, fut acquitté parce qu'il parvint à prouver que cette étrange denrée avait été intentionnellement mise en montre pour servir d'enseigne?

Il est une substance qui paraît être plus que toute autre soumise à d'innombrables sophistications, c'est l'huile d'olive. Il est facile de s'assurer du fait en ayant recours aux documents officiels. Les chiffres ne mentent pas et portent avec eux des renseignements instructifs dont il faut savoir profiter. Or les relevés de l'administration de l'octroi prouvent qu'en 1868 il est entré à Paris 9,274 hectolitres d'huile d'olive. La population fixe de Paris étant connue, on peut conclure avec certitude que chaque habitant a été réduit à la portion congrue d'à peu près un demi-litre par an, ce qui est inadmissible. L'huile d'olive nous arrive de Provence, d'Algérie, de Tunis, de Toscane, de Gênes et de Naples. Ce qui en parvient à Paris est insignifiant; par quel liquide les marchands la remplacent-ils donc? Par des huiles d'œillette, de navette, de colza, de sésame, d'arachide, de noix, de faîne, par de la graisse de volailles mêlée à du miel, par vingt autres substances dans la composition desquelles il n'entre pas un atome d'olive. En cela, comme en tant d'autres choses, l'important, c'est l'étiquette; le public s'y laisse prendre, et par paresse autant que par insouciance ne se plaint pas, quoiqu'il ait été bien souvent averti.

Toutes ces manœuvres que la plus active surveillance ne peut parvenir à déjouer, retombent sous le coup de la loi du 27 mars 1851 et de l'article 423 du code pénal ; mais, il faut bien le dire, la loi est indulgente, et pour elle la sophistication n'est pas assimilée au vol. C'est cependant l'abus de confiance dans ce qu'il a de plus prémédité et de plus préjudiciable. On atteint, il est vrai, les marchands prévaricateurs en affichant sur leur boutique même le dispositif du jugement qui les condamne ; mais cela ne porte guère atteinte à la considération de gens qui ont rejeté toute pudeur.

Les Turcs, qui parfois ont du bon, procèdent dans des cas analogues d'une façon arbitraire et brutale qu'on n'oserait donner en exemple à un peuple civilisé, mais qui cependant produit d'excellents résultats. Quand un marchand est convaincu de vendre des denrées frelatées ou d'employer de faux poids, on ferme d'abord sa boutique, et contre les auvents on cloue le délinquant par l'oreille. La punition est publique, et tout le jour le coupable, debout sur la pointe des pieds, se haussant et se contournant pour diminuer la souffrance, reste exposé aux quolibets, aux injures et parfois aux projectiles de la foule amassée. Un jour, dans le principal bazar d'une grande ville d'Orient, j'ai vu presque côte à côte quarante-trois marchands fixés par l'oreille à la porte close de leur magasin, pendant qu'un *caouas* impassible les gardait en fumant sa pipe. Si nos épiciers, nos fruitiers, nos sophistiqueurs de toute nature éprouvaient une fois ou deux seulement un traitement pareil, il est probable qu'ils hésiteraient à s'y exposer de nouveau.

Les inspecteurs ambulants n'ont pas seulement mission de constater la salubrité des substances offertes au public, ils doivent encore examiner avec soin et faire saisir, s'il y a lieu, les ustensiles employés à la confection et à la conservation des aliments. Aussi ils visitent les cuisines des restaurants, des traiteurs, des tables d'hôte, des pensions bourgeoises; tout vaisseau de cuivre où le vert-de-gris apparait, tout couvert, tout plat en alliage qui perd son revêtement est saisi et renvoyé par eux à l'étamage ou à l'argenture. De même ils interdisent l'usage des instruments de zinc, des terrines glacées d'un vernis dont un sel de plomb forme la base ou qui seraient peintes de la couleur verte empruntée à l'arsenic.

Il est impossible de pousser plus loin la minutie des précautions, et si le Parisien mange parfois des mets insalubres, si ces derniers n'ont pas été préparés dans des ustensiles irréprochables, ce n'est pas à l'administration qu'il peut s'en prendre, car elle a prévu tout ce qu'on pouvait humainement prévoir et fait tout ce qu'il était possible de faire. L'inspection des poids et mesures fonctionne indépendamment de celle des comestibles. Neuf commissaires de police spéciaux chargés de ce service ont, en 1868, rédigé 193 procès-verbaux pour usage de faux poids, et redressé administrativement 12,699 contraventions résultant de négligences ou d'irrégularités.

Telles sont, en somme, les diverses et multiples mesures par lesquelles l'autorité municipale assure à Paris une subsistance toujours abondante et incessamment surveillée. Les agents de ces différents services ont, par l'usage, acquis une sorte d'infaillibilité que le marchand est le premier à reconnaître, et il est rare qu'une saisie quelconque amène une contestation. J'ai, en 1868, suivi toutes les phases de l'inspection faite à la foire aux jambons. J'ai vu enlever et détruire des quantités considérables de viandes, en public, à la face de tous les curieux, qui s'étonnaient en approuvant, et je n'ai pas entendu une récrimination. L'habileté de ces hommes est telle, qu'à première vue ils reconnaissent si les viandes cuites ou fumées appartiennent à un animal mort naturellement de maladie ou tué selon les règles ; avec un sourire forcé, le marchand avoue la fraude essayée, et le corps du délit est jeté dans la manne de la fourrière, que les gens du marché appellent le *panier à salade*, en souvenir de la voiture qui jadis transportait les prisonniers.

Quelque considérables que soient les quantités de subsistances que nous avons énoncées en parlant des différents pavillons des Halles, elles sont loin de suffire à l'alimentation de Paris ; la facilité extraordinaire et croissante des communications engage bien des marchands, bien des particuliers même à se faire adresser des comestibles à domicile, et de même que tous les liquides consommés par la grande ville ne passent pas à l'Entrepôt général, de même toutes les denrées alimentaires n'ont pas été amenées sur les marchés. Le chiffre qu'elles représentent est très-important cependant, et l'on doit en tenir compte lorsqu'on veut apprécier d'aussi près que possible les diverses ressources dont Paris peut user pour son alimentation.

On se rappelle les quantités de blés, de farines, de pain, de viande, de vin que j'ai citées, je n'en reparlerai donc pas ; on n'a pas oublié non plus que les droits perçus à la barrière sont des droits selon le poids, et qu'on ne peut dès lors entrer dans aucun détail de variétés et d'espèces, comme on peut le faire lorsqu'on parle des denrées importées sur les marchés et ayant acquitté un droit *ad valorem* qui par lui-même classe et définit l'objet vendu. En 1868, Paris a reçu directement 10,288,182 kilogrammes de raisins, 150,053 kilogrammes de truffes ou de denrées truffées, 1,326,620 kilogrammes de volaille et gibier, 62,192 kilogrammes de poissons de mer et d'eau douce, 192,916 kilogrammes d'huîtres, dont 12,609 marinées, 4,247,492 kilogrammes de beurre, 2,467,129 kilogrammes d'œufs, 4,005,744 kilogrammes de fromages secs, 12,790,467 kil. de sel gris et blanc, 10,360,590 kilogrammes de glace à rafraichir ; à cela il faudrait ajouter 123,424 hectolitres d'alcool pur, 112,563 hectolitres de cidre, 41,907 hectolitres de vinaigre, 288,128 hectolitres de bière, dans lesquels on ne doit pas confondre 58,711 hectolitres de bière fabriquée dans les brasseries parisiennes. Les denrées alimentaires de toute sorte qui ont acquitté les droits d'octroi aux barrières ont produit la somme de 68,189,558 francs, qui, ajoutée aux 5,584,000 perçus dans les marchés, forment un total de 73,773,558 francs. C'est là ce que la boisson et la nourriture ont rapporté à la ville de Paris pendant le cours de l'année 1868. Si les droits d'entrée qui frappent les subsistances étaient répartis également sur tous les habitants de Paris, chacun d'eux aurait à payer annuellement 40 fr. 41 c., ce qui serait excessivement lourd pour beaucoup d'artisans et de petits employés.

Au commencement du quatorzième siècle, Jean de Jeandun écrivait dans son *Traité des louanges de Paris* : « Je pense qu'il suffit de dire que cette ville est munie en tout temps de provisions si variées et si belles, qu'un palais excité par la faim ne sera jamais privé de se satisfaire avec des mets simples ou recherchés. Mais le prix de vente et d'achat de ces denrées subit des variations de taux que commande l'opportunité ou la différence des temps. Ce qui semble merveilleux, c'est que plus la multitude afflue à Paris, plus on y apporte un nombre exubérant, une exubérance nombreuse de vivres, sans qu'il se produise une augmentation proportionnelle du prix des denrées. » Ce dernier fait n'est plus malheureusement aussi vrai qu'autrefois et nous en avons eu la preuve en 1867, pendant la durée de l'Exposition universelle. A ce moment, les substances alimentaires ont subi une augmentation qu'elles n'ont point perdue, quand la circonstance toute spéciale qui l'avait fait naître a pris fin. Sans atteindre encore des proportions inquiétantes, ce renchérissement successif des objets de consommation indispensables a de quoi faire réfléchir, et l'on peut se demander si les difficultés que le plus grand nombre éprouve aujourd'hui à subvenir aux exigences de la vie matérielle ne chasseront pas de Paris une bonne partie de sa population, devenue incapable de se nourrir suffisamment d'une façon normale et permanente.

Cette population si nombreuse, si intéressante à tant d'égards, qui se plaint non sans raison que les conditions d'existence ont été trop brusquement modifiées, est-elle bien raisonnable elle-même? ménage-t-elle ses ressources de façon à ne pas se trouver prise au dépourvu et à pouvoir faire face aux mouvements ascensionnels et continus que dès à présent il est facile de prévoir? On en peut douter. Une comparaison montrera d'une manière péremptoire quel genre de consommation particulière recherche la population, et que trop souvent elle sacrifie ses besoins à ses goûts. En opposant les uns aux autres des chiffres que j'ai déjà cités, on verra qu'il existe à Paris 1,286 boulangers, 1,574 bouchers, 11,346 cabarets, et qu'il faut ajouter à ces derniers 644 liquoristes et 1,631 cafés et brasseries. Il y a là un indice grave dont il faudra tenir compte lorsqu'on devra apprécier la légitimité des plaintes et qui mérite d'être jugé avec sévérité.

Il n'est guère en France de service mieux organisé que celui que l'administration appelle l'approvisionnement de Paris. Paris est difficile, accoutumé à tout trouver sous sa main; on doit savoir satisfaire à ses exigences et même à ses caprices; il est imprudent et insouciant; on doit veiller sur sa santé sans qu'il s'en aperçoive ; il faut, en un mot, et c'est à quoi l'on vise, l'enfermer dans de sages règlements qui ne gênent point sa liberté d'action et lui cacher les lisières avec lesquelles on le conduit dans les voies où il trouvera des subsistances en quantité et en qualité suffisantes. Longtemps avant qu'elles se formulent, on a paré aux difficultés qu'on avait déjà prévues. On peut affirmer que toutes les mesures sont prises d'avance pour que la population ne manque jamais de son pain quotidien. C'est plus qu'un devoir pour les gouvernements, c'est une question de vie ou de mort. En effet que deviendrait l'État, si la capitale d'un pays aussi fortement centralisé que la France n'avait pas chaque jour abondamment de quoi manger?

Appendice. — Le service des Halles est fait actuellement par 558 forts. Les marchandes *au petit tas* ont diminué dans des proportions considérables, car on n'en a compté que 256 à la fin de 1873 : un arrêté préfectoral a décidé que ce genre de commerce, fort encombrant pour les abords des pavillons, serait supprimé par voie d'extinction des titulaires. Les ventes de 1873 ont été imposantes : 13,853,400 bottes de cresson contenues dans 52,475 paniers ont été criées à la première heure ; 23,627,571 kilogrammes de marée ont été adjugés au prix de 18,393,217 fr. 75 c. et 1,881,058 kilogrammes de poisson d'eau douce ont produit 2,461,033 fr. 75 c.; l'étranger nous a envoyé 2,196,500 kilogrammes de marée et 1,225,504 kilogrammes de poisson d'eau douce; la seule Belgique nous a expédié 2,899,118 kilogrammes de moules. Dans la même année, Paris a reçu 507,118 kilogr. et demi d'huîtres, dont 60,865 kilogrammes d'huîtres d'Ostende.

Les beurres apportés aux Halles ont atteint le chiffre de 10,223,867 kilogrammes et ont été payés 31,144,541 fr. 99 c.; 85,825 kilogrammes de fromages frais, 7,573,774 kilogrammes de fromages secs ont été vendus 3,486,805 fr. 81 c.; et 222,578,960 œufs ont été adjugés pour la somme de 17,536,293 fr. 16 c.; cette denrée est de plus en plus recherchée par l'Angleterre qui a étendu son rayon d'achat à de nouveaux départements, tels que le Calvados, la Manche, la Vienne, les Deux-Sèvres et la Charente.

18,285,843 pièces de volaille et de gibier ont paru dans les pavillons des Halles et ont été livrées au prix de 33,312,125 fr. 40 c. La campagne de chasse 1873-74 a fourni 1,227,293 pièces de gibier, parmi lesquelles il faut compter 265 grands coqs de bruyère envoyés par la Russie et la Bohême, 11,670 gelinottes, tétras et lagopèdes venus de Russie, d'Écosse, de Suisse, de Suède et de Norvége, 5,000 colins de Virginie expédiées par l'Amérique du Nord. 236,540 colis contenant des fruits et 99,342 colis contenant des légumes ont été vendus pour 4,411,951 fr. 50 c.

Les inspecteurs ambulants ont visité chaque mois une moyenne de 6,858 établissements, et, en 1873, ils ont pratiqué 2,368 saisis. On dirait qu'il s'est produit quelque amendement chez les saisis, car, sur 1,202 échantillons de lait analysés en 1873, on n'en a trouvé que 410 qui étaient falsifiés. L'inspection des poids et mesures a visité les 156,355 commerçants dont elle a la surveillance ; elle a réprimé administrativement 10,050 infractions, dressé 142 procès-verbaux pour délits et 24 pour contraventions. 1,373 cafés et brasseries, 11,670 cabarets, 7,687 restaurants de toute catégorie, recensés au 1ᵉʳ janvier 1874, forment un total de 20,730 établissements où l'on débite de la nourriture et des boissons. L'alimentation de Paris — comestibles et liquides — avait payé en 1868, 73,773,538 fr. de droits; en 1873, l'octroi a perçu aux barrières, aux entrepôts, aux abattoirs, une somme de 77,511.994 francs ; les remises sur les ventes en gros ont produit 8,492,644 francs. Le total s'élève à 86,004,638 francs ; c'est donc une augmentation de 12,231,100 fr. dans un laps de cinq années. En prenant le chiffre officiel de la population, qui est 1,851,792, d'après le recensement de 1872, chaque Parisien paye donc annuellement un droit municipal de subsistance équivalant à 46 fr. 44 c. 4 mill., et par jour, 12 centimes 7 millièmes 2 dix-millièmes. Ces taxes, insignifiantes isolément, et dont la totalisation produit une somme si considérable, sont indépendantes des impôts afférents au trésor public et dont les liquides sont frappés au profit de l'État.

CHAPITRE I

LE TABAC

I. — LE MONOPOLE.

Cohiba et tabaco. — Jean Nicot. — Souverains. — Le dixième de la fortune de la France. — Ferme générale. — Compagnie des Indes. — Droits réunis. — Décret du 20 mars 1791. — Sophistications. — Les diamants de madame Robillard. — Décrets de 1811. — Monopole. — Prorogation. — Contributions indirectes. — Direction générale. — Méthode scientifique substituée à l'empirisme. — École polytechnique. — Laboratoire. — 17,200 francs. — Toxicologie. — Amphithéâtre. — Salle des modèles. — Jardin botanique. — Culture. — Sel de potasse. — Sincérité. — Surveillance de la culture. — Graines imposées. — Magasins. — Entrepôts. — Recettes et dépenses.

Lorsque, le 8 octobre 1492, Christophe Colomb découvrit l'île de Guanahani, qu'il nomma San Salvador, il envoya deux Espagnols reconnaître l'intérieur des terres. Les messagers revinrent et racontèrent qu'ils avaient rencontré plusieurs naturels qui tenaient en main un petit tison d'herbes dont ils aspiraient la fumée. L'herbe ainsi brûlée se nommait *cohiba* et le tison était appelé *tabaco;* on a pris la partie pour le tout, et ce dernier mot seul a prévalu, en Europe du moins, car, à la Havane : *probar un tabaco*, signifie encore : déguster un cigare.

Le portugais Goes apporta le tabac à Lisbonne ; il en donna quelque provision à Jean Nicot, ambassadeur de France, qui l'introduisit dans notre pays. Le nom scientifique de *nicotiana tabacum* consacre ce souvenir. Catherine de Médicis adopta la plante nouvelle, qui, passant pour guérir tous les maux imaginables, devint l'herbe à la reine, la catherinaire, l'herbe Médicée, l'herbe sainte. La mode s'en empara, l'usage s'étendit peu à peu et finit par entrer dans les mœurs. Ce ne fut pas sans protestation de la part de quelques souverains. Amurat IV faisait piler les priseurs dans un mortier ; le shah de Perse Abbas, plus doux que le sultan, se contentait de leur faire couper le nez ; Innocent VIII les vouait aux peines éternelles, et Jacques Ier d'Angleterre écrivait contre eux des livres pleins de sages sentences[1]. Rien n'y fit : le tabac devait vaincre ses adversaires, triompher des obstacles et devenir une sorte d'aliment baroque, d'une utilité fort discutable, mais correspondant à des besoins impérieux, et que la tyrannie de l'habitude rend aujourd'hui indispensable à une grande partie de la population.

Jadis le commerce du tabac était sévèrement circonscrit : les apothicaires seuls avaient droit d'en vendre, mais seulement sur une ordonnance motivée du médecin. Actuellement, loin de vouloir restreindre la consommation de l'herbe de Nicot, l'État s'est emparé des opérations qui doivent en rendre l'usage plus agréable et plus sain ; les débits surveillés par l'autorité pullulent dans nos villes ; le tabac est absorbé sous toutes les formes possibles, on s'ingénie à en trouver de nouvelles et à satisfaire la passion de certains gourmets qui apprécient un bon cigare comme d'autres savent

---

[1] Actuellement les Arabes Wahasis, prétendant revenir à la pure morale de Mahomet, considèrent l'action de fumer comme un péché que Dieu ne pardonne jamais.

goûter un verre de vin vieux; de plus, l'exploitation monopolisée rapporte au fisc des revenus considérables qui augmentent chaque année, et qui dès à présent représentent le dixième de la fortune de la France. Le cigare a succédé aux boîtes à priser de nos grands-pères ; il a droit de cité partout aujourd'hui, dans les rues, dans les jardins publics, dans les cafés, dans les cercles, dans bien des salons ; encore un pas, et il entrera peut-être dans les théâtres, ainsi qu'en Hollande. Si, comme le prétendent quelques médecins, le tabac est un poison, il faut avouer que les Indiens nous ont fait un triste cadeau ; mais nous leur avons rendu l'eau-de-vie, et nous sommes quittes.

Dès que l'usage de la nicotiane tendit à se généraliser sérieusement, on pensa à en tirer bon parti au point de vue de l'impôt, et en 1621 le tabac fut frappé d'une taxe dont la perception fut attribuée à la ferme générale. C'était l'époque où la fabrication — rudimentaire — n'avait pas encore réussi à pulvériser mécaniquement les feuilles importées d'Amérique ; chacun portait alors sa *carotte* et sa râpe. Cela n'empêcha pas la vogue de persister. En quarante ans, le produit du nouvel impôt avait presque décuplé, car la ferme des tabacs, qui en 1680 rapportait simplement 500,000 livres, donnait un revenu net de 4,200,000 livres en 1720[1]. De 1723 à

---

[1] Ces chiffres eussent dû être plus considérables, si l'on en croit Buvat, qui dit, à la date de mars 1719 : « On prétendait que la ferme des tabacs produirait au moins 12 millions par an, sur lesquels il fallait en ôter cinq, tant pour les frais de la culture du tabac que pour le salaire des gens qui le façonnaient, des commis et autres frais de la régie; qu'ainsi il en devait entrer 7 millions dans les coffres du roi. » (Buvat, tome 1, p. 365.) La pension de M*** de Maintenon était prise sur le produit de la ferme des tabacs; Dangeau dit, à la date du 7 septembre 1715 : « Dans la conversation que M. le duc d'Orléans eut hier à Saint-Cyr avec M** de Maintenon, il lui dit que les 4,000 francs que le feu roi lui donnait par mois lui seraient continués, et je viens d'apprendre que cet argent sera pris sur la ferme du tabac et que le duc de Noailles serait chargé de lui porter tous les mois ces 4,000 livres que Menon, fermier du tabac, avait ordre de lui remettre et qu'ainsi elle n'aurait

1747, la Compagnie des Indes, destinée, après avoir fait concevoir tant de magnifiques espérances, à mourir si misérablement, posséda les tabacs, qui entrèrent ensuite dans le mécanisme des *droits réunis*. Ils y restèrent jusqu'au décret du 20 mars 1791, qui reconnaissait à tous les Français le droit de cultiver, fabriquer et vendre du tabac sous quelque forme que ce fût. Deux ans plus tard, une restriction fiscale modifia cette liberté absolue, et les négociants en tabac furent tous astreints à payer une licence.

Par les sophistications que les marchands de comestibles font aujourd'hui subir à leurs denrées, malgré l'étroite surveillance dont ils sont l'objet, on imaginera facilement ce que pouvait être ce commerce spécial dans ce temps-là. Sous le nom de tabac, on fumait toutes les herbes de la Saint-Jean, des feuilles de choux, des feuilles de noyer, du varech, du foin ; on prisait du tan, du poussier de mottes, des racines de lichen d'Islande porphyrisées et bien d'autres choses dont le nom honnête est encore à trouver. Les vrais amateurs faisaient à grands frais venir leur tabac de la Hollande, qui du moins fournissait des produits sincères de Varinas et de Virginie, à la marque des Trois-Rois. Cette situation se prolongea jusqu'au milieu de la période impériale.

Une remarque fortuite faite par Napoléon Ier amena, dit-on, le régime du monopole exclusif, qui dure encore et ne paraît pas près de prendre fin. Au commencement de l'hiver de 1810, à un bal donné au palais des Tuileries, l'empereur vit passer devant lui une femme couverte de diamants. Il demanda quelle était la personne qui était assez riche pour étaler une telle profusion de pierreries. On lui répondit que c'était tout simplement

point de pas à faire là-dessus. » (*Journal de Dangeau*, éd. Didot, tome XVI, p. 168.)

madame Robillard, dont le mari était fabricant de tabacs. Ce renseignement ne tomba pas, comme l'on dit vulgairement, dans l'oreille d'un sourd, et dès le 29 décembre de la même année un décret, complété par un autre du 11 janvier 1811, décidait que dorénavant la fabrication et la vente des tabacs appartiendraient exclusivement à l'État. Comme l'expérience manquait et que l'on craignait de faire des écoles onéreuses, on employa les anciens fabricants, qui du moins avaient pour eux le bénéfice de l'expérience acquise ; mais on avait appris à se défier de leurs façons de procéder ; aussi, pour les soumettre à une surveillance qui ne permît nul écart et fît rendre à l'affaire tout l'argent qu'elle contenait, on les plaça sous la direction immédiate des droits réunis, qui plus tard sont devenus nos contributions indirectes. C'est donc en réalité de 1811 que date l'organisation régulière des manufactures de tabacs en France. Le monopole, renouvelé tous les dix ans, a été prorogé jusqu'au 1er janvier 1873, par la loi du 23 mai 1862.

La régie des tabacs a été soumise aux contributions indirectes jusqu'en 1831 ; à cette époque, elle devint une direction relevant du ministère des finances ; en 1848, le ministre, ne se rendant pas sans doute un compte bien net de ce que pouvait être cette administration compliquée, qui touche en même temps à l'agriculture, à l'industrie et au commerce, remit les choses sur l'ancien pied ; les contributions redevinrent maîtresses absolues du monopole, qui ne fut plus considéré que comme une affaire fiscale très-importante. Les inconvénients d'une telle organisation, qui enlevait au service de l'exploitation du monopole des tabacs un conseil spécial dans lequel tous les perfectionnements dont les procédés de fabrication sont susceptibles étaient discutés et approfondis à un point de vue d'ensemble, ne tardèrent pas à frapper les yeux les moins clairvoyants, et un décret du 12 mars 1860 nomma un directeur général des manufactures de tabacs.

La mesure était excellente : on put le reconnaître promptement en voyant la nouvelle administration s'efforcer de donner satisfaction aux goûts du public et réaliser d'importantes économies dans l'emploi des matières premières, ainsi que dans les frais de manutention. A l'origine du monopole, la fabrication des tabacs était empirique ; de vieux contre-maîtres, ayant précieusement conservé la tradition des ateliers, indiquaient les procédés, les faisaient mettre en œuvre et restaient bouche béante devant tout cas anormal qui se présentait, ne sachant comment résoudre un problème imprévu. Chaque fabrique avait ses habitudes et n'en voulait changer ; les mêmes espèces, traitées de la même manière, produisaient des résultats opposés ; on n'était jamais certain de retrouver les qualités qu'on recherchait : bon aujourd'hui, le tabac était exécrable huit jours après, quoiqu'il sortît de la même manufacture et fût composé des mêmes éléments. A cette heure, il n'en est plus ainsi, et tout ce qui concerne la production du tabac, depuis le semis des graines jusqu'à l'emballage de la poudre ou du *scaferlati*[1] arrivés à l'état parfait, est conduit scientifiquement.

L'État a un intérêt puissant à ne fournir que des produits de premier ordre qui, excitant à la consommation, accroissent le revenu de l'impôt ; d'autre part, il a com-

---

[1] *Scaferlati* est le nom technique et administratif du tabac à fumer. D'où vient ce nom ? Selon les uns, c'est la dénomination que les Levantins donnaient à une sorte de tabac qu'on expédiait de Turquie ; selon d'autres, c'est le nom d'un ouvrier italien qui, travaillant à la Ferme dans la première moitié du dix-huitième siècle, inventa un nouveau procédé pour hacher le tabac. J'avais cru un instant être sur la voie. D'après quelques indications vagues, j'avais pensé que Scaferlati était le nom d'un négociant de Livourne, qui, pendant le siècle dernier, avait obtenu du grand-duc le droit exclusif de vendre du tabac en Toscane. Des recherches faites à Livourne n'ont amené aucun résultat, et je ne puis, à mon vif regret, pénétrer ce petit mystère étymologique.

pris qu'il avait charge d'âmes et que son devoir était, en assurant à ces mêmes produits une sincérité irréprochable et une innocuité presque complète, de sauvegarder la santé des populations. L'État, fabricant, disposant de ressources supérieures à celles de tout autre industriel, ne doit laisser sortir de ses ateliers que des objets se rapprochant de la perfection. Pour arriver à ce résultat, il ne suffisait pas de remanier l'institution elle-même, il fallait changer le personnel chargé de la faire mouvoir ; c'est ce que l'on fit, et les agents supérieurs des manufactures de tabacs sont sans exception choisis actuellement parmi les élèves les plus distingués de l'École polytechnique.

Cette innovation date de 1831 ; mais depuis une vingtaine d'années seulement elle a pris un développement sérieux, et grâce à elle la science s'est emparée d'une industrie à laquelle elle a fait faire d'inconcevables progrès. Tout vieux fumeur conviendra qu'il n'y a plus heureusement aucun rapport entre les tabacs durs, âcres et violents qu'on nous fournissait jadis et ceux que nous fumons aujourd'hui. La prise de possession des manufactures par les anciens élèves de l'École polytechnique et surtout l'installation de la direction générale ont eu immédiatement un triple résultat qu'il est bon de signaler : amélioration des produits, accroissement de la fabrication, remplacement de la main-d'œuvre par des procédés mécaniques perfectionnés. On sait maintenant le pourquoi de toutes choses, on peut facilement prévoir les accidents, y porter remède d'avance et les empêcher de se manifester. Dès qu'un problème se présente, il est étudié scientifiquement, expérimenté et résolu.

On est arrivé à déterminer exactement les mystères de la fermentation, à préciser les dosages, à combiner les mélanges, à débarrasser la plante des principes malsains qu'elle contient, tout en lui conservant une saveur recherchée ; on a délivré les hommes de travaux rebutants et pénibles ; les chevaux aveuglés qui tournaient le manége sont remplacés par les machines à vapeur ; l'analyse chimique a découvert les principes nutritifs particuliers que le tabac demande à la terre ; on marche à coup sûr, éclairé par des théories que la pratique a vérifiées, et l'on est dans une voie d'amélioration constante que rien ne paraît devoir interrompre.

Il ne faut pas croire que les élèves soient aptes à rendre beaucoup de services aux manufactures lorsqu'ils sortent de l'École polytechnique. Dans ce dernier établissement ils ont surtout appris à apprendre, ils ont acquis un instrument de travail général qui a besoin d'être développé et spécialisé. De même qu'il faut passer deux années à Metz, à l'École des ponts et chaussées ou des mines, avant de pouvoir faire creuser une tranchée ou construire un pont, il faut, avant d'être admis au grade d'ingénieur aux tabacs, rester pendant deux années à l'École d'application ou, comme on dit, au laboratoire. Il suffira de rappeler que Gay-Lussac a dirigé ce laboratoire pour faire comprendre à quels hommes élevés dans la hiérarchie des sciences on le confie généralement.

L'École d'application pour les tabacs n'a rien des somptuosités des Écoles des mines et des ponts et chaussées ; elle est fort modestement installée dans le grossier bâtiment qui jadis contenait la pompe à feu du Gros-Caillou[1]. Les dépenses exigées n'ont rien de considérable et ne sont guère en rapport avec les 180 millions que les tabacs rapportent annuellement. Le ma-

---

[1] Sous la première Restauration, la pompe à feu renfermait une piscine chaude où l'on pouvait se baigner, et qui fut d'abord réservée aux pages de Louis XVIII ; plus tard, elle devint publique, et disparut quand on construisit la façade de la manufacture.

tériel et le personnel grèvent notre budget d'une somme de 17,200 francs. Il est difficile d'agir avec plus d'économie. Une partie de l'installation néanmoins paraît suffisante ; le laboratoire, où tous les fourneaux sont alimentés par le gaz, est très-grand, outillé d'une façon convenable et a vu distiller plus de poisons que les Exili et les Borgia n'en rêvèrent jamais. Parfois, dans cette large salle où les murs en carreaux de faïence blanche renvoient une lumière à la fois douce et puissante, on amène un lapin trop confiant ou un chat lâchement attiré par un morceau de mou. Une baguette de verre trempée dans la nicotine et appliquée sur la glande lacrymale du lapin le foudroie presque instantanément ; la même opération faite dans la gueule du chat détermine chez ce dernier un état nerveux indescriptible. Il s'arrache littéralement la langue à coups de griffe pour se débarrasser de cette saveur âcre et brûlante ; puis les convulsions le prennent, le secouent par bonds prodigieux et le tuent dans une attaque de tétanos. Du reste, ce supplice n'est pas long, et en moins de deux minutes la vie si particulièrement persistante des félins est éteinte.

Ce sont là, on peut le croire, les expériences exceptionnelles. Ordinairement le laboratoire est fort calme : un homme, sérieux et réfléchi, est penché au-dessus d'un matras et surveille attentivement un mélange bouillonnant que n'auraient point répudié les antiques sorcières de Campanie ; des jeunes hommes, vêtus de longues blouses blanches, s'occupent autour de quelque cornue de forme baroque ; par les fenêtres ouvertes, on entend les oiseaux qui chantent sur les arbres du quai d'Orsay ; il y a de la poussière partout, et les araignées, que nul ne dérange, filent paisiblement leur toile à l'angle des plafonds.

Dans toute école il faut un amphithéâtre, pour que

les élèves puissent s'asseoir en face d'un professeur qu'ils écoutent et qui les voit. L'amphithéâtre de la manufacture du Gros-Caillou est un objet de curiosité. Jamais école primaire d'un hameau perdu dans les Cévennes ou sur les landes de la basse Bretagne n'eut mine plus pauvre et plus piteuse. La chaire du professeur est figurée par un fourneau derrière lequel il s'installe sur une chaise de paille; les élèves se juchent comme ils peuvent sur deux ou trois planches qui représentent les gradins et où les bocaux, les ballons, les bassines, les thermomètres leur disputent la place. Tout se passe en famille fort heureusement, et il faut espérer que la cordialité des relations ôte plus de gêne que n'en donne l'insuffisance d'une telle salle d'études. C'est là qu'on fait aux élèves les cours techniques de chimie, de physique et de comptabilité administrative qui donnent lieu, chaque année, à des examens sévères. Le cours de mécanique, un des plus importants sans contredit, et auquel d'incessantes découvertes donnent un intérêt majeur, est professé dans une salle qui contient les modèles réduits de toutes les machines employées pour la fabrication du tabac. On pourrait croire qu'afin de rendre cette étude attrayante et lui imprimer un caractère réellement pratique, une machine à vapeur, si modeste qu'elle soit, communique le mouvement à tous les rouages. Nullement; mais étudier des machines immobiles, c'est faire de l'anatomie sur des mannequins; aussi on a imaginé un arbre moteur qu'on met en branle à l'aide d'une manivelle tournée à la main. De cette façon, ce n'est plus la mort, mais ce n'est pas encore la vie.

Dans la cour qui précède le laboratoire, s'étend le jardin botanique. La composition du sol et la culture entrant pour une part énorme dans les qualités constitutives du tabac, il est élémentaire que les élèves puissent faire sur nature des études sérieuses souvent renouvelées. Un jardin botanique spécial destiné aux expérimentations était donc indispensable. L'administration compétente l'a compris, et elle a accordé à l'école d'application, avec un libéralisme dont il faut lui savoir gré, sept ou huit vieilles caisses provenant des envois d'outre-mer, absolument hors de service, mais dans lesquelles on a pu mettre un spécimen de différents terrains, les traiter à l'aide de certains gaz ou de certains sels, piquer des plants de tabacs divers et essayer, faute de mieux, de ce genre de culture en chambre. C'est un peu plus grand que « le jardin de Jenny l'ouvrière », mais pas beaucoup plus.

On ne se contente pas de faire des cours théoriques aux élèves, on leur donne toutes les notions pratiques qui peuvent leur être nécessaires, et l'on a poussé cela si loin, qu'on leur apprend à faire eux-mêmes des cigares, afin qu'ils puissent plus tard, en parfaite connaissance de cause, surveiller cette branche de la fabrication. Entre la première et la seconde année d'études, chaque élève est envoyé en mission dans une manufacture et doit rendre compte des faits qu'il a observés sur la fabrication locale et sur les procédés de culture dont leur jardin botanique, — il faut en convenir, — ne leur donne qu'une idée passablement incomplète. La culture est en effet un objet de la plus haute importance : c'est d'elle le plus souvent que dépend la récolte, et de la récolte découle le plus ou moins d'abondance de la production. Or, comme il faut toujours être en mesure de satisfaire aux exigences du public, il importe que nous trouvions chez nous, sur nos terrains mêmes, une assez grande quantité de tabacs pour subvenir à nos besoins, car sans cela nous sommes obligés de nous fournir à l'étranger, où nous rencontrons des qualités inférieures et des prix très-élevés. L'analyse chimique a démontré que la faculté combustible des feuilles de tabac était spécialement fournie par des sels de potasse; tout tabac qui en était dénué, celui d'Algérie par exemple, brûlait mal, ou, pour parler le langage technique, brûlait noir.

Rien n'est plus facile que d'ajouter, pendant la manutention, de la potasse au tabac qui en manque ; mais le principe de l'administration actuelle est que ses produits, quelle qu'en soit la provenance, doivent être soustraits à toute addition de corps étrangers et rester absolument purs. Il a donc fallu que ce fût la culture elle-même qui fournît aux plants de tabac la potasse qui leur est indispensable pour être plus tard d'une combustion facile. L'étude des engrais a permis d'arriver à ce résultat et d'utiliser ainsi des quantités énormes de matières qui, sans cela, n'auraient été bonnes qu'à laisser pourrir sur pied. Chaque terre réservée aux tabacs est donc expérimentée : on en reconnaît les éléments constitutifs, et l'on peut déterminer ainsi de quel genre de fumure elle a particulièrement besoin. Heureusement que les cendres sont un engrais facile à trouver et qu'elles contiennent assez de potasse pour permettre au tabac de s'en imprégner suffisamment.

La culture du tabac n'est pas libre en France ; elle était autrefois limitée à huit départements, mais les progrès de la consommation sont tels, qu'il a fallu étendre les zones autorisées, et que aujourd'hui dix-neuf départements fournissent notre tabac indigène[1], qui provient en majeure partie de semences apportées

---

[1] Alpes-Maritimes, Var, Bouches-du-Rhône, Ille-et-Vilaine, Gironde, Dordogne, Lot, Lot-et-Garonne, Meurthe, Moselle, Nord, Pas-de-Calais, Hautes-Pyrénées, Landes, Bas-Rhin, Haut-Rhin, Haute-Saône, Haute-Savoie, Savoie. (La guerre a diminué le nombre des départements cultivateurs de tabacs; le Bas-Rhin, le Haut-Rhin ne nous appartiennent plus; la Meurthe et la Moselle forment aujourd'hui un seul département. 1875.)

originairement de l'Amérique du Nord et ensuite de la Havane. Cette culture donne lieu à une surveillance qu'on n'imagine guère et à une comptabilité des plus détaillées. On enregistre non-seulement le nombre de pieds de tabac poussés dans un champ dont la contenance est exactement connue, mais encore le nombre de feuilles de chaque tige. Elles sont l'objet de soins tout particuliers, et jamais orchidée unique fleurissant dans la serre d'un millionnaire n'a été entourée de précautions plus subtiles. On les visite le jour et la nuit pour en écarter les chenilles, les loches et les colimaçons. Une à une, selon le degré de maturité qu'elles présentent, elles sont cueillies, puis suspendues dans des séchoirs largement aérés, où elles se dessèchent lentement sous l'influence de l'air ambiant.

Les cultivateurs ne peuvent employer les graines de leur choix; chaque année on leur remet ce qui est nécessaire à leur semis, car l'étude et l'expérience ont là encore fourni des indications précieuses et prouvé que certains tabacs prospèrent dans tel terrain et dépérissent dans tel autre. Il faut environ dix-huit mois pour qu'une récolte rentrée, séchée, pliée, soit mise en balles et expédiée dans un des magasins qui sont disséminés sur notre territoire, à portée des centres producteurs. Là, ils sont gardés dans des conditions atmosphériques qu'on a reconnues propres à n'enlever au tabac aucune qualité essentielle. Les agents chargés de surveiller la culture et de diriger le travail des magasins sont au nombre de 524. Les magasins conservent les tabacs bruts et les expédient aux manufactures selon les besoins de ces dernières.

Quand le tabac a été fabriqué, il est envoyé à des entrepôts où les débitants au détail vont s'approvisionner. La culture, les magasins, les manufactures, appartiennent à la direction générale; les entrepôts et les débits dépendent des contributions indirectes. Il y a en France 31 magasins de feuilles indigènes, quatre de feuilles exotiques, 18 manufactures [1], 357 entrepôts et 40,599 débits[2]. La recette de 1868 s'est élevée à 248,587,000 francs, dont il faut retrancher 58,632,000 francs de dépenses générales. Le département de la Seine, c'est-à-dire Paris presque exclusivement, qui l'an dernier a prisé, fumé, mâché pour 39,758,900 francs de tabac, possède pour sa part 1,071 débits, quatre entrepôts et deux manufactures. Ce sont ces dernières que nous étudierons avec quelque détail, afin de voir par quelle série d'opérations le tabac doit passer avant d'être livré à la consommation.

II. — LE GROS-CAILLOU.

L'île des Cygnes. — Le passeur. — Distributions défectueuses. — Dieu vous bénisse! — Les quatre formes du tabac. — Le magasin. — Mélanges. — Le *râpé*. — Manoques. — Mouillade. — A dos d'homme. — Le hachage. — Imprudences. — Les masses. — Fermentation. — Sape. — Brouillard. — Râpage. — La vieille râpe. — Moulins à bras. — Moulins anglais. — Pulvérisation. — Vis d'Archimède. — Noria. — Tamis. — Circulus. — Bottes de toile. — Râpé sec. — Seconde mouillade. — Râpé humide. — Les cases. — Le montant. — Râpé parfait. — Pâleur. — Salle des mélanges. — Mise en tonneaux. — Quarante mois pour faire une prise de tabac. — Supériorité de fabrication. — Cabinet mystérieux. — Le secret des priseurs. — Fève de Tonka. — Scaferlati. — Ecabochage. — Guillotine. — Rémouleur. — Acier Pétin-Gaudet. — Dessiccation. — Ancien système. — Torréfacteur Rolland. — Intelligence d'une machine. — Ventilation. — Empaquetage. — Desiderata. — Les rôles. — Les cordiers. — Menus filés. — Sauce. — Quantités fabriquées. — Cigares. — Infectados. — Cigarettes. — Arménien.

La manufacture du Gros-Caillou est située sur le quai d'Orsay ; c'est l'ancienne fabrique de M. Robillard, qui

[1] Bordeaux, Châteauroux, Dieppe, le Havre, Lille, Lyon, Marseille, Metz, Morlaix, Nancy, Nantes, Nice, Paris-Gros-Caillou, Paris-Reuilly, Strasbourg, Tonneins, Toulouse et Riom.

[2] La remise totale faite aux débitants a été de 28,800,676 fr. 22 c., soit 09 . 59 c. en moyenne, par tête.

fit là une grosse fortune avant l'établissement du monopole. Elle s'étend, sans aucune symétrie, sur une superficie de deux hectares et demi qui, par la seule plus-value des terrains, donneraient amplement, s'ils étaient vendus aujourd'hui, de quoi élever vers Grenelle ou vers la Santé une manufacture modèle vraiment en rapport avec une si considérable exploitation. C'était jadis un amoncellement de masures auxquelles on ajouta, en 1827, les bâtiments d'habitation qui lui servent de façade et qui ont pris la place de cabarets mal famés et d'une maison occupée par un batelier, dont l'unique travail consistait à transporter les passants dans un large bateau qui tenait lieu, tout seul, des ponts que nous traversons aujourd'hui.

Telle qu'elle est, cette manufacture n'est point belle. Les constructions semblent en avoir été élevées sans plan déterminé, selon les exigences du moment; les services, au lieu d'être groupés ensemble sous la même main, ont été forcément disséminés dans de vastes salles que réunissent des escaliers incommodes, souvent étroits, toujours pénibles à gravir. Les cours, exposées au soleil, sont égayées par quelques arbres qui se détachent sur les hautes murailles blanches et mornes. Deux immenses cheminées en briques garnies de paratonnerres dominent les toitures. On entend le bruit régulier des machines à vapeur et le ronflement des foyers qui dévorent le charbon. Dès que l'on a franchi la porte, on ne peut se méprendre, on est bien dans une manufacture de tabac. On n'a encore rien vu, que déjà un parfum chaud et comme acidulé vous enveloppe, s'attache à vous, imprègne vos vêtements, vous accompagne partout et vous suit longtemps encore après que l'on est sorti. On entre, on éternue; le portier sourit, il a reconnu un novice.

On croit assez généralement qu'il suffit de pulvériser

une feuille de tabac, de la rouler, de la hacher pour pouvoir priser, chiquer ou fumer, et l'on se trompe. Les préparations sont multiples, lentes et exigent des précautions très-variées. Pour obtenir le tabac sous les quatre formes principales qui sont chères aux consommateurs, sous forme de *râpé*, c'est-à-dire de poudre, de scaferlati, de *rôles* (tabac à mâcher) et de cigares, ce n'est pas trop, si l'on veut qu'il soit irréprochable, de tout ce que l'on sait aujourd'hui de chimie et de mécanique.

La manufacture possède un magasin particulier qu'elle fait remplir et qu'elle vide sans cesse. Il est immense et double, car il est situé en partie rue Nicot et en partie dans l'enceinte même de l'établissement; mais si grand qu'il soit, quand il est bourré du plancher aux solives, il contient les matériaux nécessaires à la consommation de Paris pendant quatre mois. C'est là qu'on empile, en ayant soin de séparer les espèces différentes, les balles renfermant les tabacs indigènes, les sacs en poil de chameau venus d'Orient, les larges caffas en sparterie apportés des bords du Danube, les boucauts de Virginie, les peaux de bœuf arrivées de Guatémala. A l'abri de l'humidité et du soleil, ces tabacs de toute provenance attendent que l'heure soit venue pour eux d'être transportés aux ateliers. L'odeur qui en émane, toute pénétrante qu'elle soit, ne paraît pas trop déplaire aux souris, qui trottent menu à travers les boucauts gerbés et font souvent un trou dans les balles afin d'y établir leur nichée.

Selon la forme que l'on veut donner au tabac, on demande au garde-magasin des espèces désignées dont le choix a été déterminé par l'expérience. Sauf pour les cigares de Havane, on peut affirmer que tout tabac, si l'on veut qu'il soit agréable au goût, doit être mélangé avec d'autres dans certaines proportions qui ont été l'objet d'études approfondies. Notre râpé ordinaire, dont la célébrité est telle qu'il s'en expédie maintenant aux quatre coins du monde, est composé de huit espèces de tabacs [1] qui, se corrigeant, se modifiant, se développant l'une l'autre, arrivent à acquérir cet arome particulier qu'un connaisseur devine au premier flair. Un employé, humant une prise avec délices, me disait : « Ah ! que de tâtonnements il a fallu pour arriver à un pareil résultat ! » La manufacture du Gros-Caillou, qui produit chaque année environ deux millions de kilogrammes de tabac en poudre, est très-fière de son râpé. C'est donc du tabac en poudre qu'il convient de parler d'abord.

Les balles sorties du magasin sont éventrées ; on en retire le tabac qui y est déposé en *manoques*, c'est-à-dire en bouquets de vingt ou vingt-cinq feuilles dont la *caboche*, la tête, est attachée par une feuille grossièrement tordue. Tous ces faisceaux, secoués avec soin, déliés, sont examinés, et l'on en retire les feuilles qui ont subi quelques avaries. Lorsque ce premier travail d'épuration est terminé, travail assez pénible, car il soulève un nuage d'âcre poussière qui pénètre dans la gorge et provoque la toux, les feuilles sont portées dans une salle dallée pour y subir la *mouillade*. Méthodiquement répandues, empilées et ressemblant ainsi à un tas de feuilles sèches réunies à l'automne, elles sont aspergées d'eau contenant 10 pour 100 de sel marin, à l'aide d'arrosoirs maniés par des hommes qui vont et viennent autour de cet amas de tabacs bruts comme des jardiniers autour d'un plant de légumes. L'eau versée sur la face externe descend peu à peu par infiltration jusqu'aux couches inférieures, s'écoule déjà brunie et chargée de matières colorantes dans une rigole qui la

---

[1] Sur 100 parties, le râpé ordinaire renferme : Virginie 25, Kentucky 5, Nord 8, Ille-et-Vilaine 5, Lot-et-Garonne 12, Lot 18, coupures de Kentucky 5, côtes et rejets d'autres fabrications 22.

conduit à une large cuve, où les ouvriers la reprennent pour la jeter de nouveau sur les feuilles. Elles restent là vingt-quatre heures sous l'influence d'une humidité persévérante qui finit par les imprégner complétement, leur donne une souplesse analogue à celle du linge mouillé et permet qu'on les développe avec facilité sans risquer de les briser. Le sel qui entre dans le liquide de la *mouillade* a pour but de mettre obstacle à toute fermentation putride qui se produirait infailliblement par le contact prolongé de l'eau simple avec une matière végétale.

Lorsque les feuilles ont atteint le degré d'humidité et de flexibilité voulu, on les transporte enfermées dans des sacs manœuvrés à dos d'homme, — méthode pénible et barbare qu'on aurait dû abandonner depuis longtemps, — dans la salle du hachage. Les hachoirs pour le tabac râpé ont une action tellement rapide, que deux suffisent aux besoins de la manufacture, et encore ne sont-ils en œuvre que pendant une partie de la journée. Les feuilles prises en paquet sont entassées et poussées par un ouvrier dans une auge aboutissant à un cylindre dentelé, qui les saisit et les fait glisser en quantités à peu près égales vers un tambour armé de six lames obliques. Ces lames, très-tranchantes, dans le mouvement de rotation imprimé au tambour par la vapeur, viennent cent vingt fois par minute araser le cylindre et y rencontrer les feuilles, qu'elles coupent régulièrement en lanières larges d'un centimètre. Le tambour, par l'agilité des évolutions giratoires, fait l'office de van et chasse dans un sac accroché à l'orifice antérieur de l'appareil toutes les parcelles de tabac qui s'accumulent à vue d'œil et voltigent dans le coffre de la machine comme des brins de paille entraînés par l'orage. Cet outil, très-bruyant et d'une force irrésistible, taille facilement 1,200 kilogrammes de tabac en une heure.

Parfois, lorsque les longs rubans de tabac encore humide, s'accumulant entre les parois internes de la boîte et le tambour emporté par la rotation, ne tombent plus avec régularité dans le sac ouvert qui les attend, un ouvrier passe son bras dans cette formidable machine et ramène d'un seul geste toutes les feuilles paresseuses. Il est impossible de voir cela sans trembler, car il suffirait d'un écart insignifiant pour que le bras, saisi dans la roue armée, retombât en lambeaux. Lorsque à ces hommes on fait une observation, ils se contentent de lever imperceptiblement les épaules et de sourire, avec une politesse qui n'est peut-être pas dénuée d'impertinence. On dirait, à voir leur hardiesse, qu'une longue habitude a créé entre eux et la machine une convention tacite en vertu de laquelle bien des imprudences sont tolérées sans être punies.

Du premier étage, où travaillent les hachoirs *en gros*, le tabac est ramené au rez-de-chaussée, dans une salle tout de bois et de dimensions telles qu'elle ressemble à une grange. C'est là qu'on établit les *masses*. Ce sont de véritables meules pareilles à celles que les paysans construisent dans les champs avec les foins et les tiges de céréales. Chaque masse contient en moyenne 40 ou 50,000 kilogrammes. Dans un tel amoncellement de matières végétales humides, la fermentation ne tarde pas à se déclarer; les diverses espèces de tabac, pénétrées l'une l'autre par les émanations, acquièrent peu à peu une saveur égale qu'on dirait empruntée à la même essence. La chaleur augmente de jour en jour, gagnant du centre à la circonférence et atteint bientôt 75 et 80 degrés.

Un thermomètre très-attentivement surveillé et plongeant au cœur même des masses indique le développement du calorique. Dès qu'on peut soupçonner qu'il va dépasser le point scientifiquement déterminé, on fait des tranchées, à coups de pioche, largement, comme sur des terrains attaqués à la sape; on donne de l'air à cet amas de matières fermentescibles par excellence; on éteint, pour ainsi dire, le feu qui le menace, et l'on évite la combustion spontanée, qui, sans cette précaution, ne manquerait pas de se produire. Des rideaux en forte toile grise, garnissant les fenêtres, empêchent la lumière d'entrer trop vivement et de donner à la fermentation une activité qui ne serait pas sans péril. Une atmosphère énervante et lourde plane dans cette immense chambre où les parquets, les poutres, les lambris, sont recouverts d'une teinte brune, dont la nuance dénote l'origine au premier coup d'œil. Le tabac reste en masse pendant six mois; il ne faut pas moins de temps pour que les résultats cherchés soient obtenus. Cette lente opération a pour but de débarrasser le tabac d'une partie de la nicotine qu'il contient à l'état de nature et de provoquer une fermentation acétique qui, détruisant les acides, ne laisse subsister que des matières dont l'innocuité a été reconnue.

Lorsque l'on démolit les masses, on voit flotter au-dessus d'elles un brouillard bleuâtre et léger semblable à ces vapeurs qui, dans les jours d'automne, courent sur le bord des rivières aux heures du soleil levant. Les ouvriers qui accomplissent cette besogne sont en sueur, comme s'ils travaillaient dans une étuve; les lanières de tabac collées ensemble forment de larges paquets agglomérés dont la configuration irrégulière et rugueuse rappelle celle du marc de raisin pressé. On les désagrége à coups de hoyau comme des mottes de terre. A la sortie de l'atelier des masses, le tabac mis en sacs est transporté au troisième étage du bâtiment, qui contient les engins de *râpage*, c'est-à-dire un moulin à l'anglaise, installé selon tous les progrès de la minoterie moderne.

Ce fut dans la seconde moitié du dix-huitième siècle qu'on substitua les moulins pulvérisateurs au vieux système de râpe qui avait dominé jusqu'alors. Une telle amélioration ne se fit pas sans peine : les ouvriers des manufactures de la ferme se révoltèrent, acceptèrent, repoussèrent les nouveaux engins et, après bien des luttes, ne furent réduits que par un arrêt du conseil daté de 1786. C'étaient des moulins à bras; la manufacture du Gros-Caillou a conservé, en guise d'objets de curiosité sans doute, quelques-uns de ces instruments antédiluviens, qui rappellent exactement, quoique dans de plus fortes proportions, ces moulins à café qu'on fixe à une table par une vis à crampons et dont les ménagères font usage. Ce travail, qui, il y a peu d'années encore, exigeait un labeur extrêmement pénible, coûtait fort cher et employait un nombre considérable d'ouvriers, est exécuté aujourd'hui par de très-ingénieuses machines que trois ou quatre hommes suffisent amplement à conduire.

Le râpage nécessite trois systèmes mécaniques superposés qui occupent trois étages. Au troisième, le tabac, sortant des masses, est versé dans des trous munis d'une *manche* en toile qui le fait glisser au second dans les moulins. Chacun de ces derniers est formé d'une cloche renversée dont la face interne est garnie de lames fixées dans des plans verticaux ; au milieu de cette sorte de mortier, un pilon conique en fonte, armé d'ailerettes hélicoïdales, pivote à demi par un mouvement alternatif. Le tabac entraîné passe entre les lames du pilon mobile; il est froissé, pressé, écrasé, et sous cette action continue il finit par être pulvérisé. Ces mortiers ou ces moulins, qui sont au nombre de vingt-six dans la même salle, se meuvent sans bruit et avec une douceur apparente qui cache une force sans égale. Ils communiquent tous, séparément, à l'aide d'une ouverture placée à la partie inférieure, avec une trémie longitudinale. Une vis d'Archimède, vis sans fin, qui tourne rapidement et ressemble à une immense tarière faite par Hercule ou Briarée, entraîne invinciblement le tabac vers un conduit de bois par où il descend au premier étage dans une sorte de vaste coffre fermé qui figure assez bien une armoire.

Ce coffre renferme une *noria*, c'est-à-dire une drague composée d'une chaîne sans fin munie de godets qui ramassent le tabac, le remontent au troisième étage et le versent sur des tamis métalliques automatiquement agités d'un va-et-vient perpétuel. La poudre arrivée à l'état normal traverse les mailles du tamis et glisse vers des sacs qui la reçoivent; celle, au contraire, qui est trop grosse encore, est rejetée vers une trémie également balayée par une vis d'Archimède qui renvoie le tabac dans les moulins. C'est un *circulus*. La matière brute versée au troisième étage y remonte à l'état de mélange de grains suffisamment fins et de grains encore imparfaits, mais les tamis qui effectuent la séparation sont tellement précis, qu'ils savent, pour ainsi dire, choisir eux-mêmes et n'accepter exclusivement que les produits parvenus au degré de fabrication exigée.

Seulement si un grain de tabac, poursuivi par un mauvais sort, passe sur une portion de tamis déjà oblitérée et ne trouve pas une maille favorable, il peut, comme une âme en peine, tourner dans les trémies, être trituré par les moulins, monter dans la noria pendant des années entières, au hasard du vent qui le chasse et des machines qui l'entraînent. On calcule qu'en général il faut qu'un fragment de tabac fasse dix fois le voyage complet du haut en bas de la maison et subisse dix fois la morsure des mortiers avant d'être accepté par les tamis et reconnu satisfaisant. Aussi lorsque dans une journée on a livré 45,000 kilogrammes en lanières aux mâchoires des moulins, celles-ci n'en rendent guère plus de 5,000 suffisamment pulvérisés. Dans cet atelier, comme dans tous ceux où le tabac se présente sous forme de poudre ou de feuilles volantes, les ouvriers sont chaussés de longues bottes de toile rattachées au genou, qui leur permettent d'aller et de venir sans maculer, sans détruire, sans emporter sous leurs pieds des parcelles qui peuvent être utilisées pour la fabrication.

Le tabac étant porphyrisé, on peut croire qu'il n'y a plus qu'à le mettre dans des boîtes et à chanter : *J'ai du bon tabac dans ma tabatière.* Patience! nous n'en sommes pas encore là. Il prend dès lors le nom de râpé sec et est enfermé, à l'abri de la lumière, dans de fortes cases en bois de chêne fermées par des poutrelles maintenues à l'aide de crochets de fer. Là il reste deux mois et fait une sorte de stage comme pour se reposer des manipulations qu'il a subies et se préparer à celles qui l'attendent bientôt. Il participe à la température extérieure; mais comme il est parfaitement desséché, on n'a pas à craindre qu'il soit atteint par une fermentation intempestive. Au bout de huit ou dix semaines, il est enlevé du réduit où il était enfermé et jeté à la pelle dans une cuve carrée qui peut contenir 2,000 kilogrammes de poudre. Là il reçoit une seconde mouillade effectuée à raison de 18 p. 100 d'eau contenant elle-même 15 p. 100 de sel marin : de sorte que, par la première et par la seconde mouillade, cinq kilogrammes de chlorure de sodium sont incorporés à 100 kilogrammes de tabac à priser. Devenu du râpé humide, il est de nouveau remis en cases par masses compactes de 25 à 30 kilogrammes. C'est là qu'il doit supporter la seconde fermentation.

Pour activer cette dernière, on prend dans une case, où déjà le ferment est en travail, une portion de tabac, échauffé qu'on met dans la poudre récemment mouillée, absolument comme les boulangers mêlent un fragment de pâte fermentée, qu'ils appellent le *pâton*, à la farine trempée qu'ils veulent faire lever. L'énorme armoire est alors hermétiquement fermée, et sur la porte on attache une pancarte qui relate la date de la fabrication, de la mouillade, des éléments qui composent la poudre et le jour de la mise en case. La température s'élève peu à peu, et au bout de deux ou trois mois elle atteint environ 45 degrés. De temps en temps on visite les cases, on en vérifie la chaleur. Au bout de trois mois, on en retire tout le tabac, qu'on remet immédiatement dans une autre, en ayant soin auparavant de le bouleverser, de le mêler, de façon que chaque partie soit atteinte par une fermentation égale, qu'elle perde l'excès de nicotine et l'acide malique qu'il renfermait encore et qu'il développe cette chaleur légèrement ammoniacale qu'on nomme le montant, et qui, taquinant la membrane pituitaire, produit cette irritation si précieuse aux priseurs. Au bout d'un an, le râpé sec est enfin devenu du râpé parfait.

Toutes les cases qui datent d'une même époque, et dont le contenu offre un aspect satisfaisant, sont vidées à tour de rôle et rapidement. Ce genre de travail est assez pénible pour les débutants ; ce n'est pas impunément que les premières fois ils remuent ces masses chaudes d'où s'échappent des émanations ammoniacales assez vives ; cela pique les yeux, provoque des éternuements répétés et amène, dans quelques cas, des maux de tête violents. On s'y habitue cependant, plus vite même qu'on ne pourrait le croire, et bientôt l'on n'y pense plus. Néanmoins les ouvriers spécialement chargés de cette besogne ont le teint d'une pâleur mate et grisâtre. C'est là une simple décoloration du derme et non point un indice de faiblesse, car on peut les voir enlever et manœuvrer sans trop de gêne des sacs pesant 80 kilogrammes.

Tout le tabac sorti des cases est réuni dans la salle des mélanges, où 400,000 kilogrammes de poudre à priser peuvent trouver place. Là tous les tas séparés sont jetés les uns sur les autres et mêlés de façon à donner de l'homogénéité à ce qu'on appelle une fabrication. Dans cette masse, où les éléments des cases différentes sont absolument confondus ensemble, un échantillon est prélevé au hasard et porté au laboratoire, où l'on s'assure que toutes les qualités requises s'y rencontrent. Lorsque l'expérience a prononcé et qu'elle est favorable, le tabac est emballé après avoir été tamisé de nouveau, afin que les parties grumeleuses qui se sont formées pendant la période de fermentation soient pulvérisées.

Le tabac est mis dans des tonneaux où, comme le raisin dans une cuve de vendange, il est foulé par un homme qui le piétine et le tasse à l'aide d'un pilon de fer. Est-ce enfin terminé et va-t-on pouvoir le livrer au commerce? Pas encore, il faut qu'il séjourne deux mois entre les douves, qui, le pressant de toutes parts, permettent aux molécules d'acquérir le plus haut degré de saveur possible. En nous résumant, si nous nous rappelons que la feuille récoltée reste dix-huit mois dans les magasins; que, coupée en gros, elle a été six mois aux masses; que, pulvérisée, elle a eu deux mois de cases comme râpé sec, un an comme râpé humide, et qu'elle demeure en tonneau deux mois comme râpé parfait, nous voyons qu'il ne faut pas moins de trois ans et quatre mois pour faire une prise de tabac.

Ce qui permet à l'État de donner une incontestable supériorité à sa fabrication en cette matière, c'est qu'il opère sur des quantités énormes, dont l'amoncellement seul, en dehors des excellents procédés mis en œuvre, amène une fermentation égale, largement développée, et qui procure un arome qu'on ne trouve en réalité aujourd'hui que dans les tabacs à priser français; mais il est des gourmets difficiles à qui notre râpé ordinaire ne suffit pas; semblables à ces buveurs dont le palais perverti n'est plus chatouillé que par des vins factices composés de trois ou quatre crus différents, ils n'ont de plaisir à priser que des mélanges arbitraires où la science n'a rien à voir et où la fantaisie a la plus grande part. La manufacture est bonne princesse et se soumet à ces sortes de caprices.

Dans un coin de la maison s'ouvre une sorte de cabinet mystérieux. Lorsqu'on y pénètre, on aperçoit une rangée de dames-jeannes en grès bouchées avec des couvercles de bois. Elles renferment des échantillons de tous les tabacs à priser connus. Un employé, qui tient entre ses mains le secret des priseurs émérites de Paris, procède avec un sérieux sacerdotal aux triturations qu'on lui demande. Il y a des combinaisons célèbres qui portent le nom de ceux qui les ont inventées. Les mélanges Humann, Planard, Grammont sont assez recherchés; celui de madame de Chabannes fait fureur. Un répertoire sur lequel j'ai pu jeter un coup d'œil indiscret, et qui contient de fort grands noms, entre autres celui de S. M. le roi Charles X, renferme la nomenclature des clients habituels et le détail de la composition particulière réclamée par chacun d'eux. Dans les proportions indiquées, on mêle au tabac ordinaire tant de parties de Virginie haut goût, d'Amersfort, qui sent le fumier, de Macouba, qui sent la rose, de Portugal, qui sent l'iris, d'Espagne, qui sent mauvais; puis tout est enfermé dans un flacon de verre sur lequel on colle une étiquette : Mélange n° 932, M. N... Si j'en crois le petit registre, beaucoup d'ecclésiastiques sont en correspondance assidue avec l'employé chargé de composer ces poudres à priser qui, au dire des connaisseurs, ne valent pas un tabac sincère. Quelques personnes ont le goût assez dégénéré pour mettre dans leur tabatière cette graine de coumarou qu'on appelle la fève de Tonka. Je dois les prévenir qu'à la manufacture du quai d'Orsay on parle d'elles avec une commisération qui ressemble bien à du mépris.

Selon les espèces, les tabacs ont des destinations particulières et déterminées d'avance. Si le virginie et le kentucky entrent pour une portion notable dans le râpé, il n'en est pas de même des feuilles venues de Hongrie, d'Algérie, de Maryland, qui presque toutes sont réservées à la fabrication du scaferlati. Le tabac haché, le tabac de caporal, qui paraît aux vrais fumeurs supérieur à tous les tabacs du monde, est moins long à préparer que la poudre, mais il exige néanmoins, avant de parvenir à l'état parfait, bien des opérations qui ne manquent point d'importance. Après que toutes les *manoques* ont été secouées, elles sont *écabochées*, c'est-à-dire qu'à l'aide d'un large tranchoir manœuvrant sur une charnière, on en coupe le sommet au-dessous du lien qui les rattache. Ces caboches sont plus tard utilisées pour la poudre à priser.

Les feuilles subissent une mouillade de vingt-quatre heures, et, suffisamment amollies, sont envoyées à la salle des hachoirs. Ceux qui taillent le scaferlati n'ont rien de commun avec ceux qui coupent en gros les matières destinées à faire les masses du râpé. Cet instrument très-actif et très-précis est sinistre à voir, car en le regardant fonctionner il est impossible de ne point penser à la guillotine. C'en est une en effet, de petite proportion, et dont le coutelas se lève et s'abaisse 110 fois dans la même minute. La lame, inclinée à 45 degrés environ, est maintenue à l'aide de forts écrous sur un châssis qui glisse dans les rainures d'un cadre formant la partie antérieure de la machine. Une toile sans fin, manœuvrant par un mouvement continu sur deux rouleaux, reçoit le tabac, et l'amène progressivement sous un linteau de fer qui le comprime. Une roue dentelée et régularisée tourne sous l'influence de la vapeur, et à chaque mouvement de la lame fait avancer le tabac d'un millimètre, de façon qu'il se trouve précisément sous le couteau. Ce dernier s'abaisse avec une force irrésistible, et tout le tabac, tranché d'un seul coup à la limite que détermine une vis régulatrice, tombe dans une large manne disposée pour le recevoir.

Marchant sans interruption, un hachoir coupe facilement 100 kilogrammes de scaferlati en une heure; mais à ce métier-là les lames s'émoussent vite : aussi on les remplace deux fois par heure; celles qui sont détachées sont portées à un rémouleur, qui les aiguise sur une meule à laquelle la vapeur imprime des rotations que l'œil ne peut suivre. Ce n'est pas une petite affaire de rendre le tranchant à ces couteaux; la force d'un homme suffit à peine, et il faut qu'il arc-boute contre son épaule une sorte de béquille en bois qui, prenant un point d'appui sur la lame, la maintient violemment contre la roue de grès, d'où jaillissent d'innombrables étincelles. L'acier, choisi parmi les meilleurs, est tiré de l'usine de MM. Petin et Gaudet. Cependant ces lames ne résistent pas toujours, et souvent elles rencontrent un obstacle qui les mène à mal. Parfois le hachoir est pris d'une oscillation subite, il a l'air de trébucher, le châssis bondit hors des coulisses, et le couteau se sépare en deux comme un verre brisé; c'est que par inadvertance on a laissé glisser dans le tabac un clou, une clef, un objet de fer quelconque et que l'acier, d'autant plus fragile qu'il est mieux trempé, s'est rompu par la violence du choc.

Lorsque le tabac sort des hachoirs, il est plat, mouillé,

sans consistance et comme affaibli. Il renferme 25 pour 100 d'humidité ; de plus, il contient beaucoup d'albumine, matière fermentescible par excellence ; il est donc très-apte à s'échauffer et à avoir cette *fièvre* dont les râpés sont atteints dans les masses et dans les cases ; mais ce qui donne de la saveur au tabac en poudre nuirait singulièrement au tabac haché, qui doit être soustrait à toute fermentation. Afin d'obtenir ce résultat, il faut le soumettre à une température assez élevée pour tuer le ferment et assez modérée cependant pour ne laisser à la combustion aucune chance de se produire ; on s'est arrêté à 95 degrés. Autrefois cette opération était très-dure et très-dangereuse pour les hommes qui en étaient chargés. Dans de grandes bassines de cuivre posées sur des fourneaux, on faisait chauffer le tabac à peu près comme on fait cuire les marrons. Des ouvriers demi-nus, ruisselant de sueur, tournant autour des charbons allumés dont ils activaient la flamme, aspiraient à pleins poumons les vapeurs chargées de nicotine qui se dégageaient de ces masses, qu'on desséchait trop rapidement et surtout trop irrégulièrement. Aujourd'hui il n'en est plus ainsi : une simple machine, inventée par M. Eugène Rolland, l'habile ingénieur qui, depuis 1844, a si puissamment contribué à la transformation de tout l'outillage de nos manufactures, se fait un jeu de mettre le scaferlati hors d'état de fermenter. Un torréfacteur fait à lui seul le service de vingt ouvriers.

L'aspect n'en est pas beau : sur un fourneau de brique repose un énorme cylindre qui ressemble à une locomotive sans tuyau ; mais la science n'est pas l'art et sa véritable esthétique est l'utilité. Le cylindre apparent n'est, pour ainsi dire, que le toit de la maison ; il abrite, il cache, il enveloppe de tous côtés un autre cylindre mobile pivotant sur lui-même, dont il est séparé par un espace libre dans lequel circule un courant d'air chaud alimenté par le foyer. Le tabac pénètre automatiquement dans le second cylindre, dont l'intérieur est muni de lames hélicoïdales armées de griffes de fer qui ressemblent aux dents d'une fourche; celles-ci divisent le tabac qui, humide encore, a une tendance à se pelotonner, pendant que les lames le forcent à suivre le mouvement de rotation auquel l'instrument obéit. Le scaferlati, chauffé à 95 degrés par les nappes d'air presque brûlant qui le caressent sur toutes les surfaces, perd en un quart d'heure l'humidité dont il était imbibé, pendant que les ferments d'albumine qui risquaient d'en compromettre la conservation sont anéantis ; mais cela n'est rien encore.

Cette machine se dirige toute seule : il suffit qu'on lui jette de temps en temps quelques pelletées de combustible pour la nourrir; elle ne demande rien de plus. Grâce à un petit appareil établi dans un coin de la muraille du fourneau, elle semble douée d'une intelligence, j'allais dire d'une âme particulière ; elle sait se régler et se maintenir rigoureusement à la température fixée d'avance. A la voir se réchauffer ou se refroidir, selon qu'il en est besoin, l'on croirait qu'elle obéit à un mot d'ordre. Un mécanisme dont la découverte est un trait de génie, figurant à peu près une balance et basé sur la loi de la dilatation de l'air par la chaleur, oblitère et dégage la seule prise d'air qui alimente le foyer. Si la température descend à 92 degrés, et par conséquent devient trop faible, le plateau de la balance se soulève et permet à l'oxygène d'entrer en plus grande quantité; si au contraire la température monte à 97 degrés, le même plateau s'abaisse, intercepte le courant d'air, et par ce fait diminue l'intensité du feu sans cependant lui permettre de s'éteindre. C'est merveilleux.

Lorsque le tabac a subi le degré de chaleur voulu

et qu'il s'accumule contre les parois postérieures du cylindre, celui-ci s'ouvre de lui-même par une valvule qui laisse échapper le trop-plein, mais dont le jeu est tellement rapide et si bien combiné, que la proportion d'air froid introduite est insignifiante. Quand le scaferlati vient de subir un pareil coup de feu, il est souple et humide en apparence; mais, en réalité, il est suffisamment sec; il ne s'agit donc que de le refroidir et de le débarrasser des poussières qu'il contient. A cet effet, on le soumet pendant quelques instants à un fort courant d'air produit par un ventilateur dans un cylindre à rotation qui fait, comme le torréfacteur, circuler le tabac au moyen de lames disposées en hélices et ne lui laisse pas un moment de repos. Cette ventilation puissante rejette toutes les poussières dans une chambre spéciale, pénètre le scaferlati, et suffit à lui donner de la consistance, comme l'eau froide donne la trempe à l'acier rougi.

Toutes les opérations essentielles sont alors terminées; le tabac, qui offre une certaine ressemblance avec des cheveux coupés et crespelés, est réuni en masse, dans une salle aérée. Il reste là six semaines environ; puis on le visite lestement pour enlever les côtes trop grosses qui, ayant glissé sous le hachoir, ressemblent à des bouts d'allumettes, les fragments de fer, de cuir, de bois qui ont pu s'y introduire; on le purge, en un mot, dans les limites du possible, de toute matière étrangère; puis on le pèse et on en fait des paquets fermés, scellés d'une étiquette qui relate le poids, la qualité, la date du décret d'autorisation et le timbre des contributions indirectes. Cette étiquette, qui est aux tabacs ce que le poinçon de garantie est aux ouvrages d'or et d'argent, porte une date, c'est celle du jour de la fabrication; de plus, elle est timbrée de la lettre H et d'un chiffre: par exemple, H 20; cela signific qu'au moment où le tabac a été mis en paquet, il contenait 20 pour 100 d'humidité.

Il est une amélioration que bien des personnes voudraient voir apporter dans la fabrication du scaferlati et qui concorderait avec les efforts dont l'administration n'est pas avare pour nous procurer des cigares de premier choix. Pourquoi ne ferait-on pas un tabac de caporal de luxe qui serait vendu deux ou trois francs de plus par kilogramme, mais dans la composition duquel il n'entrerait que des feuilles choisies et absolument dépouillées de ces côtes si désagréables à rencontrer, à fumer, qui oblitèrent les pipes et déchirent le papier à cigarette? Rien ne serait plus facile cependant, on donnerait satisfaction à bien du monde, et de même qu'on fabrique pour les soldats et les marins un tabac de cantine coûtant un franc cinquante centimes le kilogramme, on peut parfaitement faire un scaferlati de premier choix destiné à ceux qui voudraient bien le payer. Nos manufactures sont outillées de façon à répondre presque immédiatement à toutes les fantaisies de la consommation ; le devoir du monopole est d'aller au-devant de tous les désirs ; la dépense qu'entraînerait la main-d'œuvre serait promptement couverte par l'augmentation du prix, et la régie ne pourrait qu'y gagner.

La mode, qui autrefois faisait en quelque sorte une obligation de priser, s'est depuis longtemps déjà tournée du côté du tabac à fumer; mais voilà qu'aujourd'hui les chiffres officiels constatent que la consommation du tabac à mâcher augmente dans des proportions considérables. La vente des *rôles* (du mot rouler; c'est le nom poli de ce qu'on appelle trop vulgairement *la chique*), qui en 1861 était de 533,918 kilogrammes, s'est élevée jusqu'à 718,519 en 1868; et le mouvement ascensionnel ne se ralentit pas. Est-ce à l'infiltration des mœurs américaines que nous devons cette laide habitude? Les rôles de France ont, à ce qu'il paraît, un goût fort apprécié, et ils remplacent avantageusement ces tablettes en tabac de Virginie saturé de réglisse et de vin d'Espagne qu'on vendait jadis sous main et fort cher. C'est une partie importante de la fabrication du Gros-Caillou, et plusieurs ateliers y sont occupés. Toute personne qui a vu un cordier faire une corde à la manivelle sait comment on prépare les rôles, qui sont de deux espèces : les *menus filés* et les rôles ordinaires. Les feuilles, préalablement bien mouillées et *écôtées*, sont amorcées sur un rouet tournant avec une extrême facilité ; on file menu, et la corde en tabac ainsi obtenue est coupée à une certaine longueur qui représente un poids déterminé ; pour en augmenter la saveur et la défendre contre une dessiccation trop rapide, on la plonge dans un baquet plein de jus de tabac concentré qu'on appelle *la sauce*. Cette opération n'est point ragoûtante à voir et ne donne qu'une envie médiocre de mâcher du tabac.

Les cordes sont alors pelotonnées en paquets, qu'on expose à l'action d'une presse hydraulique afin de leur donner une forme régulière et de n'y laisser que la quantité de jus nécessaire. Chaque paquet est ensuite méthodiquement ficelé et enfermé pendant quelques jours dans un séchoir à température moyenne. Les rôles ordinaires, plus gros, semblables à de petits cordages et additionnés de feuilles de Virginie, sont tournés de la même manière, seulement avec plus d'activité, à l'aide d'un rouet mécanique obéissant à la vapeur.

La manufacture est toujours en mouvement, et les 1,611 ouvriers qu'elle occupe ne chôment guère ; en 1868, elle a produit 2,681,497 kilogrammes de scaferlati, 1,941,059 de râpé et 241,625 de rôles. A cette fabrication il faut ajouter 43,443,700 cigares à 15, 10 et à 5 centimes, dont les premiers sont composés de

Brésil, de Mexique, de Havane et de France, et dont les derniers, enveloppés de feuilles de Kentucky, contiennent du tabac indigène mêlé à du tabac de Hongrie [1]. Pour donner un goût uniforme à ces feuilles de provenances diverses, on les réunit et on les place pendant vingt-quatre heures dans des cages à claire-voie, où elles plongent complétement au milieu d'un liquide coloré par une forte proportion de jus de tabac en suspension ; puis elles sont soumises à la presse hydraulique et obtiennent ainsi une saveur qui semble être produite par une seule et même essence de tabac. Les cigares à 5 centimes, ceux que la malice populaire, jouant sur les pompeuses dénominations espagnoles données aux cigares de la Havane, appelle volontiers des *soutellas* et des *infectados*, paraissent fort recherchés par la population, car, en 1868, la France en a fumé 667,872,775.

On fait aussi des cigarettes au Gros-Caillou, mais en petite quantité et de qualité médiocre. Il y a en Allemagne de simples épiciers qui excellent à ce genre de fabrication, où jusqu'à présent nous n'avons point réussi. Le papier qu'on emploie ici est trop cotonneux, le tabac se désagrége immédiatement et par grumeaux, la colle est trop brutalement étalée, l'ensemble est défectueux et ne donne pas de bons résultats. C'est une étude à faire, car, sous ce rapport, notre infériorité est peu discutable. Les Russes ont importé à Paris l'habitude du tabac turc ; il a fallu pouvoir les satisfaire, et on a autorisé un Arménien à fabriquer des cigarettes spéciales ; mais il ne peut les confectionner que dans l'enceinte de la manufacture, où on lui a réservé un

---

[1] Cigares à 10 centimes : Brésil, Mexique, 60 ; Havane, 20 ; Gironde, Dordogne, 20. — Cigares à 5 centimes : Kentucky, 50 ; Hongrie, 12 ; Pas-de-Calais, 3 ; Lot-et-Garonne, 10 ; Bas-Rhin, Haute-Saône, 3 ; Meurthe, Moselle, Savoie, 10 ; Gironde, Dordogne, 20 ; Algérie, 1.

atelier sous les combles. Trois ouvriers grecs, qui vous disent *kaliméra* lorsque l'on entre, coupent les feuilles à l'aide d'un hachoir primitif manœuvré à la main ; ainsi taillé et presque humide encore, le tabac est confié à des ouvriers qui l'enferment dans de minces feuilles de papier et le roulent pour lui donner la forme consacrée. La consommation de ce genre de cigarettes tend à prendre des proportions considérables, grâce à la sottise des femmes, j'entends celles qui ont quelque prétention à être honnêtes. Pour mieux ressembler aux filles dont elles envient le luxe, elles fument, et trouvent ainsi le moyen de réunir les mauvaises habitudes des deux sexes.

III. — LES CIGARES.

Manufacture de Reuilly. — Millares. — Disette. — Tabacs de la Havane. — Betun. — Époulardage. — La robe. — La tripe. — Température factice. — Fabrication du cigare. — Silence. — Examen. — Séchoir. — *Claros* et *colorados*. — Bois de cèdre. — Cigares de grands crus. — Ancien système d'approvisionnement. — Système actuel. — Mission à Cuba. — Bureau du Grand-Hôtel. — Expertise et dégustation. — Contrebande. — Stage. — Tabac de Virginie en Angleterre. — Contrefaçon. — Caisses de secours, crèches et classes.

Au Gros-Caillou on ne fabrique à peu près que des cigares communs ; les cigares de choix, faits en pur tabac de la Havane, sont réservés exclusivement à la manufacture de Reuilly, qui jadis était située hors barrière, mais que l'annexion de la banlieue a fait entrer dans l'enceinte de Paris. De grands arbres, de vastes terrains verdoyants l'entourent et lui donnent l'aspect joyeux d'une usine de campagne. Elle est de création récente et ne date que de 1857. A cette époque, la consommation des *millares* (cigares à 15 centimes) avait pris des proportions telles, qu'il n'était presque plus possible de répondre aux demandes et que les négociants de la Havane, voyant notre embarras, menaçaient d'augmenter leurs prix. On eut l'idée alors d'acheter des tabacs en feuilles dans les meilleures *végas* (plantations) de Cuba, de les expédier à Paris et de les confectionner en cigares. Une mission confiée à M. Rey, ingénieur des tabacs, réussit parfaitement; on établit la manufacture de Reuilly, on forma des ouvrières, et les résultats qu'on a obtenus prouvent que nous pouvons lutter sans trop de désavantage contre la fabrication exotique. C'est là un point capital qui permet de livrer au public des cigares accessibles à bien des bourses et d'en retirer un bénéfice sérieux.

Ce premier succès a été un encouragement dont on a profité, et Reuilly produit maintenant des cigares de luxe, tels que *londres, trabucos, regalias de la reina*, depuis 25 jusqu'à 50 centimes, qui, sans tromper les vrais connaisseurs, parviennent du moins à les satisfaire. La manufacture emploie aujourd'hui 1,002 personnes, dont 939 femmes. Si les ouvriers ne lui manquaient pas, elle pourrait s'étendre sur les terrains voisins qui lui appartiennent et doubler sa manutention, ce qui permettrait de garder les cigares en magasin jusqu'à ce qu'ils aient atteint le degré de maturité parfaite. Chaque année 5,000 balles, renfermant environ 240,000 kilogrammes de tabac récolté dans les végas *légitimes*, c'est-à-dire célèbres de l'île de Cuba, arrivent à Reuilly et sont précieusement conservées dans de vastes caves peu éclairées et de température toujours égale. Lorsque l'on a décousu l'enveloppe en forte toile, on en trouve une seconde formée des larges et résistantes feuilles arrachées au palmier royal (*oreodoxa regia*) ; cette dernière renferme les manoques de tabac liées au sommet et composant une *poupée*. Ces poupées sont, malgré le long voyage qu'elles ont accompli, encore imprégnées d'une certaine humidité, reste de la fermentation préalable qu'elles ont subie après avoir été rassemblées et empaquetées.

Pour obtenir cette fermentation, qu'ils considèrent comme indispensable à la bonne santé future du tabac, les planteurs jettent, dans une tonne pleine d'eau, tous les détritus de feuilles, les côtes, les résidus du balayage des ateliers qu'ils peuvent réunir. Au bout de huit jours de macération, ce liquide, qu'on nomme *betun* [1], dégage une insupportable odeur d'urate d'ammoniaque On en asperge les feuilles préalablement isolées et étendues ; puis on confectionne les poupées et ensuite les *tercios* ou balles qui, la fièvre du ferment étant passée, exhalent, lorsqu'on les ouvre à Paris, un parfum tiède et légèrement vineux. Les manoques sont enlevées avec précaution, dénouées, secouées, trempées dans de l'eau pure et égouttées.

Lorsque les feuilles sont redevenues flexibles, on les fait parvenir à l'atelier d'*époulardage*, où de vieilles ouvrières, choisies parmi les plus habiles, sont chargées de les déployer complétement, de les examiner, de les écôter et de les classer selon la finesse, la couleur, la conservation du tissu. Ce sont ces femmes qui, en vertu d'une expérience lentement acquise, décident si telle portion de tabac doit se trouver à l'intérieur ou à l'extérieur du cigare, et, de plus, à quel genre de fabrication il convient de réserver telle ou telle feuille. Silencieuses et courbées au-dessus des mannes, elles étudient par l'odorat, la vue et le toucher chaque feuille séparément, avec la minutieuse attention d'un changeur appréciant une pièce de monnaie douteuse. Les fragments de choix, ceux qui n'offrent ni épiderme trop dur, ni

---

[1] Ce n'est pas, comme on pourrait le croire, une corruption du vieux mot *petun*, qui est encore resté dans le bas-breton sous forme de *butun*, et dans le turc sous celle de *tutun*; *betun* signifie cirage et prouve quelle est l'apparence du liquide employé pour provoquer la fermentation.

nervures trop saillantes, ni déchirures, qui, en un mot, sont exempts de toute avarie, sont roulés ensemble les uns par-dessus les autres, à l'aide d'une machine composée de deux rouleaux mis en mouvement par un drap sans fin qui, saisissant la feuille, la fixe à un mandrin de bois. Ce mandrin, semblable à un gros bâton de sucre de pomme, conserve ainsi les feuilles réservées à la *robe* des cigares; mais la préparation de la *tripe* présentait une difficulté qu'il a fallu résoudre.

Il n'est pas douteux que le climat de la Havane, à la fois chaud et humide, n'ait une influence considérable sur le tabac et ne lui communique des qualités particulières. On a donc cherché à placer les feuilles destinées aux intérieurs de cigares dans un milieu analogue, autant que possible, à celui qu'elles auraient eu à Cuba. On les enferme dans une salle où elles sont disposées dans des armoires; chaque tas séparé, posé sur un tiroir à claire-voie, est muni d'un thermomètre. La température est invariablement fixée de 25 à 30 degrés; de plus, un jet de vapeur, qu'on modère à volonté, donne la quantité précise d'humidité nécessaire. Il faut une lampe pour se diriger dans cette chambre, tant l'obscurité y est profonde, car on a reconnu que la lumière du jour était nuisible au tabac, et que celle du soleil lui était mortelle. Quand cette sorte de fermentation havanaise est accomplie, les feuilles sont séchées et livrées, selon les besoins du service, aux ateliers de consommation.

Lorsque l'on entre dans ces derniers, deux cents femmes tournent la tête, chuchotent, et, sous le regard du contre-maître, se remettent vite à la besogne. Chaque ouvrière a devant elle un rouleau, des débris de tabac, un petit pot de colle, un tranchet en forme de roue et une plaque de zinc trouée dont l'ouverture représente la forme exacte que le cigare doit avoir; ce dernier outil s'appelle le calibre ou le gabarit. L'ouvrière choisit les morceaux de tabac qui doivent former l'intérieur (la *tripe*), les assemble sur une planchette en caoutchouc vulcanisé, les étire, les dispose de façon qu'ils n'offrent aucun pli, aucun point saillant ; d'un seul coup de la paume de la main, à la fois rapide et précis, elle les roule dans une feuille d'assez bonne apparence qui est la *souscape ;* c'est déjà presque un cigare, mais un cigare écorché auquel il manque l'épiderme. Une des feuilles de première qualité est alors enlevée au rouleau préparé à l'atelier d'*époulardage*, et, par deux coups de tranchet, taillée en lanières larges de quatre à cinq centimètres : c'est la *robe*; on en revêt avec mille précautions la tripe et la souscape, et l'on colle légèrement l'extrémité afin que le cigare, parfaitement maintenu et emprisonné, offre assez de résistance pour ne point se dérouler ; puis, à l'aide d'un instrument fort ingénieux, qui donne à tous les cigares d'une même espèce une longueur égale, on coupe le bout, et l'opération est finie.

Une bonne ouvrière, ne perdant point de temps et travaillant dix heures, peut faire de 90 à 150 cigares de choix dans sa journée ; à la manufacture du Gros-Caillou, on en obtient facilement 300 à cinq centimes dans le même laps de temps. La fabrication dont j'ai succinctement raconté les différentes phases est réservée aux cigares de luxe (*londres*, *trabucos*, etc.). Pour les *millares*, on prend autant de soin, mais on va plus vite, grâce à un moule en bois dans lequel on forme la partie interne et la souscape qu'on n'a plus alors qu'à rouler dans la robe. Comme les ouvrières travaillent à l'entreprise, on peut croire qu'elles se hâtent ; elles sont bien payées, mais je doute qu'elles soient heureuses, car le silence est de rigueur dans les ateliers. Que l'administration soit parvenue à faire fabriquer des cigares qui font concurrence à ceux de la Havane, c'est fort beau; mais qu'elle ait pu réussir à empêcher deux ou trois cents femmes réunies de parler, c'est miraculeux. Aussi elles se dédommagent lorsque la cloche annonce enfin l'heure de la sortie, et l'on peut croire que ce quartier lointain, si calme d'habitude, a là un moment d'animation sans pareille.

Les cigares, avant d'être soumis à la dessiccation, sont examinés un à un : au calibre, pour voir s'ils ont les dimensions prescrites ; au toucher, pour s'assurer qu'ils sont bien faits ; à la balance, par masse de 250, pour reconnaître s'ils renferment la quantité de matières indiquée. Ensuite, on les enferme dans le séchoir semi-obscur où ils doivent, perdant peu à peu l'humidité qui les avait pénétrés, arriver progressivement à un état qui les rende propres à la consommation. Ils restent là six mois environ ; ce stage durerait une année, qu'il n'en vaudrait que mieux, et le public n'aurait pas à s'en plaindre.

Lorsqu'ils sortent du séchoir, ils sont triés, divisés selon la nuance de la robe en *claros* et en *colorados*, puis attachés en paquets séparés, mis en boîtes fermées, scellées, étiquetées et livrées aux entrepôts où les débitants iront les acheter. Les *millares* seuls sont séchés et gardés à la manufacture de Reuilly ; les cigares de luxe sont expédiés au Gros-Caillou dans des boîtes de cèdre. Une scierie mécanique coupe en lames minces les troncs odorants apportés des Antilles et de l'Amérique du Sud. Le parfum en est doux, et l'on a cru reconnaître qu'il n'était pas sans influence sur les cigares.

Malgré l'habileté de nos ouvrières, malgré les tabacs achetés à Cuba, nos manufactures ne peuvent fournir ces cigares de grands crus qu'on ne trouve qu'à la Havane. Autrefois l'administration s'arrangeait avec le commerce libre. On choisissait un type de forme et de saveur, puis l'on passait un contrat avec des négociants qui, à leurs risques et périls, devaient faire venir la quantité de cigares demandée, semblables au modèle et en état de conservation parfaite. Malgré toutes les précautions prises, on était trompé bien souvent ; les rebuts étaient nombreux, et les prix de revient allaient sans cesse en augmentant ; un tel état de choses devenait compromettant et il fallut se résoudre à y mettre fin. Le Directeur général n'hésita pas : voyant d'une part les demandes incessantes de cigares exceptionnels dont il était assailli, de l'autre la fraude qui chaque jour gagnait du terrain et menaçait de le déborder, sentant en outre qu'un monopole, pour être respecté, doit offrir des produits variés et d'une qualité absolument supérieure, il proposa au ministère des finances d'installer à Cuba une mission composée d'hommes spéciaux qui seraient chargés d'acheter, pour le compte de l'administration, les meilleurs cigares de la fabrication havanaise. L'affaire était scabreuse et exigeait non-seulement une connaissance approfondie de la matière, mais une probité à toute épreuve, puisque ce genre de négociations allait entraîner chaque année un roulement de plusieurs millions de francs. Le ministre hésitait. — Quels agents assez sûrs me donnerez-vous pour manier de pareilles sommes et rester insensibles à la tentation ? — Des ingénieurs sortant de l'École polytechnique. — Le ministre s'inclina. — Avec ceux-là il n'y a rien à craindre, — et il signa l'ordonnance.

Le commerce se plaignit[1], on n'en tint compte ; la mission partit, s'organisa à demeure et fit les envois qui ont motivé l'ouverture du bureau du Grand-Hôtel (août 1862). Deux chiffres constatent l'importance du résultat obtenu : En 1861, la vente des cigares dits extra s'éle-

---

[1] Le mécontentement éprouvé par le commerce n'a point pris fin. La rancune persiste, et elle se fait jour de temps en temps par des brochures pleines de critiques acerbes et injustes dirigées contre *l'administration des tabacs*. Comme l'on en connaît l'origine intéressée, on n'y prête guère attention.

vait par an à 7,495,000 francs ; en 1868, elle arrive à 14,6 4,000 francs ; les deux boutiques spéciales de Paris ont, en 1868, vendu à elles seules pour 2,700,044 fr. 95 cent. de cigares. Le débit du boulevard de la Madeleine ne suffit pas aux demandes, la vente augmente tous les jours, et le local où il est installé est devenu si manifestement trop étroit, qu'il faut le changer ou l'agrandir au plus vite. Les cigares achetés tout faits à la Havane et provenant exclusivement des végas de la *vuelta de abajo*, qui est aux tabacs ce que la terre du Clos-Vougeot est aux raisins, sont expédiés directement à la manufacture du Gros-Caillou pour y être conservés jusqu'au moment de la vente, et aussi pour y être dégustés. Cette opération peut sembler étrange à première vue, mais elle est rationnelle. En effet, pendant la traversée, quoique ces cigares soient enfermés dans des boîtes séparées contenues toutes dans une caisse de zinc revêtue d'un coffre en bois, quelques avaries ont pu les atteindre, et ils ne sont plus alors dans les conditions normales que représentait le prix d'achat. Le public n'y trouverait pas son compte et serait en droit de se plaindre.

Toute partie de cigares de la même provenance et de la même espèce est déballée et répandue sur une grande table. Trois ingénieurs, dont l'un porte le titre de directeur de l'expertise, après les avoir examinés au point de vue de l'apparence et de la conservation extérieure, en prennent une vingtaine au hasard et les fument. Ils les fument non pour eux, mais pour les consommateurs, objectivement, comme on dirait en Allemagne. Ce travail doit s'accomplir sur les 350 espèces de cigares, gros ou petits, forts ou faibles, depuis les *damas*, qu'on sent à peine, jusqu'aux *vegueros*, qui emportent la bouche, chaque jour et sans désemparer : c'est à dégoûter du tabac pour la vie entière. On arrive, il paraît, à une telle délicatesse d'organe, qu'on peut re-

connaître non-seulement le cru d'un cigare, l'origine de
la fabrication, mais encore, — c'est à en douter, — si
la feuille a été cueillie au commencement ou à la fin de
la récolte. Ce travail, c'en est un et des plus pénibles,
s'accomplit au dernier étage de la manufacture, dans
une immense salle où de larges fenêtres versent l'air et
emportent les nuages de fumée.

Lorsque les experts ont reconnu qu'une sorte de cigares avait perdu pendant le voyage quelque finesse de saveur, ils en baissent le prix; si l'altération est trop grave, ils les font réexpédier à l'étranger pour être vendus au profit de qui de droit; il est juste de dire que les précautions prises par l'administration sont souvent vaines et que ces cigares refusés sont rentrés en France par contrebande, apportés à Paris et offerts pour des prix exorbitants, à des consommateurs naïfs qui les fument avec délices et disent : Si au moins la régie nous vendait de pareils cigares!

Quant à ceux qui arrivent intacts sous tous les rapports, ils sont enfermés dans des armoires construites le long de chambres obscures à doubles cloisons, à double plafond, à double plancher, où ils restent dix-huit mois ou deux ans, au milieu d'une atmosphère qu'on rend facticement, comme à la manufacture de Reuilly, aussi semblable que possible à la température de Cuba. Grâce à ce service si parfaitement organisé et dont les différents détails sont entourés à la Havane et à Paris de précautions sans nombre, les cigares de luxe sont en France supérieurs comme qualité et comme bon marché à tout ce que l'on fume en Angleterre et en Allemagne, où cependant ce genre de commerce est libre; mais cette liberté amène des fraudes multiples, fraudes telles qu'un négociant anglais donne du tabac de Virginie à trois shillings la livre, lorsque la livre du tabac de Virginie est frappée d'un droit d'entrée de trois shillings. On peut imaginer, d'après cela, quelles herbes cueillies au hasard, détrempées dans une décoction de nicotine, on livre au public sous le nom de tabac.

Chez nous du moins il n'y a jamais rien de semblable à redouter, et les produits, quels qu'en soient les éléments et l'origine, sont toujours purs et d'une sincérité irréprochable. Aussi la réputation des manufactures françaises est établie; malheureusement nos marques sont imitées partout. Il y a telle ville d'outre-Rhin qui a des fabriques de scaferlati et de râpé français. Cette imitation, souvent grossière et à peine déguisée, tend à s'accroître; les expositions universelles, en constatant la supériorité de notre fabrication, ont donné à la contrefaçon une impulsion que les marchands étrangers ne songent guère à modérer, car elle leur procure d'énormes bénéfices. Ne pourrait-on porter remède à cet abus déplorable et même un peu compromettant pour nous, en établissant dans les grands centres de consommation extérieurs, Berlin, Vienne, Saint-Pétersbourg, Baden-Baden, Hombourg, Florence, des dépôts réguliers, constatés, où l'on serait certain de trouver nos tabacs, que l'on remplace, au grand détriment des consommateurs et de notre réputation, par des produits sans valeur et sans bonne foi?

Cette probité imperturbable, cette envie de bien faire qui dans les choses matérielles distingue la direction générale, se retrouvent aussi dans la partie morale de son œuvre. Loin de considérer les ouvriers comme des machines intelligentes qu'on paye en raison du travail accompli et envers qui l'on se trouve quitte, les employés supérieurs ont fait les plus louables efforts pour amener le nombreux personnel dont ils sont responsables aux idées d'association, aux sociétés de secours mutuels, aux caisses de retraite. Dans cette voie où la seule force du raisonnement est mise en action, les progrès s'effectuent avec lenteur, mais la marche est constante. L'administration du reste ne s'épargne pas. Chaque jour un médecin fait la visite gratuite des malades, qui au besoin reçoivent les médicaments ordonnés; de plus, à côté de crèches installées pour les enfants des ouvriers, on a établi des classes d'adultes, où ces ingénieurs, ces savants sortis aux premiers rangs de la plus célèbre école du monde ne dédaignent pas de donner sur toutes choses des notions élémentaires et pratiques aux humbles travailleurs dont la direction leur est confiée.

IV. — LA NICOTINE.

Piquette et grand vin. — Droits de douane. — Consommation. — Ce que les tabacs ont rapporté depuis 1811. — Elément scientifique ; élément fiscal. — Modification à opérer. — Ministère de l'agriculture et du commerce. — La poule aux œufs d'or. — Desiderata. — Adversaires du tabac. — Menaces et prédictions. — Opinion de Pauli. — Souvenir judiciaire. — La nicotine. — Proportions. — L'aliénation mentale et le tabac. — L'alcoolisme. — L'absinthe. — La marine. — Matelots bretons. — Ouvriers des manufactures de tabacs. — Conjonctivite. — Café noir. — La boîte de Pandore.

Il y a autant de différence entre les tabacs qu'entre les vins, et le caporal de cantine vendu 1 franc 50 centimes le kilogramme peut être comparé au vin de Suresnes, comme certains cigares de la Havane, qui coûtent 355 francs le kilogramme, sont naturellement assimilés aux grands vins produits par la Bourgogne et la terre de Médoc. Si le monopole a pour but d'enrichir l'État, il a pour devoir de satisfaire le public, et c'est ce qu'il essaye de faire depuis sept ou huit ans avec une persévérance à la fois digne d'éloges et très-habile. Il est en effet de son intérêt de se placer si bien au-dessus de toute concurrence, que celle-ci ne soit plus possible.

L'introduction des tabacs n'étant point interdite en France et tout le monde pouvant en faire venir à la condition d'acquitter un droit de 36 francs par kilogramme de cigares et de 10 francs par kilogramme de tabac fabriqué, la direction verrait diminuer promptement le débit des cigares de luxe si les siens n'étaient supérieurs à tous ceux qu'on peut se procurer, même en s'adressant aux producteurs de la Havane.

Quant aux cigares sortis de nos manufactures, s'ils ne sont point irréprochables, ils offrent du moins des qualités qui paraissent appréciées, car la consommation en a augmenté d'une façon prodigieuse : un peu plus de 200 millions en 1852 ; 738,276,448 en 1868. C'est pour l'État un bénéfice très-régulier. En effet, l'impôt qui frappe les tabacs est un impôt absolument volontaire, qui n'atteint aucune denrée de nécessité indispensable. C'est là le caractère particulier et excellent de cette taxe. Il suffit de voir ce que le monopole a produit depuis qu'il existe chez nous pour en comprendre immédiatement l'utilité. Depuis le 1er juillet 1811 jusqu'au 31 décembre 1868, les recettes générales de l'exploitation ont été de 6,657,887,652 francs et les dépenses de 2,042,933,461 francs. Bénéfice net, plus de quatre milliards et demi. Cela vaut la peine qu'on alimente avec soin une si bonne vache à lait.

Ces bénéfices déjà si importants, et qui sont, lorsqu'on les examine de près, un allégement notable pour la nation, sont-ils encore susceptibles d'une augmentation qui, en se produisant, permettrait peut-être de diminuer d'autres charges? Sans aucun doute; mais pour obtenir ce résultat, convient-il, comme on l'a fort imprudemment demandé, de supprimer une seconde fois la direction générale? Nullement. Ce serait une singulière anomalie de subordonner une exploitation purement technique à une administration exclusivement fiscale. Si l'on veut modifier la situation actuelle de ce service, il y a mieux à faire que de le décapiter de nouveau et de tourner toujours dans le même cercle. Le caractère dominant, pour ne pas dire absolu, du monopole est industriel; de plus, il se rattache au commerce par des achats directs de matières premières dont la valeur dépasse annuellement 42 millions de francs, à l'agriculture par la surveillance de plantations qui produisent, chaque année, 22 millions de kilogrammes de tabacs indigènes. La vraie place de la direction des tabacs nous semble devoir être au ministère de l'agriculture et du commerce, auquel elle appartient de droit par la nature de ses attributions. Si c'est en raison de l'impôt dont ils sont l'objet qu'on maintient les tabacs au ministère des finances, pourquoi les canaux n'iraient-ils pas les rejoindre, puisqu'on y acquitte un droit de parcours; les chemins de fer, puisqu'ils sont atteints par l'impôt du dixième, et les lycées, les facultés, les écoles militaires, puisque les élèves y versent une somme qui rentre au trésor public! La situation, telle qu'elle est déterminée aujourd'hui, est irrégulière, et, de plus, elle n'est pas sans quelque danger.

Bien souvent, en effet, l'esprit inventif des ingénieurs vient se briser contre les réserves exagérées de l'esprit fiscal. Les employés supérieurs des finances sont à coup sûr des hommes éminents, mais ils manquent pour la plupart des connaissances techniques qui sont indispensables pour diriger, même de très-haut et d'un peu loin, une industrie qui donne 200 millions de bénéfice par an. Ils semblent ne pas comprendre suffisamment que des sacrifices momentanés sont parfois nécessaires et produisent dans l'avenir des résultats excellents. Toute dépense qui a pour but une amélioration dans la mécanique, dans la main-d'œuvre, dans l'aménagement, dans la matière première, est une plus-value au bout de très-peu de temps. Les preuves abondent. Le torréfacteur Rolland solde son prix, de lui-même, en moins d'une année, par l'économie qu'il apporte dans la manutention. Le râpage à bras coûtait 12 francs 50 centimes par 100 kilogrammes; certes, les moulins qui l'ont remplacé ont dû être payés fort cher, mais ils ont produit dix fois la valeur qu'ils représentent, puisque pour 50 centimes ils pulvérisent la même quantité de tabac. De tout il en est ainsi : les achats par larges masses, l'agrandissement des manufactures, l'augmentation du personnel ouvrier, permettront de donner au public des produits qui, étant plus soignés, seront mieux accueillis, et par conséquent apporteront chaque année quelques millions de plus à notre budget.

Il est à regretter qu'en 1860, lorsqu'on a rétabli la direction, on ne l'ait pas du même coup placée dans les conditions normales où elle devrait être pour échapper à certains malaises qui l'atteignent et acquérir le développement qu'elle comporte. La consommation augmente d'elle-même dans des proportions dont il faut tenir compte; elle ne pourrait que s'accroître encore si le soin de la satisfaire était remis à un ministre que ses fonctions rompent forcément à toutes les difficultés, à toutes les ressources, à toutes les exigences de l'industrie, de l'agriculture et du commerce.

Les chiffres que nous avons cités dans le courant de cette étude prouvent que le tabac a de nombreux amateurs, mais en revanche il a des adversaires déclarés qui lui font une guerre à outrance. Bien des médecins, qui ne partagent pas l'opinion de Sganarelle, entreprennent de temps en temps des croisades en règle et nous prédisent que si nous continuons à fumer, nous tomberons inévitablement « dans la bradypepsie, de la bradypepsie dans la dyspepsie, de la dyspepsie dans l'apepsie, de l'apepsie dans la lienterie, de la lienterie dans la dyssenterie, de la dyssenterie dans l'hydropisie et de l'hydropisie dans la privation de la vie, où nous aura conduit notre folie! » Le diable n'est peut-être pas aussi noir qu'il en a l'air.

L'habitude du tabac est inutile, souvent désagréable, il vaut mieux ne pas l'avoir; mais entre cela et les conséquences qu'on veut en tirer il y a loin. L'abus, de sa nature, est pernicieux en cette matière, comme en toute autre; il y a longtemps qu'une vieille chanson a dit : « L'excès en tout est un défaut. » Il est certain que, si l'on fume incessamment dans des pipes de terre sales et trop courtes, on peut être attaqué par de petits cancers à la langue, mais c'est à peu près à ce seul effet que se bornent les constatations de la science dénuées d'hypothèses. Sans partager l'opinion de Pauli, le docteur italien, qui disait sérieusement que le crâne des fumeurs devient noir, il est facile encore aujourd'hui de soutenir que le tabac est mortel. C'est un thème comme un autre, et on peut acquérir quelque importance en s'en faisant l'auteur; mais il ne faut pas pousser les choses à l'extrême, sous peine de n'être pas écouté. Un procès criminel, qui eut un grand retentissement en 1851, attira tout à coup l'attention du public sur la nicotine, alcali organique composé de carbone, d'hydrogène et d'azote, découvert en 1829 par Reimann et Posselt, et qui est un poison des plus violents. Or, nul ne l'ignore, la nicotine est fournie par les feuilles de tabac. Rien ne serait plus aisé que d'établir une proportion qui, sous une apparence de réalité, cacherait une conclusion fausse.

Il est positif qu'un cigare, un *londres* par exemple, contient une quantité de nicotine qui, extraite et traitée chimiquement, peut produire la mort d'un homme. On pourrait donc dire : tout homme qui fume un cigare risque d'être empoisonné et de passer de vie à trépas ; mais on peut affirmer aussi qu'une livre d'amandes renferme assez d'acide prussique pour foudroyer un colosse. C'est là une démonstration, par l'absurde, de l'innocuité du tabac que nous consommons. Tout autre chose est d'avaler un corps pur, chimiquement isolé, ou de l'absorber mêlé à des matières étrangères qui lui enlèvent toute propriété malfaisante. Le tabac fabriqué n'est plus ce qu'il est à l'état de nature. 300 kilogrammes de tabac destinés au scaferlati, au râpé, aux cigares communs arrivant des magasins à la manufacture du Gros-Caillou, contiennent 12 kilogr. 25 grammes de nicotine ; lorsqu'ils en sortent, ils n'en ont plus que 5 kilogr. 25 grammes. La manufacture du quai d'Orsay, par les lavages, la fermentation, l'évaporation des tabacs, par les réactions de toute sorte qu'elle leur impose, détruit chaque année 94,290 kilogrammes de nicotine, c'est-à-dire de quoi tuer instantanément la population entière de la France. La nicotine, dont on n'a pu débarrasser le tabac et qui reste forcément dans les produits livrés au commerce, entre-t-elle dans l'économie animale ? Pour une si petite quantité qu'il est superflu d'en parler. Les fumeurs la brûlent, les priseurs la mouchent, les autres la crachent et personne n'en meurt.

A en croire un membre de l'Académie de médecine qui a écrit sur ce sujet un fort curieux opuscule, l'aliénation mentale a fait en France des progrès directement en rapport avec ceux de la consommation du tabac. Dans une table dressée avec soin, on peut voir la progression : en 1838, la régie gagne 50 millions, 10,000 aliénés ; — en 1842, 80 millions, 15,000 aliénés ; — en 1852, 120 millions, 22,000 aliénés ; — en 1862, 180 millions, 44,000 aliénés. Un tel calcul, présenté avec habileté, n'est que spécieux. De ces chiffres, dont l'importance est douloureuse, il faut retrancher les femmes qui ne fument pas et dont les cas de folie donnent 47 p. 100 ; de plus, il faut admettre, car le fait est trop éclatant pour pouvoir être nié, que, depuis une vingtaine d'années, la France est envahie par une maladie dont la Suède, la Norvége et l'Angleterre semblaient avoir le triste privilége : je veux parler de l'alcoolisme, que notre armée d'Afrique nous a apporté avec l'absinthe.

Là, et non ailleurs, il faut chercher la vraie cause de l'accroissement des maladies mentales ; là est le réel poison, dans cette liqueur verte, violente, qui contient 72 degrés d'alcool, qui brûle, détruit, désagrège si bien l'organisme, que M. Renard, médecin militaire à Batna, a reconnu sur le crâne des buveurs d'absinthe des traces d'exfoliations et de dépressions transparentes ; c'est ce vert-de-gris fluide qui pousse aux méningites, à l'abrutissement, à la fureur maniaque, à toutes les altérations du cerveau, et non point le tabac, qui, après tout, et tel qu'on le prépare, n'est qu'un narcotique adouci, auquel on s'habitue facilement, dont l'usage modéré est sans péril et où l'on trouve l'adoucissement à bien des ennuis. Il appartient à la grande famille des solanées, des consolatrices. Pour se convaincre qu'il ne mérite point tant d'anathèmes et qu'il ne détruit ni la raison ni la santé, il suffit de voir ce qui se passe dans la marine et dans les manufactures de la régie.

Il est certain que le *rôle* est la forme de tabac qui introduit le plus de nicotine dans l'organisme, puisqu'il est mâché et qu'il pénètre ainsi dans les voies digestives. Les marins ont toujours du tabac à la bouche, car il leur est défendu de fumer dans les entre-ponts et pendant la durée du service. Le personnel de notre flotte est aujourd'hui environ de 50,000 hommes, qui offrent exactement, malgré les voyages et le séjour dans les pays tropicaux, la proportion normale pour les cas de folie. Il y a plus : notre littoral est divisé en cinq arrondissements ayant pour chefs-lieux Brest, Cherbourg, Rochefort, Lorient et Toulon. Or le premier donne un nombre d'aliénés égal à celui des quatre autres. Est-ce au tabac qu'il faut attribuer un résultat pareil? Non pas, mais aux boissons alcooliques dont les matelots bretons font une consommation que nulle société de tempérance ne parviendrait à modérer. Quant aux ouvriers des manufactures, à ceux qui vivent du matin au soir dans les émanations du tabac, qui plongent pour ainsi dire dans des vapeurs de nicotine, nulle maladie spéciale ne les atteint. Dans les cas d'épidémie, ils courent simplement les chances du quartier qu'ils habitent ; on a fait, à cet égard, pendant les dernières périodes du choléra, des expériences multipliées dont la conclusion est évidente. Les ouvriers et les ouvrières qui sont chargés de la fabrication des rôles filent le tabac humide, trempent leurs mains dans des baquets pleins de jus concentré et ne s'en portent pas plus mal. Parfois ils ont la peau des doigts légèrement excoriée par les sels de potasse, mais c'est là tout.

Il y a au Gros-Caillou un vieux bonhomme, entré en 1811 à la manufacture, et qui pose encore assez gaillardement sur le coin de l'oreille un bonnet de police, en souvenir des grenadiers de la garde impériale parmi lesquels il a servi. Il est employé à façonner des rôles en paquets ; il a les mains noires et pénétrées par l'humidité qui en découle. Il est sourd comme un dieu, mais le tabac n'y est pour rien, et ses quatre-vingts ans y sont pour beaucoup. Je lui ai crié quelques questions ; il y a répondu fort nettement et m'a affirmé qu'il n'avait jamais été malade. Les rapports des médecins attachés aux manufactures semblent cependant prouver qu'il y a une affection particulière dont les ouvriers en tabac souffrent souvent ; mais cette affection est accidentelle : c'est la conjonctivite. Une personne qui a les doigts imprégnés de tabac et qui se frotte l'œil enflamme la sclérotique et naturellement est atteinte d'une légère ophthalmie, qui dure un jour ou deux, et cède invariablement à l'usage des collyres les moins compliqués.

Du reste, il est un moyen bien simple de neutraliser l'effet du tabac, l'espèce d'engourdissement qu'il procure lorsqu'on en abuse, le malaise qu'il cause aux débutants maladroits : il suffit de boire une tasse de café noir. Le tannin, que le café renferme en quantité fort appréciable, est le contre-poison de la nicotine. Les directeurs de l'expertise, forcés de fumer outre mesure, lorsqu'ils ont le sens du goût émoussé par le nombre de cigares qu'ils ont dégustés, prennent du café et retrouvent immédiatement une sûreté d'appréciation qui leur permet de continuer efficacement leur travail. En cela, les Turcs sont nos maîtres ; ils ont trouvé du premier coup, et à leur insu, le moyen de fumer toujours avec plaisir et sans fatigue. Après chaque pipe, ils boivent une tasse de café, dont le marc sert plus tard à nettoyer le long tuyau de leurs chibouks.

Lorsque la nicotiane a été importée en France, on l'a considérée comme une sorte de panacée universelle, et les médecins voyaient en elle le remède à toutes nos misères ; aujourd'hui la boîte aux cigares est devenue la boîte de Pandore : tous les maux s'en échappent. La seconde opinion est presque aussi exagérée que la première ; mais comme nulle loi ne nous force à user du tabac ; que si l'habitude est mauvaise, nous ne la devons qu'à nous-mêmes, à qui seuls elle fait tort ; que l'État trouve dans cette industrie un bénéfice légitime et considérable ; que les produits qu'on nous vend tendent à devenir chaque jour meilleurs ; que la science n'a pas encore sérieusement constaté les prétendus dangers dont elle cherche à nous effrayer, il faut laisser parler en paix les docteurs moroses et attendre avec confiance qu'ils aient changé d'opinion.

Appendice. — Une loi du 21 décembre 1872 a prorogé le monopole des tabacs jusqu'au 1ᵉʳ janvier 1883. Les territoires cédés à l'Allemagne par le traité de Francfort produisaient annuellement 8,000,000 de kilogrammes de tabac en feuilles ; en outre, nous avons perdu 8,050,000 kilogrammes de tabac en feuilles et 3,150,000 kilogrammes de tabac en cours de fabrication à Metz et à Strasbourg. Si l'on ajoute à cela que l'interruption des communications a empêché l'arrivage de tabac de Hongrie, on comprendra que l'administration a eu bien des difficultés à vaincre pour assurer la marche de la fabrication, surtout celle des tabacs à fumer. La consommation des départements perdus a été, en 1869, de 1,855,000 kilogrammes, représentant une recette de 7,611,000 francs qui fait actuellement défaut à notre budget.

De nouvelles améliorations ont été apportées à l'outillage de nos manufactures et à la fabrication des tabacs. La *mouillade* à la main a été remplacée par un lavage mécanique fort simple qui permet d'agir sur la feuille d'une manière plus rapide et plus complète ; au paquetage du scaferlati que l'on faisait à l'aide d'une machine à levier très-pénible à manœuvrer, on a substitué un *paqueteur* hydraulique d'une action sûre et facile. Une loi du 4 septembre 1871 a autorisé la fabrication d'un scaferlati supérieur à 16 francs le kilogramme que nous demandions dès 1858 ; de nouveaux modules de cigares et de cigarettes ont été également admis, par des décrets du 11 juin 1872.

Le nombre des magasins de feuilles indigènes est de 25, celui des feuilles étrangères est de 4. Depuis la perte de Strasbourg et de Metz, nous n'avons plus que 16 manufactures ; le chiffre des entrepôts est de 555, celui des débits de 43,620. Les recettes totales de 1873 ont été de 291,977,000 francs et les dépenses de 53,860,000 francs. C'est donc un bénéfice net de 233,117,000 francs. Les 1,160 débits de Paris ont, pour leur part, opéré une vente équivalente à 45,478,000 francs. Le scaferlati supérieur ne paraît pas encore être entré dans les habitudes de la population, car en 1873 il n'en a été livré que 99,351 kilogrammes. La consommation des rôles diminue, 535,712 kilogrammes ont suffi. Les cigares bon marché, c'est-à-dire à 5 centimes, à 7 centimes et demi et 10 centimes, semblent toujours fort appréciés, car on en a fumé 771,753,600 en 1873. Les cigarettes prennent un accroissement considérable : jusqu'en 1872 la vente annuelle oscillait entre 5 et 8,000,000.

Depuis le décret du 11 juin 1872, les fumeurs ont favorablement accueilli les nouveaux modules, car en 1873 la vente s'est élevée à 228,045,000 cigarettes ; elle dépasse 400.000,000 en 1874.

La manufacture du Gros-Caillou est toujours en haleine et ses 1,303 ouvriers ont eu fort à faire pour subvenir aux besoins du public ; en 1873, ils ont fabriqué 2.576.700 kil. de scaferlati ; 1,731,500 kil. de râpé ; 230,000 kil. de rôles ; 31,563,000 cigares et 159,718,000 cigarettes. L'importation des cigares tirés directement de la Havane tend à devenir de plus en plus onéreuse. Cuba augmente ses prix chaque année et l'administration est forcée de faire supporter au public le renchérissement qu'elle subit elle-même ; cet état de choses n'est pas près de prendre fin, car le monde entier veut fumer des cigares provenant de la Havane et, comme la consommation est supérieure à la production, celle-ci hausse incessamment ses prix : les deux débits spéciaux où l'on peut, à Paris, se procurer des cigares de choix exceptionnel, ont en 1873 vendu pour 2.302,309 francs de produits. Du 1ᵉʳ janvier 1811 au 1ᵉʳ janvier 1871, l'administration des Tabacs a encaissé 7,137,855,271 francs et en a dépensé 2,145 403,013 ; elle a donc versé au Trésor une somme de 4,992,451,258 francs ; ainsi, en soixante-dix ans, le tabac a payé l'indemnité de cinq milliards que l'Allemagne a exigée de nous. De telles richesses obtenues par l'impôt le plus facultatif qui existe, ne désarment pas les adversaires du monopole qu'ils continuent à attaquer, sous toutes les formes, avec autant d'impuissance que d'acrimonie. La direction générale des manufactures de l'État n'en tient compte et redouble de persévérance pour satisfaire les goûts du public, ce qui est une tâche souvent difficile.

CHAPITRE X

LA MONNAIE

I. — LES POINÇONS.

Prérogative souveraine. — Rois faux-monnayeurs. — *La monnoye.* — L'hôtel du quai Conti. — L'âge du marteau. — Anciens procédés. — Aubin Olivier. — Marc Béchot. — Monnaie au moulin. — Résistance. — Gingembre. — Presse Ulhorn. — Ornements. — Premiers *testons*. — Édit du 8 août 1548, acte de naissance de la monnaie moderne. — Système décimal. — Monnaies actuelles. — *Frai.* — Alliage. — Titre. — Cour des monnaies. — Commission des monnaies et médailles. — Direction. — Hôtels des monnaies en France. — Signes particuliers. — Le *point secret.* — La marque. — Le *différent.* — Le graveur général. — Acier de monnaie. — Les poinçons. — La trempe. — Le coin. — Le paraphe. — Précautions. — Viroles. — Virole brisée. — Importance du graveur général. — Le type. — Monnaie historique.

Le monnayage est de prérogative souveraine. C'est en vertu de ce vieil axiome du droit coutumier, vrai encore aujourd'hui, que les communes, les villes, les seigneurs, faisaient battre monnaie autrefois, et c'est contre ce privilège dont chacun se montrait particulièrement jaloux que vint se briser l'excellente volonté de Philippe le Long, lorsque, vers 1321, il tenta d'établir dans son royaume l'unité des monnaies, des poids et des mesures, idée simple et pratique qui devait attendre la Révolution pour triompher théoriquement et s'imposer peu à peu à la nation tout entière. Bien des rois de France, pressés par des besoins urgents, ont altéré les monnaies, fixant d'une façon arbitraire le taux du marc d'or et du marc d'argent, et réalisant ainsi des bénéfices considérables au détriment de leurs sujets. Les premiers Valois ont emporté dans l'histoire le triste surnom de faux-monnayeurs, et les peuples leur ont souvent redemandé en vain « la forte monnoye du bon roy sainct Louys ». Soit qu'ils voulussent gagner sur la monnaie, soit qu'ils voulussent au contraire lui assurer un titre et un poids réguliers, les rois ont toujours eu intérêt à faire surveiller de près la fabrication des espèces métalliques; aussi tous les gouvernements l'ont-ils soumise à un contrôle très-étroit [1].

Dans les premiers temps de la monarchie, la *monnoye* se fabrique au palais même, et, pendant leurs voyages, les rois emmènent les monnayeurs avec eux. Plus tard, les ateliers furent situés au Marais, sur l'emplacement qu'occupe probablement aujourd'hui la rue Sainte-Croix-de-la-Bretonnerie; Henri II les fit installer au logis des Étuves, sorte de palais qu'il possédait dans la Cité sur les anciens jardins de Philippe le Bel, à l'endroit où s'étend de nos jours la place Dauphine; mais cet établissement fut dès 1585 presque exclusivement consacré aux médailles, et la monnaie du roi resta, jusqu'au siècle dernier, entre la rue de la Monnaie et la rue Thibautodé, non loin des greniers à sel.

---

[1] La monnaie n'a pas toujours été exclusivement en métal; dans les possessions portugaises d'Angola, on se servait, avant 1694, d'une monnaie de paille tressée à laquelle les habitants étaient si fort accoutumés, qu'ils se révoltèrent lorsqu'on leur imposa des pièces de bronze; en 1835, au Chili, dans la ville de Valdivia, on usait d'une monnaie composée de rondelles de cuir frappées d'une empreinte; aujourd'hui encore, la monnaie métallique est inconnue aux nègres du continent africain, qui la remplacent par les rassades et surtout par les *cauris* (*Cyprea moneta*).

Lorsque l'insuffisance de ces vieux bâtiments fut démontrée, on voulut construire un hôtel monumental des monnaies place Louis XV ; les travaux furent entrepris, et déjà 150,000 livres avaient été dépensées, lorsqu'on changea brusquement de projet et qu'on se résolut à élever le nouvel édifice au lieu et place de l'hôtel Conti, que la ville de Paris, autorisée par arrêt du conseil en date du 22 août 1750, avait acquis au prix de 160,000 livres pour y faire bâtir un hôtel de ville. L'abbé Terray posa, le 30 avril 1771, la première pierre du monument, qui, sous la direction d'Antoine, fut terminé en 1778. Il était alors à la fois harmonieux et grandiose, tel que nous le voyons aujourd'hui. Malgré toutes les constructions modernes, malgré les nouveaux palais, les nouvelles églises, les nouveaux théâtres, l'Hôtel des Monnaies reste encore, grâce à la pureté du profil, un des édifices les plus élégants de Paris [1].

Comme toutes les choses humaines où l'art n'est pas seul en jeu et dans lesquelles la science et l'industrie ont une part prépondérante, la fabrication des monnaies a éprouvé des modifications considérables. Elle a eu trois époques distinctes qu'on pourrait nommer l'âge du marteau, l'âge du balancier, l'âge de la presse. Le premier système, qui nous a été légué par l'antiquité, a été pratiqué seul jusqu'à Henri II, et n'a réellement pris fin que pendant les premières années du règne de Louis XIV ; le second a persisté jusque vers 1846 ; le dernier est seul employé depuis cette époque.

[1] Avant que Louis XV eût fait acheter l'hôtel du duc de Conti, nommé grand prieur du Temple, on avait pensé à construire un hôtel des monnaies en rapport avec Paris. Dès 1719 Law avait acquis des terrains à la porte Montmartre et au Roule ; plus tard, en 1720, il fut question d'établir quatre Monnaies : l'ancienne, améliorée, eût été consacrée aux espèces d'or ; celle du Roule eût été réservée aux espèces d'argent ; celle de la porte Montmartre aux pièces de deux sous six deniers ; enfin, la quatrième, qu'on devait bâtir à Chaillot, au bout du cours la Reine, n'aurait fabriqué que des douzains et des liards en cuivre rouge.

La fabrication au marteau était lente, défectueuse, et n'assurait à la pièce ni forme, ni dimension convenables. Lorsque l'ouvrier, ayant fait les alliages indiqués et liquéfié les métaux, avait obtenu sa fonte, il la *jetait en rayaux*, c'est-à-dire qu'il la coulait sur des tablettes de fer creusées de rainures où le métal refroidi prenait la forme d'une barre, qui était ensuite amincie et forgée sur l'enclume. Ces barres, après avoir subi l'*escopelage*, devenaient des carreaux à peu près régulièrement divisés. On les faisait recuire pour assouplir le métal, et les *tailleresses* leur donnaient à l'aide de cisailles une forme aussi arrondie que possible. Le carreau était devenu un *flan*. Soumis alors à diverses opérations qui avaient pour but de le niveler, de le régulariser, de le blanchir, et parvenu ainsi à l'état de perfection très-relative dont on se contentait alors, il était placé entre deux coins de fer portant chacun une intaille. Le coin inférieur était nommé *trousseau* et le coin supérieur *pile*; ces dénominations subsistent encore. Le monnayeur frappait à l'aide d'un marteau pesant trois livres un ou plusieurs coups jusqu'à ce que la pièce eût reçu l'empreinte; puis celle-ci était remise au juge-garde-des-monnaies, qui, vérifiant le poids, la faisait, selon qu'il la trouvait *droite* ou non, entrer en circulation ou jeter à la fonte.

Tout ce système fut renversé par l'invention simultanée du laminoir, du découpoir et du balancier. L'emploi de cet outillage devait donner à la fabrication une rapidité que la découverte de l'Amérique et l'importation de métaux précieux qui en résulta rendaient indispensable. En 1550, Aubin Olivier, qui avait créé le balancier, fut nommé par Henri II maître-ouvrier, garde et conducteur des engins de la *Monnoye des Étuves*, et l'on peut voir encore, soit au musée monétaire du quai Conti, soit au cabinet des médailles de la Bibliothèque impériale, quels types supérieurs on obtint immédiatement par le nouveau procédé et grâce aux admirables poinçons gravés par Marc Béchot.

Ce genre de fabrication était appelé la monnaie au moulin[1], parce que le laminoir, établi sur un bateau, était mis en mouvement par une roue hydraulique. Le coupoir, sorte d'emporte-pièce conduit par une vis, donnait aux flans une régularité parfaite, et les empreintes obtenues au balancier étaient irréprochables. Ces améliorations, qui, par la sûreté des moyens mis en œuvre, simplifiaient singulièrement le travail des ouvriers, ne faisaient point l'affaire des confréries de monnayeurs. Leur opposition devint si acharnée que dès 1585 la monnaie au moulin fut interdite; les Étuves furent exclusivement réservées pour le frappage des médailles. Cet état de choses regrettable se maintint pendant longtemps, car sous Louis XIII les pièces courantes étaient encore battues au marteau. Lentement et comme à regret, on revint à la fabrication inaugurée par Henri II : une déclaration royale en date du 30 mars 1640 ordonna de frapper la monnaie d'or au moulin; en 1644 cette mesure fut étendue aux espèces d'argent, et enfin en 1645 on interdit formellement la fabrication au marteau comme préjudiciable à la pureté des monnaies du roi. Dès lors le balancier devint le seul engin frappeur dont on se servit. Sous le règne de Napoléon Ier, il fut perfectionné par Gingembre, qui obtint même un prix de 25,000 francs en récompense des améliorations notables qu'il avait introduites dans la fabrication. Conservé aujourd'hui encore pour *la frappe* des médailles, le ba-

---

[1] Sur le plan dit de Ducerceaux et qui paraît remonter au règne de Charles IX, on voit *le moulin de la Monnoie;* il est situé sur le bras droit de la Seine, à la pointe de la Cité, en amont des deux îlots qui, réunis aujourd'hui, forment le terre-plein du Pont-Neuf. Le pont passe exactement sur l'emplacement autrefois occupé par le moulin de la Monnaie.

lancier a fait place depuis 1846 aux presses monétaires, employées pour la première fois, vers 1829, en Bavière par Ulhorn, à qui en est due l'invention, apportées en France par Thonnelier, qui leur a donné son nom, un peu comme Americo Vespucci a baptisé le monde découvert par Christophe Colomb. Ces presses, modifiées et rendues pratiques par l'ingénieur Houel, sont rapides et sûres ; nous les verrons fonctionner plus tard.

Pendant l'âge du marteau, après la chute de l'empire romain, on ne fabriqua guère que des pièces couvertes d'ornements plus ou moins bien agencés, pièces de tout module, de tout titre, presque de toutes formes, et qui circulaient sous toute espèce de noms, dérivés le plus souvent de l'empreinte spéciale dont elles étaient frappées : — agnelets, lorsqu'elles représentaient un agneau ; angelots, quand elles portaient la figure d'un ange ; écus, à cause du blason qui les revêtait ; liards, que Guigne-Liard, de Crémieu en Viennois, mit le premier en circulation vers 1430[1]. Les premiers *testons*, c'est-à-dire les premières monnaies à effigie, furent frappées sous Anne de Bretagne, Louis XII et François Ier ; mais l'usage de ces pièces n'entra définitivement dans les mœurs des souverains qu'avec Henri II, qui, par édit royal du 8 août 1548, ordonna que doré-

---

[1] Le nom des monnaies a varié à chaque règne, et presque à chaque émission. Les sols, du latin *solidus ;* les bezants, abréviation de monnaies byzantines ; les sols parisis faits à Paris, tournois faits à Tours, bourgeois faits à Bourges, poitevins faits à Poitiers ; les couronnes, les masses, les chaises représentant un trône ; les pavillons, les florins (Louis VI et Louis VII), à cause de la fleur de lis ; les francs à cheval, à cause de l'effigie équestre de Jean II ; les saluts, qui en légende portaient le mot *Ave ;* les nobles à la rose, souvenir laissé à la France par les rois d'Angleterre ; les écus au soleil, les moutons à la laine, les heaumes, écus à trois fleurs de lis, timbrés d'un casque ; les gros de Nesles, les agnels de Louis IX, ayant pour légende : *Agn : Di : qui : toll : pec : a mundi : miserere : no : (Agnus Dei qui tollis peccata mundi, miserere nobis).* L'énumération des monnaies de cuivre ne finirait pas. Qui ne se souvient des sous tapés, des six-blancs et des monnerons que les frères de ce nom avaient émis en 1791 et 1792 ?

navant la monnaie reproduirait le buste du roi. Ce fut aussi sous son règne que l'on inscrivit régulièrement le millésime au revers des pièces ; avant lui, il est très-rare de le rencontrer, et on ne le trouve guère que sur un écu d'or d'Anne de Bretagne (1493). C'est donc Henri II qui a créé la monnaie française : il lui donne le type, l'effigie, la date ; mais en cela il ne fait que suivre l'exemple que les princes italiens lui offraient depuis longtemps.

Ces améliorations excellentes rendaient notre monnaie plus belle, mais non plus régulière. Le titre, le poids, le diamètre, variaient perpétuellement. Quand on parlait de refondre les monnaies [1], tout le monde était pris d'inquiétude ; comme la valeur était plus nominale que réelle, on craignait d'avoir des pertes à supporter. Les parlements s'en mêlaient, et Louis XVI lui-même fut obligé de subir leurs remontrances, dont il ne tint du reste aucun compte. Pour cela, comme pour tant d'autres choses, les hommes de la Révolution tombèrent juste du premier coup en adoptant le système décimal, qui déjà depuis quelques années était admis dans les sciences exactes, et dont l'emploi, décrété le 1er août 1793, et réglé par les lois du 18 germinal an III et du 1er vendémiaire an IV, ne fut rendu obligatoire que quarante ans après par la loi du 4 juillet 1837, qui édictait des peines contre quiconque emploierait les termes usités autrefois. Ce qui n'empêche pas les marchandes d'œufs de crier encore dans nos rues : « Trois de six blancs, les rouges et les blancs ! » et les marchands de pommes

---

[1] « On démonétisait les espèces courantes ; on les refondait, ou, plus simplement, on les marquait d'un poinçon, on en accroissait la valeur et on les remettait en circulation. La différence entre leur ancien et leur nouveau cours devenait le gain de la couronne. On eut recours à cette ressource malhonnête et déplorable : 24 fois dans le quatorzième siècle, 9 fois dans le quinzième, 6 fois dans le seizième, 6 fois dans le dix-septième, 18 fois dans le dix-huitième. » (A. Moreau de Jonnès, *État économique de la France*, p. 594.)

de terre de chanter : « Au boisseau! au boisseau! »

Ce n'est donc pas immédiatement qu'on fit subir aux monnaies la réforme nécessaire ; les premières espèces dites constitutionnelles furent des écus, des demi-écus, des pièces de 30 et de 15 sous ; du reste, on ne fabriquait guère; les métaux précieux avaient disparu, les hôtels des monnaies étaient clos, le louis d'or de 24 livres valait 18,000 francs en assignats. Les décrets du 28 thermidor an III, du 28 vendémiaire an IV, déterminèrent la fabrication des pièces de 5 francs ; la loi du 7 germinal an XI, la fabrication des monnaies décimales d'or ou d'argent. Lentement, avec toute sorte de précautions que prescrivaient l'intérêt du commerce et le respect des habitudes prises, on démonétisa les écus de 6 livres, les pièces de 24, de 12, de 30, de 15 sous, qui circulaient encore librement il y a une trentaine d'années [1], et l'on arriva enfin à fixer normalement la monnaie ainsi qu'il suit : or, 100 francs, 50 francs, 20 francs, 10 francs, 5 francs ; argent, 5 francs, 2 francs, 1 franc, 50 centimes, 20 centimes ; bronze, 10 centimes, 5 centimes, 2 centimes, 1 centime. Ce système comprend toutes les monnaies décimales que peut fournir l'intervalle de 1 centime à 100 francs ; les coupures et les multiples du franc, unité de monnaie, sont respectivement au nombre de 6. De plus, chaque pièce a l'avantage de porter un nom qui indique la valeur exacte qu'elle représente. On est donc arrivé à une nomenclature précise, simple, commode à retenir, s'imposant d'elle-même et qui facilite singulièrement les transactions de la vie usuelle.

[1] En France, au commencement de ce siècle, on trouvait encore en circulation 60 espèces d'or et 90 espèces d'argent, de valeur différente, parmi lesquelles il faut indiquer l'écu de Navarre, dit *écu à la vache* parce que les armes étaient écartelées de Béarn, et l'écu de Flandre, qu'on appelait *carambole*. (Voy., pour plus de détails, Bonneville, *Traité des monnaies d'or et d'argent.*)

Il ne suffisait pas de fixer d'après le système décimal le poids et le diamètre des monnaies ; il fallait déterminer le titre, c'est-à-dire la quantité de métal précieux que chaque pièce doit contenir. En 1792, Clavière avait proposé de fabriquer les espèces en métal pur. On ne put s'arrêter à ce projet, qui dénotait plus de probité que de connaissances pratiques. Le métal, or, argent, cuivre, à l'état de pureté est d'abord assez difficile à obtenir en quantités importantes, et ne se prépare guère que dans les laboratoires ; mais il a en outre l'inconvénient de subir un *frai* considérable, c'est-à-dire de s'user très-vite. Pour garder fidèlement l'empreinte, pour ne pas être trop sensiblement altéré par une manipulation perpétuelle, le métal destiné aux monnaies a besoin d'être, pour ainsi dire, solidifié par un alliage : l'or et l'argent sont mêlés à du cuivre rouge ; le cuivre est additionné d'étain, de zinc et devient alors du bronze. Après de nombreuses expériences, on s'est arrêté à 900 millièmes de métal pur et à 100 millièmes d'alliage pour les monnaies d'or et les pièces de 5 francs en argent. Quant aux fractions de ces dernières, 2 francs, 1 franc, etc., elles sont à 835 millièmes. Cette dernière proportion est relativement récente, car le titre était égal dans le principe pour toute la monnaie *plate*. Elle a été commandée par notre intérêt même et pour ne pas voir toutes nos pièces divisionnaires d'argent accaparées par l'étranger, qui les refondait avec bénéfice ; elle pourrait avoir pour résultat prochain la démonétisation forcée de nos grosses pièces d'argent. Il est à désirer cependant qu'on y regarde de près avant de prendre à cet égard une détermination définitive. Nos pièces de cinq francs argent trouvent dans l'extrême Orient, vers la Perse, la Chine et le Japon, une confiance que l'or européen n'a pas encore rencontrée.

La monnaie étant la base même des transactions, le

signe extérieur de la richesse, la représentation unanimement consentie de tout objet vénal, doit être entourée de garanties sérieuses. Aussi la fabrication en a-t-elle toujours été soumise à un contrôle extrêmement sévère. Sous l'ancienne monarchie, ce contrôle était exercé par la cour des monnaies, que Henri II érigea en cour souveraine par édit de janvier 1551. En 1554, le même roi fit pendre, brûler ou envoyer aux galères le président et les conseillers qui en faisaient partie, parce qu'ils avaient été convaincus de faux et de prévarications graves. Supprimée pendant la Révolution, comme les autres corps privilégiés, elle fut remplacée par une administration des monnaies dont la constitution, fixée par arrêté du 10 prairial an XI, fut modifiée lorsque l'ordonnance royale du 26 décembre 1827, encore en vigueur aujourd'hui, institua *la commission des monnaies et médailles*. Celle-ci est composée d'un président, directement nommé par le souverain et généralement choisi parmi les plus illustres savants de la France, et de deux commissaires généraux désignés par le ministre des finances ; de cette commission relèvent le laboratoire des essais, le contrôle des monnaies, des médailles, le bureau de change, et en général toute la partie administrative chargée de surveiller l'application des lois, décrets, ordonnances, qui règlent cette matière délicate.

La commission ne s'occupe en rien de la fabrication ; elle constate qu'elle est régulière ou défectueuse ; mais, sous aucun prétexte, elle ne peut ni ne doit en diriger le mécanisme. Cette mission appartient tout entière à un directeur qui a accepté l'entreprise à ses risques et périls, dont la gestion est garantie par un cautionnement de 300,000 francs, qui est rémunéré selon un tarif approuvé par l'autorité compétente : 1 franc 50 centimes par kilogramme d'argent, 6 francs 70 centimes par kilogramme d'or convertis en monnaie. C'est à lui qu'incombe la charge d'entretenir, de remplacer les machines et de faire les frais du salaire des ouvriers. Il y a donc là deux organisations essentiellement distinctes, la fabrication et la commission ; la première est soumise à la seconde, qui prononce sans appel comme cour souveraine.

Les hôtels des monnaies ont été extrêmement nombreux en France, surtout pendant le premier empire, lorsque Utrecht et Turin nous appartenaient ; sous le gouvernement de Louis-Philippe, les monnaies furent réduites à quatre (Paris, Rouen, Lille, Strasbourg) ; de 1855 à 1857, sept ateliers ont concouru à la fabrication des pièces de bronze[1]. Il n'en existe plus que trois, celui de Paris, celui de Strasbourg et celui de Bordeaux, qui chôme en ce moment. On peut être fondé à croire que l'intention du gouvernement est d'arriver tôt ou tard à supprimer ces deux derniers et à centraliser la fabrication de toutes les monnaies françaises à l'établissement du quai Conti ; cette mesure, que l'usage des machines à vapeur et la rapidité qui en résulte suffiraient seuls à justifier, ne peut donner que de bons résultats. Permettant au contrôle de s'exercer sur une seule fabrication, elle assurera aux espèces monétaires une régularité et une homogénéité à l'abri de toute critique. L'outillage de l'hôtel de Paris peut facilement être augmenté. Quelques nouveaux aménagements peu dispendieux, et qui s'imposeront d'eux-mêmes, lorsque la rue de Rennes viendra déboucher sur le quai Conti, donneront à notre Hôtel des Monnaies l'ampleur dont il a besoin.

[1] Quelques gouvernements, entre autres celui de Suisse et celui de Belgique, remplacent la monnaie de bronze par des espèces en nickel, métal qui semble onctueux au toucher et dont le *frai* doit être considérable. En ce moment (décembre 1869), l'Hôtel des Monnaies de Paris frappe une quantité considérable de pièces d'un demi-réal, en nickel, pour la république de Honduras.

Lorsqu'on regarde avec attention une pièce de monnaie quelconque, on s'aperçoit qu'indépendamment de l'effigie, du nom du souverain, de l'écusson, du millésime, de la légende et de la tranche, elle porte certains indices particuliers qui semblent arbitraires, et n'offrent au premier abord aucune signification satisfaisante. Ces marques, qui sont invariablement au nombre de trois, sont des signatures. Tout hôtel des monnaies a une lettre spéciale[1] qu'on appelait jadis le point secret, destiné à indiquer la provenance des espèces. Paris a toujours l'A, et un proverbe resté vivant dans le peuple parisien dit d'une bonne chose : elle est marquée à l'A. Le directeur de la fabrication met aussi son poinçon sur la pièce, c'est *la marque;* celle du directeur actuel figure une abeille. Enfin le troisième signe appartient au graveur général, et se nomme *le différent*[2]. Celui de M. Albert Barre représente une ancre. La place que ces signatures occupent sur la pièce a été fixée par des arrêtés de la commission des monnaies en date du 23 avril et du 15 mai 1865, et cette place varie selon le métal et la valeur de chaque espèce. C'est une précaution de plus prise contre les faux-monnayeurs et une preuve de la responsabilité acceptée par le graveur, le directeur et la commission.

Ce qui constitue le caractère spécial des monnaies, ce n'est ni le titre, ni le métal, car alors un simple flan pourrait entrer en circulation régulière, c'est l'empreinte. Seule l'empreinte dont elles sont frappées les rend légales; l'empreinte en garantit le titre, le poids, et leur donne cours forcé pour la valeur qu'elles représentent. Aussi le fonctionnaire qui a sur les monnaies une

---

[1] Strasbourg marque BB, Bordeaux K. — Rouen marquait B, Lyon D, Marseille M, Lille W.

[2] *Différent* ou *déférent*, les deux termes ont toujours été usités indistinctement ; je pencherais pour le second, du latin *deferre*, mettre de haut en bas.

action déterminante est-il le graveur général, puisque c'est lui qui fournit les coins, sans lesquels nulle monnaie ne pourrait être frappée. Depuis que Henri II a créé la charge de « tailleur général des monnaies de France » pour Marc Béchot, dix-huit graveurs se sont succédé dans ces importantes fonctions. C'est le graveur général qui fait les poinçons à l'aide desquels on obtient les coins. Plus le poinçon est parfait, moins la contrefaçon est possible. Cette œuvre exige donc un soin particulier, des connaissances techniques approfondies et une main rompue aux ressources d'un art hérissé de difficultés.

L'acier dont on se sert pour les poinçons et pour les coins est un acier spécial, à la fois très-doux et très-dense; il est fourni par la maison Petin-Gaudet, et paraît être supérieur à celui qu'on employait jadis. Il arrive à l'hôtel du quai Conti en barres parfaitement rondes et qu'on appelle acier de monnaie. Le poinçon est gravé en relief, comme un camée, et au burin; il en faut naturellement deux, l'un pour la face, l'autre pour le revers; le premier donne le profil du souverain, le second l'écusson, le millésime et l'énoncé de la valeur de la monnaie; tous deux portent en outre les lettres des légendes, ainsi que les grenetis et les listels qui forment l'encadrement de la pièce. Faire une empreinte irréprochable, c'est là un problème qu'il n'est pas aisé de résoudre. Si, pour être reconnue au premier coup d'œil, l'empreinte doit être très-simple, très-lisible, elle doit cependant être assez compliquée pour offrir aux tentatives de contrefaçon des difficultés nombreuses. Cette double et indispensable condition d'une monnaie qui se fait reconnaître et se défend d'elle-même semble avoir été obtenue aujourd'hui.

Après la campagne d'Italie de 1859, où l'empereur a commandé en personne, les poinçons ont dû être changés, et on en a fait alors qui donnent l'effigie de la tête laurée ; le graveur général a profité de cette circonstance pour modifier le revers de notre monnaie : au lieu de la maigre couronne de laurier se refermant sur le nom de la pièce et sur le millésime, il a disposé le sceptre, la main de justice, la couronne, le manteau, les armes de l'empire, de façon à obtenir un ornement très-gracieux, mais difficile à imiter, et qui remplit harmonieusement les vides. Ce revers très-beau rappelle celui des admirables pièces de quarante francs que l'Italie frappa de 1810 à 1814 et qui sont restées comme un modèle monétaire.

Dans le poinçon, les parties saillantes et intaillées sont mates ; le champ, au contraire, reste lisse. Lorsque la gravure est terminée, que l'artiste lui a lentement donné le degré de perfection qu'elle peut comporter, le poinçon est mis au feu, chauffé à la température scientifiquement indiquée, puis jeté dans l'eau et trempé. Dès lors il devient de l'acier dur et peut, violemment frappé contre de l'acier doux, communiquer une empreinte à ce dernier. C'est sur ce principe que repose la fabrication des coins. L'acier qui doit former ceux-ci est divisé en cylindres d'une dimension réglementaire ; la surface en est polie de façon qu'on n'y puisse plus reconnaître une aspérité perceptible. Le coin ainsi préparé est placé au balancier, dans la boîte duquel le poinçon a été fixé. L'alerte et vigoureuse machine est mise en branle ; les coups sont plus ou moins répétés, selon le creux que l'on veut obtenir, et lorsque l'opération est terminée, le poinçon est absolument imprimé dans le coin avec tous les détails, toutes les finesses, toutes les minuties de la gravure.

Le coin est alors repris par les ouvriers mécaniciens ; il est mis sur le tour et *décolleté*, c'est-à-dire qu'on en dégage la partie supérieure de manière à lui donner les dimensions exactement exigées pour le monnayage. Il est ensuite porté dans un atelier spécial où il est *paraphé*, car, selon qu'il est face ou pile, il reçoit à l'aide de petits poinçons manœuvrés à la main et enfoncés au marteau la triple empreinte du point secret, de la marque et du différent. On le soumet alors à la *chauffe* et à la trempe. A son tour, le voilà devenu un corps dur et prêt à donner des empreintes avec autant de facilité que tout à l'heure il en a reçu lui-même.

De ce moment et jusqu'au jour où l'usage l'aura mis hors de service, il devient l'objet d'une surveillance attentive. Il reçoit un numéro d'ordre qui équivaut à un acte de baptême, puis il est remis au commissaire général des monnaies. Quant ce dernier le confie au contrôleur du monnayage, le récépissé est inscrit et daté sur un registre que signent les deux fonctionnaires; lorsque le coin, à force de frapper des espèces, est émoussé, que les parties mates sont devenues brillantes par le frottement continuel, que le perlé en est indécis et les chiffres déformés, il est rendu par le contrôleur au commissaire général, et cette restitution est de nouveau officiellement constatée. Ces précautions peuvent sembler excessives, mais, si l'on réfléchit que le coin c'est la monnaie même, on les trouvera toutes naturelles.

Le graveur général fournit aussi les *viroles* qui sont nécessaires pour imprimer la tranche des pièces. Quoique d'invention fort ancienne, puisqu'on en retrouve des exemples qui datent de Charles IX, la virole n'a été admise définitivement dans la fabrication que depuis le commencement du siècle. Dans le principe, elle était faite comme un anneau portant sur le contour interne une inscription en relief (*Dieu protége la France — Domine salvum fac Regem*) qu'on imprimait en creux dans la tranche des espèces à l'aide d'un outil brutal, nommé *raquette*, assez rapide pour permettre à un ouvrier de frapper environ trente mille pièces par jour. En 1829, un monnayeur, nommé Moreau, inventa la virole brisée[1]. C'est un cercle divisé en trois segments égaux dont chacun porte, gravée en creux, une partie de l'inscription totale, qui est dès lors reproduite en relief. Le système de la virole brisée a le défaut de ne pas arrêter nettement le contour de la pièce, de lui laisser je ne sais quoi d'indécis; mais elle a cet avantage inappréciable de dérouter les efforts des faux-monnayeurs, à qui elle offre des obstacles dont ils ne parviennent guère à triompher.

Le graveur général a sous ses ordres un atelier nombreux, des balanciers spéciaux où il fait ses reproductions et ses essais; il est responsable des aciers qu'il emploie, des coins qu'il fournit, et il est payé en raison de la quantité de matières soumises au monnayage. Il a une sorte d'importance morale qui n'est point à dédaigner; c'est lui qui détermine le type populaire du souverain. Les monnaies périssent peu; moyen d'échange accepté par l'univers entier, elles passent de main en main, de peuple à peuple, et vont par le monde entier porter le nom d'un pays et le portrait d'un homme; lorsqu'elles deviennent rares, elles sont précieusement gardées dans des collections; elles sont les documents multiples et mobiles de l'histoire. Plus elles sont belles, plus elles ont chance de se perpétuer à travers les âges. La numismatique a rectifié plus d'erreurs chronologiques que les meilleurs calculs, et l'artiste à qui incombe la tâche de graver les monnaies d'une époque échappe à l'oubli s'il a rempli son devoir avec talent, conscience et sévérité.

[1] Ou mieux réinventa, car la virole brisée exista autrefois, ainsi qu'on peut le constater sur les *pieds-forts* du seizième et du dix-septième siècle. Le pied-fort était une pièce pesant quatre fois plus que le poids normal, et qu'on frappait, à toute émission nouvelle, pour le roi et les officiers de la monnaie.

On reproche parfois aux graveurs de médailles de n'être plus aussi habiles que leurs devanciers; on ne réfléchit pas qu'en pareille occurrence le modèle est pour beaucoup, et que, s'il est facile, par exemple, de faire une belle effigie avec un visage auquel l'agencement même des lignes constitutives donne un caractère imposant, il n'est point aisé de créer un type avec une figure vulgaire ou sans expression. Les médailles de Louis XIV, de Napoléon Ier, de Louis XVIII, sont fort belles; que dire de celles de Charles X? La première condition, pour avoir une monnaie d'aspect satisfaisant, est que le modèle offre des traits qui conviennent à la gravure sur métaux. Les Grecs, nos maîtres en cet art difficile, le savaient bien, et ils choisissaient arbitrairement les plus admirables profils de femmes pour les reproduire sur leurs monnaies.

Il semble toutefois qu'on ne tire pas au point de vue historique tout le parti possible de ces objets à la fois usuels et précieux qui, tout en servant aux échanges indispensables, pourraient rappeler certains faits célèbres, de sorte que la série des pièces de monnaie d'un règne en raconterait les principaux événements. Toujours la même effigie, toujours le même symbole, cela est bien monotone. Pourquoi ne pas prendre une pièce spéciale, la pièce de cent francs par exemple, qu'on a une certaine tendance à conserver, et ne pas chaque année en modifier le revers de façon à y inscrire la représentation commémorative d'un fait glorieux ou seulement important? On aurait ainsi une médaille ayant droit de circuler comme une pièce de monnaie ordinaire, mais qui du moins, débarrassée d'un emblème inutile, rappellerait et fixerait pour toujours une date de nos annales. Franklin voulait qu'au lieu du nom du souverain on gravât sur les espèces un précepte moral facile à retenir et d'une application pratique. Il serait, à notre avis, digne d'une nation sérieuse d'émettre ainsi son histoire et de la répandre à travers le monde, quelquefois comme un exemple et toujours comme un souvenir.

II. — LA FABRICATION.

Bureau du change. — Registre. — C. D. M. P. — Les balances. — Trésors. — Argenterie et bijoux. - 1848 : Panique. — La fonderie. — Prendre la goutte. — La lingotière. — Les lames. — Les laminoirs. — La *recuite*. — Le dragon. — La *bande*. — Les remèdes du poids et de l'aloi. — Le découpoir. — La cisaille. — Les flans. — Le décapage. — Une brève. — Contrôle. — La salle des presses. — Mécanisme. — Une pièce par seconde. — Pluie d'or. — Total. — Division d'un million. — Prise d'échantillon. — La coupellation. — Le poids. — Le son. — L'apparence. — Monnaies pratiques. — Desiderata. — La machine à peser. — Californie et Australie. — Ce qu'on a frappé au dix-huitième siècle. — Ce qu'on a frappé sous le second Empire. — Augmentation de quantité, diminution de valeur.

Lorsque le graveur général a fait les coins et les viroles indispensables à la fabrication, la manutention des métaux commence, et nous en suivrons les détails, car il est intéressant de voir comment un lingot devient pièce de monnaie. Toute matière précieuse apportée à l'hôtel pour être convertie en espèces doit d'abord passer au bureau du change[1], qui est situé au rez-de-chaussée, et dont les fenêtres garnies de fortes grilles de fer s'ouvrent sur le quai Conti. L'ameublement en est très-simple : une longue table de bois qui ressemble à un établi, munie de rails arrondis qui facilitent le déplacement des lingots, un comptoir où sont fixées les balances et quelques larges sébiles de cuivre. Le change ne reçoit jamais que des métaux affinés; on peut y ap-

[1] Cette disposition est absolue : il est même dit, dans l'*Instruction générale de la commission des monnaies pour l'exécution de l'ordonnance royale du 26 décembre* 1827 : « Le directeur de la fabrication ne peut, sous aucun prétexte, employer dans les travaux, si ce n'est pour alliage, d'autres matières que celles enregistrées au bureau de change, lesquelles doivent toujours être converties en espèces. »

porter les plus riches pépites, elles seront refusées ; il n'accepte que le métal portant la marque d'un essayeur assermenté ou des pièces de monnaie, des morceaux d'argenterie, des bijoux frappés d'un poinçon de garantie qui en détermine le titre exact.

Un registre imprimé donne la nomenclature détaillée de toutes les pièces d'or et d'argent en circulation dans l'univers qui ont été essayées au laboratoire de la Monnaie de Paris, et énonce en regard la valeur qu'on leur a officiellement reconnue. Le poinçon spécial des matières d'or et d'argent œuvrées détermine en quelque sorte la somme qu'elles représentent. Tout lingot est revêtu de la marque de l'affineur, de celle de l'essayeur, d'un chiffre indiquant le titre, d'un autre chiffre donnant le poids. Cette attestation suffit au change, qui ne fait pas vérifier la qualité constitutive du métal. Le lingot, mis sur les balances, est pesé, puis il reçoit un numéro d'ordre et est frappé du poinçon particulier du bureau : C. D. M. P. (commission des monnaies, Paris). En échange, on remet au propriétaire, indépendamment d'un reçu détaillé, un bon payable ordinairement à huit jours de vue et par lequel l'administration s'engage à rendre en espèces l'équivalent du poids qu'elle vient de recevoir ; seulement on retient d'avance les frais de fabrication, qui sont, comme on l'a déjà dit, de 1 fr. 50 par kilogramme d'argent et de 6 fr. 70 par kilogramme d'or.

Si jamais il y a eu au monde des instruments de précision, ce sont les balances de ce bureau. Elles sont d'une sensibilité sans pareille, un cheveu les fait dévier, un souffle les dérange ; à un bruit qui vibre dans l'air, les plateaux oscillent. Chaque jour un ajusteur-balancier appartenant au service de l'hôtel vient les inspecter, constate que le fil à plomb est parfaitement vertical et vérifie l'horizontalité de la table avec des engins si perfectionnés, si impressionnables, que toute chance d'erreur paraît devoir être évitée. Parfois on apporte là des masses de vieilles monnaies dont la teinte primitive a été altérée par le temps, mais dont l'empreinte régulière est aussi nette que si la pièce venait d'être frappée. Ce sont des *trésors* trouvés ou précieusement gardés, légués de main en main, et qu'on se décide enfin à faire rentrer dans la circulation générale. J'ai vu un monceau de pièces d'or de Charles III d'Espagne et de doubles Louis XVI qu'on venait échanger contre de la monnaie courante. Dans ce cas, comme pour l'argenterie et les bijoux, on reçoit immédiatement la valeur représentative; le bureau retient seulement l'intérêt d'une semaine, correspondant au délai moyen de huit jours accordé pour convertir les lingots en espèces.

Les apports d'argenterie et de matières d'or travaillées sont beaucoup plus rares qu'on ne le croit généralement. En 1868, le bureau du change a reçu 66,035 kilogrammes 052 grammes 90 décigrammes d'or, et 140,943 kilogrammes 240 centigrammes d'argent. Dans le premier chiffre, les bijoux n'entrent pas pour trois kilogrammes, et dans le second l'argenterie ne compte que pour 618 kilogrammes 123 grammes. Il n'en est pas toujours ainsi, et ce bureau du change, si paisible d'habitude, voit parfois arriver des gens effarés qui tirent de leurs poches des couverts d'argent et des boîtes de montre. Aux époques de révolution, la peur va beaucoup plus vite que le raisonnement, et chacun paraît craindre de manquer du strict nécessaire. L'argent, qui de sa nature est fort timide, se cache si bien, qu'on ne sait où le retrouver, et alors on accourt à la Monnaie. En 1848, 35,233 kilogrammes 877 grammes d'argenterie[1]

---

[1] Représentant une valeur brute de 7,046,775 fr. 40 c., et le quadruple au moins, si l'on considère le prix d'achat.

ont passé par le bureau du change. Les employés contemporains de ce temps de panique et de désarroi parlent encore avec regret des magnifiques pièces de vaisselle plate, des médailles, des bijoux charmants, qu'ils ont été obligés de livrer à la fabrication, qui les a martelés et jetés à la fonte.

Le bureau du change reçoit les métaux précieux, mais il ne les encaisse pas; il les remet immédiatement contre décharge au directeur de la fabrication, qui dès lors, et pour un certain temps échappant à tout contrôle, devient maître absolu de ses opérations, fait faire les essais, et détermine les alliages comme il l'entend, à ses risques et périls. La fonderie d'or et la fonderie d'argent ne sont pas contiguës; on a eu soin de les séparer, elles ne sont ni dans le même corps de logis, ni au même étage, et l'on évite ainsi toute confusion possible. Les métaux sont expédiés aux ateliers de fonte avec un bulletin indiquant le titre, le poids et la proportion précise de cuivre rouge qu'on doit ajouter à l'or et à l'argent. La quantité de matière est toujours calculée de façon à produire un nombre de pièces déterminé par les règlements (10,000 pour les pièces de 20 francs).

L'atelier des fontes d'argent est une large salle éclairée par des fenêtres où des grilles et des treillages tout veloutés de poussière ne laissent pénétrer qu'une lumière incomplète; contre les murailles sont bâtis les fourneaux, vastes récipients fermés par une porte de fer, où l'on entasse le charbon et dans lesquels on place les creusets en terre réfractaire. On a soin d'échauffer graduellement ces derniers avant de les mettre au feu : les lingots et l'alliage sont pesés et jetés au creuset. Lentement la consistance du métal s'ébranle, la forme carrée du lingot s'adoucit peu à peu sur les angles, se creuse vers la partie moyenne, semble hésiter, oscille, devient de plus en plus indécise, se désagrége, perd ses contours et prend l'aspect d'une sorte de gâteau qui bientôt se liquéfie. Sur cette matière molle on jette des charbons de bois allumés, non pas pour activer la chaleur, comme on pourrait le croire, mais pour brûler sur place les vapeurs de cuivre et éviter l'oxydation du métal fin. A l'aide de longs crochets de fer, on remue le foyer, dont la lueur blanche piquée de tons roses très-pâles est insupportable aux yeux. Les ouvriers, à demi nus, les mains garanties par des sacs de grosse toile mouillée que, par ironie sans doute, ils appellent des gants, vont et viennent, couverts de sueur, devant les fourneaux, les ouvrant, les fermant, brassant le métal avec de grandes cuillers [1], et rejetant la tête en arrière quand la flamme, poussée par un courant d'air imprévu, s'élance jusqu'à leur visage.

Lorsque la fonte est parvenue à peu près au point de fusion, « on prend la goutte. » Qu'on ne se méprenne point sur ce terme, il ne s'agit pas d'eau-de-vie : prendre la goutte, c'est verser une minime portion de la matière liquide dans un mandrin de fer creusé d'une rainure de façon à obtenir un petit lingot qu'on refroidit immédiatement en le trempant dans un baquet plein d'eau. La goutte est portée au laboratoire des essais de la fabrication. On l'expérimente sans retard, et l'on reconnaît si l'alliage ne s'éloigne pas des prescriptions imposées. Si le métal n'est pas au titre exigé ou s'il le dépasse, on y ajoute de l'argent ou du cuivre ; s'il est dans les *remèdes*, c'est-à-dire dans les limites acceptées par la commission, on donne ordre de couler en lames.

[1] Pour éviter toute chance d'alliage étranger, on brasse l'or avec des morceaux de terre réfractaire ayant à peu près la forme d'une douve de tonneau. On ne saurait prendre trop de précautions avec l'or, qui est le métal délicat par excellence; ainsi le plomb rend cassant dix mille fois son poids d'or, et il suffit de mettre du plomb au creuset dans la salle de la fonderie de l'or pour que ce dernier soit « empoisonné », devienne « aigre », et soit mis hors d'usage.

Le creuset est alors enlevé du milieu des charbons qui l'entourent de toutes parts ; on le place dans un cercle muni de deux longues barres de fer dont chacune est saisie par un ouvrier qui, marchant rapidement pour éviter le refroidissement du métal, verse ce dernier dans une *lingotière* qu'on a préalablement graissée avec soin. C'est du feu liquide qui coule, blanc comme du mercure, avec quelques fugitives nuances irisées. Parfois la fonte, rencontrant un peu d'humidité, rejaillit et semble l'éruption d'un volcan de Lilliput. Dans ce cas, les gouttes s'élancent éblouissantes de blancheur, deviennent roses à mesure qu'elles s'élèvent, rougissent brusquement lorsqu'elles descendent, tombent à terre, s'y roulent en mouvements convulsifs, s'imprègnent du poussier noir qui couvre le sol, et bientôt se confondent avec lui.

La lingotière est composée d'une série de moules de fer que le métal remplit, où il se fige, se durcit, et d'où on l'extrait à l'état de lame. Les lames d'argent sont d'un blanc sale et tacheté de noir ; les lames d'or sont d'une couleur magnifique, très-chaude, tirant sur le vermeil et rappelant les plus belles combinaisons des palettes vénitiennes. Les lingotières sont disposées de telle façon que dans la même on peut couler vingt lames d'un seul coup. Les bords des lames sont irréguliers, ils ont bavé à travers les interstices du moule et ressemblent assez bien à un énorme couteau ébréché. On les passe alors sur une cisaille circulaire qui avec certitude et rapidité enlève toutes les parties saillantes ; lorsque la lame est ainsi ébarbée, elle est portée à la salle des laminoirs.

Cette salle est bruyante, pleine d'engins retentissants que met en mouvement une machine à vapeur de quarante-six chevaux. Une série de laminoirs gradués reçoit successivement, comprime et écrase les lames qu'on y fait glisser. Quand une lame a passé douze fois sous les cylindres des laminoirs, le métal est *écroui*, c'est-à-dire qu'il a acquis un degré de densité tel qu'une nouvelle pression le briserait. Alors, pour rendre l'équilibre naturel aux molécules qui le composent, on le met au four afin qu'il soit recuit. Les lames, placées sur une sole tournante, sont alternativement et régulièrement léchées par les langues d'un feu très-clair de charbon qui leur donne une certaine malléabilité; dix fois encore après cette opération on les soumet au laminage, puis on recuit de nouveau.

La lame est alors bien près d'être terminée, mais il faut qu'elle subisse une dernière préparation qui la rendra tout à fait propre à être monnayée. Elle est placée sur le *dragon*, qui n'est autre chose qu'un banc à étirer dans lequel le métal, entraîné par une chaîne sans fin à travers une ouverture oblongue ménagée entre deux surfaces d'acier, acquiert une égalité d'épaisseur irréprochable. Si mathématiques que soient les mouvements des laminoirs et du dragon, ils peuvent cependant être restés en deçà du but qu'on se proposait d'atteindre ou l'avoir dépassé. On saisit la lame, qui maintenant est devenue une bande[1]; à l'aide d'un emporte-pièce on y enlève trois flans, un au centre, un à chaque extrémité, et on les pèse : s'ils sont trop lourds, la lame est étirée de nouveau; s'ils sont trop légers, elle est reportée à la fonte. Si la différence n'est que minime, on soumet la bande à un découpoir dont la lunette est plus ou moins large, car la tolérance de deux millièmes en deçà ou au delà qu'on accorde à la fabrication, et qu'on nommait, il y a peu d'années encore, les remèdes du poids et de l'aloi, s'applique au poids, au titre et au module.

[1] L'action des laminoirs et du dragon est considérable : une lame sortant de la lingotière, ayant 8 millimètres d'épaisseur et 45 centimètres de long, a, lorsqu'elle est parvenue à l'état de bande, une épaisseur de 1 millimètre 5 centièmes et une longueur de 1 mètre 50 centimètres.

Le découpoir est mû aussi par la vapeur; on n'a jamais vu un instrument plus pressé; il se dépêche, il précipite ses coups, il fait plus de bruit à lui seul que tous les laminoirs réunis, il secoue l'établi sur lequel il manœuvre, et est franchement insupportable; mais il peut tailler facilement 100,000 flans dans une journée. L'ouvrier dirige la bande, qui, étant amorcée, passe sous l'emporte-pièce; lorsqu'elle y a été entièrement soumise, elle ressemble à une petite planche à bouteilles où il y aurait plus de trous que de bois, et s'appelle de *la cisaille;* telle qu'elle est, elle ne peut plus être d'aucune utilité et est destinée à être refondue. Tous les flans réunis sont triés avec soin, on rejette ceux qui ont été irrégulièrement taillés par le découpoir; ceux au contraire dont la forme paraît normale sont comptés et remis aux ouvriers peseurs. Ces derniers, assis devant une table à pieds solides, font passer les flans, un à un, sur de petites balances singulièrement sensibles qu'on appelle *trébuchets*. Les flans trop lourds sont réduits au poids qui leur est imposé, à l'aide d'une forte lime qu'on nomme *écouane*. Lorsqu'ils ont été pesés, toutes les opérations préliminaires ne sont pas encore terminées, car les scories de la fonte, les huiles des laminoirs et du dragon les ont si bien graissés et noircis, qu'à moins d'avoir un œil très-exercé, il est impossible de reconnaître s'ils sont en or ou en argent.

Il s'agit alors de les *décaper*, c'est-à-dire de les débarrasser de toute matière étrangère et de les blanchir. Après avoir été chauffés au rouge en vase clos, ils sont déposés dans une sorte de boîte ronde, semblable à un brûloir à café, sauf qu'elle est percée de trous nombreux. Ajustée sur les bords d'une auge pleine d'eau chaude mélangée d'acide nitrique ou sulfurique, suivant que l'on traite de l'or ou de l'argent, et dans laquelle elle plonge complétement, elle est mue circulairement par une chaîne de tourne-broche déroulée à la vapeur. Après un tel bain, les flans brillent comme un pur métal, et on leur donne un faible poli en les agitant de la même façon dans une boîte pareille à la première qui renferme de simples morceaux de bois carrés et qui baigne dans de l'eau. Le blanchiment étant terminé, on sèche les flans sur une grande bassine de cuivre à double fond, chauffée à la vapeur.

L'ensemble des flans provenant d'une même fonte prend alors le nom de *brève*. D'où vient ce mot, qui est technique dans l'art du monnayage et qu'on retrouve de tout temps? Il vient du latin *brevis* avec l'acception de lettre, de *bref*, c'est-à-dire de résumé. C'était dans le principe le bulletin, le *bref-état*, disent les vieux écrivains, sur lequel on détaillait le nombre des pièces destinées à une fabrication. On a pris la partie pour le tout, et l'appellation se maintient encore aujourd'hui. Chaque brève porte un numéro d'ordre qui la suivra jusqu'à l'instant où elle entrera sous forme de monnaie dans la circulation définitive.

La brève de 10,000 flans (fabrication des pièces de 20 francs) est divisée en dix parties égales, placées chacune dans une manne séparée à laquelle on joint un bulletin portant le numéro de la brève, le quantième du mois, le numéro de la manne et le poids reconnu par le directeur de la fabrication. Ainsi préparée, elle est expédiée au contrôleur du monnayage, qui la compte, la pèse et inscrit au bulletin le poids trouvé par lui; un commissaire vérifie et relate le poids à son tour. Ce triple contrôle a pour but d'éviter toute erreur et de déterminer les responsabilités respectives. Les mannes sont livrées aux ouvriers monnayeurs, et alors on ajoute au bulletin le numéro de la presse qui va transformer les flans en pièces de monnaie. Les ouvriers travaillent pour le compte et aux frais du directeur de la fabrication, mais sous la surveillance immédiate des agents de la commission impériale.

La salle où sont contenues les presses est monumentale; jadis elle était destinée aux balanciers; elle se termine par une sorte d'abside en demi-rotonde d'où les contrôleurs et leurs employés, embrassant d'un coup d'œil l'ensemble des travaux, ne laissent échapper aucun détail de la fabrication. Les presses, mues à la vapeur, sont alignées de chaque côté derrière une balustrade qui en défend l'approche; chacune d'elles est sous la direction d'un ouvrier spécial. Grâce à un mécanisme très-simple et très-ingénieux, la pièce est instantanément frappée sur les deux faces et sur la tranche.

Une bielle et un levier déterminent le mouvement d'une colonne à la base de laquelle le coin de pile est fixé; à la partie inférieure, précisément au-dessous de la colonne qui se baisse et se relève, une boîte jouant sur une rotule porte le *coin de tête* entouré de la virole brisée qui, montée sur ressorts, s'écarte et se resserre par un mouvement alternatif. La distance ménagée entre les deux coins est réglée par une vis; si un flan est placé de façon à combler cet intervalle, il se trouve entre les deux coins qui le pressent simultanément avec une force équivalant, dit-on, au poids de 20,000 kilogrammes, et reçoit du même coup la triple empreinte nécessaire à toute monnaie garantie. Tel est ce système, surtout précieux par la rapidité de fabrication qu'il permet d'atteindre.

Un godet dressé sur la tablette reçoit de l'ouvrier conducteur une pile de flans qui, saisis par un organe articulé nommé *main-poseur*, sont poussés dans la cavité circulaire formée par la virole; dès que le flan est frappé, il est remonté par le mouvement de la boîte et dirigé vers une gouttière qui le fait glisser dans une sébile posée sur le plancher. La machine a en outre l'avantage de débrayer elle-même, c'est-à-dire de s'arrêter toute seule, lorsqu'elle rencontre un flan trop large ou que le godet est vide. La presse monétaire frappe en moyenne 3,600 pièces par heure, une par seconde. Il tombe là une pluie d'or qui éblouirait bien des Danaés ; c'est un cliquetis métallique qui accompagne de notes aigrelettes le sourd bruissement des roues motrices.

A vue d'œil, la manne des flans se vide, la sébile des monnaies se remplit. Tout neuf, reluisant, « larme au soleil ravie, » l'or, qui s'entasse dans les larges coupelles de bois, a des reflets verdâtres et pâles qui ne sont pas sans beauté; les ouvriers le regardent d'un œil indifférent, habitués au ruissellement de ces richesses, examinant par-ci par-là une pièce à la loupe pour reconnaître si l'empreinte est bien venue, mais ayant par-dessus tout l'air ennuyé d'hommes réduits à surveiller les mouvements automatiques d'une machine. C'est là pourtant et entre leurs mains que passe et repasse la fortune métallique de la France. Pendant l'année 1868, on a frappé aux presses monétaires de cette grande salle 43,059,766 bonnes pièces d'or et d'argent représentant une valeur de 287,233,959 francs[1]. La fabrication n'est pas arbitraire, le genre de pièces qu'on doit frapper est déterminé par les lois du 6 mai 1852, du 15 juillet 1861, et par l'arrêté ministériel du 10 novembre 1857. Un million d'or doit réglementairement être divisé en 100 pièces de 100 francs, 200 pièces de 50 francs, 37,000 pièces de 20 francs, 19,000 pièces de

---

[1] Voici le détail : Or : poids, 74,229 kilogr. 512 gr. 60 ; valeur, 230,131,955 francs. Nombre : pièces de 100 francs, 2,315 ; de 50 francs, 15,894 ; de 20 francs, 9,281,061 ; de 10 francs, 3,416,208 ; de 5 francs, 1,864,491 ; total, 14,579,969 pièces. — Argent : poids, 285,435 kilogr. 912 gr. 566 ; valeur, 57,102,004 francs. Nombre : pièces de 5 francs, 6,635,998 ; de 2 francs, 3,762,479 ; de 1 franc, 14,942,298 ; de 50 centimes, 2,788,512 ; de 20 centimes, 352,510 ; total, 28,479,797 pièces.

10 francs et 11,000 pièces de 5 francs. L'argent et le bronze sont soumis aussi à des coupures régulières. Celles-ci ne sont pas absolument obligatoires, et l'on consulte avant tout les exigences du commerce, qui, dans certains moments, a besoin d'un genre de monnaie plutôt que d'un autre.

Au fur et à mesure qu'une sébile est remplie, on la porte au bureau du contrôleur, où elle est pesée, comptée; lorsque les dix sébiles représentant la brève complète ont été ainsi vérifiées, on fait sur la masse entière des pièces ce que l'on nomme la prise des échantillons. En présence du directeur de la fabrication ou de son délégué, le commissaire de la monnaie et le contrôleur au monnayage prennent au hasard six pièces, dans chacune des dix sébiles; sur ces soixante pièces, six sont encore prélevées; trois, enfermées sous enveloppe scellée du cachet du directeur, du commissaire et du contrôleur, sont adressées au président de la commission; les trois autres sont remises au directeur des essais, qui les *difforme* au laminoir, effaçant les marques et les différents, et en confie deux ainsi retournées à l'état des lingots aux essayeurs du laboratoire de la Monnaie qui sont chargés d'en constater le titre exact et qui poussent l'art de la docimasie jusqu'à ses dernières limites. La brève est alors encaissée dans une armoire à trois clefs, où elle doit demeurer jusqu'à ce que la science ait prononcé son verdict.

Séparément, les deux essayeurs se livrent à leurs expériences, qui, pour l'or, ont lieu par mode de coupellation. Cet admirable et infaillible procédé nous a été légué par les anciens. Une portion de la pièce en litige est enlevée, fondue au chalumeau, réduite en *grenaille* et aplatie d'un coup de marteau. Après qu'on l'a pesée, on la place avec une quantité proportionnée d'argent et de plomb dans une coupelle très-poreuse, faite généralement d'os calcinés. Le plomb en s'oxydant a la propriété d'absorber tous les métaux qui ne sont pas nobles; il ne respecte que l'or et l'argent. Soumis au feu, le plomb oxydé pénètre le tissu de la coupelle, entraînant le cuivre avec lui. Le globule métallique qui reste n'est donc plus qu'un alliage d'or et d'argent; on le convertit en une petite lame à l'aide d'un laminoir microscopique; celle-ci est roulée en cornet, puis elle subit successivement trois bains bouillants d'acide nitrique de force croissante; l'argent est dévoré par l'eau-forte, et il ne reste plus dans le matras qu'un cornet spongieux qui est de l'or pur; on expose ce dernier au feu pour lui donner une consistance qui permette de le manier sans le détruire, et ensuite on le pèse. L'écart qui sépare le second poids du premier donne naturellement le titre exact.

Si les deux essayeurs obtiennent un résultat analogue, leur expérience est définitive; si, au contraire, ils diffèrent d'opinion, le directeur des essais opère à son tour sur la troisième pièce qu'il a gardée en sa possession, et l'expérience à laquelle il procède décide, en dernier ressort. Lorsque les essais ont constaté que les pièces étaient d'un titre inférieur ou supérieur de deux millièmes au titre légal, la brève tout entière est refondue; si le titre est bon, elle doit, avant d'être reconnue valable, être encore vérifiée au triple point de vue du poids, de la sonorité et de l'empreinte. Toutes les opérations dont je viens de parler, prises d'échantillons et essais, donnent lieu à des procès-verbaux détaillés, rédigés d'après une formule invariable et signés par les divers agents, vers qui on pourrait, au besoin, faire remonter la responsabilité d'une erreur.

Les dix sébiles contenant la brève sont portées à la salle de la délivrance, où l'on recommence, mais avec bien plus de soin, l'opération que les flans ont déjà subie avant d'être décapés. Chaque pièce est pesée sur un trébuchet ; là encore la tolérance est de deux millièmes. On met de côté les pièces trop lourdes ou trop légères ; les vérificateurs, — c'est le nom des ouvriers chargés de ce service, — ont à leur disposition trois espèces de *déneraux*, qui représentent exactement le poids fort, le poids faible, le poids droit : ils peuvent donc facilement arriver à la certitude absolue. Un bon vérificateur parvient à peser mille pièces en soixante minutes. Toutes les pièces reconnues bonnes sont mises à part et confiées à l'ouvrier qui doit les faire résonner. Les pièces sont lancées avec force, une à une, sur un bloc d'acier qu'on nomme *le tas* et qui est posé au milieu d'une large cuvette de bois ; elles doivent, par le choc, produire un bruit vif, clair, sonore, qui indique la parfaite cohésion des molécules métalliques ; toutes celles dont la *voix* est sourde ou fêlée sont rebutées ; elles ont une paille, c'est-à-dire une fissure intérieure qui leur interdit le droit à la circulation. Une à une, elles sont ensuite examinées à la loupe et refusées si elles ont été mal blanchies au décapage, si elles portent trace de corps étrangers, si la tranche, l'empreinte, la fonte, en sont défectueuses, en un mot si l'on y reconnaît une imperfection quelconque.

Lorsque, ces multiples opérations étant terminées, la monnaie présente toutes les garanties nécessaires, la commission rend un jugement en vertu duquel la brève est reconnue légale et délivrée ; le procès-verbal de délivrance reproduit le libellé du jugement et indique le poids, la valeur de la brève, le nombre de pièces qui la composent, le nombre de pièces rebutées et les motifs qui en ont déterminé le rejet. En présence du directeur de la fabrication, on cisaille toutes les pièces défectueuses ; puis celles qu'on nomme sonnantes et trébuchantes lui sont remises après qu'il a signé le procès-verbal conjointement avec le contrôleur au monnayage et le commissaire de la monnaie[1].

Il est difficile d'accumuler plus de précautions pour donner à la monnaie française les caractères essentiels qui lui assurent une valeur indiscutable. Aussi nos espèces sont sérieuses, acceptées dans le monde entier, et elles servent même de modèles aux pièces de plusieurs nations étrangères ; le titre de 835 millièmes pour les divisions d'argent a été adopté par l'Italie, la Suisse et la Belgique. Grâce au contrôle énergique de la commission, nous offrons en cette très-délicate matière toute la sécurité imaginable ; cependant, si nos monnaies gardent une identité parfaite entre elles et avec le type original sous le triple rapport de la forme, du titre et du poids, elles n'atteignent pas encore le plus haut idéal monétaire, qui consiste dans un type d'une beauté achevée.

Le côté scientifique est irréprochable, mais il est difficile d'en dire autant de la fabrication, qui bien souvent laisse à désirer. Les nécessités imposées par les exigences du commerce semblent être les seules dont on veuille tenir compte. Ce qu'on demande aux monnaies maintenant, c'est de pouvoir être empilées facilement. La conséquence d'un tel système saute aux yeux. On ne fait plus que des monnaies outrageusement plates, très-aptes à être placées l'une sur l'autre, comme les dames d'un trictrac et qui n'ont plus ce qui constitue la beauté même d'une pièce, le relief de l'effigie. Certes ce ne sont pas les graveurs de talent qui font défaut ; mais celui qui

---

[1] Chaque soir, tous les ateliers, dont le plancher est couvert d'une claire-voie, sont balayés avec soin ; on recueille la poussière à laquelle se trouvent forcément mêlés des scories, des rognures, des éclats, de la poudre de métal. Ces précieuses ordures, mises dans des auges où une meule horizontale passe et repasse incessamment, sont réduites à l'état de boue liquide, et, traitées chimiquement, rendent l'or et l'argent qu'elles contiennent.

est chargé des poinçons de la monnaie se voit contraint d'obéir lui-même à cette loi pénible qui à l'utilité pratique sacrifie toute autre considération. Ne pourrait-on pas cependant donner à nos pièces courantes l'ampleur de forme qui convient à la monnaie d'un grand peuple? On ne doit sans doute pas exiger qu'une pièce d'or ou d'argent soit une médaille ; mais, si la difficulté ne peut être prise de front, il faut la tourner. Qui empêcherait de creuser légèrement en cuvette le champ des pièces et d'en relever le listel ? De cette façon, le relief pourrait être très-accentué et n'apporterait aucun obstacle à l'empilage. Peut-être, si l'on adoptait cette disposition nouvelle, faudrait-il augmenter la force des presses monétaires; mais un tel détail est insignifiant et ne devrait point empêcher l'administration de réaliser une amélioration désirable.

Il faut reconnaître que les presses, admirables instruments de précision, ne peuvent donner au flan qu'elles frappent la beauté d'exécution qu'on remarque sur les coins. Les procédés mécaniques infligent une uniformité monotone aux plans de l'effigie, n'en accusent point suffisamment les parties saillantes et n'arrêtent pas les contours par ces lignes à la fois grasses et fermes que nous admirons encore sur les monnaies antiques ou même sur certains pieds-forts de Henri II et de Louis XIII. Ces défauts doivent-ils être attribués à la presse? On peut le croire, car, lorsqu'on voit côte à côte deux pièces sorties du même coin, l'une frappée au balancier, l'autre frappée à la presse, on reste saisi de surprise. Autant la première est précise et nette jusque dans les linéaments les plus fins, autant elle accuse l'arcade sourcilière, qui donne une si puissante valeur aux profils des médailles, autant elle est harmonieuse dans l'ensemble et délicate dans le détail, autant la seconde paraît plate et effacée, comme si le métal n'avait pas pénétré dans toutes les intailles du coin. On pourrait dire de l'une qu'elle est une statue originale et de l'autre qu'elle en est le surmoulé. Une modification habile dans nos presses amènerait certainement à cet égard des résultats excellents, et nos monnaies pourraient alors être impeccables au point de vue de la beauté, comme déjà elles le sont au point de vue du titre et du poids. La forme a une importance de premier ordre ; c'est par elle que les objets vivent, persistent et se perpétuent.

Le découpage des flans, tel qu'il est exécuté aujourd'hui, par des moyens d'une rapidité excessive, a d'incontestables avantages ; mais il offre un inconvénient réel auquel il serait bien facile de remédier. La lunette de l'emporte-pièce coupe les flans en biseau, de sorte que la tranche, n'étant plus à angle droit avec le champ, prend irrégulièrement sous la presse l'empreinte de la légende. Tous les flans, avant d'être soumis à l'empreinte, devraient être exposés à l'action d'une machine qui, relevant les bords de la tranche, leur donnant un contour parfaitement droit, faciliterait ainsi l'imposition exacte des différentes lettres de la légende. Les flans des monnaies de bronze sont cordonnés ; pourquoi ceux qui sont en métal plus précieux ne le seraient-ils pas aussi ? C'est là une économie mal entendue, et dont se ressent la beauté de nos monnaies. On pèse les flans, mais on devrait aussi en essayer la sonorité sur le tas d'acier, afin de n'envoyer aux presses qu'un métal régulier, n'offrant aucune paille intérieure ; ce serait tout bénéfice pour le directeur de la fabrication, qui, réformant lui-même les flans défectueux, n'aurait point à supporter les frais d'un frappage inutile. Ces améliorations viendront à leur jour, il n'en faut pas douter, et nos monnaies ne pourront qu'y gagner ; il est naturel que le directeur ne les ait pas encore réalisées, car la nécessité de fournir au public les pièces indispensables aux transactions multiples du commerce est compliquée pour lui d'une responsabilité incessante qui ne laisse pas d'être redoutable. En effet, les métaux répartis dans ses divers ateliers, sous forme de lingots, de lames, de cisailles, de flans, de grenailles, de poussières, s'élèvent parfois à une somme de 12 ou 15 millions, dont il doit tenir un compte rigoureux à ceux qui les lui ont confiés. Il y a là une cause de préoccupation qui explique bien des tâtonnements et suffit peut-être à les justifier.

Il est un nouveau mode de vérification du poids des monnaies qui, s'il était adopté définitivement par la commission, hâterait les améliorations que nous venons d'indiquer. On étudie, on expérimente en ce moment dans les ateliers du quai Conti la machine à peser de James Murdoch Napier, qui déjà, depuis dix-huit ans, fonctionne avec succès à la Monnaie de Londres. C'est une balance automatique qui, une fois mise en jeu à l'aide de la vapeur, fait sa besogne toute seule avec une régularité, une précision extra-humaine. Elle ne se trompe jamais : selon que la pièce qu'elle apprécie est faible, forte ou droite, elle la dirige elle-même dans une trémie particulière aboutissant à un réservoir spécial. Tous les mouvements sont combinés de telle sorte que l'erreur est impossible. A la voir manœuvrer avec une lenteur apparente, on dirait qu'elle prend toutes sortes de précautions pour ne se jamais tromper. Elle pèse facilement 1,500 pièces de 20 francs en une heure, ce qui dépasse d'un grand tiers au moins le travail du meilleur ouvrier.

Mais pour que sa sûreté d'exécution ne défaille pas, il est nécessaire que rien ne vienne la troubler, que nulle trépidation ne puisse l'atteindre, ce qui est difficile à Paris, où l'activité de nos rues, toujours sillonnées de voitures, ébranle les plus lourdes constructions. On a donc été obligé d'isoler l'appareil : on a creusé un puits qui permit de rencontrer le sol profond, sur lequel on a élevé, sans communication avec les parois, un massif en pierres de taille surmonté d'une épaisse plaque d'ardoise supportant une table de fer où la machine est scellée. De cette façon, grâce à son piédestal dressé dans un vide où se perdent les ondulations des bruits extérieurs, elle n'est jamais émue par les rumeurs du dehors, et son mécanisme délicat échappe à toute perturbation.

Sa précision est telle, qu'on peut la dire absolue, et le résultat qu'elle procure dépasse tout ce qu'on peut attendre de l'ouvrier le plus expérimenté. Tandis que celui-ci n'arrive guère à rebuter que quatre pièces sur cent, la machine Napier en rejette vingt. Elle apporte donc une sécurité indiscutable quant au poids. Si on l'adoptait, l'effet se ferait immédiatement sentir, et le directeur de la fabrication se verrait contraint de modifier l'outillage de ses ateliers de manière à fournir des pièces si régulièrement droites, que la machine ne pourrait pas les refuser; sans cela, et dans l'état des choses, les rebuts seraient si considérables, que la fabrication deviendrait onéreuse. L'emploi de la machine à peser pour les vérifications dont la commission est responsable peut donc entraîner, non pas un nouveau mode de monnayage, mais un perfectionnement des procédés actuellement mis en œuvre.

Ces modifications ne devraient être appliquées que lentement, car il serait injuste de se montrer trop exigeant envers la fabrication ; d'autant plus que les presses de la Monnaie ont depuis quelques années accompli de véritables tours de force, et qu'on ne peut du moins leur reprocher d'avoir manqué d'activité. Elles ont frappé sans repos ni trêve, car l'exploitation des mines de Californie et d'Australie a jeté sur le monde une quantité prodigieuse de métaux précieux. Une simple opposition de chiffres fera immédiatement comprendre dans quelle énorme proportion la richesse métallique de notre pays s'est augmentée. De 1726 au 1er prairial an V (20 mai 1797), on a émis en France pour 2,969,803,502 francs de monnaies d'or et d'argent ; sous le second Empire, depuis le 1er janvier 1853 jusqu'au 31 décembre 1868, on a frappé en or et en argent une valeur de 6,108,342,283 francs 50 cent. ; dans ces quantités, se rapportant à une courte période de seize ans, l'argent n'entre que pour la somme relativement minime de 368,525,153 francs 50 cent. ; le reste, près de 6 milliards, appartient à l'or[1]. Ce seul fait explique et au delà le renchérissement successif de toutes les denrées, de tous les objets de consommation, en un mot de ce qu'on nomme la vie matérielle. Le métal monétaire perdant progressivement de sa valeur par suite de l'abondance avec laquelle on le produit, doit-on s'étonner d'assister à une augmentation de prix en rapport avec la moins-value forcée des monnaies ? C'est là un phénomène naturel, mais qui n'en est pas moins singulièrement pénible et douloureux pour les personnes qui, n'exerçant point une fonction propre à les enrichir, voient chaque jour diminuer l'importance de leurs revenus, quoique le chiffre nominal en reste le même.

III. — LES MÉDAILLES.

Le balancier des médailles. — Canons russes. — Manœuvre. — Médailles de sainteté. — Les *passes*. — Les médailles antiques. — L'école de David. — Les graveurs. — Dissonnance. — Une médaille de M. Bovy. — La patine chocolat. — La patine de M. Barye. — Impuissance de la commission. — Le musée monétaire. — Dépouillé par la Bibliothèque

---

[1] A ces sommes il faut ajouter 50.500,000 francs de monnaies de bronze, qui toutes ont été frappées depuis l'établissement du second Empire (loi du 6 mai 1852). Voy. sur ce sujet une très-intéressante brochure de M. Ernest Dumas : *Note sur l'émission en France des monnaies décimales de bronze*. Imprimerie nationale, 1868.

impériale. — Pièces rares. — Le Charles X de 1595. — L'écu de Calonne. — La monnaie de Berthier. — Monnaies obsidionales. — Collection des poinçons et des coins. — Rosette et bronze. — Périssent les coins! — Annexes du musée.

L'ancienne Monnaie des médailles était aux Étuves. Vers le commencement du dix-septième siècle, elle fut transportée au rez-de-chaussée de la grande galerie du Louvre construite par Henri IV. Sous la Révolution, on la ferma ; elle fut réorganisée en 1804 par Napoléon, qui en fit une annexe de l'hôtel du quai Conti. Jusqu'en 1830, le *balancier des médailles* releva directement de la liste civile ; mais depuis cette époque il est exploité par le directeur de la fabrication des monnaies. Les médailles, œuvres d'art commémoratives d'un événement important ou d'un grand homme, n'ont aucun caractère légal et ne servent point aux échanges. Elles n'ont pas besoin par conséquent d'être frappées avec rapidité ; aussi elles ont échappé à la presse, et sont restées soumises au balancier, instrument d'une certaine lenteur, d'un maniement pénible, mais à l'aide duquel on peut obtenir des résultats excellents. Les ateliers des médailles, soumis aussi au contrôle de la commission, sont séparés des ateliers où l'on frappe les monnaies.

Ce sont de grandes salles situées au rez-de-chaussée et dans lesquelles les balanciers, solidement établis sur d'épais massifs en maçonnerie, étendent les longues barres de fer armées de boules de cuivre à l'aide desquelles on les fait mouvoir. Napoléon, qui, avec sagacité, portait un très-sérieux intérêt à la beauté des monnaies et des médailles frappées sous son règne, ne dédaigna pas de donner quelques canons ennemis pour faire des balanciers. Ces derniers sont ornés d'une inscription : « Bronze des canons pris sur les Russes à Austerlitz. » Du reste, on doit croire que, malgré le travail qu'on leur impose, les balanciers ont la vie dure, car il en existe encore qui fonctionnent tous les jours, et qui datent du règne de Louis XIV.

Le balancier agit sur le métal comme le marteau sur l'enclume; seulement ici l'enclume est une rotule supportant un coin recouvert d'un flan; sur ce dernier, on place le second coin; le marteau est représenté par une vis maîtresse qui obéit aux mouvements que lui impriment les barres dont l'instrument tout entier a pris le nom. Chaque boule est garnie de cinq ou six cordons qu'autant d'hommes saisissent; d'un seul mouvement brusque et simultané, ils entraînent le levier en avant, la vis fait un tour, et son *nez* vient frapper avec une force irrésistible contre le coin supérieur. Le flan reçoit donc du même coup une double empreinte, celle de la face et celle du revers. La violence du choc est telle, que la vis revient sur elle-même et repousse le levier en sens inverse; il faut alors faire attention, car il suffit d'un choc de boule pour tuer un homme. Les accidents sont rares, et instinctivement les *barriers* se rejettent en arrière dès qu'ils ont donné l'impulsion.

Relativement aux autres salles de la Monnaie, celle-ci est silencieuse; on n'y entend que l'ordre bref donné par le contre-maître et le coup sourd du balancier, qui semble trembler dans sa lourde armure de bronze. Comme en France la loi est par-dessus tout restrictive, nul ne peut faire frapper de médailles sans y être préalablement autorisé par le ministre d'État. C'est donc là, sous des balanciers toujours en mouvement, qu'on frappe les jetons de présence, les mereaux des diverses compagnies (académies, chambres de notaires, etc.), les pièces de mariage, dont tous les modèles sont fort laids, les innombrables médailles de sainteté qui, ornées d'exergues emphatiques, représentent toute sorte de personnages canonisés, guérissent les maladies, écartent le tonnerre, préviennent la mort et attirent les bénédictions du ciel. C'est par millions qu'on en fabrique; la vertu inhérente à ces amulettes n'a rien à faire sans doute avec le métal dont elles sont composées : si l'or ou l'argent en constituent la matière, elles sont aussi minces que possible, et réduites à l'épaisseur d'une simple pellicule; le plus souvent elles sont de zinc, de plomb ou de cuivre. Elles affectent toutes les formes, rondes, carrées, ovales, en losange, et ressemblent, dans les mannes qui les contiennent, à des écailles irrégulières de poisson. C'est, dit-on, un excellent commerce; on peut le croire sans peine à voir les masses considérables que la Monnaie en fournit (4,155,550 en 1868).

Pour ces petits objets, un seul coup de balancier suffit; mais il n'en est plus ainsi dès qu'il s'agit d'une médaille dont l'ampleur atteint seulement le module d'une pièce de cinq francs. Là, parfois, il faut plusieurs *passes;* une passe se compose de trois coups de balancier et d'une *recuite*, car, pour les médailles comme pour les lames, le métal, écroui par les chocs successifs qu'il a reçus, a besoin d'être exposé au feu pour redevenir malléable. La médaille dont l'empreinte n'est encore qu'ébauchée est noire lorsqu'elle sort du four; elle est fourbie avec soin et n'est remise au balancier qu'après être redevenue brillante. On la *réengrène* alors, c'est-à-dire qu'on la fait rentrer dans les coins de façon que les parties saillantes en remplissent exactement les parties creuses. Le nombre de passes nécessaires pour la rendre parfaite est considérable. La médaille commémorative de la loi du 11 juin 1842 sur les chemins de fer a supporté 120 passes, qui représentent 118 recuites et 360 coups de balancier. Elle est célèbre du reste, tant par sa beauté que par ses dimensions. C'est la plus grande qui soit jamais sortie des ateliers de la Monnaie. Je me souviens d'en avoir vu un exemplaire en or au moment où on la frappait, en 1844; c'était une masse pesant un kilogramme, reluisante, à reflets magnifiques, digne de figurer dans n'importe quel musée. Deux spécimens en avaient été frappés, l'un pour le roi Louis-Philippe, l'autre pour le ministre des travaux publics : que sont-ils devenus?

Malgré les perfectionnements apportés au mode de fabrication, malgré les progrès de la chimie, qui peut déterminer les alliages avec une certitude mathématique, les belles médailles sont rares aujourd'hui. Lorsqu'on va au cabinet de la Bibliothèque impériale et qu'on voit les monnaies grecques et siciliennes, le grand *stater* d'Eucratides, l'auguste d'or, les philippes et les alexandres de Macédoine, les médailles italiennes du seizième siècle, et même quelques médailles françaises des règnes de Louis XIII et de Louis XV, on se demande avec étonnement pourquoi cet art si précieux, si exquis, semble ne pouvoir se relever de la décadence qui l'a atteint sur la fin du siècle dernier. La froide école de David et ses étroites maximes l'énervent encore. A force de vouloir faire du style, nos graveurs, à qui nul ne pourrait dénier le talent d'exécution, restent dans une rigidité de lignes, une roideur d'attitudes, qui ne sont pas de la grandeur, et qui ôtent tout ce qui constitue l'expression, c'est-à-dire la vie. Leurs effigies ne sont que des têtes, il n'y a pas d'âme; ce sont moins des visages que des masques. On dirait que ces artistes, immobilisés dans des règles mesquines, se défient d'eux-mêmes et reculent avec effroi devant toute tentative d'originalité. Les traditions qu'ils respectent ont eu leur raison d'être à une époque où il a fallu réagir brutalement contre les afféteries des maîtres du dix-huitième siècle; mais ces traditions n'ont plus rien à nous apprendre aujourd'hui, et c'est faire acte de faiblesse que de s'y soumettre encore.

Si, dédaignant tous ces préceptes surannés, les graveurs ne s'inspiraient que de la nature, s'ils pouvaient oublier des modèles qu'ils ont admirés et se préoccuper exclusivement de la vitalité expressive du modèle qu'ils ont à rendre, il n'est pas douteux, qu'avec la merveilleuse dextérité de main qui les distingue, ils n'arrivent à égaler, sinon à surpasser leurs devanciers. Bien des graveurs, emportés par des considérations qui devraient toujours leur rester étrangères, semblent ne plus savoir qu'une médaille n'est pas un tableau. J'en ai vu une qui représentait sur la face et sur le revers des scènes d'hôpital : malade couché dans un lit, médecin, sœur de charité, visiteur attendri. C'est puéril. La gravure sur médaille est avant tout un art symbolique qui doit résumer un fait par une allégorie quelconque, très-simple et très-facile à comprendre ; mais, sous aucun prétexte, elle ne doit reproduire le fait intrinsèque, le fait nu, anecdotique, familier. Cela est bon pour les journaux illustrés, pour les coloriages d'Épinal, pour les lithographies.

C'est là le côté moral de la médaille, pour ainsi dire, et les maîtres en cet art feront bien d'y songer ; mais il est un autre aspect de la question, aspect tout matériel, et dont il n'est pas inutile de dire un mot. La disposition des médailles frappées de nos jours est, quant à la face, généralement peu habile. On en restreint le champ par un listel absolument superflu qui arrête et fixe l'œil dans les contours d'une circonférence au milieu de laquelle l'effigie semble prendre des proportions trop considérables. Ce bord soulevé et composé d'un trait aigre durcit l'ensemble et lui enlève cette sorte d'infini très-doux, très-fuyant, qu'on admire sur les médailles antiques. De plus, le nom qu'on a la mauvaise habitude d'inscrire autour de la tête, est gravé en lettres romaines, dont la rigidité, la froideur, la rectitude forcées sont en contradiction directe avec les lignes arrondies, brisées, multiples du visage. Il y a là, comme on dirait en musique, une dissonance. Si le champ est en cuvette au lieu d'être plan, cela ne vaudra que mieux, car alors il n'offrira plus un ton égal et monotone, il aura des reflets qui, variant la nuance générale, donneront à cette dernière une chaleur et une mobilité qu'un champ plat ne produit jamais. Je prendrai pour exemple, non pas les médailles antiques, auxquelles le fruste donne une apparence d'une exquise douceur, mais cette même médaille des chemins de fer dont je viens de parler. C'est une tentative très-hardie de M. Bovy, et malheusement elle n'a point été imitée. Il n'y a pas de listel, le champ en cuvette profonde contient une effigie que le relief et le travail du burin ont rendue fort belle. La lumière y joue facilement ; nul contour trop précis ne repousse le regard, et si l'on pouvait enlever les lettres qui enserrent la tête dans des jambages grêles et froids, ce serait une œuvre d'art irréprochable. Le revers représente une sorte d'autel du haut duquel l'Industrie lance Mercure et Mars vers de larges terrains sillonnés par des trains en mouvement ; la légende elle-même est excellente : *Dant ignotas Marti novasque Mercurio alas.* Voilà, selon nous, le type de la médaille commémorative ; elle est une des gloires modernes de l'Hôtel des Monnaies.

La patine demanderait aussi une étude particulière, car c'est elle qui, donnant la coloration générale, détermine l'impression première. Depuis la patine noire d'Herculanum jusqu'à la patine vernie des Japonais, en passant par la chaude patine des Florentins, il y a cent patines préférables à la couleur chocolat insupportable et banale qu'on a depuis longtemps adoptée. Tout graveur en médailles devrait connaître à fond le secret de la coloration des métaux, avoir sa nuance spéciale comme il a un *différent* particulier et imiter M. Barye, qui, ne dédaignant rien de ce qui peut ajouter au mérite de ses œuvres, a trouvé une admirable patine presque semblable aux tons de la malachite, et qui revêt ses bronzes d'un épiderme plein de puissance et de vie. Cela est important, bien plus important qu'on ne se l'imagine, et la chimie, à laquelle nul tour de force n'est impossible, pourrait, si elle daignait s'occuper de cette question, la résoudre facilement pour le plus grand bien des artistes.

Si les médailles modernes n'obtiennent pas tout le crédit qu'elles devraient avoir, c'est qu'elles pèchent sous le triple rapport de l'expression, de la disposition et de la coloration. Il serait aisé de faire disparaître ces défauts. La commission n'a, il faut le dire, qu'un droit de contrôle matériel sur les médailles que les administions, les sociétés, les particuliers font frapper ; elle n'a rien à voir à la façon dont un sujet est traité, aux coins du graveur, au style de l'œuvre. Ainsi que me le disait en souriant le plus haut personnage de l'Hôtel des Monnaies : « La commission fait comme ses balanciers, elle gémit; mais elle frappe les pauvretés qu'on lui apporte, car elle y est obligée. » Il y a lieu de croire toutefois que, relativement aux médailles commandées par l'État, la réforme est en voie d'exécution et qu'elle sera activement poursuivie ; car il est temps d'en finir avec des errements qui n'ont que trop duré.

L'Hôtel des Monnaies possède un musée où la vérité des observations qui précèdent peut être constatée par une simple comparaison entre les médailles anciennes et les médailles modernes. Ce musée était fort riche en monnaies de toute espèce, de toute époque et de tout pays. Malheureusement, en vertu d'un décret de 1862, il a été dépouillé par la Bibliothèque impériale, qui est venue chercher là les pièces qui manquaient à ses collections. Pour les médailles, passe encore ; mais, pour les monnaies, la mesure paraît bien excessive, car, si un établissement public a le droit de posséder un musée monétaire complet, c'est incontestablement l'hôtel du quai Conti. Quoi qu'il en soit, les vitrines sont curieuses à étudier, car, malgré les lacunes trop apparentes qu'elles étalent au grand jour comme des plaies douloureuses, elles renferment des échantillons d'une valeur exceptionnelle. En dehors des monnaies étrangères, nos seules pièces françaises offrent un intérêt réel. On y trouve le spécimen de la pièce d'argent frappée en 1595 à l'effigie de cet éphémère Charles X qui n'était autre que le cardinal de Bourbon ; des pieds-forts très-remarquables portant tous des légendes différentes[1] ; des pièces de plaisir, large monnaie arbitraire faite exprès pour les rois, qui s'en servaient en guise de cadeaux ; le magnifique écu de six livres frappé en 1786 par Pierre Droz, qui réinventait la virole brisée ; cet écu, qu'on appelait l'écu de Calonne, est un essai qui, s'il avait été poursuivi, aurait mis dans la circulation la plus belle monnaie d'argent que la France eût jamais possédée ; l'effigie, dont les longs cheveux surtout sont traités avec un art infini, est d'une délicatesse remarquable, et le revers offrant l'image de trois L fleuries et réunies est un chef-d'œuvre de goût et d'arrangement.

Ce même Pierre Droz avait été chargé plus tard de fabriquer la monnaie de Berthier, et il existe au musée des pièces de cinq et de deux francs qui, autour d'une tête assez médiocre, portent pour légende : *Alexandre,*

[1] Teston Charles IX. 1573 : *Veræ religionis assertori.* Testons et francs de Henri III : *Paci quieti ac felicitati publicæ.* Quart d'écu du même : *Constitutæ rei nummariæ exemplum.* Franc de Henri IV : *Perennitati principis Galliæ restitutoris ;* huitième d'écu du même : *Probati numismatis exemplum.* Franc de Louis XIII : *Justissimi regis perennitati ;* louis d'argent du même : *Ludovico XIII monetæ restitutori.* Louis et écus blancs de Louis XIV : *Pondere sanctuarii.* Écu de Calonne (Louis XVI, 1786) : *Domine salvum fac regem.*

prince de Neuchâtel. Il est à regretter que la nécessité de classer les monnaies selon un ordre chronologique empêche de mettre cette dernière à côté du Charles X de 1595. Parmi les pièces de cuivre, on remarque quelques exemplaires bien conservés des monnaies obsidionales, monnaies d'apparence triste et presque lugubre, frappées à Mayence en 1793, à Anvers en 1814, à Strasbourg en 1814 et en 1815. En regardant la collection des médailles avec soin, on pourra reconnaître combien le temps marche vite, combien la célébrité est fugitive. Il y a là des quantités de médailles frappées à grands frais pour perpétuer le souvenir d'un événement ou d'un homme dont la date et le nom ne sont déjà plus dans aucune mémoire. Sous ce rapport, les vitrines contiennent plus d'une leçon amère, et bien des politiques vaniteux feraient bien d'aller y apprendre la vérité, et par conséquent la modestie.

La partie la plus importante du musée est celle qui renferme les poinçons et les coins de toutes les monnaies, de toutes les médailles qui ont été frappées à l'hôtel. Ils sont encore aujourd'hui, depuis le plus ancien jusqu'au plus récent, à la disposition du public, qui peut toujours demander à la commission impériale l'autorisation de faire exécuter n'importe quel spécimen. C'est un grand avantage offert aux amateurs de numismatique, mais il faut avouer qu'ils n'en abusent pas et qu'ils laissent volontiers les coins dormir dans les armoires vitrées qui les défendent contre la poussière. Il est juste de dire que la commission, qui est dépositaire des coins, les ménage avec un soin trop jaloux, et que, lorsqu'on lui demande une médaille de bronze, elle la laisse invariablement frapper en *rosette*, c'est-à-dire en cuivre rouge. Le bronze cependant est le métal par excellence pour les médailles; mieux que l'or et que l'argent, il en accuse toutes les finesses, en fait ressortir les beautés; mais il est très-dur, très-résistant, exige des passes nombreuses, et fatigue les coins d'une façon notable. Le cuivre, au contraire, est d'une ductilité parfaite ; il cède rapidement au choc du balancier, et, s'il produit des médailles d'une valeur contestable, on est certain du moins qu'il n'use pas les matrices dont on se sert pour donner l'empreinte. Périssent les coins plutôt qu'un principe ! Une médaille de cuivre est une médaille déshonorée, molle, flasque, d'un relief naturellement fruste et que le moindre frottement contre un corps dur écorche et met en péril. Il faut employer le bronze, dussent les coins être brisés. Dans ce cas-là, le malheur serait loin d'être irréparable, puisque l'on possède les poinçons avec lesquels on peut toujours, à volonté, faire des matrices nouvelles.

Dans le vestibule qui précède le musée, on a réuni, dans de grandes vitrines, des spécimens figurant les différents états par où passent les monnaies d'or, d'argent, de bronze, depuis le lingot brut jusqu'à la pièce parfaite. Là il est facile d'étudier l'aspect que présentent les barres, les lames, les bandes, les cisailles, les flans, et l'on peut, sans longue étude, se rendre compte des diverses phases de la fabrication. Un cabinet voisin, largement éclairé, contient une collection de timbres-poste. Tout en rendant justice à l'esprit qui a présidé à cette création, on peut trouver que le résultat en est peu satisfaisant. Une collection de cette nature n'a d'importance qu'à la condition d'être complète, d'offrir la suite chronologique et ininterrompue des types créés dans tous les pays du monde, et il faut reconnaître que, sous ce rapport, le musée de la Monnaie laisse beaucoup à désirer.

Telles sont les diverses installations de l'hôtel du quai Conti, en ce qui concerne les monnaies et les médailles, c'est-à-dire les deux objets pour lesquels il a été établi; mais cette étude serait incomplète, si l'on n'y disait un mot de deux opérations très-importantes, exigeant toutes deux une surveillance spéciale, et dont les ateliers appartiennent à l'Hôtel des Monnaies; il s'agit de la fabrication des timbres-poste et de la garantie des matières œuvrées d'or et d'argent.

IV. — LA GARANTIE.

Les timbres-poste. — Imprimerie. — Le vernissage. — La gomme. — Le pointillage. — Importation anglaise. — Contrôle et précautions. — Nombres comparatifs. — On apprend à écrire. — Le bureau de garantie des matières d'or et d'argent. — Les essais. — Le laboratoire. — Souvenir de Gay-Lussac. — Le touchau. — Pièces brisées. — Le poinçonnage. — Les poinçons. — La bigorne. — Entomologie. — Le vrai contrôle. — Une cuiller. — La brigade volante. — La recense. — Les bijoux de mademoiselle Rachel. — Impôt somptuaire. — Améliorations morales. — Monnaie internationale. — Diversité des monnaies. — Le progrès marche bien lentement.

Il peut sembler singulier, au premier abord, que le timbre-poste soit assimilé à la monnaie; mais, si l'on y réfléchit, on ne tardera point à reconnaître qu'il ne peut en être autrement. Le timbre-poste, en effet, est une valeur fiduciaire, un billet de banque infiniment petit, et, comme tel, il ne devait pas échapper au contrôle de l'État. Du reste, par ce seul fait que le graveur général est chargé de fournir le poinçon de l'effigie, il ressortit à l'Hôtel des Monnaies. Les planches de cuivre, portant chacune 150 empreintes, sont obtenues à l'aide des procédés de la galvanoplastie. Elles sortent du laboratoire du directeur de la fabrication des timbres-poste, qui jouit des mêmes droits et est soumis aux mêmes obligations que le directeur des monnaies. Il opère à ses risques et périls, est tenu de mettre à la disposition de l'administration des postes le nombre de timbres dont on a besoin et qui ne sont acceptés qu'après contrôle:

il est payé en raison des quantités qu'il livre et garde à
sa charge les machines et les ouvriers.

En somme, ces ateliers spéciaux ressemblent à ceux
d'une imprimerie; les machines jouent sans tapage inutile; les rouages ont des mouvements d'une douceur qui
ne laisse pas soupçonner la force mise en œuvre. Là
tout se fait rapidement et en silence. Les feuilles du papier particulier, fourni par la maison Lacroix d'Angoulême, sont comptées et soumises, avant toute autre
opération, à un vernissage qui se fait à la presse mécanique. Un enduit incolore et dont la composition doit
rester secrète est étendu sur une des faces de la feuille.
Ce vernis, qui ne modifie en rien l'aspect du papier,
rend toute contrefaçon à peu près impossible. Non-seulement il permet de donner une finesse presque inimitable à l'empreinte, mais encore il reçoit directement
cette dernière, et si, malgré l'extrême ténuité de ce
vernis, on pouvait l'enlever, on enlèverait du même
coup l'effigie, et l'on n'aurait plus entre les mains qu'un
carré de papier bleuâtre portant une tache au lieu du
profil dont il offrait l'image.

Lorsque le papier est ainsi préparé, les feuilles sont
comptées de nouveau, et enfermées pour être distribuées
selon les besoins du service. Deux planches sont réunies
côte à côte dans un châssis après qu'on les a nettoyées
à la benzine pour enlever toute trace de corps gras qui
pourrait les maculer. A l'aide d'un rouleau, on les imprègne régulièrement d'une couche de couleur qui varie selon la catégorie de timbres qu'on veut obtenir;
puis on tire à la presse à bras ou à la presse à vapeur.
Dans ce dernier cas, l'encre est mécaniquement appliquée sur les planches comme sur une presse d'imprimerie ordinaire. Chacune des feuilles complètes, imprimées, contient 300 timbres, divisés par une marge
blanche en cadres de 150 chacune. Lorsqu'elles sont

sèches, on les coupe en deux à l'aide d'un coupoir qui peut en trancher environ 500 d'un seul coup. Les feuilles sont alors portées à l'atelier où se fait le gommage, qui exige une certaine adresse de main. Chaque feuille, ayant été gommée au pinceau, est mise isolément à sécher sur de larges claires-voies. Cette opération est la plus lente de toutes, car un bon ouvrier dans sa journée ne peut guère gommer plus de 900 feuilles. Comme ces ateliers ont été aménagés en 1848 dans de vieux locaux, ils sont peu en rapport avec le travail qu'on y accomplit, souvent étroits, coupés par des cloisons maladroites et réunis à l'aide d'escaliers biscornus qui sont de véritables casse-cou.

Lorsque les feuilles gommées sont parfaitement sèches, elles sont envoyées dans une salle où se fait le pointillage à l'aide d'une très-ingénieuse machine que dirigent des enfants. Le pointillage a pour but d'entourer chaque timbre d'un perlé de petits trous qui permet de le détacher de la feuille sans le déchirer ; c'est depuis le mois d'août 1862 seulement qu'on a introduit en France cette excellente amélioration, venue d'Angleterre. Les feuilles sont fixées cinq par cinq sur un cadre de fer ; ainsi immobilisées, elles passent sous un large peigne composé d'une série de carrés garnis de poinçons sur chacun des côtés qui correspondent exactement aux côtés du timbre-poste. Le peigne s'élève et s'abaisse automatiquement pendant que le cadre est entraîné par un mouvement mécanique, et en moins d'une minute les cinq feuilles superposées, représentant 750 timbres, sont pointillées avec régularité.

Les timbres-poste sont terminés ; ils sont soumis au contrôleur, qui rebute ceux qu'il trouve défectueux. Ceux-là sont toujours en petit nombre, deux ou trois mille par an tout au plus. Ils sont brûlés, et l'on dresse un procès-verbal de l'incinération. Les timbres droits sont enfermés dans une armoire à triple clef, d'où ils ne sortent qu'en présence d'un agent de l'administration des postes, qui signe un récépissé extrait d'un registre à souche. En somme, la fabrication et la comptabilité des timbres-poste offrent autant de garanties que celles des monnaies. La consommation en augmente tous les jours, et si la progression continue dans les mêmes proportions, les ateliers vont bientôt devenir insuffisants. On peut voir le progrès accompli en dix ans. L'atelier de fabrication en a fourni 196,943,700 en 1858 ; en 1868, il en a livré aux postes 530,847,900 qui ont été payés 487,678 fr. 32 centimes. Cela est bon signe, et prouve que la population française se décide enfin à apprendre à lire et à écrire[1].

Quoique le bureau de la garantie appartienne aux constructions même de l'Hôtel des Monnaies et fasse corps avec elles, l'entrée en est située rue Guénégaud ; un long couloir, beaucoup trop bas de plafond, et dans lequel un homme portant un crochet chargé de grandes pièces d'orfévrerie ne doit passer qu'avec peine, conduit jusqu'au bureau même, qui s'ouvre par une caisse où l'on enregistre toutes les matières précieuses apportées et destinées à recevoir le poinçon du contrôle. Les pièces reçues le matin sont vérifiées et rendues le jour même. C'est là, dans une sorte d'antichambre, que les apprentis, les garçons de magasin, attendent les bijoux qu'ils doivent enfermer dans la boîte de fer rattachée à leur cou par une chaîne solide.

Lorsque les matières ont été inscrites, elles sont envoyées, ayant chacune un bulletin indicatif, à la salle des essais, où, devant des établis, des hommes silencieux sont assis ayant près d'eux les instruments spéciaux qui leur sont nécessaires. Sur toute pièce assez considérable

---

[1] Voy. *Pièces justificatives*, G.

pour qu'on puisse, en la grattant, enlever un gramme de métal, on recueille la prise d'essai, qui est immédiatement transmise au laboratoire, laboratoire glorieux, car Gay-Lussac y découvrit, en 1829, le procédé d'essai de l'argent par la voie humide. Là, grâce aux manipulations de deux chimistes éminents, assistés d'aides rompus à toutes les difficultés pratiques du métier, on détermine d'une façon précise le titre de chacun des objets soumis aux expériences. Le laboratoire est petit, étroit, parfaitement éclairé par une large fenêtre, mais tellement chauffé par les fourneaux, que parfois le séjour en devient intolérable. Un mobilier neuf ne le déparerait pas : il y a là un certain canapé jaune en velours d'Utrecht qui date sans doute du temps où M. de Laverdy était contrôleur des finances. Dans cet espace resserré, où sept et huit personnes doivent toujours être en mouvement et ne se heurter jamais dans la crainte de compromettre leurs opérations délicates, le travail est incessant de neuf heures du matin à trois heures de l'après-midi. Les prises d'essai apportées sur de minces coupelles en cuivre, numérotées et munies d'un signalement particulier inscrit sur une fiche de papier, se succèdent sans interruption et passent, selon qu'elles sont d'or ou d'argent, par toutes les phases curieuses de la coupellation ou de la voie humide. Une cuiller d'argent, une tabatière, une cuvette de montre d'or, sont expérimentées avec autant de soin qu'une brève de plusieurs millions.

Lorsqu'une pièce échappe par la ténuité ou la finesse du travail à la prise d'essai destinée au laboratoire, elle est appréciée au *touchau*, qui, sans pouvoir fixer rigoureusement le titre, peut du moins permettre de constater qu'il ne s'éloigne pas des tolérances acceptées. Le touchau se compose d'une pierre de touche, d'un flacon d'acide nitrique et d'un trousseau de barrettes de cuivre dont chacune porte, soudé à l'extrémité, un échantillon d'or de titre déterminé. Tous les ors de couleur qui sont le résultat d'alliages avec du fer, du cuivre ou de l'argent ont là un spécimen. Le bijou frotté sur la pierre produit un trait métallique qu'on mouille avec de l'eau-forte; celle-ci, enlevant le cuivre, respecte plus ou moins la trace, selon la quantité d'alliage; pour avoir un point de comparaison certain, on fait la même opération avec l'aiguille correspondante du toucheau, et l'on peut dès lors juger de la pureté du métal qu'on vérifie. Lorsque, après plusieurs essais renouvelés et opposés les uns aux autres, on reconnaît que la pièce contient trop de cuivre, elle est déformée, brisée à coups de marteau et rendue en cet état au fabricant, qui ne réclame que bien rarement, car le commerce de Paris sait avec quels soins, avec quelle science, avec quelle expérience acquise par l'habitude, on procède au bureau de la garantie. Le laboratoire et la salle des essais ont, en 1868, expérimenté 3,408,780 ouvrages d'or et 6,239,238 ouvrages d'argent, sur lesquels 27,520 objets d'or et 10,415 objets d'argent ont été cassés, parce qu'ils étaient d'un titre trop faible.

A mesure que les objets essayés sont reconnus droits, ils sont transportés dans la salle du poinçonnage, où ils doivent recevoir une double empreinte qui en constate la sincérité et en détermine le titre. Là une difficulté se présentait : pour déjouer les tentatives des contrefacteurs, il fallait n'opérer qu'à l'aide de poinçons si parfaits qu'ils fussent inimitables. C'est à quoi l'on est parvenu. Les poinçons gravés par M. Barre père, qui, avant son fils, était graveur général des monnaies, sont des chefs-d'œuvre de finesse et de précision[1]. Selon qu'ils

---

[1] M. Jules Aublin, contrôleur à la fabrication des coins et poinçons, a publié un très-curieux *Tableau synoptique des monnaies et de la garantie*, donnant la représentation exacte des *différents*, des espèces métalliques et des poinçons de garantie.

doivent être employés au contrôle de l'or ou de l'argent, selon qu'ils constatent des titres variés, ils diffèrent l'un de l'autre, et représentent la tête d'un médecin grec, de Minerve, d'un aigle, d'un cheval, d'un sanglier, d'un rhinocéros, de Mercure, d'un dogue, d'une girafe, un grand, un petit charançon, un crabe, une chimère; un chiffre disposé de telle ou telle manière indique que le métal est plus ou moins pur.

Cela ne suffisait pas encore; un poinçon, si habilement gravé qu'il soit, peut, étant toujours le même, être reproduit. Il fallait donc trouver pour la garantie une marque qui, se modifiant pour ainsi dire elle-même, donnât une empreinte toujours diverse et qui cependant fît partie d'un tout invariable. Ce résultat est obtenu par la *bigorne*, petite enclume qui a deux pointes, deux cornes, ainsi que le nom l'indique. La corne la plus grande est plate et offre un développement de 22 millimètres de longueur, de 11 dans la plus grande largeur et de 4 à l'extrémité; la plus petite corne, qui est ronde, a 14 millimètres de long, le talon est de 7 et la pointe de 3. Eh bien, sur cette surface étroite, on peut faire un cours d'entomologie, car la première porte 21 rangées d'insectes, la seconde 17, et chacune de ces catégories différentes est isolée par une bande en zigzag où se déroule une inscription[1]. Il est superflu de dire que ce travail, qui a duré trois ans, a été fait au microscope, et que l'artiste qui a produit un tel chef-d'œuvre de patience a failli y perdre la vue. Lorsque, armé d'une forte loupe, on regarde attentivement ces sauterelles, ces cicindelles, ces frelons, ces fourmis, ces libellules, dont les ailes, les pattes, les antennes, les articulations du

---

[1] Une de ces bigornes ayant été volée en 1816 par un employé du bureau de la garantie, M. Barre père dut modifier le type primitif en ajoutant des ornements aux bandes de séparation, qui antérieurement étaient lisses.

corsage, sont d'une exactitude extraordinaire, on éprouve une sorte d'éblouissement.

La façon de procéder est fort simple. La pièce à contrôler est posée au hasard sur la bigorne ; au-dessus du point exact par lequel le métal est en contact avec l'enclume, on applique le poinçon, qui est enfoncé d'un coup sec. La pièce reçoit donc une double empreinte : celle de l'image gravée sur le poinçon, celle d'une partie des mille traits qui sillonnent la bigorne; mais cette dernière image change à chaque opération : tantôt elle représente une tête de fourmi et une patte de sauterelle, tantôt la partie inférieure d'un staphylin et les antennes d'un fulgore. C'est là le vrai, l'inimitable contrôle, qui, malgré la multiplicité des variantes, appartient à un texte unique qu'on peut toujours consulter au besoin.

Il n'est personne qui, ne serait-ce que machinalement, n'ait examiné la marque d'une cuiller ou d'une fourchette. On voit alors à la face externe une marque qui a huit pans irréguliers, au milieu se dessine une tête de Minerve ayant le chiffre 1 placé en vedette devant le front : c'est là le poinçon du premier titre d'argent; mais sur la face interne, précisément de l'autre côté de cette marque, on aperçoit des traces qui paraissent indécises, irrégulières, et ressemblent à une écorchure du métal : c'est la trace de la bigorne. Qu'on examine attentivement, et l'on reconnaitra des portions d'insectes et peut-être une lettre ou deux de la légende inscrite entre eux. Les poinçons et la bigorne de la garantie, gravés en 1858, n'ont point été modifiés, car nul instrument de précision n'offrirait une plus sérieuse sécurité.

De même que les monnaies ne peuvent circuler qu'après avoir reçu la triple consécration de l'effigie, de la tranche et du revers, de même les objets d'or et d'argent ne doivent être livrés par le commerce qu'après avoir subi les essais et le poinçonnage de la garantie ; mais, comme le contrôle se paye, et que bien des marchands ne se gênent guère pour se soustraire aux mesures fiscales, une brigade volante de douze contrôleurs est chargée de visiter toutes les boutiques, tous les magasins où, sous une forme quelconque, on vend de l'or et de l'argent mis en œuvre. Ces agents ne procèdent jamais qu'accompagnés d'un commissaire de police, car parfois, trop souvent même, il faut dresser un procès-verbal et opérer une saisie.

La garantie assiste aussi par un de ses représentants à toute vente publique, car les bijoux, les armes riches, les orfèvreries doivent, lorsque le poinçon qui les marque est périmé, être frappés d'un contrôle de *recense* (tête de girafe, tête de dogue). Il arrive fréquemment que ces sortes d'objets ne sont point au titre légal ; mais dès qu'ils offrent un intérêt quelconque de curiosité ou de sentiment, on les respecte et on les rend à leurs propriétaires. Après le décès de mademoiselle Rachel, on trouva chez elle une assez grande quantité de parures de théâtre en or bas, mis en couleur, et que l'artiste avait fait spécialement exécuter pour donner à ses différents costumes un plus grand caractère de réalité. Tous ces bijoux, considérés comme souvenirs, évitèrent le coup de cisaille réservé aux métaux que trop d'alliage rend inférieurs.

Le bureau de garantie, en tant qu'administration, ne relève pas de la commission des monnaies, il appartient aux contributions indirectes et dépend du ministère des finances, auquel il a rapporté, en 1868, la somme de 2,285,009 fr. 30 cent. Pour un impôt somptuaire, c'est un maigre produit, qui rémunère à peine l'État des soins qu'il prend afin d'assurer à tous nos ouvrages d'or et d'argent le titre qui seul leur donne une valeur commerciale.

Les diverses opérations dont l'Hôtel des Monnaies est le théâtre offrent des garanties telles, qu'il est bien difficile de les trouver en défaut. Pour assurer à nos monnaies la sincérité qui doit en être le principal caractère, on ne recule devant aucune considération, et bien souvent on a fait rejeter à la fonte des brèves entières. Sur 45,522,418 pièces d'or et d'argent frappées à la Monnaie pendant le cours de l'année 1868, on en a rebuté 2,462,652, qui ont dû subir de nouveau toute la série de manipulations prescrites avant de pouvoir obtenir le bon de délivrance et entrer en circulation.

Si l'État ne participe en rien à la fabrication des monnaies, il y intervient avec omnipotence pour les contrôler, et par conséquent il assume une part de responsabilité qu'on peut invoquer lorsqu'il s'agit de certaines améliorations à introduire. Toutes les fois que le gouvernement participe à une administration quelconque, sous quelque forme que ce soit, son action doit se faire sentir immédiatement d'une façon bienfaisante et élevée. Les ouvriers employés dans l'hôtel du quai Conti relèvent uniquement du directeur de la fabrication; mais l'État, comme tuteur des monnaies, devrait les faire jouir des avantages qu'on trouve aujourd'hui dans presque tous les grands établissements. Rien ne serait plus convenable que d'assurer des retraites à ces humbles travailleurs qui manient avec probité et en détail la richesse monétaire du pays, de leur procurer en cas de maladie ou de blessures les soins gratuits d'un médecin payé par l'administration, de leur faire distribuer à prix coûtant des médicaments par la pharmacie des hôpitaux, de les attacher, en un mot, à leur dur métier, de récompenser leur labeur par une sorte de bénéfice moral plus envié et plus recherché parfois que le bénéfice matériel. L'État est père de famille; il exige beaucoup, sous bien des rapports il exige trop, et jamais cependant on ne marchande les sacrifices qu'il réclame ; ne doit-il pas, partout où il apparait, amener avec lui le bien-être et la moralisation?

Il est une amélioration d'un autre ordre qui intéresse l'humanité tout entière, à laquelle on travaille depuis bien des années déjà, et qui, l'on peut en être certain, rencontrerait l'unanime assentiment de la commission. Il faut doter le monde d'une monnaie internationale, uniforme, acceptée par tous, et garantie chez tous les peuples par une loi semblable et consentie. Cette idée, si simple qu'on s'étonne de ne pas la voir appliquée, a souvent été mise en avant par la France. Dès le 8 mai 1790, M. de Bomay proposait un décret par lequel Louis XVI serait supplié d'engager le parlement anglais à établir l'égalité des poids, mesures et monnaies avec la France. Quelques nations, nous les avons nommées, ont adopté le système décimal, mais combien sont réfractaires encore, et comment se fait-il que dans les traités de paix on n'ait jamais songé à introduire une clause relative à l'unité des monnaies?

N'est-il pas puéril qu'à notre époque, par un temps de chemins de fer et de télégraphie électrique, lorsque l'on dépense avec raison des millions pour obtenir un peu plus de rapidité dans les communications, les différents États, par suite d'un orgueil mal compris, d'habitudes surannées qu'on n'ose détruire, de paresse et d'insouciance, gardent une diversité de systèmes monétaires qui est préjudiciable à toutes les transactions et semble inventée tout exprès pour enrichir des banquiers habiles? Qui pourrait croire qu'aujourd'hui l'Europe emploie plus de 200 variétés de poids et de mesures, qu'elle compte le temps à l'aide de trois calendriers qui n'ont aucun rapport entre eux, et que son commerce use de 93 monnaies d'or et de 135 monnaies d'argent, qui n'ont de commun ni le titre ni le poids? Cinq types de pièces d'or, cinq d'argent, quatre de bronze, doivent et peuvent définitivement suffire à tous les besoins. Arrivera-t-on à s'entendre sur ce sujet qui tient aux intérêts les plus précieux des nations? Il faut le croire ; mais on peut reconnaître que, si le progrès ne s'arrête jamais, sa marche est parfois d'une lenteur désespérante.

Appendice. — Les événements de 1870-1871 ont lourdement pesé sur la fabrication des monnaies; celle des espèces d'or a été interrompue et n'a été reprise qu'en 1874. Pendant trois années, les opérations ont été presque nulles à l'hôtel du quai Conti, dont l'insurrection s'empara après le 18 mars, aussitôt que le gouvernement se fut réfugié à Versailles. La Commune a tenu à faire acte régalien ; environ 1,300,000 francs en pièces de cinq francs ont été frappés, par son ordre, en avril et mai 1871 ; la plupart de ces pièces, qui du reste étaient parfaitement *droites*, ont été retirées de la circulation et refondues.

En 1873, le bureau du change a reçu 674,720 kilogrammes 660 grammes d'argent ; nul lingot, nul objet d'or n'y a été présenté. Le monnayage a porté sur 29,789,617 pièces d'argent, dont 1,258,872 ont été rebutées comme n'offrant pas toutes les conditions requises de poids, d'aloi ou de sonorité ; 3,613,917 pièces de bronze ont été frappées, sur lesquelles 26,044 ont été rejetées à la fonte ; la valeur mise en circulation représente une somme de 136,903,779 francs 50 centimes d'argent et 284,212 francs 15 centimes de bronze. La machine à peser de James Murdoch Napier est définitivement adoptée et fonctionne régulièrement depuis la reprise de la fabrication de l'or en 1874.

Le nombre des médailles frappées en 1873 s'élève au chiffre de 572,145, dont 4,513 en or, 4 en platine, 540,036 en argent, 27,592 en cuivre; à ce chiffre déjà considérable il faut ajouter 4,077,641 médailles dites de sainteté en toute sorte de métaux.

L'imprimerie spéciale des timbres-poste a livré, en 1873, à l'administration 575,922,400 timbres équivalant à la valeur brute de 107,147,210 francs et qui ont été payés 337,461 francs 20 centimes au directeur de la fabrication.

Le bureau de la garantie des matières d'or et d'argent a, en 1873, contrôlé 3,705,443 objets d'or et 7,091,795 objets d'argent; 24,504 objets en or et 5,624 objets en argent ont été brisés pour cause de titre insuffisant. Les droits perçus au profit du Trésor public ont atteint la somme de 3,085,137 francs 81 centimes ; une loi du 30 mars

1872 a augmenté les droits de garantie de 50 pour 100 sur l'or et de 60 pour 100 sur l'argent ; les droits sont donc aujourd'hui de 30 francs par hectogramme d'or ouvré et de 1 franc 60 centimes par hectogramme d'argent.

CHAPITRE XI

LA BANQUE DE FRANCE

I. — LE GOUVERNEMENT.

Origine du mot. — *Banco rotto*. — Citation de Plaute. — *Casa di San Giorgio*. — Jacques Cœur. — Law. — Opération de la Banque du Mississipi. — Le système. — Le duc de Conti et le duc de Bourbon. — Déroute. — Caisse d'escompte. — Chapeaux défoncés. — Caisse des comptes courants. — Fondation de la Banque de France. — Loi du 24 germinal an XI. — Constitution républicaine. — Crise de 1805. — Lettre de Napoléon. — Modification. — Gouvernement monarchique constitutionnel. — Loi du 22 avril 1806. — Mécanisme. — Prescriptions restrictives. — L'engrenage. — Panique de 1814. — Crise de 1848. — Décret du 15 mars. — Avances de la Banque. — Résultat inattendu du cours forcé. — Popularité du billet de banque. — Banques départementales devenues succursales de la Banque de France. — Capital de la Banque. — Grand conseil et comités.

Dans presque toutes les langues, le mot banque et le mot banquier dérivent du vocable qui signifie table ou comptoir : τραπεζίτης chez les Grecs, *mensarius* chez les Romains, *banchiero* chez les Italiens du moyen âge. Le banquier a été primitivement un changeur ; il venait s'installer sur la place publique avec un banc sur lequel il exposait les monnaies diverses qu'on pouvait avoir à lui demander ; peu à peu il prit les fonds en dépôt, fit des avances sur caution, sur marchandises, sur gages, sur titres de propriété, sur papiers de famille[1], et devint bien réellement ce que nous nommons aujourd'hui un banquier. Lorsqu'il avait manqué à ses engagements, que, par suite de sa mauvaise foi ou de spéculations hasardeuses, il causait un tort manifeste à ses créanciers, on brisait son comptoir. On disait de lui alors qu'il était l'homme du banc rompu : *banco rotto*, d'où nous avons fait le mot banqueroute. Selon plusieurs écrivains, les *trapézites* et les *mensarii* auraient ignoré toutes les opérations des banques modernes. Cette opinion peut paraître exagérée, et Plaute lui donne un démenti, lorsque, dans *les Captifs*, il fait dire à Hégion :

> Ibo intro, atque intus subducam ratiunculam,
> Quantillum argenti mihi apud trapezitam siet.

« Je rentre, et vais voir un peu ce qu'il me reste d'argent chez mon banquier. » Et dans le *Trinumus*, lorsque Stasime dit :

> Trapezitæ mille drachumarum olympicum
> Quas de ratione debuisti, redditæ.

« De compte fait avec le banquier, tu restais débiteur de mille drachmes olympiques; elles sont payées. »

Il n'est pas douteux que depuis l'antiquité bien des banques n'aient fonctionné en Italie, mais il est difficile et il serait hasardeux de leur assigner une date positive. Venise prétend avoir possédé une banque dès la première moitié du quatorzième siècle. Barcelone trouve dans ses archives quelques traces d'une banque installée en 1349 par la corporation des drapiers; mais il faut,

[1] Lorsque Louis-Philippe fit peindre au palais de Versailles la salle des Croisades, on retrouva à Gênes une grande partie des papiers appartenant aux croisés. Ces titres avaient été engagés chez les banquiers génois par les seigneurs français comme garantie de l'argent qu'ils empruntaient pour pouvoir se rendre en Terre sainte.

si l'on veut s'étayer sur des documents authentiques, reconnaître que la première banque régulière établie en Europe fut celle que les Génois organisèrent en 1407 sous le nom de *Casa di San Giorgio*.

Les Italiens, — Génois, Vénitiens, Lombards, — semblent avoir eu pendant tout le moyen âge, et même pendant la première période des temps modernes, le privilège exclusif du commerce de l'argent. Jacques Cœur, que son titre d'argentier a trop souvent fait prendre pour un banquier, était un marchand enrichi par le négoce, et les prêts sur nantissement qu'il fit au roi ou à d'autres personnages étaient des actes de complaisance plutôt que des spéculations.

Quoique Louis XIV, après la désastreuse année 1709, eût créé du papier-monnaie et qu'à l'époque de sa mort 492 millions de ces valeurs douteuses circulassent encore, notre première banque fut celle de Law, la fameuse banque du Mississipi qui a tant fait parler d'elle, qu'on a tant maudite, mais à laquelle cependant il ne faut pas oublier que nous avons dû la Louisiane. Concédée à Law pour vingt ans, par ordonnance des 2 et 20 mai 1716, au capital limité de six millions, divisé en 1,200 actions de 5,000 livres chacune, elle commença dès le mois de juin des opérations qui, si elles n'eussent point été dénaturées, l'auraient conduite probablement à une prospérité extraordinaire. Ces opérations étaient, à fort peu de chose près, celles-là mêmes qui ont donné à la Banque de France une assiette si solide : escompte des effets de commerce, garde des valeurs en dépôt, payements et recouvrements pour les tiers ; de plus, son action était très-sagement circonscrite par l'interdiction absolue de faire le commerce ou d'emprunter à intérêt. Les débuts furent les jours de l'âge d'or ; d'un intérêt mensuel de 2 1/2 pour 100, l'escompte des effets descendit à six, à cinq et même à quatre par an.

Jamais telles facilités n'avaient été offertes au négoce, qui se hâtait d'en profiter.

Malheureusement le succès grisa Law, il engloba la banque dans la Compagnie d'Occident et voulut mettre en pratique le fameux *système*, rêverie socialiste autoritaire par excellence, qui devait amener la banque à être l'unique dispensatrice de tout crédit, de toute richesse, de tout travail. Pour satisfaire les besoins factices qu'on venait de créer, pour répondre aux demandes d'une spéculation chauffée à blanc, on émit une quantité folle d'actions, actions-mères, actions-filles, actions-petites-filles. Pareille fureur d'agiotage ne s'était jamais vue[1]. Les grands seigneurs marchaient en tête de cette armée pleine de convoitises malsaines : le comte de Horn, un parent du Régent, assassinait en plein jour, rue Quincampoix ; à la fin de février 1720, le duc de Conti fait enlever 14 millions d'or à la Banque, et, le 2 mars, le duc de Bourbon en retire 25. Pour remédier à une catastrophe imminente, on arrive, non pas seulement à vouloir imposer le cours forcé de ce papier qui, de minute en minute, perdait de sa valeur, mais à interdire la circulation des espèces métalliques, à défendre de placer des fonds à l'étranger, et même à prohiber l'achat des diamants ou de la vaisselle plate.

Quand une institution en est là, elle est morte, et nul pouvoir ne saurait la ressusciter. Le désastre fut immense. On n'en riait pas moins, et l'esprit parisien n'abdiquait pas au milieu d'un tel cataclysme. Comme au-dessus de l'hôtel de la Compagnie[2] on avait gravé deux L

---

[1] « Ces jours cy (1719) on a dû envoyer des gardes chez les tailleurs pour les forcer à travailler aux habits du roy. » Tous les tailleurs avaient déserté les ateliers et étaient occupés à l'agio. Voir *Revue des Deux-Mondes*, 1ᵉʳ janvier 1872, p. 194, *Une marquise sous la Régence*, correspondance manuscrite de 1704 à 1725. Charles Aubertin, renvoi aux manuscrits de la Bibliothèque Mazarine, n° 2790.

[2] Ancien hôtel de Nevers, annexé aujourd'hui à la Bibliothèque impé-

majuscules, initiales du nom de Louis XV, un plaisant écrivit sur la muraille : *Ut citius aufugiat :* « afin qu'il se sauve plus vite. » Law se sauva en effet, mais à grand' peine : c'est miracle qu'il n'ait pas été écharpé ; deux ou trois fois il avait été obligé d'aller chercher refuge jusque dans les appartements privés du duc d'Orléans. Le 13 octobre 1720, on publia un arrêt du conseil, rendu le 10, portant suppression des billets de banque à partir du 1er novembre. D'après la récapitulation qui suit le libellé, il est constant que les billets émis s'élevaient à la somme de 2,696,400,000 livres.

La chute avait été si profonde qu'on en resta étourdi plus longtemps que de raison. Le seul mot de banque épouvantait tout le monde, et l'on attendit cinquante-six ans avant de voir reparaître une institution qui rappelait de fort loin la première et féconde tentative de Law. Un arrêt du 24 mars 1778 concéda au sieur Bernard un privilége en vertu duquel il pouvait établir une *caisse d'escompte* au capital de 15 millions de livres. Elle vivota, plutôt qu'elle ne vécut, entre les exigences du gouvernement et la défiance du commerce. On peut croire que ses opérations n'étaient pas très-fructueuses, car en 1784 il fut de mode pour les femmes de porter des chapeaux sans fond, qu'on appelait des *chapeaux à la caisse d'escompte;* néanmoins elle subsista tant bien que mal jusqu'à la Convention, qui la supprima, par décret du 4 août 1793. Sous le Directoire, des particuliers, négociants et banquiers, créèrent une *caisse de comptes courants* qui émettait des billets, faisait diverses opérations avantageuses pour le commerce et qui disparut lorsque Bonaparte, devenu premier consul, appréciant les immenses services que pouvait rendre à la population un établissement de crédit sagement mené, contenu

---

riale, récemment restauré, s'étendant entre les rues Vivienne et Richelieu, avec façade sur la rue Neuve des-Petits-Champs.

par une loi constitutive dans des limites sévèrement fixées, fonda la Banque de France.

En 1800, le 24 pluviôse an VIII, plusieurs banquiers, à la tête desquels se présentent Perregeaux, le Coutculx-Canteleu, Mallet aîné, Récamier, le fabricant de tabacs Robillard, se concertèrent pour arrêter les statuts d'une banque au capital de 30 millions, réparti en 30,000 actions nominatives. Les opérations devaient être l'escompte, le recouvrement des effets, les dépôts et consignations, les comptes courants, et enfin l'émission de billets au porteur et à vue. Tout autre commerce que celui de l'or et de l'argent lui était interdit. Dans les statuts primitifs, on retrouve d'une façon rudimentaire, mais déjà très-nette, le système de gouvernement qui devait assurer à la Banque une stabilité que rien jusqu'à ce jour n'est parvenu à ébranler. Dès le 28 nivôse (18 janvier 1800), un arrêté consulaire ordonnait que tous les fonds reçus à la caisse d'amortissement fussent versés à la Banque de France. C'est là une consécration importante et qui peut déjà faire préjuger du succès de l'entreprise. Cette dernière attendit cependant trois années avant de recevoir une constitution organique; ce fut la loi du 24 germinal an XI (14 avril 1803) qui la lui donna.

Par cette loi, le capital est porté à 45 millions, les coupures des billets sont fixées à 1,000 et à 500 francs. Le privilége est accordé pour quinze années ; l'universalité des actionnaires est représentée par les 200 plus forts d'entre eux ; convoqués en assemblée générale une fois par an, ils nomment au scrutin quinze régents qui administreront la Banque, et trois censeurs qui la surveilleront ; les régents et les censeurs réunis forment le conseil général. L'un des régents est nommé président pour deux ans par le conseil, et pendant toute la durée de ses fonctions il exerce en quelque sorte le pouvoir exécutif. Ainsi qu'il est facile de le voir, nous sommes en république, car dans cette constitution très-libérale on n'aperçoit pas l'ingérence de l'État. Il ne révèle pas son influence par des signes extérieurs ; s'il l'exerce, c'est d'une façon amiable, mais sans aucun droit reconnu dans les statuts délibérés au Corps législatif. Les actionnaires de la Banque, représentés par les administrateurs élus, étaient maîtres chez eux, sans contrôle direct, et pouvaient n'avoir d'autre guide que leur intérêt particulier.

En 1805, pendant la campagne d'Allemagne qui devait trouver un dénoûment si rapide à la bataille d'Austerlitz, la Banque traversa une crise difficile. Elle était alors installée dans l'hôtel Maissiac, qui occupe actuellement le n° 48 de la rue Pagevin. Chaque jour la place des Victoires était remplie par des gens inquiets qui venaient échanger leurs billets contre des espèces ; dans le commerce, le billet de 1,000 francs perdait 20 francs ; Joseph, qui, sous le titre de grand-connétable, présidait le conseil des ministres en l'absence de son frère, était fort troublé, et parlait de faire venir des troupes pour déblayer les issues de la Banque obstruées dès le milieu de la nuit. La Banque, voyant son encaisse métallique diminuer à vue d'œil, criait au secours et s'adressait au tribunal de commerce pour qu'il forçât le public à accepter ses billets en guise d'argent. En cette circonstance, Napoléon fut très-net. Le 20 octobre 1805, il écrivit d'Elchingen à Régnier : « Il faut que la Banque de France échange ses billets contre de l'argent, à bureau ouvert, ou qu'elle ferme ses bureaux si elle manque d'argent. Quant à moi, je ne veux pas de papier-monnaie. »

Le souvenir de ces désordres passagers a-t-il eu quelque influence sur les résolutions de Napoléon ? Son esprit, singulièrement impérieux, n'a-t-il pu supporter qu'un établissement qui servait de régulateur au crédit public se mût en dehors de l'action immédiate de l'État ? On ne sait, mais le 22 avril 1806 la constitution de la Banque de France est modifiée d'une façon définitive. C'est le type du gouvernement monarchique constitutionnel. Par la nouvelle loi, le privilége est prorogé de vingt-cinq ans au delà du terme fixé d'abord, le capital est porté à 90 millions ; c'est toujours l'assemblée des actionnaires qui élit les censeurs et les régents, mais la présidence échappe à ceux-ci. La direction des affaires, que la Banque, en vertu de la loi de germinal, déléguait à son comité central, est désormais exercée par un gouverneur et deux sous-gouverneurs, qui sont nommés par l'empereur et prêtent serment entre ses mains. Cette loi, que rien jusqu'à présent n'a modifiée dans ses parties organiques, a été libellée par Mollien, un des esprits les plus fermes et les plus sagaces de son temps. Il est étrange que Napoléon, dont l'aversion pour le système parlementaire s'était si souvent manifestée, ait établi précisément à la Banque le modèle presque parfait de ce genre de gouvernement ; il faut qu'il ait été entraîné par des considérations bien fortes, ou que sa propre sagesse l'ait emporté sur ses répugnances instinctives.

Le gouverneur préside les conseils, approuve ou rejette les dispositions adoptées, nomme, révoque, destitue les agents, signe seul, comme un souverain, tous les traités intervenants, fait exécuter les lois et statuts qui régissent la Banque. Il a droit de *veto* ; il peut empêcher l'accomplissement d'une mesure délibérée par le conseil, mais il ne peut contraindre ce dernier à adopter une résolution quelconque, et il doit lui rendre compte de toutes les affaires. Ces deux puissances, l'une législative, l'autre exécutive, se côtoient sans se heurter, tant leurs attributions diverses ont été sagement réglées. En cas de conflit, force resterait toujours au conseil des censeurs et des régents, qui votent le budget et peuvent, en le refusant ou en le modifiant, mettre le gouverneur dans l'impossibilité de faire mouvoir le mécanisme de son petit État. Heureusement jamais pareille occurrence ne s'est présentée; le conseil et le gouvernement marchent d'accord; sur chaque question il y a entente préliminaire. Tout se traite à l'amiable par des gens qui n'ont qu'un but et savent l'atteindre, mettre l'intérêt de l'État en rapport avec celui des particuliers.

La Banque de France constitue donc une œuvre publique confiée à une société privée surveillée par l'État. De cette façon, si par hasard l'esprit mercantile et intéressé des actionnaires représentés par les conseils venait à prévaloir, le gouverneur interviendrait pour garantir les droits du commerce et rappeler la Banque à l'esprit de son institution. Cette surveillance de l'État paraîtra en outre indispensable à tous ceux qui estiment que, pour demeurer stable et sérieux, le crédit public ne doit pas se jeter dans les aventures. Les statuts, rédigés par Gaudin, en date du 16 janvier 1808, et qui sont l'application développée de la loi de 1806, ont dit très-sagement à l'article 8 : « La Banque ne peut dans aucun cas ni sous aucun prétexte faire ou entreprendre d'autres opérations que celles qui lui sont permises par les lois. » Rien n'est plus juste que cette prescription restrictive. Les gens chargés de maintenir le crédit ne peuvent et ne doivent rien faire de facultatif. Quand une institution de cet ordre se laisse entraîner, par faiblesse ou par convoitise, à une spéculation douteuse, elle ressemble à l'ouvrier dont la blouse est saisie par l'engrenage d'une machine en mouvement; quels que soient ses efforts et son énergie, rien ne le sauvera ; une expression populaire dit nettement le fait : « Il y passera tout entier. »

C'est grâce aux dispositions à la fois très-précises et très-réservées qui ont présidé à sa fondation, grâce à la sagesse expérimentée de ses fondateurs, grâce à ce gouvernement constitutionnel dont le fonctionnement régulier ne s'est pas ralenti une minute, que la Banque a pu traverser des heures singulièrement douloureuses. Elle a vu s'écrouler des trônes, elle a assisté à l'anéantissement du crédit public, à la disparition des espèces métalliques, elle a été englobée dans des crises financières qui troublaient les Etats et ruinaient les particuliers, rien n'a pu paralyser son action, ni même affaiblir son mécanisme. Semblable à ces vieilles fées qui, dans les circonstances exceptionnelles, savent conjurer le danger à force de sagesse et de prudence, elle a su faire face à tout avec ses seuls billets, qui sont un talisman dont la puissance dépasse celle des baguettes enchantées.

A un seul jour de notre histoire, elle crut tout perdu et désespéra. En 1814, la veille de l'entrée des alliés, la Banque fut saisie de panique, et pendant que sur la place Vendôme on jetait au feu les drapeaux enlevés jadis à l'ennemi, elle brûlait ses billets sous l'impulsion irréfléchie de Jacques Laffitte. Un si profond désarroi ne pouvait durer, il n'était point digne d'hommes qui avaient su aborder de front toute difficulté ; ils reprirent vaillamment la direction du navire qui portait Paris et sa fortune, ils payèrent à caisse ouverte, et par cette ferme mesure ne contribuèrent pas peu à rendre la confiance aux plus timorés. Trente-quatre ans plus tard, une nouvelle crise aiguë et pleine de périls devait fondre sur la Banque. On se rappelle encore l'atonie inconcevable qui suivit la révolution de Février 1848. L'industrie, le commerce, la finance étaient tombés dans un état comateux qui ressemblait de bien près à la mort. Les clairvoyants avaient beau prêcher la confiance, on vivait dans une sorte d'inquiétude somnolente dont on ne parvenait pas à sortir. Le bureau du change de l'Hôtel des Monnaies regorgeait de gens effarés qui venaient vendre leurs couverts, et la cour de la Banque était encombrée de personnes réclamant, aux termes de la loi, des espèces contre leurs billets. La Banque paya sans désemparer, malgré l'agio sur l'or, qui était monté à 70 francs ; mais la réserve métallique s'épuisait. La loi du 10 juin 1847, en autorisant la Banque à émettre des billets de 200 francs, dont la création était depuis bien longtemps réclamée par le commerce, avait multiplié les signes de la monnaie fiduciaire qui, pour ainsi dire, se trouvait entre toutes les mains. Le péril était grand et pouvait conduire tout droit à une catastrophe.

Le gouvernement de la Banque et le gouvernement provisoire discutèrent la question, et en vertu du vieil adage : « Aux grands maux les grands remèdes ! » un décret du 15 mars 1848, évitant de prononcer les mots de cours forcé, décida que les billets de la Banque de France seraient reçus comme monnaie légale par les caisses publiques et les particuliers. L'article 4 du même décret disait en outre : « Pour faciliter la circulation, la Banque de France est autorisée à émettre des coupures, qui toutefois ne pourront être inférieures à 100 francs. » Il ne manqua pas de gens qui crièrent aux assignats et prédirent la banqueroute. Ces prophètes malavisés en furent pour leurs sinistres clameurs. Non-seulement la Banque ne sombra pas, mais, en 1849, ses billets faisaient prime, et elle prêtait à tout le monde avec la générosité d'une Cybèle dont rien ne peut tarir l'inépuisable fécondité : le 5 juin 1848, au Trésor, 150 millions; le 24 du même mois, 10 millions à la ville de Paris; le 29 décembre, à Marseille, 5 millions; le 3 janvier 1849, 3 millions au département de la Seine.

Cette mesure extrême de décréter le cours forcé eut

une conséquence qu'on n'avait guère prévue : loin de déprécier le papier, elle en fit reconnaître la valeur ; elle en popularisa l'usage, et il n'est aujourd'hui si pauvre hameau qui ne l'accepte comme argent comptant. Il n'en était pas de même autrefois, et je me souviens qu'en 1847 il me fut impossible de changer un billet de banque à Vichy, qui cependant était déjà une ville d'eau très-fréquentée. A cette heure, non-seulement toutes les coupures de la Banque ont cours en France, mais elles équivalent à l'or en Allemagne et en Italie. Jamais peut-être, depuis que des banques ont émis des titres au porteur, nul billet n'a obtenu et mérité une telle confiance. Le cours légal ne se prolongea pas longtemps ; il cessa normalement le 6 août 1850, par la promulgation d'une loi dont l'initiative appartenait à la Banque elle-même.

Le gouvernement provisoire avait aussi pris une excellente disposition par les décrets du 27 avril et du 2 mai, qui réunissaient à la Banque de France les banques précédemment créées à Rouen, à Lyon, au Havre, à Lille, Toulouse, Orléans, Marseille, Nantes et Bordeaux ; toutes ces banques partielles étaient indépendantes de la banque centrale ; elles avaient leurs statuts et leur capital, ne considéraient que l'intérêt local, émettaient des billets qui, par suite du vieil esprit provincial et girondin dont la France a tant de peine à se guérir, ne devaient et ne pouvaient être payés qu'au comptoir même d'où ils étaient sortis. C'était en limiter la circulation au point de la rendre illusoire ; un billet de la banque de Lyon, ne pouvant être remboursé qu'à Lyon, constituait un instrument d'échange si restreint qu'il devenait inutile. La Banque, prenant à son compte les actions de ces établissements, a fusionné avec ceux-ci et les a remplacés par l'organisation bien plus rationnelle des succursales, qui sont aujourd'hui au nombre de 62. On ne tardera point, d'après l'esprit de la loi de

1857, à en avoir au chef-lieu de chaque département. Dès lors l'impulsion devient unique et part de la banque centrale pour faire mouvoir, pour activer ou modérer tous ces mécanismes éloignés. Aujourd'hui la Banque de France, dont le privilége a été prorogé jusqu'au 31 décembre 1797, possède un capital représenté par 182,500 actions nominatives, et a été autorisée à émettre des coupures de 50 francs.

La haute direction est représentée par le gouverneur et les sous-gouverneurs; tous les employés dépendent exclusivement du gouverneur, qui nomme et révoque sans contrôle. Les régents, choisis par l'assemblée des actionnaires, sont élus pour cinq années, et renouvelés par cinquième. Trois d'entre eux doivent être receveurs généraux et sont autorisés à habiter Paris. Les censeurs, élus pour trois ans, sont renouvelables par tiers. Les fonctions des uns et des autres sont gratuites. La réunion des censeurs et des régents, sous la présidence du gouverneur, forme le grand conseil, conseil souverain qui décide sans appel toute opération de banque ne s'éloignant pas des prescriptions de la loi; mais ce conseil se répartit en un certain nombre de comités qui préparent, sur l'initiative du gouverneur, toutes les affaires dont la Banque peut avoir à s'occuper [1].

Ainsi, et pour me résumer, la Banque représente un corps complet; sa tête, son cœur, ses membres, sont les gouverneurs, les censeurs, les régents et les comités. Ainsi constituée, elle est l'artisan du crédit public; ses instruments spéciaux de travail sont les billets qu'elle

---

[1] Les comités sont au nombre de sept : 1° le comité des livres et portefeuilles; 2° le comité des succursales; 3° le comité des billets; 4° le comité des relations avec le Trésor; 5° le comité d'escompte; 6° le comité des caisses; 7° le comité de vérification des titres. Tous ces comités fonctionnent à époques fixes, indépendamment des commissions spéciales qui peuvent être inopinément formées pour apprécier des faits provenant de circonstances exceptionnelles.

II. — LES BILLETS.

Les assignats. — Chacun fait son écu. — 6 liards pour 300 francs. — On brise la planche aux assignats. — Total des assignats émis. — Faux assignats. — Défaite de Quiberon, — Le billet modèle. — Signalement du billet. — Les alphabets. — Exemple. — État civil. — Précautions matérielles. — Le papier. — Feuilles *cassées*. — Création d'alphabets. — L'imprimerie. — Toiles vélines. — La planche des billets de 1,000. — Cinq ans pour la planche des billets de 100. — Opération secrète. — Machine à numéroter. — Vingt jours pour imprimer un billet. — Billets *fautés*. — Comptabilité des billets. — Signatures. — Émission. — Durée d un billet. — Pérégrinations. — Sagacité. — Peu de billets perdus. — La Banque ne profite pas des billets perdus. — Annulation des billets. — Signes du zodiaque. — Mauvaise odeur. — Destruction. — Auto-da-fé. — Annulation moins considérable que la fabrication. — Billets de 200 francs et de 5,000 francs. — Un homme de lettres. — La photographie. — L'impression en bleu. — Laboratoire d'expérimentation. — Les faussaires. — Histoire invraisemblable. — Mauvaise plaisanterie. — Un adversaire redoutable. — Indice révélateur. — Giraud de Gâtebourse. — Planches à modifier. — Refonte proposée. — Emblèmes surannés. — Le beau est indispensable.

Il fallait une singulière hardiesse pour jeter des billets de banque dans la circulation aux dernières heures du dix-huitième siècle, lorsque l'on était encore sous le coup de la ruine causée par les assignats. Tout ce qui avait l'air de papier-monnaie semblait frappé à l'avance de discrédit et de mort. Jamais, en effet, pareille débauche ne s'était encore vue; la République avait, sous ce rapport, dépassé les folies de la rue Quincampoix. Très-sérieuse dans le principe et appuyée sur des biens nationaux d'une valeur estimée honnêtement à dix milliards, l'opération avait sa raison d'être, car le papier émis n'était que la représentation mobile de la richesse immobilière possédée par la nation même ; mais on ne sut pas s'arrêter en chemin. Il était si facile de pourvoir à toutes les nécessités en faisant imprimer des morceaux de papier auxquels des lois léonines donnaient un cours forcé, qu'on ne put résister à la tentation.

L'État prêchait d'exemple, les individus le suivirent, et chacun se fit, pour son propre compte, fabricant d'assignats. Voici ce que raconte Mercier dans son *Nouveau Tableau de Paris* : « Le dogme de la souveraineté nationale fut confirmé d'une manière assez plaisante, car il fut un temps où chaque particulier se croyait en droit de battre monnaie. La disparition du numéraire avait donné cours à une foule de billets de petite valeur, émis par d'obscures maisons de commerce. Les épiciers, les limonadiers, écrivaient leur nom sur de petits morceaux de parchemin, et voilà du numéraire. Le délire fut poussé jusqu'au dernier excès ; chacun fit son écu[1]. »
Le résultat ne tarda point à se faire sentir. La valeur réelle des assignats n'était plus en rapport avec la valeur nominative. La loi du *maximum* réussit à peine à les soutenir ; après le 9 thermidor, la chute dépassa toute prévision : un sucre d'orge d'un sou se payait 30 francs en assignats. Dès longtemps, les dix milliards de biens confisqués au clergé avaient été dépassés par des émissions ininterrompues. Dans certaines villes, une pièce de six liards valait 300 francs papier. Lorsque le Directoire, ne sachant plus de quel bois faire flèche, lança tout à coup vingt milliards de nouveaux assignats, il ne parvint même pas à leur faire produire cent millions en numéraire. Ce fut le dernier coup ; au delà, rien n'était plus possible, et le 30 pluviôse an IV (19 février 1796) on renonça définitivement à un si déplorable sys-

---

[1] On fit mieux que le petit écu ; on descendit à un sou et à moins encore, le tout assaisonné de rhétorique. Sur un assignat d'un sou qui eut cours dans le département du Nord, on avait gravé :

Doit-on regretter l'or quand on peut s'en passer ?

et sur un assignat de *deux liards*, émis par le même département :

Ne me refuse pas au pauvre qui t'implore.

tème. Pour employer une expression que le langage populaire a consacrée, on brisa la planche aux assignats.

Depuis le décret du 19 avril 1790, qui avait autorisé la première émission, les différents gouvernements qui s'étaient succédé en France avaient répandu pour quarante-cinq milliards cinq cent quatre-vingt-un millions quatre cent soixante et un mille six cent vingt-trois livres en papier-monnaie. Certes il n'y a pas à discuter sur la valeur et la moralité d'une si désastreuse opération; mais il faut cependant reconnaître que Ramel, le ministre des finances, lorsque, le 9 pluviôse, il proposa au conseil des Cinq-Cents la mesure radicale qui allait enfin faire disparaître les assignats, put dire avec sincérité : « Les assignats ont amené la destruction des ordres et des priviléges; ils ont fait la révolution. » Entre les mains des ennemis de l'ordre nouveau, les assignats avaient été un moyen de guerre plus puissant peut-être que l'invasion, car ils avaient découragé la confiance et achevé d'énerver le crédit. Il est impossible d'évaluer ce qu'on en introduisit de faux en France, mais ce dut être pour des sommes considérables. On en fabriquait publiquement en Angleterre. Le 18 mars 1793, Sheridan dénonçait le fait à la tribune du parlement anglais. « J'ai vu les moulins et les faux assignats, » disait Ruyer le même jour. A Quiberon, après la défaite des royalistes et des Anglais, on trouva dans les bagages de Puisaye une somme de dix milliards en faux papier-monnaie.

On restait pénétré de ces tristes souvenirs; l'influence révolutionnaire régnait encore dans notre législation, et la peine de mort fut maintenue contre les faussaires. Ce n'était pas cela cependant qui était de nature à les faire reculer ; on en avait vu bien d'autres en ces redoutables jours, et les premiers directeurs de la Banque de France s'ingénièrent à dérouter la contrefaçon à force de précautions habiles et de perfection dans la fabrication même du billet. On peut l'affirmer sans pécher par excès d'orgueil national, c'est la France qui a créé le plus beau, le meilleur, disons le mot, — le seul modèle du billet de banque.

Avant de parler de l'impression des billets, il est bon d'expliquer le signalement qui les distingue les uns des autres et qui, comme point de repère et de contrôle, a une importance de premier ordre. Lorsqu'on regarde avec soin un billet de banque, quelle qu'en soit la coupure, on remarque qu'il porte une lettre suivie d'un chiffre et deux fois répétée, un chiffre deux fois répété, et enfin, en petits caractères, un troisième chiffre isolé. Ces chiffres n'ont rien d'arbitraire, ils constatent l'état civil du billet.

Toute émission de billets a lieu par *alphabet* (c'est le mot technique). Chaque alphabet, désigné par un numéro d'ordre, représente 25,000 billets, chaque lettre en représente 1,000. Selon que la lettre est suivie ou précédée d'une autre lettre, suivie ou précédée d'un chiffre, elle peut produire un tel nombre de combinaisons que nos petits-neveux n'en verront pas la fin. Ainsi chaque billet émis est frappé d'une lettre de série et d'un numéro particulier qui changent pour chaque billet. En outre, le chiffre isolé, adopté seulement depuis un arrêté du conseil en date du 20 juin 1867, représente le numéro du billet dans l'ordre de la coupure à laquelle il appartient.

Prenons pour exemple un billet de 1,000 francs. Au-dessous de l'énoncé *Banque de France*, je lis : *Paris*, 25 *mai* 1868; cela prouve que ce jour-là le conseil a décidé qu'on émettrait l'alphabet dont ce billet fait partie. A gauche, en haut, sur les rinceaux bleus de la bordure, il porte la lettre T, suivie immédiatement du chiffre 52; lettre et chiffre sont répétés à droite en bas; je sais dès lors qu'il appartient à l'alphabet 52 et dans cet alphabet à la lettre T ; à droite en haut, et à gauche en bas, je vois le chiffre 369 : c'est le numéro d'ordre du billet, qui est le trois-cent-soixante-neuvième de la série T, 32 ; enfin au centre du billet, sur un étroit espace laissé libre par l'impression interne des filigranes, j'aperçois le chiffre 0,793,369, qui m'apprend que depuis la première émission des billets de 1,000 francs on en a tiré 793,369 avant celui que j'ai sous les yeux.

Tout billet porte donc avec lui un passe-port muni d'un signalement où l'on n'a pas oublié les signes particuliers. La lettre de série est le nom de famille ; le numéro d'ordre est le nom de baptême ; le numéro de coupure donne le rang du billet dans l'espèce générique à laquelle il appartient. Il est indispensable que le lecteur ait connaissance de ces multiples précautions, car seules elles lui feront comprendre comment toute contrefaçon est déroutée. De deux billets identiques l'un à l'autre, il y en a forcément un qui sera faux, puisque deux billets ne peuvent pas être absolument semblables : ils sont tous jumeaux, d'accord ; mais chacun, au jour de sa naissance, reçoit un trait distinctif qui empêche qu'il puisse jamais être confondu avec ses frères.

Ces combinaisons qui, malgré une extrême simplicité, opposent de très-sérieux obstacles aux tentatives des faussaires, sont, pour ainsi dire, les précautions morales dont on entoure le billet de banque à sa naissance. Il en est d'autres d'un ordre tout matériel qui concourent aussi à lui assurer une sécurité parfaite. Pour les objets d'une telle valeur, tout est à surveiller : la fabrication du papier, la planche gravée, le tirage, l'impression. Le papier sur lequel on imprime les billets sort de la fabrique du Marais, près de Coulommiers ; il est obtenu par des procédés particuliers que je n'ai point à révéler ici, dans un local exclusivement réservé au service de la Banque, sous la direction d'un commissaire nommé par le gouverneur et qui toute l'année habite le bâtiment d'exploitation. Le papier est fabriqué sur des formes, sur des *tamis*, comme on disait jadis, à la main et feuille par feuille. Chacune de ces feuilles represente un billet et contient à l'intérieur un filigrane visible par transparence et qui varie selon la coupure du billet.

Les feuilles sont étudiées une à une au triple point de vue de la solidité, de la dimension, de la pureté ; toutes celles qui laissent apercevoir une imperfection sont dites *cassées* et réservées au pilon ; la proportion des rejets est en moyenne de 60 pour 100. Le papier reconnu bon est divisé en *rames* de 500 feuilles qui sont ficelées séparément, renfermées dans une caisse de fer dont une double clef est à la Banque, scellées du cachet du commissaire et expédiées à Paris, à l'hôtel de la rue de la Vrillère. Le conseil de régence délègue un comité spécial pour recevoir le papier, qui est examiné scrupuleusement de nouveau, et, après procès-verbal, remis au secrétaire général et au contrôleur général, puis enfermé dans une caisse manœuvrant à deux clefs qui restent entre les mains des dépositaires. Il faut donc le concours de deux personnes pour ouvrir les énormes serrures derrières lesquelles le papier attend l'heure où il recevra les signes qui en font la valeur.

Lorsque la quantité de billets rentrés et reconnus hors de service fait sentir la nécessité d'en émettre de nouveaux, le gouverneur avise le conseil général et lui demande l'autorisation de créer des billets. Le conseil détermine alors le nombre d'alphabets, la date qui leur sera assignée et les diverses coupures. Deux alphabets ne portent jamais la même date. Si, par exemple, dans la séance du 15 février 1869, le conseil a arrêté qu'on émettrait trois nouveaux alphabets de 1,000 francs, le premier sera daté du 15 février, le second du 16 février, le troisième du 17 février. De cette façon, il ne peut y avoir de doute possible, si plus tard on rapporte à la Banque des billets avariés appartenant à ces émissions. Le chef de l'imprimerie se fait alors délivrer, sur récépissé signé de lui, les feuilles qui lui sont nécessaires, et, après les avoir comptées, les remet à ses ouvriers.

L'imprimerie fait partie des bâtiments mêmes de la Banque ; nul, s'il n'appartient à ce service spécial, n'a le droit d'y pénétrer. Elle est vaste, très-éclairée, comme il convient à des ateliers pareils, et outillée d'instruments d'une précision extraordinaire. Les ouvriers chargés de manœuvrer ces presses sont choisis avec soin : on peut dire de tous que ce sont des hommes de confiance. Aux murailles sont appendus de grands cadres où l'on voit les spécimens des billets que la Banque a fabriqués pour les États-Pontificaux et l'ex-empire du Mexique ; comme la banque dont ils devaient être l'instrument, ces derniers sont restés à l'état de projet. Dans un atelier isolé, on estampe sur des toiles en fil d'archal, nommées *toiles vélines*, les lettres qui doivent former le filigrane intérieur du papier. Les encres et feuilles non distribuées, les matrices des planchés, sont gardées et enfermées dans une caisse dont le chef de l'imprimerie a seul la clef et dont il est responsable. La planche qui sert pour l'impression des billets de 1,000 francs a été livrée en 1842 par M. Barre père, à qui elle a coûté trois années de travail ; elle est d'acier et ne passe jamais sous les presses. Elle sert à faire des clichés à l'aide de la galvanoplastie, et ces clichés peuvent sans être trop fatigués tirer 50 ou 60,000 épreuves. C'est là le vieux système ; il est délaissé aujourd'hui pour les nouvelles coupures.

A cette heure, on dessine un billet de banque à une échelle exagérée ; par la photographie on le réduit aux dimensions précisément réglementaires, on le grave et on en fait des clichés. Le procédé est plus rapide, plus sûr et moins coûteux. Ce n'est pas à dire cependant que les essais soient moins lents et qu'on arrive du premier coup à la perfection. La planche du billet bleu de 100 francs, dont le verso est si gracieux, a exigé cinq années de tâtonnements ; mais on reconnaîtra, si on l'examine à la loupe, qu'on a pris à tâche d'y accumuler toutes les difficultés que peut offrir la gravure.

Après avoir subi une première opération, dont je ne suis pas libre d'expliquer les détails, la feuille de papier est imprimée par des presses spéciales mues à la vapeur. L'encre est bleue, inaltérable, et la composition doit en être tenue secrète. Comme on exige que chaque billet soit sans défaut, on ne se dépêche pas. Les personnes qui ont vu l'activité fébrile d'une imprimerie ordinaire ne croiraient guère que ce grand atelier paisible, très-propre et même élégant, emploie les mêmes procédés de travail. Un inspecteur se promène incessamment, allant d'une presse à l'autre, surveillant chaque mouvement, donnant parfois un ordre, et rappelant par la régularité de sa marche contenue dans d'invariables limites, la promenade monotone des officiers de marine lorsqu'ils sont de quart dans la batterie de leur vaisseau.

Autrefois le numérotage des billets se faisait à la main, méthode lente, défectueuse, et qui, malgré l'attention qu'on pouvait y apporter, amenait souvent des erreurs. Aujourd'hui il n'en est plus ainsi. M. Dericy a inventé une machine qui automatiquement applique aux billets le numéro de série, le numéro d'ordre et le numéro générique. Lorsqu'une fois elle est amorcée par la lettre d'alphabet, elle peut toute seule numéroter 1,000 feuilles sans qu'on soit obligé d'y toucher ; elle fait son travail ponctuellement, sans se tromper jamais ; à chaque billet qui passe sous son timbre mobile, elle change une unité ; tous les 10 billets elle change la dizaine, tous les 100 billets elle change la centaine, et cela avec cette précision qui fait croire à l'âme intelligente de ces êtres de fer et d'acier. A l'appareil est joint une pompe pneumatique qui déplace chaque feuille dès qu'elle a reçu d'un seul coup la quintuple empreinte dont elle est marquée.

Ces diverses opérations sont conduites par des hommes qui ont conscience de l'importance exceptionnelle de leur travail, mais il semble qu'ils la font partager à leurs machines, tant celles-ci ont des mouvements doux, onctueux, qu'on dirait intentionnellement affaiblis. On ne se presse pas, je le répète, car la perfection qu'on cherche à obtenir ne peut guère s'accommoder d'une trop vive rapidité. Il faut vingt jours pour qu'une simple feuille de papier, déjà munie des filigranes internes, puisse être convenablement imprimée. Est-il nécessaire d'ajouter qu'à chacune des phases différentes qu'elle traverse elle est comptée, étudiée et rejetée si elle n'est pas parfaite sous tous les rapports? Un registre spécial reçoit une sorte de procès-verbal de toutes ces opérations, de sorte qu'en le consultant on pourrait savoir, depuis que la Banque de France existe, combien on a refusé de feuilles à la papeterie, combien ont été *fautées* par l'impression en blanc, combien par l'impression à l'encre, combien par le numérotage. C'est un chef-d'œuvre de contrôle permanent et de comptabilité.

Tous les billets, réunis et classés selon la lettre de série, — mille par lettre, — sont répartis en alphabets ; chaque alphabet se compose naturellement de vingt-cinq paquets attachés à part. Ils sont livrés en cet état par le chef de l'imprimerie au chef d'un bureau particulier qu'on appelle *la comptabilité des billets*. A l'aide d'une machine mue par une pédale et portant un timbre armé d'une griffe autographique, il fait apposer sur les billets la signature du secrétaire général et celle du contrôleur. Si, en cet état, un billet venait à disparaître et était mis en circulation, on reconnaîtrait promptement qu'il a été soustrait, car il lui manque encore la dernière signature, la plus importante, celle qui, s'associant aux deux autres, donne une valeur de 1,000 francs à un chiffon de papier, celle du caissier principal.

Le chef de la comptabilité ouvre un registre particulier à chaque alphabet ; sur des colonnes formulées à l'avance, chaque billet est inscrit par son numéro d'ordre, et l'on constate ainsi ce qu'on appelle une *création*. Cette formalité étant accomplie, les billets, réunis et ficelés par paquets séparés, sont remis au secrétaire général et au contrôleur, qui les prennent en garde et les enferment dans leur caisse à double clef jusqu'au jour où l'émission en sera décidée. Cette dernière mesure est provoquée par le caissier principal, qui juge, lorsque le vide commence à se faire dans ses armoires, des besoins auxquels il doit faire face. Par l'entremise du gouverneur, il adresse sa demande au conseil, qui arrête que tel nombre d'alphabets lui seront remis. Dès lors il reçoit les billets des mains de ceux qui les avaient en charge, il les fait timbrer de sa griffe, baptême définitif qui les rend viables, et il les livre au public. En général, on fait en sorte d'avoir toujours une grosse masse de billets en réserve, de façon à ne les faire circuler qu'une année au moins après qu'ils sont sortis de l'imprimerie.

Il n'a pas la vie dure, ce pauvre billet de banque : deux ans, trois ans au plus ; et dans quel état il reprend le chemin du bercail qu'il a quitté si coquet, si pimpant! *Eheu! quantum mutatus!* Il revient criblé de trous d'épingles, percé à l'angle des plis, gris, terne, mou, vieilli avant l'âge par tant de pérégrinations à travers la poche des agents de change, des banquiers, des négociants, des filles, des escompteurs, des marchands de bric-à-brac ; il a traversé les mers ; il a voyagé dans la caisse des régiments ; il a jauni dans le tiroir secret des sacristies ; il a été mouillé de vin de Champagne sur la table des restaurants à la mode ; il a payé des toilettes tapageuses, passé entre cent mains différentes un jour de fin de mois ; il a été échangé vingt fois sur la pelouse de Chantilly ; il s'est étalé sur le tapis vert de Bade et de Hombourg ; il a fait bien des envieux avant de revenir se reposer et mourir aux lieux mêmes où il a pris naissance.

Il en est qui ont été si bien modifiés par une longue série d'infortunes, qu'il est presque impossible de les reconnaître. Il faut l'œil exercé du chef de la comptabilité pour ne pas hésiter. J'en ai vu qui n'étaient plus que des débris ; ils avaient été arrachés du feu, avaient été retrouvés à demi digérés dans l'estomac d'une chèvre, avaient bouilli dans une lessive avec la veste de toile où on les avait oubliés. Il faut une patience d'Œdipe, une sagacité de Peau-Rouge, pour parvenir à rassembler ces fragments informes, pour y lire un chiffre, pour pouvoir dire avec certitude : C'est tel numéro de tel alphabet ; pour réussir, en un mot, à reconstituer l'identité d'une telle épave. On garde avec soin et l'on montre, non sans quelque orgueil, ces impalpables vestiges, collés, réunis sur du papier gommé, vestiges insignifiants pour tout autre, mais où la Banque, mue par un haut sentiment du devoir, a pu, au prix de peines infinies, distinguer un signe, une apparence qui lui permet de rembourser la valeur intégrale du billet auquel ce reste seul avait survécu.

Se perd-il beaucoup de billets de banque ? Bien moins que l'on ne croit. Il est certain que les incendies et les naufrages ont dû en détruire une quantité appréciable, mais en remontant aux premières émissions et en consultant le registre qui leur a été consacré, on pourra se convaincre que le chiffre des billets non rentrés est assez minime. Les premiers billets de 1,000 francs, dits premier alphabet romain, ont été créés le 9 messidor an XI ; on en a émis 24,000, sur lesquels 23,958 étaient revenus à la Banque ; au mois de janvier 1869, 42 manquaient encore. La première émission des billets de 500 francs est du 24 germinal an XI ; sur 25,000, 24,935 ont fait retour, 65 font défaut. C'est bien peu pour une telle période que l'absence de 107 billets sur une masse de 49,000. On croit généralement que la Banque profitera des billets détruits par accident ou enfouis dans d'introuvables cachettes, en un mot définitivement disparus. C'est là une erreur fort enracinée, mais inexplicable. En admettant que la Banque vînt à liquider, soit parce que son privilège ne serait pas renouvelé, soit parce qu'elle fusionnerait avec une autre institution analogue, on établirait un compte : tant de billets émis depuis l'origine, tant de billets brûlés réglementairement, tant de billets en caisse ; le surplus serait forcément considéré comme étant en circulation, et la Banque en devrait la représentation en espèces, en rentes ou en immeubles. Ce n'est donc pas elle qui hériterait des billets morts, c'est cet être de raison qui ne prend jamais fin et qu'on nomme l'État.

Les billets qui rentrent journellement à la Banque n'en sortent de nouveau qu'après avoir été vérifiés et examinés ; tous ceux qu'une déchirure ou des tâches mettent hors d'usage sont séparés des autres, réunis en paquets, et, ainsi disposés, soumis à l'action d'un emporte-pièce qui, en y découpant un trou large à peu près comme une pièce de cinq francs, leur interdit toute circulation possible. La place où doit mordre l'emporte-pièce a été choisie de façon à ménager tous les signes qui peuvent être utiles pour déterminer la personnalité d'un billet. Lorsque ce premier travail a été accompli, les billets sont rendus au chef de la comptabilité, qui les fait classer selon les différents alphabets auxquels ils appartiennent.

Dès lors le conseil décide qu'il y a lieu à annulation de tel ou tel alphabet, et avis en est donné au chef de la comptabilité, qui, sur le registre où la création du billet a été relatée, en face même de son acte de naissance, inscrit la date de sa mort; les mois sont désignés par les signes correspondants du zodiaque[1]. Ainsi blessés par l'emporte-pièce, annulés par arrêt du conseil, portés comme défunts au livre de l'état civil, les billets sont enfermés dans de larges coffres de chêne où on les accumule les uns sur les autres, par ordre d'alphabet et de numéro. Ils reposent là, pendant trois ans, à l'abri des souris, qui ne peuvent parvenir jusqu'à eux, et ils exhalent une très-désagréable odeur de crasse, comme tout objet qui a passé dans des milliers de mains. Au bout de trois années révolues, on procède à l'incinération, opération dernière, formalité rigoureuse, mais qui ne détruit rien; car le billet de banque est comme le phénix, il renaît de ses cendres.

Au milieu de la cour, située près de l'hôtel du gouverneur, à un endroit qu'on ne peut méconnaître, car les pavés noircis l'indiquent clairement, on amène un vaste brasero de fer sur les montants duquel est emmanchée une énorme caisse oblongue, arrondie, composée de deux tissus de mailles de fer, et qu'on manœuvre exactement comme un moulin à torréfier le café. On allume le feu, un bon feu, bien rouge, de sapin qui pé-

[1] On se sert des signes du zodiaque pour occuper moins de place sur le registre. La banque d'Angleterre a un autre système, qui est assez ingénieux. Elle a choisi un mot de douze lettres différentes : *ambidextrous*, et chacune des lettres correspond à un des mois de l'année. Les billets annulés en janvier sont indiqués *a*, en février *m*, et ainsi de suite.

tille. On ouvre les portes de la boîte, et, en présence des trois censeurs, l'on y jette des fortunes à payer des empires par 100,000 francs pour les billets de 100 francs, par 500,000 francs pour les billets de 500 francs, par million pour les billets de 1,000 francs. On referme les loquets et l'on se met à tourner. Les mailles des parois sont assez serrées pour que nul fragment de quelque importance ne puisse s'échapper. Les billets se recroquevillent, se distendent dans les liens qui les enserrent, se noircissent sur les bords, donnent une petite flamme bleue hésitante et pâle au-dessus du foyer rouge qui va les dévorer; puis tout prend feu d'un coup et ce n'est plus qu'un grand brasier. Dans le mouvement de rotation, qu'on ne ralentit pas, les parcelles étincelantes, chassées comme des criblures de blé par une machine à vanner, se frayent un chemin à travers les boucles de la cage, sont rapidement poussées vers le ciel par le courant d'air chaud, passent par-dessus les maisons, flottent et retombent dans la rue de la Vrillière, place des Victoires, et les passants disent, en secouant cette cendre qui s'attache à leurs vêtements : « Tiens, la Banque brûle ses billets. »

L'annulation est combinée de telle sorte qu'elle laisse toujours une certaine avance à la fabrication. On peut dire qu'en moyenne la Banque imprime 12,000 billets par jour et qu'elle en annule 8,000; de cette façon on est certain de n'être jamais pris au dépourvu. La création fort intelligemment démocratique des coupures de 100 et de 50 francs rend naturellement les annulations et les incinérations plus fréquentes ; il n'est pas de mois où l'on ne brûle de vieux billets[1].

---

[1] En 1868, la Banque a émis 2,711,000 billets, représentant une somme de 904,750,000 francs ; elle en a annulé 1,759,774, équivalant à 591,250,400 francs, et elle en a brûlé 1,927,192, qui de leur vivant avaient valu 768,854,900 francs.

La Banque paraît décidée à ne plus émettre que des billets de 1,000, de 500, de 100 et de 50 francs. Les billets de 100 ont rendu les billets de 200 francs inutiles ; aussi l'on retire ces derniers à mesure qu'ils rentrent dans les caisses. Il est aussi un autre genre de billets auxquels on a essayé d'habituer le public, qui s'y est toujours, et avec raison, montré plus qu'indifférent. Je veux parler des billets de 5,000 francs, billets fort beaux, imprimés en carmin, qui furent créés le 28 mai 1846. On en a émis 4,000, et, à l'heure qu'il est, il n'en reste que huit en circulation. On en opère le retrait et l'on n'en livre plus. Il y a peu d'années cependant, un homme de lettres pompeux, ayant à recevoir ou à donner une dot de 60,000 francs, voulut, par excès de belles manières, qu'elle fût payée en billets de 5,000 francs. La Banque, fort complaisante, lui en remit 12. Le lendemain ils étaient rentrés à la caisse, car on était promptement venu les échanger contre des valeurs moins ambitieuses et plus faciles à faire mouvoir.

Dans le principe, les billets étaient imprimés en noir. L'invention de la photographie a forcé la Banque à renoncer à cette vieille méthode. Rien n'était plus facile que d'employer un billet comme cliché, d'en tirer une épreuve qui, devenue cliché à son tour, donnait une reproduction exacte du modèle. Deux couleurs sont absolument réfractaires au procédé daguerrien, malgré toutes les améliorations qu'il a subies depuis quelques années : c'est le bleu et le jaune ; l'un ne laisse qu'une trace très-peu perceptible, l'autre donne des tons invariablement noirs. Partant de ce fait d'expérience, le conseil a décidé, dans sa séance du 4 décembre 1862, que désormais tous les billets, qu'elle qu'en fût la coupure, seraient imprimés en bleu et porteraient une vignette sur chaque face. Les premiers billets de la nouvelle fabrication ont été versés à la caisse le 3 août 1863.

Ainsi disposés, et dans l'état actuel de la science, ils défient la contrefaçon, — par la photographie directe, à cause de l'impression en bleu, — comme clichés reproducteurs, à cause du verso, qui, mêlant la vignette dont il est orné à celle du recto, produit par transparence une confusion de lignes inexprimable. Sous ce double aspect, les billets sont donc à l'abri des faussaires, qui, depuis la loi du 28 avril 1832, ne sont plus punis que des travaux forcés à perpétuité.

On pense bien que la Banque s'ingénie à savoir d'avance par quels moyens on peut l'attaquer. Elle fait étudier, dans des laboratoires particuliers, toutes les manœuvres dont on serait tenté d'user contre elle. Un chimiste fort habile décompose, pour ainsi dire, tous les procédés photographiques connus ; il opère, non-seulement sur les billets de la Banque de France, mais sur tous les emblèmes de monnaie fiduciaire qui peuvent passer entre ses mains. Plus redoutable que les alchimistes du moyen âge, il ne fait pas l'or et ne recherche pas la poudre de projection ; son grand œuvre est autrement important : il fait le billet de banque, le signe même de la richesse et du crédit ; mais toute sa science est mise au service du devoir professionnel et du salut de tous, car, découvrant les moyens que les faussaires peuvent employer un jour, il sait dès à présent y porter remède en faisant modifier la fabrication et en y introduisant des éléments nouveaux devant lesquels les plus habiles criminels seront contraints de s'arrêter.

On fait bien de se tenir en garde contre les faussaires, car ils ont parfois livré de rudes assauts à la Banque. Par-ci par-là, il arrive encore quelquefois un billet de 100 francs fait à la main. Le malheureux qui a commis le crime a dépensé vingt fois plus de temps et de talent qu'il ne lui en aurait fallu pour gagner la même somme ; ces cas-là sont très-rares, isolés, et n'inquiètent guère la Banque, qui garde le faux billet comme un spécimen curieux à ajouter à sa collection. Deux fois elle a été attaquée vertement. En 1832, un paquet de douze faux billets de 1,000 fr. fut présenté au bureau du change; ils furent reconnus, une instruction fut commencée, et, à la suite d'une enquête secrète, activement menée, on acquit une conviction si étrange qu'il fut difficile de pousser les choses à l'extrême. Les billets étaient faits hors de France par un homme attaché à la maison d'un souverain expulsé de son pays; un ancien directeur de la fabrication d'un des hôtels des monnaies du royaume le secondait dans cette œuvre peu légitime. Le principal agent pour l'émission des billets à Paris était un marquis, maréchal de camp, et le détenteur n'était autre qu'un homme qui se disait prince et prétendait être le descendant direct d'une illustre famille qui avait régné jadis sur une partie de l'est de l'Europe. Toute cette histoire est un roman des plus invraisemblables; elle eut un demi-dénoûment en septembre 1832, devant la police correctionnelle, où l'un des inculpés vint s'asseoir. Antérieurement à cette époque, la même année, vers l'instant où les émeutes politiques et le choléra causaient à Paris une perturbation profonde, un fait très-singulier se produisit: pendant la nuit, on jetait par poignées des billets de banque faux sur le carreau des halles, à la sortie des théâtres, partout enfin où la population se trouvait momentanément agglomérée. Cette fort mauvaise plaisanterie cessa tout à coup, et malgré les investigations de la police on ne sut jamais quel en était l'auteur.

Ce n'étaient là, jusqu'à un certain point, que des accidents; mais vers 1853 la Banque put croire qu'on allait faire un siège en règle de son crédit. Des billets de 100 francs faux arrivaient dans ses caisses avec une régularité désespérante; on avait beau stimuler le zèle des agents du service de sûreté, inventer des moyens de contrôle et diriger de mystérieuses enquêtes sur toute personne qui prêtait au soupçon, la nuit était absolue et nulle lumière ne venait l'éclairer. On n'était pas éloigné de croire à une vaste association de malfaiteurs admirablement outillés et aussi hardis qu'habiles. Les billets n'étaient point parfaits, mais ils accusaient une main exercée, et jamais encore on n'en avait vu dont l'imitation fût aussi redoutable. Tout le monde pouvait y être trompé, à l'exception des employés de la Banque cependant, qui, avec leur habileté ordinaire, avaient promptement découvert un défaut qui ne laissait aucun doute. Près de la tête du Mercure qui sert d'ornement à la console supportant le cartouche où se trouve reproduit l'article 139 du code pénal, apparaissait un point noir, trace visible d'une cheville trop longue oubliée dans la planche à graver. Sans cet indice il eût peut-être été fort malaisé de distinguer les billets vrais et les billets faux. Les années s'écoulaient, les billets étaient présentés avec une persistance inquiétante ; la Banque payait et ne disait mot, car elle craignait, en divulgant ce secret, de voir discréditer toutes ses émissions de 100 francs. Enfin, en 1861, à la suite de péripéties, de fausses démarches, d'hésitations que je regrette de ne pouvoir raconter en détail, les recherches, sur l'indication presque prophétique du secrétaire général, prirent une direction unique, précise, et l'on acquit enfin, après huit années de tentatives infructueuses, la certitude que le coupable était un sieur Giraud de Gâtebourse. L'agent qui fut en partie cause de son arrestation s'appelait Tenaille : deux noms prédestinés. Le métier était bon sans doute, car Giraud menait une vie fort agréable ; il avait onze domestiques, dix chevaux et une meute de chiens de Saintonge.

C'était un ancien graveur ; sous prétexte d'apporter

quelques améliorations à la fabrication des billets, il avait été assez adroit pour s'introduire à la Banque et peut-être pour y surprendre quelques-uns des procédés. Arrêté le 23 août 1861, il passa devant la cour d'assises le 14 avril 1862. Les débats constatèrent qu'il avait mis en circulation 1,603 billets de 100 francs, et 144 billets de 200, que la Banque avait remboursés par la somme de 189,100 francs. Il fut condamné aux travaux forcés à perpétuité. Transporté à Cayenne en vertu de la loi du 30 mai 1854, il y trouva une fin effroyable. Essayant de fuir vers les possessions hollandaises en compagnie de Poncet, qui devait monter plus tard sur l'échafaud, il ne put suivre son jeune et alerte camarade; englué dans les vases du rivage, il ne parvint pas à s'en tirer et mourut mangé vivant par les crabes.

La leçon coûta cher, mais elle porta ses fruits ; la Banque a redoublé d'efforts pour amener ses billets à l'état de perfection, et depuis la grande tentative de Giraud, nul essai sérieux de contrefaçon ne paraît avoir été entrepris. Je crois qu'il est difficile d'accumuler plus de précautions et de multiplier plus d'obstacles. A cet égard, la Banque ne mérite que des éloges : nos billets offrent des garanties presque certaines; mais au point de vue de l'art, on peut trouver qu'ils laissent beaucoup à désirer. Le billet de 1,000 fr. a un verso remarquablement beau, mais le recto a vieilli ; il est froid, *poncif*, avec d'anciens emblèmes mythologiques : Mercure, Hercule, l'Industrie, la Science, la Justice, la Loi, l'Amour appuyé sur un lion, le coq gaulois et les mains unies ; le billet de 100 fr., dont le verso est un modèle de gravure, a aussi sur le recto des personnages bien durs et bien guindés. Nous sommes dépassés aujourd'hui sous le rapport de l'apparence plastique du billet, ou, pour mieux dire, la Banque s'est dépassée elle-même. Les billets qu'elle a imprimés pour le Mexique et pour les

États du pape sont d'une beauté qui laisse bien loin celle de nos billets.

Je n'ignore pas que c'est une grosse question à résoudre, et que c'est toujours un avantage de laisser à la monnaie fiduciaire l'aspect et la forme auxquels le public est accoutumé ; mais ce même public est curieux, il s'est habitué sans peine à toutes les émissions de la Banque, même à celle des billets de 200 fr., qui étaient cependant d'une laideur remarquable. Il se ferait d'autant mieux à de nouveaux billets que ces derniers seraient plus près encore de la perfection rêvée, car c'est par la perfection seule, par la perfection absolue, s'il est permis de l'atteindre dans les choses humaines, que les contrefacteurs seront définitivement et pour toujours déroutés. La Banque doit au pays, elle se doit à elle-même de créer des billets qui soient de véritables œuvres d'art, qui rassemblent toutes les difficultés que la gravure peut imaginer, et qui offrent une image d'une indiscutable beauté.

Si la Banque adoptait ce parti, si le gouverneur, prenant une haute initiative, arrivait à convaincre le conseil général qu'une refonte de tous les billets ne peut être que glorieuse pour le grand établissement qu'il dirige, si la mesure était décidée, qu'on abandonne pour n'y jamais revenir la mythologie surannée dans laquelle on va chercher des emblèmes qui maintenant sont pour faire sourire, qu'on demande à la vie moderne les nobles allégories dont elle abonde, qu'on oublie une fois pour toutes que, sous prétexte d'être catholiques, nous sommes plus païens que Julien l'Apostat, et qu'à l'aide des documents nouveaux, en se souvenant des merveilleuses découvertes qui rendront le dix-neuvième siècle plus grand que le seizième, on crée une monnaie fiduciaire qui soit aux billets actuels ce que les médailles grecques sont à nos pièces de vingt francs. Malgré le côté presque exclusivement pratique de ses opérations, la Banque de France doit savoir et prouver qu'en toute civilisation le beau n'est pas seulement utile, mais qu'il est indispensable.

III. — LES OPÉRATIONS.

Emplacement de la Banque. — Activité. — Universalité. — L'escompte. — Taux. — Argent-marchandise. — Droit de présentation. — L'examen matériel. — L'examen moral. — Opérations mystérieuses. — Le comité d'escompte. — Coopération des deux pouvoirs. — Nombre et valeur des effets escomptés. — Les petits négociants. — Les gros bonnets. — Le portefeuille ! — La galerie. — Les garçons de recette. — La tournée. — Les jours d'échéance. — Les boxs. — Division de la galerie. — Le rêve d'un invalide. — Différentes physionomies. — Filous. — *Toupiniers.* — Vérifications. — Les garçons de recette sont volés. — École. — Les malins. — Les comptes courants. — Les virements. — Le comptant. — Avances. — Dépôts. — Avances sur métaux. — Garde des objets précieux. — Dépouilles de Mexico. — Vieilles actions. — Dépôt des titres. — La *serre*. — Constructions incombustibles. — Le bureau des actions. — Le *grand-livre*. — Le bureau des succursales. — Ravitaillement des succursales. — Le bureau de change. — Erreur accréditée. — Le contentieux. — Longanimité de la Banque. — Contrôle permanent. — Un seul effet perdu depuis 20 ans. — Les *livres*. — Les *balanciers*. — L'importance d'une virgule. — La Banque toujours en balance.

Ouverte sur la rue de la Vrillière, appuyée sur les rues Radziwill, Baillif et Croix-des-Petits-Champs, la Banque de France occupe depuis 1811 l'ancien hôtel du comte de Toulouse. L'aspect général est celui d'une prison de bonne compagnie ; les grilles et les portes de fer n'y font point défaut ; les solides murailles en gros appareil défient les escalades, et les armatures de métal qui ferment toutes les issues sont une défense qu'il ne paraît pas facile de vaincre. C'est la maison de l'activité par excellence ; les cours, les escaliers, les couloirs ne désemplissent pas ; deux courants contraires se coudoient partout. On ne voit que des gens affairés ; à chaque porte, à chaque palier des plantons répondent aux questions et renseignent sur les multiples détours de cet immense dédale. Comme on est en train de reconstruire l'hôtel, qui, suffisant pour loger des princes légitimés, n'était plus depuis longtemps de taille à servir de palais au crédit public, l'encombrement est encore augmenté par des cloisons improvisées, par des escaliers appliqués contre les murs, par mille bâtisses provisoires et parasites qui rendent peut-être la circulation plus facile, mais n'embellissent guère le local. A voir la foule qui se hâte et se presse dans l'enceinte de la Banque, on comprend du premier coup d'œil que c'est une institution vraiment universelle. Toutes les classes de la société y sont représentées, soldats, artisans, bourgeois, depuis le capitaliste qui vient toucher le dividende de ses actions, jusqu'au pauvre petit ouvrier en chambre qui arrive pour payer un effet. Cette première impression est très-vive et inspire un grand respect pour cet établissement, qui, n'ayant en vue que l'intérêt public, prête indifféremment son concours à tout le monde.

L'escompte est, de toutes ses œuvres, la plus importante et la plus générale. C'est une opération à l'aide de laquelle on obtient d'une maison de banque, moyennant un droit variable suivant les circonstances, l'argent dont on a besoin immédiatement et qu'on ne devrait normalement toucher qu'à une époque déterminée, qui ordinairement est de trois mois. Cet argent est représenté par un effet nommé lettre de change, billet à ordre, qui devient monnaie fiduciaire à la condition que chaque possesseur successif y mettra non-seulement sa signature, mais encore le nom de la personne à laquelle il le livre : c'est ce qu'on appelle l'*endos*, parce que ces différentes inscriptions sont tracées sur le dos du billet. En terme de métier, l'escompte est la prime payée au banquier qui avance l'argent d'un effet dont l'échéance n'est pas encore arrivée. Le taux de l'escompte est essentiellement variable, puisqu'il répond à des exigences plus ou moins accentuées, et satisfait des besoins plus ou moins pressants. C'est le conseil général qui, consultant le marché monétaire de France et d'Europe, fixe lui-même et en toute liberté d'action à quel taux la Banque consent à escompter les billets. L'argent est une marchandise qui perd ou acquiert de la valeur, selon qu'il est abondant ou rare.

On peut être certain, lorsque l'escompte de la Banque est très-bas, comme en janvier 1869, où il était à 2 1/2, que les capitaux accumulés engorgent les caisses particulières et ne peuvent trouver aucun débouché leur offrant assez de sécurité pour les attirer[1]. Tout individu qui fait des affaires et qui par conséquent a besoin de crédit, banquier, négociant, marchand, entrepreneur, s'adresse à la Banque pour avoir la faculté de faire escompter des billets par elle. Il transmet au conseil une demande qui doit être appuyée par trois notables commerçants. Cette demande est examinée, discutée. Si celui qui l'a signée n'offre pas des garanties de solvabilité suffisantes, elle est repoussée. Au contraire, dès qu'elle est admise, le postulant a, comme on dit, droit de présentation. Les billets apportés au bureau d'escompte doivent être à une échéance maximum de trois mois et être revêtus au moins de trois signatures ; ils sont réunis et placés dans un bordereau imprimé et formulé qui relate le nom des souscripteurs, des premiers endosseurs, la valeur, la date des échéances, le nombre de jours qui restent à courir avant le payement, la somme due pour l'escompte. Chaque bordereau est signé par le présentateur. Les billets ainsi contenus dans une feuille de signalement sont remis avant dix heures du matin au chef de ce service.

---

[1] Le taux de l'escompte est actuellement (avril 1875) de 4 p. 100.

Ils sont reçus par des employés dont les doigts habiles comptent les billets avec une rapidité inconcevable et dont les yeux singulièrement perspicaces savent découvrir, au premier regard, si les indications du bordereau sont en concordance parfaite avec les énoncés des billets; ceux-ci les passent à d'autres agents qui ont pour mission de rejeter tous ceux qui sont entachés d'irrégularités matérielles; chacun des billets défectueux est mis à part, et l'on y joint une fiche qui indique le motif du rebut : échéance trop longue, trop courte, somme surchargée, défaut de date, acceptation irrégulière, timbre insuffisant, signature en souffrance, endossement conditionnel. Chaque motif de refus a une fiche spéciale teintée d'une couleur particulière, de sorte qu'à première vue un présentateur peut voir pourquoi ses billets n'ont pas été admis et porter remède à l'irrégularité dont ils sont entachés. Tous les billets réguliers sont rassemblés alors, réunis au bordereau et expédiés à un bureau mystérieux où ils vont être étudiés, pesés, eût dit Montaigne, non plus sous le rapport des défauts extérieurs, mais au point de vue des qualités morales et de la confiance qu'ils peuvent inspirer. Une grande table couverte d'un tapis vert, contre la muraille des sortes de huches de bois remplies de cartes rangées par ordre alphabétique et qui chacune portent un nom, c'est là tout le mobilier; mais sur cette table les billets étalés montrent souvent les plaies du crédit de celui qui les a tirés, et ces cartes sont le répertoire explicatif, détaillé de tous les protêts qui ont atteint le commerce de la France entière.

Lorsque je suis entré dans ce cabinet, le travail a cessé immédiatement, et les bordereaux repliés ont caché tous les billets qu'on examinait. Il devait en être ainsi, cette redoutable opération doit être secrète. Divulguée, elle pourrait pour longtemps compromettre la réputation commerciale d'un homme. Là on connait tout ce qui touche au crédit particulier. Pour exercer ces graves fonctions, qui sauvegardent la responsabilité de la Banque et aussi l'honorabilité du commerce, il faut une prudence irréprochable et une mémoire prodigieuse ; les cartes sont plutôt des archives que des documents à consulter, et il est assez rare qu'on y ait recours. Bien des gens, voulant savoir à quoi s'en tenir positivement sur la situation de tel ou tel négociant, sont venus dans ce bureau et ont interrogé le chef de service. Jamais, sous aucun prétexte, une réponse n'a été donnée. La Banque est un établissement de crédit tellement hors de proportion avec tous les autres, elle est si impersonnelle, elle jouit d'une considération si puissante, que toute parole de blâme émanant directement d'elle est faite pour ruiner d'un seul coup le crédit le mieux établi. Les employés de ce bureau sont donc tenus à une discrétion absolue ; ils ont entre les mains l'âme du commerce de tout Paris et en sont responsables.

Les billets qui, après examen, paraissent aux agents de ce service ne pas devoir être acceptés par la Banque, sont marqués d'un signe convenu et replacés avec les autres dans leur bordereau respectif; mais ils ne sont pas refusés pour cela, car le bureau des renseignements ne peut émettre qu'un avis, c'est le comité d'escompte qui décide en dernier ressort. Ce comité, auquel les liasses de billets sont immédiatement expédiées après cette opération préalable, siége tous les jours de midi à une heure. Il est composé de quatre régents et de trois actionnaires exerçant le commerce[1]. Là tous les billets sont examinés de nouveau, et le comité, dont les déci-

---

[1] Ces trois actionnaires sont pris à tour de rôle sur une liste de douze commerçants présentés par le conseil général aux censeurs, qui choisissent.

sions sont péremptoires et sans appel, efface sur le bordereau le nom et les sommes des billets qu'il ne veut point accepter. On ne réclame jamais, car on sait que nulle explication ne serait fournie. Le total, rectifié selon les radiations qui ont été faites, est écrit et consigné par un des régents en tête du bordereau; un sous-gouverneur écrit le chiffre à une place déterminée, et le gouverneur l'approuve en y mettant son paraphe. Ainsi, pour cette opération, l'entente des deux pouvoirs de la Banque de France, du pouvoir délibérant et du pouvoir exécutif, est indispensable. Les billets et les bordereaux sont alors renvoyés au bureau qui les a reçus le premier ; on y additionne le total des sommes représentées par les billets non rejetés, en ayant soin de défalquer le montant du taux de l'escompte ; on inscrit la somme et le nom de la personne qui peut en disposer sur une fiche qu'on lance par une trémie à la caisse spécialement chargée de ce service. On y crédite de la somme indiquée le compte du présentateur, qui est prévenu par un avis émanant du bureau de l'escompte, et il peut le jour même utiliser l'argent qu'on tient à sa disposition.

Le travail de l'escompte est un des plus considérables qui se puisse voir; il s'est exercé, en 1868, sur 2,396,752 effets, représentant la somme de 2,221,540,108 fr. 6 centimes ; sur ce nombre, 32,180 billets, équivalant à 24,724,319 fr. 78 centimes, ont été rejetés par le conseil. La moyenne de la valeur des effets est faible, puisqu'elle ne s'élève pas à plus de 928 francs. C'est là surtout qu'apparaît l'importance démocratique de la Banque; si elle reçoit des traites du Trésor s'élevant parfois à plusieurs millions, elle accepte, elle escompte sans hésiter des billets de deux ou trois francs souscrits par de pauvres diables aux abois[1]. C'est surtout le petit

---

On a présenté à l'escompte, en 1868, 610 effets de 10 francs et au-

commerçant, le fabricant isolé, qui a recours à la Banque ; elle se montre bonne mère pour eux et ne les répudie pas. Les hauts financiers, les grands banquiers, ceux qu'on appelle familièrement les gros bonnets, ne s'adressent que bien rarement à elle ; ils ont intérêt à faire eux-mêmes l'escompte et à user de leurs capitaux avant de s'adresser à ceux d'autrui.

Tous les effets acceptés sont rangés par ordre d'échéance et enfermés dans ce qu'on appelle le portefeuille; quel abus de mot ! Je défie Briarée de le mettre dans sa poche. Cette immense caisse, à doubles murailles de fer, à quadruples serrures, remplit à elle seule une chambre entière, chambre en pierres de taille, dans laquelle elle est scellée par des crampons gros comme des peupliers de vingt ans. Tous les jours on fait remettre au bureau chargé de la recette les effets qui échoient le lendemain. Ce bureau offre une physionomie particulière, on l'appelle la *galerie;* en effet, il occupe au rez-de-chaussée une salle immense à laquelle un sous-sol provisoire sert de complément. On y fait le tri des billets, on les divise par quartiers ; chaque quartier est remis à un brigadier, qui le distribue à ses hommes. Les garçons de recette de la Banque de France sont bien connus dans Paris. Qui ne les a vus passer, la chaînette du portefeuille pendant à la boutonnière, la sacoche à l'épaule, le tricorne crânement posé sur le coin de l'oreille? qui n'a été frappé de leurs bonnes figures sans moustaches, de leur allure rapide, de l'air de probité qui semble adoucir les traits de leur visage? Leur costume invariable, le grand frac gris à boutons blancs ornés d'une tête de Mercure, est respecté par la population à l'égal de n'importe quel uniforme ; et ce n'est que justice, car tous sont de braves

dessous; 80,440 de 11 francs à 50 francs ; 148,230 de 51 francs à 100 francs ; soit plus d'un septième de l'admission générale.

gens qui manient des fortunes, portent parfois plusieurs millions dans leurs larges poches et sont incapables de voler deux sous. Ils sont au nombre de 170 et divisés en quinze brigades correspondant aux quinze zones par lesquelles la Banque a fictivement partagé Paris.

Au point du jour, ils partent pour présenter à chaque signataire le billet que ce dernier a souscrit et en recevoir l'équivalent. Aux échéances du 15 et de la fin du mois, chacun d'eux a en moyenne cent trente maisons à visiter; si l'on réfléchit que chaque billet doit être remis au domicile du souscripteur, que ce soit à l'entresol ou au sixième, on pourra imaginer que le soir ils ont les jarrets singulièrement fatigués par tous les escaliers qu'il leur a fallu gravir. La Banque les autorise à donner une fiche portant leur nom et le numéro de leur brigade aux personnes qui ne peuvent pas payer immédiatement, afin que celles-ci puissent venir acquitter à l'hôtel de la rue de la Vrillière le montant de leur effet. La galerie est curieuse à visiter, surtout aux jours des grandes échéances de la fin de juillet et de la fin de décembre. En attendant que les constructions soient terminées, on assemble dans la cour d'entrée des baraques séparées par des barrières où l'on parque les retardataires; un grand tableau, visible pour tous, indique le nom des garçons qui, étant rentrés, peuvent encaisser à la Banque les recettes qu'ils n'ont point touchées dans la journée.

C'est vers quatre heures que la foule arrive, inquiète, presque anxieuse, dans la crainte d'être venue trop tard et de ne pouvoir éviter un protêt. En cela elle a tort; dès qu'elle a pu pénétrer dans la cour, elle est certaine qu'elle ne sera pas renvoyée au lendemain. Ceci est de principe à la Banque; on sait qu'on appartient au public, et l'on ne s'y couche que lorsque toute la besogne est faite. La galerie, éclairée par le gaz, qui jette des lueurs blanches sur les murailles neuves, est divisée en 169 petits bureaux. C'est là que le garçon de recette s'installe, à sa table, défendu contre les ardeurs indiscrètes du public par un fort treillis de fer qui fait ressembler sa cabane à une cage. Son nom et son numéro, inscrits en gros caractères, servent d'indication à ceux qui le cherchent. Des plantons, des invalides pris pour la circonstance et qui semblent fort ahuris au milieu de ce monde, en présence de ces billets de banque qu'on feuillette d'un doigt rapide, de ces masses d'or qu'on pèse lestement sur des balances, mettent un peu d'ordre dans la foule, ne la laissent entrer que petit à petit et font parfois des réflexions baroques. — Ah! me disait l'un d'eux en regardant une liasse de billets de banque qui représentait bien 5 ou 600,000 francs, si j'avais cela, je mettrais tous les jours une côtelette de porc frais à l'*ordinaire!* — Si j'étais roi, disait un bouvier de la Sabine, je garderais mon troupeau à cheval !

Les zones sont très-différentes entre elles. Celle du faubourg Saint-Germain est représentée par des domestiques en livrée, qui viennent payer le billet de leur maître ; celle de la rue Notre-Dame-de-Lorette montre de petites femmes piaillardes, remuantes, jouant des coudes pour se faire faire place, regardant l'heure à toute minute, tant elles craignent de manquer le dîner auquel elles sont invitées ; elles tiennent en main 25 ou 30 francs qui doivent acquitter le billet fait à la marchande à la toilette pour un faux chignon ou une perruche verte ; celle de la rue Notre-Dame-de-Nazareth est fréquentée par un monde assez sordide, en grande redingote traînante, à longs cheveux gras : œil inquiet, regardant par-dessus des besicles, nez pointu, barbe de bouc, mains osseuses et d'une propreté peu ragoûtante. Au milieu de tous ces gens qui forment queue à chacune des cases et que les garçons de recette se hâtent d'expédier, il y a bien des industriels sans industrie, qui viennent tâter le terrain et les poches du voisin pour reconnaître si, par hasard, ils ne pourraient pas y trouver, sans malencontre, quelques-uns des *fafiots garatés* dont ils sont si friands[1].

L'endroit n'est pas sain pour eux d'ailleurs, et j'ai vu rôder là certains bourgeois aux pommettes saillantes, aux larges épaules, aux allures félines, qui pourraient bien avoir dans quelque coin de leur portefeuille une carte d'agent du service de sûreté. Le poisson va toujours à la rivière, et le filou aux endroits où il peut travailler; il est donc naturel que les salles d'attente de la Banque soient très-fréquentées par les voleurs. Il y a aussi une autre espèce de gens qui hantent la galerie, se mêlant aux groupes dès qu'un chef de service passe auprès d'eux, flânant, regardant deci et delà avec nonchalance, et qui attendent l'instant propice pour aller demander aux garçons si tels billets, dont ils donnent l'indication, ont été remboursés. Ceux-là sont les petits escompteurs, race véreuse par excellence, écorchant le pauvre monde, faisant faire des signatures d'endossement pour cinq sous par les écrivains publics, marchands de contre-marques à l'occasion, ne reculant devant aucun bas métier, tombant souvent en police correctionnelle et frisant parfois la cour d'assises; on les appelle les *toupiniers*. Lorsqu'un haut employé les aperçoit et les reconnaît, il s'empresse de les faire jeter à la porte, sans plus de cérémonie que si c'étaient des chiens crottés.

Quand le dernier souscripteur de billet, le dernier

---

[1] *Fafiot garaté* est le terme par lequel les voleurs désignent les billets de banque : *fafiot* signifie papier, et *garaté* rappelle que les billets ont, pendant de longues années, été signés : *Garat.*

voleur, le dernier agent de police, le dernier toupinier ont quitté la galerie, on ferme les portes; mais cependant tout n'est pas fini, loin de là. Il faut régler les bordereaux, voir s'ils concordent entre eux, relever les erreurs, compter les billets de banque et peser l'or. Chaque escouade fait ce travail, qui est long et méticuleux, sous la direction de son brigadier. Lorsqu'on s'est mis d'accord, l'argent est porté à une caisse, les billets à une autre; tout est vérifié de nouveau et transmis à la caisse principale. On peut croire que tout alors est terminé; mais il faut préparer l'échéance du lendemain et distribuer à chaque homme les effets qu'il devra présenter. C'est ainsi que parfois, lorsque les échéances ont été lourdes, la galerie est encore éclairée à deux, à trois heures du matin, et que les habits gris, ainsi que les garçons de recette s'appellent entre eux, sont occupés autour de leur petite lampe à faire des calculs et à pointer des chiffres. Chaque jour suffit à sa tâche; quand cette besogne a pris fin, les garçons ont mérité d'aller dormir.

Tout n'est pas rose dans leur métier, car ils sont responsables de l'argent qu'ils ont à recevoir, et ils sont obligés d'opérer avec une telle rapidité que leurs erreurs sont fréquentes. Dans les premiers temps qu'ils sont au service de la Banque, les garçons font école sur école; on a beau ne leur donner ni corvées, ni gardes, ni veillées à faire, les laisser exclusivement se consacrer à la recette, il est rare que leur apprentissage ne leur coûte fort cher, et lorsque au bout de l'année ils alignent leur compte, ils s'aperçoivent avec stupeur qu'ils ont perdu plus qu'ils n'ont gagné. Il faut rembourser; c'est une grosse affaire, bien pesante; ils payent par tempérament, tant par mois qu'on retient sur leurs appointements; peu à peu ils s'y font, prennent l'habitude de bien compter, plutôt deux fois qu'une, et finissent par avoir des recettes en équilibre; heureusement que la Banque les laisse profiter des excédants de recette, et qu'ils peuvent ainsi diminuer leur déficit. Celui qui parvient à ne pas faire de pertes est fort admiré et envié par ses camarades, qui disent de lui : « C'est un vieux roublard, il n'a pas été refait une seule fois cette année-ci ! »

Le fait est douloureux à avouer, mais on les vole beaucoup. Qui? les voleurs qui cherchent fortune dans les rues, les gamins qui se faufilent entre les jambes et excellent à fourrer leurs petites mains dans les poches? Non pas. Ils sont volés par les personnes mêmes auxquelles ils ont affaire, et qui, peu scrupuleuses parfois, estimant que tout bien trouvé est un bien gagné, ne s'empressent pas de faire remarquer au garçon de recette qu'il oublie, tant il se hâte, tant il est talonné par l'heure, de ramasser un billet ou un appoint en écus. Ces pertes sont assez considérables pour la galerie, 25 ou 30,000 francs par an au moins. Elles sont personnelles et retombent tout entières, d'un poids souvent très-lourd, sur le pauvre homme qui s'est laissé duper.

Si je me suis si longuement étendu sur l'escompte, c'est que de toutes les opérations c'est la plus importante, la plus générale, celle qui fait le plus de bien, qui pénètre jusqu'aux dernières couches de la société, et qui, par les immenses services qu'elle rend chaque jour, suffirait à expliquer l'existence de la Banque de France et à justifier le respect dont elle est environnée. Toutefois cette opération, qui est bien réellement la base du crédit et du travail industriels, n'est pas la seule dont la Banque soit le théâtre.

Il en est d'autres qui, d'un caractère moins universel, offrent cependant une grande utilité pratique et dont il convient de dire quelques mots. En première ligne se placent les *comptes courants*. Tout individu, pourvu qu'il ne soit pas failli non réhabilité, peut avoir un compte courant à la Banque : il suffit de remplir certaines formalités faciles et d'adresser une demande au conseil, qui ne refuse jamais. On peut dès lors confier à la Banque les fonds qu'on a sans emploi, en disposer selon ses besoins, à l'aide de mandats payables au porteur, à la condition expresse que la valeur du mandat ne dépassera jamais celle de la somme mise en dépôt. La Banque devient donc dépositaire et caissière ; elle est responsable de la somme reçue, touche et paye au lieu et place de celui qui prend lui-même le nom de compte courant. Ce sont les gros négociants, les notaires, les agents de change, qui usent surtout de ce moyen très-sûr de garder de l'argent et de le faire mouvoir sans en avoir l'embarras. Pour beaucoup de ces personnes, principalement pour les notaires et les agents de change, les mandats donnés sur la Banque sont des mandats de virement. Si à la suite d'une liquidation un agent de change doit 100,000 francs à l'un de ses confrères, au lieu de le payer en écus ou en billets, il lui remet un bon de virement qui est envoyé à la Banque ; on débite le compte du premier agent de change de la somme indiquée, et l'on en crédite le compte du second ; de cette façon, le payement est effectué sans échange d'espèces.

Ce système est très-pratique, il est d'une sécurité parfaite et apporte dans les relations financières une économie de temps considérable. Les personnes admises au compte courant et à l'escompte ont aussi la faculté de faire toucher par la Banque les effets qu'elles ont à recevoir ; cette opération, qu'on appelle le *comptant*, est absolument gratuite. Ce service prend un accroissement extraordinaire et pourrait même, par l'encombrement qu'il occasionne, par les frais qu'il entraîne, causer quelques embarras à la Banque, si elle ne savait toujours se maintenir à la hauteur de sa grande mission[1].

La Banque fait aussi des avances sur des valeurs mobilières qui ont été étroitement déterminées par la loi ; de quelque nom qu'on veuille appeler ce genre d'opération, c'est le prêt sur nantissement. Nulle demande d'avances n'est acceptée, si elle n'est accompagnée d'un certificat signé par une personne ayant un compte courant et attestant que le postulant a toujours fait honneur à sa signature. Dans le bureau des avances, de larges ardoises, fixées à la muraille au-dessous de l'énoncé des titres acceptés, relate le cours à la Bourse de chacune de ces valeurs et la somme proportionnelle qu'on peut prêter dessus, qui est de 60 pour 100 lorsqu'il s'agit d'actions ou d'obligations de chemins de fer et de 80 pour 100 quand on se trouve en présence d'effets publics ou de rentes sur l'État; de cette façon il n'y a jamais hésitation de la part de l'emprunteur ; un seul coup d'œil lui apprend à quoi il peut s'en tenir. Ce service est assez considérable et a entraîné, pour l'année 1868, un mouvement de fonds de 433,415,450 fr. ; le prêt a lieu pour deux mois, avec facilité de renouvellement, et est grevé d'un intérêt annuel de 3 pour 100. Comparé aux bureaux de l'escompte, du comptant, à la galerie, ce bureau est assez silencieux ; mais il n'en est pas toujours ainsi. Quand l'État se décide à faire un emprunt, c'est à qui viendra apporter là ses titres de rente, ses actions, ses obligations, ses bons du trésor pour avoir de l'argent comptant qui permet de souscrire et de réaliser quelques bénéfices.

[1] La progression du service du comptant est saisissante; en l'an XI, au début, 58,750 effets représentant 122,027,633 fr. 72 c.; — en 1848, 368,984 effets et 420,784,165 fr. 03 c.; — en 1868, 1,890,515 effets et 2,397,304,296 fr. 33 c. — Cette proportion toujours croissante a obligé la Banque à créer récemment quarante nouveaux garçons de recette, et il est à présumer qu'on n'en restera pas là. (Notre prévision ne s'est pas réalisée; il y a décroissance; en 1874, 1,154,394 effets pour 966,584,800 francs.)

Si la Banque accorde des avances sur valeurs mobilières, à plus forte raison en fait-elle sur lingots d'or et d'argent et sur pièces étrangères ; mais cette opération est presque exclusivement exploitée par les banquiers et les changeurs qui font le commerce des monnaies et gardent souvent leurs métaux avant de les envoyer à l'hôtel du quai Conti, mais les mobilisent néanmoins en empruntant une somme à peu près égale à la valeur du nantissement.

Les diverses opérations que je viens d'énumérer sont actes de banquier ; mais la Banque de France intervient aussi comme simple dépositaire et se charge des objets précieux qu'on lui confie. Elle devient alors une sorte de caisse de sûreté dans laquelle chacun a le droit de faire enfermer ses diamants, ses bijoux, excepté toutefois l'argenterie, lorsque le volume ne permet pas de faire passer les boîtes qui la contiennent dans l'escalier de la caisse. Le droit de garde auquel les dépôts sont assujettis est fort minime et équivaut jusqu'à un certain point à une prime d'assurance. Il est de 1 fr. 25 cent. pour 1,000 ; mais la valeur d'un dépôt est toujours censée représenter au moins 5,000 francs. Le déposant signe sur un registre l'acte de dépôt, en regard duquel il applique un cachet analogue à celui qui scelle la boîte renfermant les objets qui ont été vérifiés en sa présence. Le dépôt est fait pour six mois, c'est-à-dire que, ne serait-il laissé que vingt-quatre heures à la Banque, il est frappé d'un droit représentant une demi-année de garde. Presque tous les diamants appartenant à des personnes qui vont d'habitude à la campagne, passent l'été dans les armoires de la Banque. Si la caisse des dépôts pouvait parler, elle fournirait plus d'un curieux chapitre à l'histoire contemporaine. Elle dirait qu'il y a longtemps, — je me hâte d'ajouter que c'est avant notre expédition du Mexique, — elle a contenu toutes les dépouilles de la cathédrale de Mexico : ostensoirs garnis d'émeraudes et de diamants, crucifix, statuettes d'or, encensoirs de vermeil, bagues à chaton d'améthyste, crosses pastorales émaillées. Que sont devenues ces richesses? Il est difficile de le savoir, mais les brocanteurs, les joailliers, les changeurs, les banquiers de Paris pourraient peut-être en raconter quelque chose.

Nulle prescription ne peut atteindre un dépôt, et il y en a dans les caisses de la Banque qui y sont pour jamais. Ce sont des titres au porteur émis, au moment du grand agiotage de 1838, par des sociétés industrielles pour lesquelles des asphaltes imaginaires, des bitumes problématiques et d'invraisemblables charbons étaient un sûr moyen de vider les poches d'actionnaires plus cupides que clairvoyants. Ces compagnies ont été rejoindre les neiges dont parle François Villon. Quelques-uns des titres dont ces compagnies avaient inondé la place de Paris ont été déposés jadis à la Banque comme un bien précieux. Les propriétaires les y laissent sans mot dire, car ces paperasses n'ont plus aucune valeur, pas même celle du droit de garde qu'il faudrait acquitter, si on les voulait retirer. Tous ces chiffres sont là, dans des portefeuilles respectifs, disparus sous une épaisse couche de poussière qui augmente tous les ans et finira par les ensevelir.

Ce sont jusqu'à un certain point les premières actions dont la Banque ait eu le dépôt; aujourd'hui un service spécial, créé en 1853 et fort surchargé, est consacré au dépôt des titres qui sont indéterminés et n'ont sous ce rapport aucune ressemblance avec ceux sur lesquels on fait des avances. En 1868, la Banque a reçu à Paris 22,860 dépôts volontaires, formant ensemble 661,939 titres de valeurs françaises et étrangères, de 924 natures différentes. Non-seulement la Banque garde ces actions, ces obligations, mais elle en reçoit les arrérages pour le compte des propriétaires, qui viennent les toucher lorsque l'heure de l'échéance a sonné. La même année, ces arrérages se sont élevés à la somme de 62,903,993 francs. La caisse où les dépôts sont conservés s'appelle *la serre;* c'est, du reste, le nom que la Banque donne à toutes les caisses qui, n'étant pas destinées à la dépense ou à la recette, sont réservées à la garde des valeurs non circulantes, telles que papiers pour billets, billets imprimés, billets non encore émis. Cette fois, du moins, le nom est bien trouvé, car le local lui-même fait illusion, et c'est bien une serre qu'on a sous les yeux. C'est une vaste salle oblongue assez semblable à une galerie, éclairée par un jour d'atelier et garnie d'énormes armoires dont les légers montants de fer sertissent des glaces transparentes. Là, sur des planchettes de fer, les portefeuilles sont appuyés les uns sur les autres, avec cet air penché et maladroit que les volumes affectent dans une bibliothèque mal rangée. Le bâtiment est récent, et l'on peut voir quel soin la Banque apporte à ses nouvelles constructions : il ne contient pas un atome de bois ; il n'y entre que du fer, de la pierre, du verre, de l'ardoise. L'incendie serait habile s'il pouvait mordre sur de tels matériaux. On ne saurait, du reste, s'entourer de précautions trop minutieuses pour défendre un tel trésor. Lorsque j'ai été admis à le voir, il représentait 1,240,159,863 francs, au cours de la Bourse du jour, et se composait de 2,383,561 titres.

Non loin du dépôt s'ouvre le bureau des actions, qui sont, d'après la loi, au nombre de 182,500, dont 124,613 inscrites à la Banque centrale, et 57,887 dans les succursales. Le registre sur lequel elles sont relatées en contient l'historique depuis l'origine jusqu'à l'heure présente, et l'on peut, en le consultant, savoir entre quelles mains elles ont passé, combien ont été transférées volontairement, combien à la suite de décès, combien atteintes d'oppositions. Elles ont le privilége de pouvoir être assimilées à un immeuble, et, comme telles, d'être frappées d'hypothèques, de servir à un emploi de régime dotal, de former un majorat. L'héritier d'un des grands noms du premier empire a encore aujourd'hui son majorat constitué de la sorte. Le registre est composé de seize énormes volumes qui pèsent chacun une vingtaine de kilogrammes. Ils sont en double, et chaque soir, au moment de la fermeture du bureau, on en met un exemplaire complet sur des brancards et on le porte à l'autre extrémité de la Banque ; de sorte que, si un incendie se déclarait pendant la nuit, il faudrait qu'il embrasât instantanément tous les bâtiments pour que les titres des actionnaires, — originaux ou copies, — fussent détruits.

Au bout de la galerie des actions, dont l'aspect n'a rien de particulier, le bureau des succursales étale orgueilleusement des salles nouvellement construites. C'est de là que part l'impulsion donnée aux banques de province, et c'est là que ces dernières envoient journellement le procès-verbal de leurs opérations, qui sont, dans des limites naturellement plus restreintes, les mêmes que celles dont nous nous occupons. Huit inspecteurs visitent à époques indéterminées les succursales, en apprécient les besoins, en examinent le fonctionnement et aident à leur donner tout le développement qu'elles peuvent comporter. Lorsqu'une succursale manque de monnaie métallique, on lui en expédie par le chemin de fer en acquittant une assurance onéreuse qui, pour 1868, s'est élevée à la somme de 407,000 francs; mais lorsqu'elle est dépourvue de billets, on emploie pour lui en faire parvenir en toute sécurité un moyen fort ingénieux que le lecteur me pardonnera de ne pas dévoiler.

La Banque ne paye jamais qu'en billets, excepté, bien

entendu, les appoints au-dessous de 50 francs; mais comme ces billets sont au porteur et qu'on peut immédiatement les convertir en espèces, elle a un bureau de change qui est fort occupé et regorge de monde à toute heure du jour. Il est très-surveillé, car il ne manque pas de gens à mine douteuse qui viennent y chercher fortune. Toute somme inférieure à 10,000 francs est changée à ce bureau; pour les sommes supérieures, on doit s'adresser à la caisse principale. Le maniement des fonds exigé par le change des billets en or a été pendant l'année 1868 de 722,515,000 francs, dont 374,208,000 francs pour la caisse de change et 348,307,000 francs pour la caisse principale. A propos de ce bureau et de toutes les autres caisses de la Banque, il existe dans le public une opinion qu'il convient de rectifier. On croit généralement et l'on dit volontiers que tout versement fait par la Banque est considéré comme définitif et que si, par distraction, le caissier a payé plus qu'il ne devait, la somme totale est légitimement acquise à celui qui l'a reçue. Il n'en est rien, et, comme les caissiers sont personnellement responsables de leurs opérations, ils réclament par tous les moyens en usage, et font rentrer les *erreurs en trop* que la probité la moins chatouilleuse devrait engager à restituer sans délai.

Toutes les affaires d'une nature litigieuse sont transmises à un bureau de contentieux, qui ne manque pas d'occupation. La façon de procéder de la Banque, en certaines matières, mérite d'être expliquée. Lorsque la Banque est forcée de poursuivre un débiteur, elle fait sa grosse voix, elle menace beaucoup; mais en réalité elle fait plus de bruit que de besogne, car elle a pour principe de ne jamais pousser les choses à l'extrême et de ne pas arriver aux dernières rigueurs. Même dans les plus mauvaises époques, en 1848 par exemple, lorsque tant de gens ont argué de la révolution pour ne pas payer leurs dettes, elle ne s'est jamais montrée créancière implacable. Elle prend ce qu'on appelle en langage de procureur toutes les mesures conservatoires, protêt, dénonciation de protêt (pour sauvegarder le recours contre les endosseurs), saisie-arrêt, inscriptions hypothécaires; mais pas une fois elle n'a provoqué une vente mobilière ou immobilière, pas une fois elle n'a requis l'emprisonnement, pas une fois elle n'a fait déposer un bilan. Sa mansuétude est inaltérable; comme un géant qui ne s'abaisse pas à frapper un être faible, elle retient ses coups et se laisse rire au nez par ses débiteurs, qui lui disent parfois avec impudence: Je vous défie de me faire mettre en faillite.

Aucune des opérations de la Banque, si minime qu'elle soit, fût-ce l'enregistrement d'un effet de 1 fr. 25 cent., ne peut être faite par un seul employé. Toutes les écritures sans exception exigent le concours de plusieurs agents. Cette série de formalités constitue un contrôle permanent et assure une régularité infaillible, puisqu'elle engage plusieurs responsabilités intéressées à se surveiller mutuellement. Les résultats d'un pareil système sont tels, qu'une erreur est une chose rare à la Banque, et que dans le bureau de l'escompte, où il passe annuellement plusieurs millions d'effets qui sont examinés un à un, on a, depuis vingt ans, égaré un seul billet, lequel valait vingt francs.

La comptabilité est excellente, car chaque caissier est teneur de livres; cependant on ne s'en rapporte pas à eux, et, le soir, toutes les écritures de la journée sont transmises au bureau de la balance, qu'on appelle plus communément les *livres*. Là, des employés spéciaux, qu'on nomme *balanciers*, prennent ces innombrables paperasses écrites au courant de la plume, les réunissent, repassent tous les chiffres, refont tous les calculs, ne jugent que sur pièces à l'appui, comme ferait une cour des comptes, et relèvent les erreurs, s'il y en a. Il suffit parfois d'une virgule mal placée pour mettre en déroute une colonne de deux cents chiffres. Un effet de 16,55 a été inscrit 1,655 ; il faut tout recommencer, tout reprendre, et finir, à force de soins, de patience, de perspicacité, par découvrir pourquoi les totaux ne sont pas en concordance exacte. On peut dire que la Banque ne se couche qu'après avoir mis ses comptes à jour, car tant qu'une erreur n'est pas rectifiée, on veille et l'on travaille, quand même le gaz éteint aurait fait place au jour.

Grâce à cette façon de procéder, la Banque sait toujours où elle en est. Chaque soir, son passif est aligné en balance avec son actif. A quelque heure que ce soit, elle est prête à liquider, à rendre compte de sa gestion, car à chaque minute elle sait combien elle a de billets en circulation, combien en caisse ; ce que valent son portefeuille, sa réserve métallique, combien elle possède à Paris, combien dans les succursales. C'est là le triomphe de l'ordre, de l'activité et de la prudence. Quand on pense aux millions qui se brassent du matin au soir, aux opérations nombreuses et aux formalités multiples qu'elles entraînent, on est confondu que tout soit apuré chaque soir. En arrivant à leur bureau, les hauts fonctionnaires et les principaux employés reçoivent une feuille formulée d'avance sur laquelle on n'a plus que des chiffres à écrire et qui contient la situation de la veille. On sait donc toujours avec certitude sur quel terrain l'on marche, et ce n'est pas une cause de minime étonnement pour ceux qui pénètrent la première fois dans les mystères sans secret d'une si grande institution.

IV. — LES CAVES.

Caisses partielles. — Tentative de vol. — Escorte des caissiers. — La caisse principale. — Les millions. — Le métal et le papier. — Le budget en billets de banque. — Un tanneur de Dijon. — Les caves. — Conte de fées. — Forteresse. — L'escalier. — Le trésor. — Les lingots. — Moyens de défense. — Les rondes de veilleurs. — La Banque pendant la nuit. — Précautions contre l'incendie. — Le personnel. — Caisse de retraite. — L'avancement. — Tout employé de la Banque est actionnaire. — Restaurant. — Mauvais conseils non suivis. — *Mole sua stat*. — Menaces. — Le plus grand organe de crédit public.

Presque tous les bureaux où se préparent et s'exécutent les différentes opérations de la Banque de France sont munis d'une caisse qui, selon les besoins qu'elle doit satisfaire, est appelée caisse de recette ou caisse de dépense. Ces caisses partielles sont les succursales de la caisse principale, qui, pour éviter l'encombrement, a délégué une partie de ses pouvoirs ; c'est la division du travail. Chaque matin, avant l'ouverture réglementaire de la Banque, les caissiers se réunissent à la caisse principale, où on leur remet les sommes qui sont nécessaires à leur exercice quotidien ; ils comptent les billets, les appoints en monnaie, et enferment le tout dans un solide portefeuille qu'ils font porter dans leur bureau par un garçon qui les accompagne. Les caisses sont aujourd'hui disposées de telle sorte qu'on peut s'y rendre sans franchir les cours.

Autrefois il n'en était pas ainsi, et le caissier s'en allait seul, à travers les cours et les corridors. Une tentative violente fit prendre des précautions plus sérieuses. Au mois de décembre 1837, M. Bourq̧on, caissier, ayant en main un carton qui contenait 1,100,000 francs en billets de banque, au sortir de la grande cour qu'il était obligé de traverser, fut accosté dans un couloir étroit par deux individus qui se jetèrent sur lui et voulurent lui arracher son portefeuille. Il se défendit, appela au secours, tomba, entraînant ses agresseurs avec lui. Selon une vive expression d'un rapport de police, ils pataugeaient à travers les billets de banque. Un des malfaiteurs put s'échapper, l'autre fut saisi et conduit chez le commissaire de police, où il se brûla la cervelle. Cette aventure fut un avertissement sévère, et maintenant les caissiers, toujours escortés par un garçon solide, ne se rendent à leur bureau que par les salles intérieures de l'hôtel. Le maximum des sommes qu'un caissier peut donner est limité, et celles qui dépassent 20,000 francs doivent être acquittées par la caisse principale. Tous les jours, lorsque les bureaux sont fermés, les caissiers-adjoints rapportent à la caisse mère le reliquat de la journée, de sorte que chaque soir tout l'argent, tous les billets de la Banque sont centralisés au même endroit, sous la même surveillance, sous la même responsabilité.

Elle est curieuse à visiter, cette caisse principale, où l'on manie les billets de banque avec autant d'indifférence que les pâtissiers manient les petits pâtés : le mouvement y est incessant et considérable ; il devient parfois excessif au moment des fortes liquidations. Dans la journée du 5 décembre 1868, par exemple, il a été de 550,559,509 fr. 18 cent. C'est alors un va-et-vient perpétuel, et, sous forme de billets, le Pactole coule par les guichets devant lesquels s'entasse le public. J'ai vu là, répandus sur de grandes tables, 105 millions que l'on compulsait. J'étonnerai peut-être le lecteur en lui avouant qu'un tel spectacle ne produit qu'un effet médiocre. Autant l'on est ébloui par la vue de quelques centaines de mille francs en pièces d'or, scintillantes et sonores, autant on reste calme en présence de ces feuillets de papier.

Un million en billets de banque, épinglés et ficelés, ne fait pas grand embarras, comme on dit vulgairement ;

dans la main, c'est fort léger, 1,644 grammes, et à l'œil ça figure à peu près le volume d'un gros in-octavo. Il y a quatre ou cinq ans, un tanneur de Dijon ayant dit que le budget représentait, en billets de banque, la hauteur du clocher de Saint-Bénigne, fut traduit en police correctionnelle sous l'inculpation de propos séditieux. Devant le tribunal, il soutint son opinion avec vigueur et fut acquitté. Les juges ont montré de l'esprit, et, de plus, ils ont implicitement reconnu que le prévenu n'avait pas tort. Mille billets de 1,000 francs, placés à plat, ont précisément 10 centimètres de haut. En donnant au budget deux milliards en chiffres ronds, les billets de banque qui le composent, superposés les uns sur les autres, atteindraient une hauteur de 200 mètres ; or, d'après l'*Annuaire du Bureau des longitudes*, la tour de Saint-Bénigne n'a que 92 mètres 09 centimètres ; le tanneur de Dijon était donc bien au dessous de la vérité.

Quoique la caisse principale soit amplement fournie, de manière à faire face aux nécessités, même exceptionnelles de chaque jour, il arrive parfois qu'elle se trouve inopinément dépourvue, et qu'on est obligé d'aller puiser dans la grande réserve qui est déposée dans les caves. Les caves de la Banque ! ce sont là les cinq mots magiques qui ouvrent un horizon sur le pays des *Mille et une Nuits*. On pense involontairement aux contes de madame d'Aulnoy : « Toc, toc, fit la duchesse Grognon, et il sortit du tonneau un millier de pistoles ; toc, toc, et il sort un boisseau de doubles louis d'or ; toc, toc, il sort tant de perles et de diamants que la terre en était toute couverte. » On s'imagine que dans ces souterrains, qui devraient, comme le trésor des *Niebelungen*, être gardés par des génies, les pièces d'or et les écus d'argent sont jetés en tas ainsi que l'avoine dans les greniers. Il n'en est rien et il faut en rabattre.

Nul endroit n'est plus triste, plus terne, moins fait pour tenter. Les doubles portes qui en protégent l'entrée sont formidables, et nulle forteresse n'est armée de telles murailles de fer, de si gros verrous, de si puissantes serrures. On y descend par un escalier en vrille, tout en pierres de taille assemblées au ciment romain, défiant le pic et la pioche; on l'a volontairement rendu si étroit, que deux personnes n'y peuvent passer de front. Quatre portes de fer munies chacune de trois serrures se présentent ensuite. Pour les ouvrir, il faut le concours forcé du caissier principal et du contrôleur général. Lorsque tous ces obstacles sont franchis, on pénètre en plein mystère.

On s'attend à se trouver dans le domaine des éblouissements, à voir les masses d'or et d'argent briller à la lueur des bougies en étincelles éclatantes, et l'on se trouve en présence de hautes caisses de plomb, qui cachent hermétiquement ce qu'elles renferment, ne le laissant soupçonner que par l'étiquette écrite à la main qu'on a collée dessus. C'est l'argent qui est là, monnayé et enfermé dans de grands sacs qui tous, invariablement, contiennent 10,000 francs. Ceux de nos lecteurs qui, visitant un navire de guerre, sont descendus dans la soute à l'eau, peuvent se faire une idée très-exacte de l'aspect général de ces caves, à cette différence près que les caisses, au lieu d'être en fer boulonné et rivé, sont en plomb. Les sacs d'or, d'une valeur de 10,000 francs aussi, sont gerbés les uns sur les autres, comme des bûches dans un chantier, par larges tas grisâtres, sans caractère et sans originalité. Lorsqu'on les remue un peu vivement, ils rendent un petit son aigrelet qui rappelle le métal.

Les lingots appartenant aux banquiers et aux changeurs, qui les ont déposés à la Banque contre avances, sont symétriquement rangés, et, sauf leur couleur d'un

blanc verdâtre, ont l'air de briques empilées. Seuls les
lingots d'or, jetant des lueurs fauves quand on les éclaire,
semblent des carrés de feu immobilisés et représentent
bien la matière précieuse. En somme, l'aspect est décevant et la dernière des vitrines de la galerie d'Apollon,
au Louvre, montrant des buires en cristal de roche et
des statuettes en sardoine, produit une impression bien
plus profonde et bien plus durable. Il faut une certaine
réflexion pour comprendre que ces caisses de plomb,
ces tas de sacs au milieu desquels on se promène, constituent une fortune sans pareille. Lorsque je les ai visitées, les caves contenaient 726,275,666 fr. 68 c. Il ne
faut point en faire fi, c'est une belle somme ; mais si les
caves de la Banque de France sont le séjour du veau d'or,
il faut avouer que ce dieu médiocre est singulièrement
mal logé.

Quels sont les moyens que la Banque tient en réserve
pour interdire l'accès de ses caves, ou pour y neutraliser
les intentions mauvaises de ceux qui seraient parvenus
à s'y introduire? Il est difficile de le dire, car elle n'est
point bavarde à cet égard. Je n'affirmerais pas qu'elle
ne puisse noyer, asphyxier ou brûler les visiteurs trop
indiscrets ; les tuyaux de gaz et les conduites d'eau peuvent être, à un moment donné, de redoutables auxiliaires ; de plus, on peut, en un laps de temps très-court,
ensabler complétement l'escalier. Il n'y a pas d'autre
issue pour entrer dans les caves, ni pour en sortir ; si
elle est oblitérée, l'accès en est impossible.

La Banque fait bien d'être en mesure de protéger son
encaisse métallique, qui est la fortune d'autrui bien
plus que la sienne, et qui est la garantie des billets en
circulation. Dans les circonstances ordinaires, elle est
bien gardée et suffisamment défendue, par une compagnie de soldats d'abord, et aussi par un poste permanent
de pompiers. Chaque nuit des garçons de recette dési-

gnés sont de garde, veillent près du vestibule de la caisse principale, que des hommes de confiance ne quittent jamais. D'heure en heure les garçons font une ronde qui embrasse les cours, les écuries, les jardins, les couloirs, les combles. Partout ils ont à constater leur passage réglementaire en remontant des cadrans qu'on a placés dans des endroits écartés les uns des autres. Ils doivent, à chaque ronde, tirer une sonnette qui correspond au poste des pompiers comme pour leur dire : Nous veillons, veillez-vous? En outre, par un guichet semblable à la bouche d'une boîte à lettres, ils jettent un *marron*, sorte de plaque en zinc carrée, qui glisse jusque dans la chambre de l'officier de service au poste des soldats. J'ai fait cette ronde, car il est curieux de revoir, dans le sommeil de la nuit, les lieux qu'on a visités pendant le jour, lorsqu'ils étaient animés par le travail et par la foule. Dans les galeries, dans les couloirs, dans les vastes salles désertes, plane une odeur fade et neutre qui est celle de la poussière; les pas retentissent sur les parquets de bois et éveillent des échos sonores; le gaz tremble devant les fenêtres entr'ouvertes; parfois derrière une croisée on aperçoit une ombre noire qui se promène régulièrement : c'est un planton qui, toute la nuit, arpente une terrasse par où l'on pourrait peut-être s'introduire dans l'hôtel. Des chats effarés passent à travers les jambes, et au bruit des portes qu'on ouvre, des araignées glissent lestement le long des murs pour aller se cacher derrière leurs toiles tissées à l'angle des plafonds.

C'est en parcourant ce grand désert silencieux, en montant dans les greniers où souffle l'aigre bise de la nuit, qu'on peut apprécier les précautions que la Banque a accumulées pour se défendre contre l'incendie. Dans chaque salle, des pompes sont gréées; partout où il y a des pans de bois, des haches sont appendues aux murailles ; des conduites d'eau rampent comme des serpents le long des poteaux de pierre, et aboutissent à des robinets dont chacun a un numéro d'ordre ; vingt-quatre réservoirs contiennent 72,000 litres d'eau : ils sont toujours pleins et prêts à toute éventualité. Ce n'est pas assez ; à chacun des angles du quadrilatère de la Banque, une prise est directement branchée sur la conduite d'eau de la ville, et la pression y est suffisante pour qu'au besoin le jet liquide dépassât la partie la plus élevée des constructions. Tout cela est fort bien et peut, dans un moment donné, être très-utile ; mais ce qui vaut mieux encore, c'est la surveillance journalière, ce sont les soins assidus, la prudence que rien ne met en défaut et qui est telle que l'on n'a pas gardé, à la Banque, le souvenir d'un commencement d'incendie. Si jamais il s'en manifestait un, il est probable qu'il serait vite comprimé, et que le zèle des employés suffirait.

Les employés sont profondément dévoués à l'institution qu'ils servent, et c'est justice, car elle est pour eux pleine de prévoyance et très-maternelle. Elle n'admet pas cette mesure égoïste du surnumérariat, par laquelle les grandes administrations ne craignent pas d'accepter un travail sans compensation. La Banque exige un service régulier, fatigant, souvent excessif dans les heures de presse, mais elle sait le reconnaître à sa juste valeur, et les agents qu'elle emploie entrent dans les bureaux avec un minimum fixe de 2,000 francs. Une caisse de retraite parfaitement organisée permet de donner une situation acceptable à de vieux serviteurs, et il est rare, pour ne pas dire sans exemple, que le conseil n'ajoute pas à la pension une somme annuelle arbitrairement fixée, selon la durée et l'importance des services rendus. L'avancement y est normal, et les hauts employés, ceux qui aujourd'hui remplissent les fonctions les plus importantes, — le secrétaire général, le caissier principal et d'autres, — sont entrés jadis comme petits commis aux écritures et ont fait leur chemin, un chemin brillant et fort envié, à travers les bureaux où ils ont gravi successivement tous les degrés de la hiérarchie.

Par suite d'une combinaison ingénieuse, tout fonctionnaire, depuis le gouverneur jusqu'au dernier garçon de recette, est soumis à un cautionnement qui, selon la situation administrative des individus, est représenté par un plus ou moins grand nombre d'actions de la Banque. Les employés, étant propriétaires dans l'établissement qu'ils servent, ayant une part du fonds social, ont un intérêt direct et permanent à ne pas négliger un travail qui peut avoir une certaine influence sur leur propre fortune. Aujourd'hui, le personnel attaché à la Banque possède 9,175 actions, représentant au cours actuel 27,973,750 francs. La Banque ne dédaigne pas d'entrer dans les petits détails, et elle a fait établir dans les sous-sols un restaurant dont la carte, fixée à l'avance, permet aux employés de trouver, pour un prix relativement minime, une nourriture qui ne paraît pas à dédaigner[1].

Si j'ai réussi à faire comprendre les multiples opérations que la Banque met en mouvement, on conviendra qu'à une largeur de vues qu'on ne peut nier elle ajoute une prudence à toute épreuve. Bien des financiers de l'école moderne, école qui souvent a montré une hardiesse qui dépassait les limites, trouvent que *la vieille*, c'est ainsi qu'ils appellent la Banque, devrait sortir de son cercle d'action habituel et entrer sans hésitation dans le mouvement des affaires. En la pressant, fort

[1] Les garçons de recette, en dehors des droits qu'ils ont à une pension de retraite, ont fondé, le 1ᵉʳ avril 1823, une caisse de secours qui leur permet de donner 10 francs par année de service, avec réversibilité sur la veuve et les orphelins, à ceux qui en font partie.

heureusement en vain, de soutenir des opérations d'intérêt général touchant à l'agriculture et au commerce, ils obéissaient à l'ancienne idée latine, catholique, essentiellement française, en vertu de laquelle on a toujours recours à l'ingérence du gouvernement, qui tue l'initiative individuelle.

La Banque a résisté, et elle a bien fait. *Mole sua stat.* Elle veut simplement, mais elle veut avec une inébranlable fermeté, que son billet soit bien réellement de l'or non-seulement pour elle, mais pour tout le monde. Ce résultat, qui pourrait nier qu'elle ne l'ait toujours obtenu? Le jour où ce vieux monument se laisserait envahir par les plantes parasites, il ne tarderait pas à être couché dans la poussière. C'est pour avoir voulu trop généraliser ses opérations que Law a jeté la France dans une banqueroute formidable. L'argent de la Banque n'appartient pas à la Banque; elle en est le dépositaire, parce qu'on le lui a confié et parce qu'il est la garantie de sa monnaie fiduciaire. Si elle répudiait ce principe, elle entrerait dans la vie d'aventures qui mène au port quelquefois et le plus souvent au naufrage.

En dehors des conseillers trop intéressés pour être écoutés et qui veulent forcer la Banque à rompre brusquement avec ses sages traditions, elle a des ennemis qui verraient volontiers dans sa ruine le commencement de la félicité publique. De ceux-là il faut sourire, car ils ne sont point dangereux. Un agitateur célèbre, montrant du doigt l'hôtel de la rue de la Vrillière, a dit : « C'est là qu'il faut faire la prochaine révolution! » Niaiserie d'un écrivain qui s'emporte à son propre lyrisme et d'un niveleur envieux! La Banque est le cœur même de la vitalité commerciale et industrielle de la France ; c'est la bourse toujours ouverte où les petites gens vont puiser : elle est à la fois le phare, le refuge et le port de ravitaillement; tout succomberait avec elle si on la brisait violemment, et les auteurs d'un tel crime seraient les premiers à mourir de faim sur les ruines qu'ils auraient faites.

Il n'y a rien de semblable à craindre, et en admettant qu'une révolution soit encore possible, elle n'atteindrait pas plus la Banque que 1830 ou 1848 ne l'ont atteinte; elle est et elle restera l'exemple d'un établissement qui a pu traverser sans péril des crises que l'on croyait mortelles, que le cours forcé de ses billets a popularisé, et qui, par la moralité, par la prudence avec laquelle il est conduit, par l'excellent mécanisme du gouvernement constitutionnel qui dirige ses destinées, est devenu pour le crédit public un organe d'une puissance unique au monde.

Appendice. — Ce chapitre a été écrit au mois de janvier 1869 et rien, malgré la guerre, malgré la Commune, n'est venu démentir nos prévisions. Que sont les événements de 1830 et de 1848 en comparaison de ceux qui ont assailli la Banque? Elle existe cependant et jamais ses opérations n'ont été plus multiples ni plus larges. Elle est restée inébranlable au milieu de nos désastres, et elle — elle seule — a sauvé le crédit de la France. Sans fausser l'esprit de sa constitution, elle est venue au secours du pays avec un dévouement et une générosité dont chacun doit être reconnaissant. Partant de ce principe qu'elle fait l'escompte des effets offrant de sérieuses garanties, elle a simplement escompté le papier de l'État; loin de s'effarer et de fermer ses coffres, elle les a tenus tous grands ouverts; la France appauvrie, devenue suspecte à force d'infortune, y a trouvé les ressources qui lui étaient indispensables et y a puisé 1,610 millions. Le cours forcé des billets décrété aussitôt après la déclaration de guerre, loin d'amoindrir son influence, a prouvé, une fois de plus, l'ampleur et la solidité de cette admirable institution.

Lorsque, après le 18 Mars, le gouvernement eut quitté Paris et se fut réfugié à Versailles, il fouilla dans sa bourse et y trouva dix millions; une pareille somme était misérable, en présence des éventualités terribles qui se dressaient de toutes parts? Le gouverneur de la Banque — grâce au ciel — était aussi à Versailles, et l'on s'adressa à lui. On ne devait pas songer à l'administration centrale, cernée et guettée par l'insurrection : tout transport de fonds eût été immédiatement interdit par la violence ; les succursales de province étaient heureusement libres pour la plupart et l'on put, de la fin de mars à la fin de mai, en tirer 135 millions qui permirent de rapatrier, d'organiser, d'équiper, de faire vivre nos troupes. Si Paris a été reconquis sur les hommes de la Commune, c'est d'abord à la Banque de France qu'on le doit, car sans elle, sans l'argent qu'elle offrait à deux mains, il eût été singulièrement difficile de réunir une armée suffisante. Non-seulement le gouverneur avait accepté de faire face aux éventualités qui s'imposaient, mais il avait entrepris de sauver l'encaisse métallique des succursales placées dans des villes où les théories de la Commune trouvaient de nombreux adhérents. Cela n'était point aisé ; une partie du territoire était occupée par les armées allemandes et tout le Midi était travaillé par l'esprit de révolte ; où trouver un refuge assuré ? 84 millions en or se promenaient dans les wagons des chemins de fer et, après de nombreuses péripéties, allèrent s'abriter dans un endroit fort bien choisi que l'on me permettra de ne point désigner.

Pendant que le gouverneur de la Banque continuait patriotiquement son œuvre de salut à Versailles, l'hôtel de la rue de la Vrillière, comme la forteresse du crédit et du droit, restait imprenable, sinon impassible, au milieu du Paris d'alors, d'un Paris atteint d'aliénation mentale et ne sachant qu'imaginer pour être encore plus bête que féroce. Tous les employés de la Banque, armés, gardaient l'hôtel et faisaient bonne contenance ; à toute réquisition de la Commune, on discutait, on gagnait du temps ; on s'appuyait sur le bon vouloir et la probité du délégué Beslay et l'on finit par s'en tirer à bon marché, car on ne versa aux gens de l'Hôtel de Ville que la somme de 16,765,202 fr. 23 c. : cela ne fait même pas 300,000 francs par jour. L'histoire de la Banque de France pendant la guerre et pendant l'insurrection communaliste serait à écrire : elle renferme bien des faits curieux sur lesquels l'opinion publique a été égarée et bien des enseignements qu'il serait bon de mettre en lumière.

Tous ces événements, loin de paralyser l'action bienfaisante de la Banque, ont semblé, au contraire, lui donner une force nouvelle. Ses opérations n'ont fait que s'accroître : elles portaient en 1869 sur une somme totale de 8,499,185,000 francs, et, en 1873, elles se sont élevées au chiffre de 16,715,331,000 francs. (Voir *Pièces justificatives*, 7.)

En 1873, l'escompte, à Paris, a accepté 3,293,125 effets, représentant la somme de 4,370,187,751 fr. 75 c., et en a rejeté 18,309, dont 6,691 pour simples irrégularités qui, rectifiées, ont permis une présentation nouvelle ; les avances sur effets publics ont été de 562,906,700 francs ; le maximum de la circulation des billets a été atteint le 31 octobre par 3,071,912,300 francs; à la fin de 1873, le service des dépôts comptait 1,720,713 titres appartenant à 987 valeurs différentes et représentant une valeur de 901,260,123 francs. La caisse principale a parfois des journées d'un labeur excessif; le mouvement du 5 février 1875, par exemple, a été de 967,970,598 fr. 14 c., dont 500.076,597 fr. 77 c. de recette et 401,894,000 fr. 37 c. de dépense. Aujourd'hui (1er avril 1875) l'encaisse métallique est de 1,526,100,000 francs : 891,300,000 francs à Paris et 634,800,000 francs dans les succursales. Cet accroissement des opérations a entraîné l'augmentation du personnel des garçons de recette, qui sont maintenant au nombre de 248 ; 39 sont employés aux caisses comme garçons de comptoir et 209 font les recettes dans la ville.

L'absence de monnaie métallique a forcé la monnaie fiduciaire à se fractionner, et la Banque de France, pour répondre aux exigences du public, a fait des coupures de 25, de 20 et de 5 francs. Les nécessités qui avaient amené la création de ces billets minimes ayant disparu, ceux-ci ont été retirés de la circulation et, en présence de la masse énorme qu'ils formaient, on s'est aperçu que le système de destruction par mode d'incinération était lent et défectueux. A l'ancien réchaud qui fonctionnait dans la cour du gouverneur, on a substitué une chaudière cylindrique dans laquelle les billets oblitérés sont empilés et réduits en pâte par un liquide caustique chauffé à l'aide de la vapeur d'eau. Ce procédé est plus rapide, plus économique, moins désagréable que l'ancien. Il fonctionne régulièrement depuis le 1er décembre 1874.

FIN DU SECOND VOLUME.

PIÈCES JUSTIFICATIVES

NUMÉRO 1

Impôts du vin.

Il est intéressant de voir, en regard des impôts anciens et abolis, le relevé des impôts que le vin paye aujourd'hui. On lit dans *le Moniteur universel* du 13 septembre 1869 :

« *Le Progrès de Lyon* a fait un curieux relevé de ce que paye d'impôt le vin. Le voici :

« 1. Impôt au profit de l'État, sous le titre de contribution foncière ;

« 2. Impôt au profit de l'État, sous le titre de passavant, exigible chaque fois qu'un propriétaire fait transporter du vin d'une de ses caves dans une autre ;

« 3. Impôt au profit de l'État, sous le titre d'acquit-à-caution, chaque fois que du vin est transporté dans un entrepôt ;

« 4. Impôt au profit de l'État, sous le titre de droit de congé, chaque fois que du vin est vendu à un particulier pour la consommation de sa maison ;

« 5. Impôt au profit de l'État, sous le titre de droit de détail, quand le vin est vendu par les débitants ;

« 6. Impôt au profit de l'État, sous le nom de licence, payable par le marchand en gros, qui a droit d'entrepôt ;

« 7. Impôt au profit de l'État, sous le nom de licence, payable par les débitants, pour droit d'entrepôt ;

« 8. Impôt au profit de l'État, sous le nom de licence, payable par le propriétaire qui veut vendre son vin en détail ;

« 9. Impôt au profit de l'État, sous le nom de licence, payable par le marchand distillateur ;

« 10. Impôt au profit de l'État, sous le nom de licence, payable par le propriétaire qui veut mettre dans son vin une quantité d'eau-de-vie pour composer des rogommes ;

« 11. Impôt au profit de l'État, sous le titre de droit d'entrée, payable pour le vin qu'on introduit dans les villes ;

« 12. Impôt au profit de l'État, sous le titre de navigation, lorsque le vin est transporté sur des rivières, même lorsqu'elles ne sont navigables qu'au moment de la fonte des neiges ;

« 13. Impôt au profit de l'État, sous le même titre, droit de navigation sur les canaux où le vin est taxé plus haut qu'aucune autre espèce de marchandises ;

« 14. Impôt au profit de l'État, sous le titre de décime de guerre, qui accroit d'un dixième la plus grande partie des treize impôts précédents ;

« 15. Impôt au profit des villes, sous le titre d'octroi ;

« 16. Impôt au profit des habitants de certaines villes qui, par des perceptions à leurs barrières, sur les vins, s'affranchissent en totalité ou en partie de leurs contributions personnelles et mobilières. »

NUMÉRO 2

Prix du setier de froment comparé à la valeur du marc d'argent pur.

	Setier de froment.	Prix du marc d'argent pur.	
1515-1530..	2fr 45	12fr 33	
1530-1545..	2 80	13 17	
1545-1560..	2 20	13 17	
1599-1614..	8 82	19 90	Découverte de l'Amérique.
1614-1627..	9 98	20 27	
1627-1642..	13 65	21 70	
1642-1663..	16 53	24 90	
1663-1678..	11 67	28 50	
1678-1693..	11 85	28 67	
1693-1703..	21 12	30 47	Décadence de Louis XIV.
1703-1712..	20 17	34 »	
1712-1727..	20 50	36 99	
1727-1742..	25 38	49 89	
1757-1772..	23 12	49 89	
1772-1787..	26 57	49 89	
1815-1830..	31 62	55 16	
1830-1835..	29 50	55 06	

Extrait du travail de M. Montveran : *Tableau des variations du setier de froment depuis 1515 jusqu'en 1835.*

NUMÉRO 3

Les halles au quatorzième siècle.

Ce joyeux séjour des plus agréables divertissements offre, en de très-grandes montres pleines de trésors inestimables, toutes les espèces les plus diverses de joyaux réunis dans la maison dite les Halles des Champeaux. Là, si vous en avez le désir et les moyens, vous pourrez acheter tous les genres d'ornements que l'industrie la plus exercée, l'esprit le plus inventif se hâtent d'imaginer pour combler tous vos désirs. Vouloir décrire, dans leurs détails, toutes les spécialités que renferment ces genres, ce serait allonger cet ouvrage et lui donner une longueur telle, qu'elle ferait naître l'ennui dans l'âme du lecteur, et lui montrerait combien l'auteur s'oublie quand il cherche des choses impossibles. Je ne veux pas toutefois omettre entièrement de dire que, dans quelques endroits des parties inférieures de ce marché, et pour ainsi dire sous des amas, des monceaux d'autres marchandises, se trouvent des draps plus beaux les uns que les autres; dans d'autres, de superbes pelisses, les unes faites de peaux de bêtes, les autres d'étoffes de soie, d'autres enfin composées de matières délicates et étrangères, dont j'avoue ne pas connaître les noms latins. Dans la partie supérieure de l'édifice, qui forme comme une rue d'une étonnante longueur, sont exposés tous les objets qui servent à parer les différentes parties du corps humain : pour la tête, des couronnes, des tresses, des bonnets; des peignes d'ivoire pour les cheveux, des miroirs pour se regarder, des ceintures pour les reins, des bourses pour suspendre au côté, des gants pour les mains, des colliers pour la poitrine, et autres choses de ce genre, que je ne puis citer, plutôt à cause de la pénurie des mots latins que faute de les avoir bien vues. Mais, pour que les splendeurs sans nombre de ces brillants objets, dont les variétés et le nombre infini s'opposent à une description complète et détaillée, puissent du moins être effleurées dans un ensemble superficiel, laissez-moi vous parler ainsi : dans ces lieux d'exposition, les regards des promeneurs voient sourire à leurs yeux tant de décorations pour les divertissements des noces et pour les grandes fêtes, qu'après avoir parcouru à demi une rangée, un désir impétueux les porte vers l'autre, et qu'après avoir traversé toute la longueur, une insatiable ardeur de renouveler ce plaisir, non pas une fois ni deux, mais comme indéfiniment, en reprenant au commencement, leur ferait recommencer l'excursion, s'ils voulaient en croire leur désir.

Jean de Jeanpen; extrait du *Tractatus de laudibus parisius.*

NUMÉRO 4

Vente en gros du gibier.

NOMBRE DE PIÈCES DE GIBIER VENDUES PENDANT LES PÉRIODES DE CHASSE 1867-1868 ET 1868-1869.

MOIS	ALOUETTES	BÉCASSES	CAILLES	CERFS, CHEVREUILS, DAINS	FAISANS	GRIVES ET MERLES	LIÈVRES	PERDRIX	TOTAUX
1867-1868									
Septembre	455	50	26,514	410	1,474	548	20,952	185,028	235,021
Octobre	121,175	1,532	3,400	1,665	4,760	12,501	45,942	107,175	296,149
Novembre	162,222	8,900	222	3,095	11,204	16,515	79,785	82,075	364,014
Décembre	309,691	14,108	327	5,128	9,849	51,045	67,955	71,575	529,778
Janvier	515,609	577	5	5,505	7,148	1,506	44,510	65,000	639,658
Février	3,636	1,635	14	1,542	2,971	2,394	15,922	30,371	56,675
Totaux	1,110,756	26,802	30,280	15,575	37,406	84,510	270,144	541,024	2,114,295
1868-1869									
Septembre	125	66	19,174	409	1,586	175	20,829	129,817	164,980
Octobre	510,611	1,016	2,251	1,348	6,725	11,556	42,089	87,195	409,569
Novembre	248,058	8,458	252	5,219	16,394	20,407	76,842	68,164	411,784
Décembre	145,415	6,372	107	2,990	19,057	11,066	55,292	55,292	515,562
Janvier	71,556	4,890	56	2,525	15,062	14,781	45,097	55,301	209,049
Février	15,163	1,580	648	1,474	4,405	4,661	18,145	19,757	65,615
Totaux	756,088	22,162	15,488	11,996	63,008	62,426	257,085	415,504	1,654,557

PIÈCES JUSTIFICATIVES.

PRÉFECTURE DE POLICE
2ᵉ DIVISION — 3ᵉ BUREAU

VILLE DE PARIS
1ᵉʳ ARRONDISSEMENT

COMMISSARIAT DE POLICE
du quartier des Halles.
N° 1106

SOMMAIRE :

Incendie dans les caves du pavillon n° 12.

MORT DU NOMMÉ HARTMANN.
Sept blessés.

Commencé à 9 h. 40. — Terminé à 2 h. 1/2.

Dégâts et pertes : 600,000 fr.

NUMÉRO 5

Incendie des Halles.

PROCÈS-VERBAL

L'an mil huit cent soixante-huit, le dix juillet, à dix heures moins cinq du soir,

Nous, Louis-Alexandre Tenaille, commissaire de police de la ville de Paris, plus spécialement chargé du quartier des Halles, officier de police judiciaire, auxiliaire de M. le procureur impérial,

Informé par le sieur Rouget Louis-Achille, gardien du pavillon des Halles n° 11, affecté à la volaille, que le feu s'était déclaré depuis quelques instants dans le pavillon n° 12, affecté à la vente au détail des beurres, des œufs, des viandes cuites, des graines et de la faïence,

Nous nous y sommes aussitôt transporté.

Ce pavillon est borné au nord par le pavillon à la volaille, dont il est séparé par une voie de 14 mètres, à l'ouest par le pavillon de la vente en gros des beurres, dont il est également séparé par une voie également de 14 mètres, au sud par la rue Berger et à l'est par la rue Pierre-Lescot.

A notre arrivée, nous avons reconnu que tout le sous-sol de ce pavillon, où sont les resserres renfermant les marchandises des titulaires, était en feu.

Ce feu, paraît-il, s'était communiqué à tout le sous-sol avec une rapidité effroyable, ce qui s'explique par la nature des marchandises et autres objets qui se trouvaient dans les resserres, et qui sont : des paniers en très-grande quantité, beaucoup contenant de la paille et des planches en sapin pour supporter les marchandises.

Ces resserres sont au nombre de *deux cent quarante*.

Sont arrivées en même temps que nous deux pompes que nous pensons être des postes de la mairie et de la direction générale des postes, rue Jean-Jacques Rousseau.

L'une d'elles s'est établie rue Pierre-Lescot, et l'autre, sur notre demande, a été établie dans le pavillon à la volaille.

Nous avons pensé que le meilleur était de combattre le feu par les caves des pavillons à la volaille et à la vente en gros des beurres, où des pompes peuvent facilement être amenées.

Pendant que nous nous trouvions dans les caves de la vente en gros des beurres, est arrivé le sieur Chauveau Louis, demeurant rue Saint-Denis, n° 158, spécialement *chargé de la direction matérielle du gaz* sous les pavillons. Il arrivait pour fermer les compteurs, mais, par une fatalité bien malheureuse, *tous les ustensiles se trouvaient justement renfermés dans le pavillon en feu*, et, par une fatalité plus grande encore, comme il avait employé des ustensiles non appropriés aux appareils, *il avait tordu la tige du compteur placé dans un regard extérieur*, au pavillon 12, sur la rue Pierre-Lescot, sans pouvoir fermer le compteur, si bien qu'à chaque instant on craignait que la chaleur ne vint à détruire ce compteur et à mettre le feu dans les grosses conduites qui ne mesurent pas moins de 10 centimètres de diamètre, ce qui aurait amené des malheurs incalculables.

En fort peu de temps sont arrivées plusieurs pompes, puis des chefs de service, entre autres M. le chef de la police municipale avec l'officier de paix Saint-Clair, des brigades centrales, choisi sans doute parce qu'il a commandé la brigade spéciale des Halles et qui a rendu les plus grands services par son activité, son intelligence personnelle et sa connaissance spéciale des localités.

M. le chef de la police municipale a fait demander, aussitôt son arrivée, les employés de la ville pour le gaz et pour les eaux.

De minute en minute arrivaient de nouvelles pompes, et l'on a pu en établir treize, tant au rez-de-chaussée que dans les sous-sols.

M. Radigon, architecte de la ville de Paris, spécialement chargé des Halles, manifestait la crainte que les tuyaux alimentant le compteur à gaz ne prissent feu, puisque ce compteur n'avait pu être fermé, la tige ayant été tordue par Chauveau ; aussi fit-il exécuter, dans la rue Pierre-Lescot, une tranchée qui lui permit, après avoir pris toutes les précautions si grandes en pareilles circonstances, de faire briser la conduite principale et de faire refermer aussitôt la partie alimentant le compteur avec les matériaux apportés à cet effet.

Nous avons entendu plusieurs employés du gaz qui blâmaient ce travail comme présentant de très-grands dangers; cependant il fallut bien reconnaître qu'une fois ce travail terminé, tout danger d'explosion avait disparu.

Le feu, dans les caves, avait une telle intensité, qu'il était impossible de se tenir près des grilles, et c'est sans doute cette circonstance *qui a empêché les pompiers d'établir leurs garnitures sur des pas-de-vis montés exprès aux conduites d'eau au pourtour du pavillon.*

Avant onze heures, M. le préfet de police, avec M. le secrétaire général et tout l'état-major des pompiers, étaient présents sur le lieu du sinistre.

Vers onze heures et demie, la voûte, au centre du pavillon, s'écroulait avec un fracas épouvantable et formait un trou béant de plus de 100 mètres superficiels.

Malheureusement le caporal des pompiers Hartmann se trouvait sur cette voûte avec une lance de pompe pour projeter de l'eau par une ouverture existant dans cette voûte, et il fut entraîné, avec les matériaux, dans cette affreuse fournaise.

Au bruit occasionné par ce nouveau sinistre, nous nous sommes rendu sur les lieux et nous avons aperçu là un pompier qui, après avoir saisi un cordage et avoir été ramené jusqu'au sommet de la voûte, était retombé dans le feu.

Une échelle de fer, aussitôt mise dans cette fournaise, a permis à ce malheureux militaire d'être retiré dans un très-bref délai.

Nous pensions que ce pompier n'était autre que le caporal Hartmann, qui avait été porté aussitôt chez le sieur Baratte, restaurateur, rue Berger, n° 8, où nous lui avons fait donner des secours par le docteur Chammartin, demeurant rue Bertin-Poirée, n° 14, qui n'a pas quitté de la nuit le lieu du sinistre, non plus que son confrère, M. Marchand, demeurant rue de l'Aiguillerie, n° 3.

Le docteur Chammartin avait reconnu que Hartmann avait tout le corps brûlé au troisième degré et qu'il ne pourrait vivre que quelques heures.

Nous l'avons fait porter de suite à l'hôpital des pompiers, rue du Faubourg-Saint-Martin.

Nous avons appris, un peu plus tard, par un officier des pompiers, qu'au moment où la voûte s'était ouverte et où Hartmann avait été englouti, il était resté comme mort, et que c'était le sergent Boulard (caserne du Château-d'Eau), qui s'était précipité dans la fournaise, avait attaché avec une promptitude incroyable son camarade, que l'on avait remonté aussitôt, et que c'était le sergent Boulard que nous avions vu retirer au moyen de l'échelle de fer.

Ce brave sergent n'avait eu qu'une blessure légère à la main.

A deux heures et demie du matin, on était complètement maître du feu.

Les blessés sont au nombre de sept, savoir :

Le sergent Boulard, les pompiers Lanjaer (contusionné); Hedieu, qui a été asphyxié et qu'on a dû saigner sur la place pour le rappeler à la vie; le gendarme François Antonini, et les sieurs Lefebvre (Marie), courtier en bijoux, demeurant boulevard de Montrouge, n° 35 (blessé à la main droite); Bataille (Pierre), cordonnier, 38 ans, demeurant rue Aubry-le-Boucher, n° 20, (épaule démise); Chéron (Antoine-Eugène), 45 ans, porteur aux Halles, demeurant rue des Poiriers, n° 10, qui a eu la plante des pieds brûlée.

Toutes ces blessures seront sans suites fâcheuses.

M. le général Soumain est resté une heure environ sur le lieu du sinistre.

On prétend que M. le général Schramm est venu également, mais nous ne l'avons point vu.

M. Doller, inspecteur général de l'approvisionnement de la ville de Paris, est arrivé un des premiers sur le lieu du sinistre, et son personnel des forts, encouragé par sa présence, a contribué pour une large part à l'extinction de l'incendie.

Quand on a été maître du feu, M. l'inspecteur général, secondé par nous, a pris les mesures nécessaires pour que l'approvisionnement de la capitale ne souffrît pas de l'événement que nous constatons.

A cinq heures du matin, il ne restait plus que deux pompes laissées par mesure de sûreté, vingt hommes du 9e de ligne et des sergents de ville en quantité suffisante pour nous permettre de faire garder le pavillon incendié de façon à ce que personne ne pût y pénétrer.

Il n'eût pas été prudent avant le refroidissement complet des voûtes de les surcharger inconsidérément.

Des gardes de Paris, des soldats envoyés de la caserne du Louvre et d'autres casernes, s'étaient retirés avec leurs officiers, ainsi que l'inspecteur divisionnaire Vassal, qui accompagnait M. le chef de la police municipale;- puis trois officiers de paix de l'arrondissement. M. Baruel est resté avec nous jusqu'à cinq heures du matin.

M. Le Clerc, notre collègue du quartier Bonne-Nouvelle, est arrivé à onze heures et demie et n'a quitté le lieu du sinistre qu'à trois heures du matin.

Les dégâts à supporter par la ville de Paris sont considérables.

Ils ne s'élèveront pas, paraît-il, à moins de cinq cent mille francs.

Les colonnes en fer placées au milieu de la voûte, où le foyer de l'incendie s'était trouvé concentré, ont été tordues par le feu d'une si terrible façon, que si celles qui supportaient les colonnes supérieures de la toiture avaient été atteintes de la même façon, tout le pavillon se serait écroulé, au moins d'après l'avis d'un homme spécial, M. Radigon, architecte de la ville.

Les titulaires des deux cent quarante places sont au nombre de cent soixante-trois ; et les pertes éprouvées par ces industriels peuvent être approximativement fixées à cent vingt mille francs.

Nous avons aussitôt et sur les lieux mêmes ouvert une enquête dans laquelle nous avons vu qu'il était utile d'entendre les sieurs :

1° Hertz, gardien de service cette nuit au pavillon incendié ;

2° Angeli, garde de Paris, 1re compagnie, 2e bataillon, également de service de nuit dans le pavillon au moment où le feu s'est déclaré;

3° Rouget, gardien du pavillon n° 11, qui un des premiers s'est aperçu que le feu existait dans les caves du pavillon n° 12 ;

4° Barbachou, garçon de café, rue de la Cossonnerie, n° 14 ;

5° Violette, marchand des quatre-saisons, demeurant rue Pierre-Lescot, n° 2 ;

6° Chatelard, marchand d'ustensiles de ménage, rue Pierre-Lescot, n° 2 ;

Les déclarations de ces témoins ont été reçues dans des procès-verbaux séparés du présent et qui lui feront suite.

De ce qui précède, nous avons fait et rédigé le présent procès-verbal, que nous avons signé.

Le commissaire de police,

TENAILLE.

PIÈCES JUSTIFICATIVES.

NUMÉRO 6

Timbres-poste livrés par la Monnaie à l'Administration générale des Postes, 1849-1873.

CATÉGORIES.	NOMBRE.	VALEUR.	CATÉGORIES.	NOMBRE.	VALEUR.
1849			**1854**		
20 cent..	48,748,800	9,749,760	5 cent..	2,598,500	119,925
40. . . .	1,864,500	745,800	10. . . .	11,400,000	1,140,000
1 franc..	1,194,000	1,194,000	20. . . .	60,990,000	12,198,000
Totaux..	51,807,300	11,689,560	25. . . .	7,114,500	1,778,625
			40. . . .	3,854,000	1,541,600
1850			80. . . .	599,100	479,280
10 cent..	3,508,100	350,810	Totaux..	85,856,100	17,057,430
15. . . .	1,785,600	267,840			
20. . . .	15,947,700	3,189,540	**1855**		
25. . . .	14,701,800	3,675,450	5 cent..	7,726,200	386,310
40. . . .	»	»	10. . . .	24,251,500	2,425,150
1 franc..	»	»	20. . . .	111,600,000	22,320,000
Totaux..	35,743,200	7,463,640	40. . . .	6,282,400	2,514,960
			80. . . .	3,109,200	2,487,360
1851			Totaux..	152,954,100	30,131,760
10 cent..	7,808,700	780,870			
25. . . .	19,957,500	4,989,575	**1856**		
40. . . .	1,256,700	502,680	5 cent..	5,385,600	269,280
1 franc..	1,204,800	1,204,800	10. . . .	29,406,500	2,940,650
Totaux..	30,227,700	7,477,725	20. . . .	142,500,000	28,500,000
			40. . . .	4,426,500	1,770,600
1852			Totaux..	181,718,400	33,480,510
10 cent..	7,443,000	744,300			
15. . . .	924,300	138,645	**1857**		
25. . . .	19,267,500	4,816,875	5 cent..	5,994,000	299,700
40. . . .	298,200	119,280	10. . . .	26,700,000	2,670,000
Totaux..	27,933,000	5,819,100	20. . . .	150,900,000	30,180,000
			40. . . .	8,397,900	3,359,160
1853			80. . . .	3,200,700	2,560,560
10 cent..	10,296,000	1,029,600	Totaux..	195,192,600	39,069,420
15. . . .	600,000	90,000			
25. . . .	21,954,300	5,488,575	**1858**		
40. . . .	1,903,500	761,400	5 cent..	6,054,000	302,700
1 franc..	1,199,100	1,199,100	10. . . .	52,400,000	5,240,000
Totaux..	35,952,900	8,568,675	20. . . .	145,800,000	29,160,000
			40. . . .	9,660,000	3,864,000
			80. . . .	3,029,700	2,424,760
			Totaux..	196,943,700	38,990,460

CATÉGORIES.	NOMBRE.	VALEUR.	CATÉGORIES.	NOMBRE.	VALEUR.
1859			**1864**		
			1 cent..	68,175,900	681,759
5 cent..	15,428,000	671,400	4. . . .	8,008,800	320,352
10. . . .	56,600,000	5,660,000	5. . . .	15,570,900	778,545
20. . . .	168,000,000	33,600,000	10. . . .	56,100,000	5,610,000
40. . . .	6,079,200	2,431,680	20. . . .	223,800,000	44,760,000
80. . . .	1,800,000	1,440,000	40. . . .	11,928,300	4,771,320
Totaux..	225,907,200	41,803,080	Totaux..	383,583,900	56,921,976
1860			**1865**		
			1 cent..	77,100,000	771,000
1 cent..	59,100,000	591,000	2. . . .	24,518,700	590,374
5. . . .	10,594,500	529,725	5. . . .	20,100,000	1,005,000
10. . . .	56,448,000	5,644,800	10. . . .	62,100,000	6,210,000
20. . . .	159,874,800	31,974,960	20. . . .	213,900,000	42,780,000
40. . . .	6,033,900	2,413,560	40. . . .	11,377,200	4,550,880
80. . . .	1,272,600	1,018,080	80. . . .	4,494,600	3,595,680
Totaux..	293,293,800	42,169,125	Totaux..	413,590,500	59,402,934
1861			**1866**		
			1 cent..	108,576,800	1,085,768
			2. . . .	18,728,700	374,574
1 cent..	47,110,500	471,105	4. . . .	3,000,000	120,000
5. . . .	10,169,400	508,470	5. . . .	15,300,000	765,000
10. . . .	43,200,000	4,320,000	10. . . .	76,800,000	7,680,000
20. . . .	204,900,000	40,980,000	20. . . .	231,000,000	46,200,000
40. . . .	11,706,600	4,682,640	40. . . .	11,700,000	4,680,000
80. . . .	3,025,800	2,420,640	80. . . .	4,785,500	5,826,800
Totaux..	320,112,300	53,382,855	Totaux..	469,689,000	64,730,142
1862			**1867** (Exposition universelle.)		
			1 cent..	52,400,000	524,000
1 cent..	91,854,900	918,549	2. . . .	33,300,000	666,000
2. . . .	1,890,000	37,800	4. . . .	8,920,200	356,808
5. . . .	16,119,300	805,965	5. . . .	22,920,600	1,146,030
10. . . .	45,020,000	4,502,000	10. . . .	92,400,000	9,240,000
20. . . .	188,700,000	37,740,000	20. . . .	270,600,000	54,120,000
40. . . .	10,559,100	4,223,640	30. . . .	13,303,500	3,991,050
80. . . .	3,029,700	2,423,760	40. . . .	14,003,100	5,601,240
Totaux..	355,173,000	50,451,714	80. . . .	1,500,000	1,200,000
			Totaux..	489,347,400	76,645,128
1863			**1868**		
1 cent..	41,961,000	419,610	1 cent..	115,845,900	1,158,459
2. . . .	40,612,500	812,250	2. . . .	15,000,000	300,000
4. . . .	12,900,000	516,000	4. . . .	12,248,400	489,956
5. . . .	15,273,600	763,680	5. . . .	23,022,900	1,151,145
10. . . .	64,800,000	6,480,000	10. . . .	65,000,000	6,500,000
20. . . .	192,600,000	38,520,000	20. . . .	285,600,000	57,120,000
40. . . .	6,900,000	2,760,000	40. . . .	11,961,600	4,784,640
80. . . .	6,513,000	5,210,400	80. . . .	4,169,100	3,335,280
Totaux..	381,560,100	55,481,940	Totaux..	550,847,900	74,639,460

PIÈCES JUSTIFICATIVES.

CATÉGORIES.	NOMBRE.	VALEUR.	CATÉGORIES.	NOMBRE.	VALEUR.
1869			**1871**		
1 cent..	68,400,000	684,000	1 cent..	53,500,000	535,000
2....	39,695,400	793,908	2....	18,345,000	366,900
4....	9,300,000	372,000	4....	10,800,000	432,000
5....	20,400,000	1,020,000	5....	40,800,000	2,040,000
10....	89,100,000	8,910,000	10....	7,735,500	773,550
20....	268,500,000	53,700,000	15....	36,900,000	5,535,000
40....	11,970,000	4,788,000	20....	32,610,000	6,522,180
80....	4,514,400	3,611,520	25....	120,000,000	30,000,000
5 francs..	2,400,000	12,000,000	30....	3,900,000	1,170,000
Totaux..	514,279,800	85,879,428	40....	2,141,100	856,440
			80....	418,500	334,800
1870			Totaux..	306,951,000	48,363,870
1 cent..	110,566,800	1,105,668	**1872**		
2....	24,979,800	499,596	1 cent..	72,900,000	729,000
4....	8,192,400	327,696	2....	74,700,000	1,494,000
5....	5,332,200	266,610	4....	15,300,000	612,000
10....	116,100,000	11,610,000	5....	38,400,000	1,920,000
20....	190,200,000	58,040,000	15....	72,825,200	10,923,480
30....	6,577,500	1,973,250	25....	270,300,000	67,575,000
40....	17,100,000	6,840,000	30....	12,300,000	5,690,000
80....	5,988,600	4,790,880	40....	6,300,000	2,520,000
5 francs..	2,051,850	10,259,250	80....	5,867,700	4,694,160
Totaux..	487,089,150	75,712,950	Totaux..	568,890,900	94,157,640
1870 (Délégation de Bordeaux.)			**1873**		
1 cent..	7,089,675	70,896 75	1 cent..	35,400,000	354,000
2....	1,140,075	22,801 50	2....	76,067,800	1,521,356
4....	885,075	35,403 »	4....	16,392,600	655,704
5....	1,935,075	96,753 75	5....	39,219,000	1,960,950
10....	5,175,675	517,567 50	10....	21,150,000	2,115,000
20....	16,088,325	3,217,665 »	15....	45,300,000	6,795,000
30....	667,575	200,272 50	25....	300,000,000	75,000,000
40....	1,245,075	498,030 »	30....	18,729,600	5,618,880
80....	684,575	547,500 »	40....	14,511,000	5,804,400
Totaux.	34,910,925	5,206,890 »	80....	9,152,400	7,321,920
1871 (Délégation de Bordeaux.)			Totaux..	575,922,400	107,147,210
1 cent..	17,381,700	173,817 »			
2....	7,742,400	154,848 »			
4....	3,348,900	133,956 »			
5....	4,458,750	222,957 50			
10....	12,125,400	1,212,540 »			
20....	36,556,850	7,271,370 »			
30....	2,268,300	680,490 »			
40....	2,050,950	820,380 »			
80....	1,654,200	1,323,360 »			
Totaux.	87,387,450	11,993,698 50			

NUMÉRO 7

Opérations de la Banque pendant la période de 1850 à 1873.

1850.....	2,053,924,000 francs.
1851.....	1,947,128,000 —
1852.....	2,842,266,000 —
1853.....	4,271,394,000 —
1854.....	4,213,507,000 —
1855.....	5,239,842,000 —
1856.....	6,313,534,000 —
1857.....	6,571,544,000 —
1858.....	5,734,542,000 —
1859.....	6,052,569,000 —
1860.....	6,340,560,000 —
1861.....	6,556,688,000 —
1862.....	7,783,790,000 —
1863.....	7,542,270,000 —
1864.....	7,909,320,000 —
1865.....	7,422,604,000 —
1866.....	8,292,773,000 —
1867.....	7,372,875,000 —
1868.....	7,100,678,000 —
1869.....	8,525,082,000 —
1870.....	8,499,185,000 —
1871.....	10,594,320,000 —
1872.....	15,673,596,000 —
1873.....	16,715,331,000 —

Le secrétaire général,

MARSAUD.

FIN DES PIÈCES JUSTIFICATIVES.

TABLE DES MATIÈRES

CHAPITRE VI

L'ALIMENTATION

I. — AVANT LA RÉVOLUTION.

La vieille France. — Le droit haineux. — Caricature. — Le *Bourgeois de Paris*. — La *Complainte du pauvre commun*. — Les voyages de découverte. — Frontières provinciales. — Henri IV. — Distique. — Premiers essais de liberté commerciale. — Richelieu. — Disettes et famines. — Louis XIV. — Deux hommes de bien : Bois-Guillebert et Vauban. — Exil et pilori. — 1709 : le pain de disette. — Les accapareurs. — Couplet. — Les chasse-marée. — Le cimetière de Harmes. — Charges et offices. — Mesures restrictives. — La Régence. — Le cardinal Fleury. — Louis XV à la chasse. — Lueur de raison. — Turgot. — Délivrance du blé. — La guerre des farines. — Le *Pacte de famine*. — Système d'opérations. — Disgrâce de Turgot. — Retour aux ordonnances caduques. — Foulon et Berthier. — Fin du *Pacte de famine*. — Journées d'octobre. — Fin de la monarchie.. 1

II. — DEPUIS LA RÉVOLUTION.

L'héritage de la faim. — Consommation de Paris en 1789. — Comité des subsistances. — Circulation entravée. — A la lanterne! — La loi martiale. — Persistance du vieil esprit municipal. — Décret du 16 février 1791. — Peine de mort, peine inutile. — Ordonnance de saint Louis renouvelée par un décret. — Vains efforts de l'Assemblée. — Sottises de la municipalité. — Phraséologie. — Écarts des prix. — Décret du 26 juillet 1793. — Greniers d'abondance. — Le *maximum*. — Le *pain de l'égalité*. — Bons de pain. — Les boulangers. — L'agneau à 15 francs la livre. — Carême patriotique. — M. et madame Bapeaume. — Retour à la raison. — Origine de *l'échelle mobile*. — Nouveau *maximum*. — Réserve de Paris. — Ce qu'elle coûtait. — Affaire de Buzançais. — Système actuel. — Taxes persistantes. — Circulation intérieure. — Initiative individuelle. — Rapports des préfets. — Travaux publics. 27

III. — DISPOSITIONS GÉNÉRALES.

Autorité municipale. — Les facteurs. — *Grimbelins* — Jurés-vendeurs. — Création des facteurs. — Leur organisation. — Droits de commission. — Le *papier* des facteurs en 1848. — Surveillance. — Halles et marchés. — Personnel. — Inspection générale. — Droits d'octroi et droits de vente *ad valorem*. — Convoyeurs. — Droits municipaux. — Action de la préfecture de police. — Tarif des chemins de fer. — L'Angleterre s'approvisionne à Paris. — Paris gros mangeur . . . 44

CHAPITRE VII

LE PAIN, LA VIANDE ET LE VIN

I. — LA HALLE AUX BLÉS.

Les trois aliments primordiaux. — La vieille Halle aux Blés. — Hôtel de Soissons. — Souvenir de Law. — La coupole. — La halle. — Calme et désert. — Marché en plein vent. — Agiotage. — *Filière*. — Entrée des blés et farines. — Moulins. — Transports par chemin de fer. — Mélanges. — La boulangerie. — Le grand panetier de France. — Arrêté du 19 vendémiaire an X. — Prescriptions léonines. — Rapport proportionnel des boulangers et de la population. — Taxe instantanée. — Taxe périodique. — Le système de compensation. — Liberté de la boulangerie. — La même chose en d'autres termes. — Le pain. — Nombre des boulangers. — Pain municipal. — Pain *extérieur*. — Consommation.. 57

II. — LE MARCHÉ AUX BESTIAUX.

Poissy et Sceaux. — Marché de la Villette. — Frais de transport et de chargement. — Régie. — Droits d'entrée au marché. — Droits d'abri. — Le nouveau marché. — Les halles de vente. — Bouveries et bergeries. — Aménagements mal compris. — Formalités. — Estampilles. — La flânerie. — Chiens de berger. — *Garantie nonaire*. — Troupeaux. — Envois successifs. — L'alimentation et la force musculaire. — *Caveant consules*.. 70

III. — LES ABATTOIRS.

Souvenirs des bouchers. — Tueries. — Abattoirs terminés en 1818. — Abattoir actuel. — *Chevillards*. — L'octroi. — Vendredi saint. — *Procumbit humi bos!* — Égorgeurs. — Bœuf paré. — Sacrificateurs juifs. — Le tendon de Jacob. — Orientation. — *Coscher* et *treipha*. — Utilisation. — Corporation des bouchers. — Armagnac et Bourgogne. — Liberté de la boucherie. — La viande aux Halles centrales. — Le pavillon n° 3. — *Gobets*. — Inspection. — Viandes insalubres. — Vente à la criée. — Consommation annuelle et quotidienne. — Hippophagie. — Répulsion. — Bœuf à la mode. — Kirghizes. — Le bœuf *violé*. — Bœufs gras. — Accidents. — Intermittences. — Comparses du cortége. — Petits théâtres et garnison. 79

IV. — L'ENTREPOT GÉNÉRAL.

Le marché en bateaux. — Halle aux vins. — Décret du 20 mars 1808. — L'entrepôt. — Dispositions. — Caves et celliers. — Location. — Précautions. — Dégustation. — Dépotoir. — Marché en gros. — Les tonneaux. — Huiles et vinaigres. — Vins frelatés. — Le mariage des vins. — Fabrique de vins. — Vin noir. — Vins de Madère et de Zucco. — Amélioration de l'eau-de-vie. — Dégustateurs assermentés. —11,346 cabarets. — Le vin au ruisseau. — Consommation de Paris. — Équilibre rompu. — Exiguïté de l'entrepôt. — Tolérance. — Bercy. — Grenier d'abondance. — Projets. — Le Muséum et la Salpêtrière. — Modifications indispensables. 96

CHAPITRE VIII

LES HALLES CENTRALES

I. — LES PAVILLONS.

Le pilori du roi. — Montaigu, Capeluche, Armagnac. — Croix des banqueroutiers. — Le marché Palu. — Les *Champeaux*. — Étymologie naïve. — Les Halles au quatorzième siècle. — Limitation des ventes. — Ordonnance de 1390. — Les poissardes. — Le marché des Innocents. — Décrets de Napoléon Ier. — Ordonnance royale du 18 janvier 1847. — Projet de M Moreau. — Le *fort* de la Halle. — Nouveau mode de construction. — Début des travaux. — État actuel. — Vieilles Halles. — Les Halles définitives. — Les voitures d'approvisionnement. — Les pavillons. — *Resserres*. — *Railway*. — Les forts. — Police des halles et marchés. — Dénominations. — *La Vallée*. — Locations. — Le carreau. — Eau et gaz. 115

II. — LES TRANSACTIONS.

Paris s'endort, les Halles s'éveillent. — Forains non abrités. — *Plano sub jove*. — Opinion d'un fonctionnaire municipal. — *Boueux*. — La viande. — Fleurs et légumes. — Vagabonds. — Vierges sages. — Première criée. — Contrôle. — Le cresson. — Mode d'expédition. — La verdure ! — Bruit et mouvement. — La marée. — Le *coupage*. — Abus et mauvaise foi. — Réglementation du *coupage*. — La vente du poisson. — *Verseurs*. — Exiguïté du pavillon de la marée. — Les huîtres. — Accaparement,

— Pavillons des beurres et des œufs. — Transactions. — Maniotte. — *Bixa ocellana.* — Les œufs. — *Compteurs-mireurs.* — *La Vallée.* — Les *gaveurs.* — Volailles et gibier. — Chasse. — Coqs de bruyère. — Ventilateur. — Fruits et légumes. — Oasis. — Arlequins et rogatons. — Dessertes. — Clientèle. — Boulangers en vieux. — Opiat. — Incendie. — Insuffisance des Halles. — Elles débordent déjà. — Fin du marché. — Registres officiels. 129

III. — LE MARCHÉ AMBULANT.

Garde-manger de Paris. — Marchés reconstruits. — Marchands des quatre saisons. — Cris de Paris. — Itinéraire imposé. — Mesure excellente. — Misère. — Usure. — 1820 pour 100 d'intérêt. — Efforts infructueux. — Marchands de friture. — Cuisines en plein vent. — Rôtisseurs. — Restaurateurs et caboulots. — Les *flaireurs.* — Fraudes permanentes. — Inspection. — Le lait. — Double baptême. — Gros et petits fermiers. — Mauvais exemple. — Café d'argile. — Pieds de cochon truffés au mérinos. — Huile d'olive. — Répression insuffisante. — Souvenir d'un voyage en Orient. — Ustensiles de cuisine. — Poids et mesures. — Contraventions. — *Panier à salade.* — Consommation générale. — Détails et quantités. — Enchérissement des denrées. — Difficultés de la vie matérielle. — Cabarets. — Question vitale. 151

CHAPITRE IX

LE TABAC

I. — LE MONOPOLE.

Cohiba et tabaco. — Jean Nicot. — Souverains. — Le dixième de la fortune de la France. — Ferme. générale. — Compagnie des Indes. — Droits réunis. — Décret du 20 mars 1791. — Sophistications. — Les diamants de madame Robillard. — Décrets de 1811. — Monopole. — Prorogation. — Contributions indirectes. — Direction générale. — Méthode scientifique substituée à l'empirisme. — École polytechnique. — Laboratoire. — 17,200 francs. — Toxicologie. — Amphithéâtre. — Salle des modèles. — Jardin botanique. — Culture. — Sel de potasse. — Sincérité. — Surveillance de la culture. — Graines imposées. — Magasins. — Entrepôts. — Recettes et dépenses. 169

II. — LE GROS-CAILLOU.

L'île des Cygnes. — Le passeur. — Distributions défectueuses. — Dieu vous bénisse! — Les quatre formes du tabac. — Le magasin. — Mélanges. — Le *râpé.* — Manoques. — Mouillade. — A dos d'homme. — Le hachage. — Imprudences. — Les masses. — Fermentation. — Sape. — Brouillard. — Râpage. — La vieille râpe. — Moulins à bras. — Moulins anglais. — Pulvérisation. — Vis d'Archimède. — Noria. — Tamis. — Circulus. — Bottes de toile. — Râpé sec. — Seconde mouillade. — Râpé humide. — Les cases. — Le montant. — Râpé parfait.

— Pâleur. — Salle des mélanges. — Mise en tonneaux. — Quarante mois pour faire une prise de tabac. — Supériorité de fabrication. — Cabinet mystérieux. — Le secret des priseurs. — Fève de Tonka. — Scaferlati. — Écabochage. — Guillotine. — Rémouleur. — Acier Pétin-Gaudet. — Dessiccation. — Ancien système. — Torréfacteur Rolland. — Intelligence d'une machine. — Ventilation. — Empaquetage. — Desiderata. — Les rôles. — Les cordiers. — Menus filés. — Sauce. — Quantités fabriquées. — Cigares. — Infectados. — Cigarettes. — Arménien.................................. 182

III. — LES CIGARES.

Manufacture de Reuilly. — Millares. — Disette. — Tabacs de Havane. — Betun. — Époulardage. — La robe. — La tripe. — Température factice. — Fabrication du cigare. — Silence. — Examen. — Séchoir. — *Claros* et *colorados*. — Bois de cèdre. — Cigares de grands crus. — Ancien système d'approvisionnement. — Système actuel. — Mission à Cuba. — Bureau du Grand-Hôtel. — Expertise et dégustation. — Contrebande. — Stage. — Tabac de Virginie en Angleterre. — Contrefaçon. — Caisses de secours, crèches et classes................... 205

IV. — LA NICOTINE.

Piquette et grand vin. — Droits de douane. — Consommation. — Ce que les tabacs ont rapporté depuis 1811. — Élément scientifique ; élément fiscal. — Modification à opérer. — Ministère de l'agriculture et du commerce. — La poule aux œufs d'or. — Desiderata. — Adversaires du tabac. — Menaces et prédictions. — Opinion de Pauli. — Souvenir judiciaire. — La nicotine — Proportions. — L'aliénation mentale et le tabac. — L'alcoolisme. — L'absinthe. — La marine. — Matelots bretons. — Ouvriers des manufactures de tabacs. — Conjonctivite. — Café noir. — La boîte de Pandore................. 215

CHAPITRE X

LA MONNAIE

I. — LES POINÇONS.

Prérogative souveraine. — Rois faux-monnayeurs. — *La monnoye.* — L'hôtel du quai Conti. — L'âge du marteau. — Anciens procédés. — Aubin Olivier. — Marc Béchot. — Monnaie au moulin. — Résistance. — Gingembre. — Presse Ulhorn. — Ornements. — Premiers *testons.* — Édit du 8 août 1548, acte de naissance de la monnaie moderne. — Système décimal. — Monnaies actuelles. — *Frai.* — Alliage. — Titre. — Cour des monnaies. — Commission des monnaies et médailles. — Direction. — Hôtels des monnaies en France. — Signes particuliers. — Le *point secret.* — La *marque.* — Le *différent.* — Le graveur général. — Acier de monnaie. — Les poinçons. — La trempe. — Le coin. — Le paraphe. — Précautions. — Viroles. — Virole brisée. — Importance du graveur général. — Le type. — Monnaie historique...... 225

II. — LA FABRICATION.

Bureau de change. — Registre. — C. D. M. P. — Les balances. — Trésors. — Argenterie et bijoux. — 1848 : Panique. — La fonderie. — Prendre la goutte. — La lingotière. — Les lames. — Les laminoirs. — La recuite. — Le dragon. — La *bande*. — Les remèdes du poids et de l'aloi. — Le découpoir. — La cisaille. — Les flans. — Le décapage. — Une brève. — Contrôle. — La salle des presses. — Mécanisme. — Une pièce par seconde. — Pluie d'or. — Total. — Division d'un million. — Prise d'échantillon. — La coupellation. — Le poids. — Le son. — L'apparence. — Monnaies pratiques. — Desiderata. — La machine à peser. — Californie et Australie. — Ce qu'on a frappé au dix-huitième siècle. — Ce qu'on a frappé sous le second Empire. — Augmentation de quantité, diminution de valeur 241

III. — LES MÉDAILLES.

Le balancier des médailles. — Canons russes. — Manœuvre. — Médailles de sainteté. — Les *passes*. — Les médailles antiques. — L'école de David. — Les graveurs. — Dissonance. — Une médaille de M. Bovy. — La patine chocolat. — La patine de M. Barye. — Impuissance de la commission. — Le musée monétaire. — Dépouillé par la Bibliothèque impériale. — Pièces rares. — Le Charles X de 1595. — L'écu de Calonne. — La monnaie de Berthier. — Monnaies obsidionales. — Collection des poinçons et des coins. — Rosette et bronze. — Périssent les coins ! — Annexes du musée. 261

IV. — LA GARANTIE.

Les timbres-poste. — Imprimerie. — Le vernissage. — La gomme. — Le pointillage. — Importation anglaise. — Contrôle et précautions. — Nombres comparatifs. — On apprend à écrire. — Le bureau de garantie des matières d'or et d'argent. — Les essais. — Le laboratoire. — Souvenir de Gay-Lussac. — Le touchau. — Pièces brisées. — Le poinçonnage. — Les poinçons. — La bigorne. — Entomologie. — Le vrai contrôle. — Une cuiller. — La brigade volante. — La recense. — Les bijoux de mademoiselle Rachel. — Impôt somptuaire. — Améliorations morales. — Monnaie internationale. — Diversité des monnaies. — Le progrès marche bien lentement. 272

CHAPITRE XI

LA BANQUE DE FRANCE

I. — LE GOUVERNEMENT.

Origine du mot. — *Banco rotto*. — Citation de Plaute. — *Casa di San Giorgio*. — Jacques Cœur. — Law. — Opération de la Banque du Mississipi. — Le système. — Le duc de Conti et le duc de Bourbon. —

Déroute. — Caisse d'escompte. — Chapeaux défoncés. — Caisse des comptes courants. — Fondation de la Banque de France. — Loi du 24 germinal an XI. — Constitution républicaine. — Crise de 1805. — Lettre de Napoléon. — Modification. — Gouvernement monarchique constitutionnel. — Loi du 22 avril 1806. — Mécanisme. — Prescriptions restrictives. — L'engrenage. — Panique de 1814. — Crise de 1848. — Décret du 15 mars. — Avances de la Banque. — Résultat inattendu du cours forcé. — Popularité du billet de Banque. — Banques départementales devenues succursales de la Banque de France. — Capital de la Banque. — Grand conseil et comités............. 285

II. — LES BILLETS.

Les assignats. — Chacun fait son écu. — 6 liards pour 300 francs. — On brise la planche aux assignats. — Total des assignats émis. — Faux assignats. — Défaite de Quiberon. — Le billet modèle. — Signalement du billet. — Les alphabets. — Exemple. — État civil. — Précautions matérielles. — Le papier. — Feuilles *cassées*. — Création d'alphabets. — L'imprimerie. — Toiles vélines. — La planche des billets de 1,000. — Cinq ans pour la planche des billets de 100. — Opération secrète. — Machine à numéroter. — Vingt jours pour imprimer un billet. — Billets *fautés*. — Comptabilité des billets. — Signatures. — Émission. — Durée d'un billet. — Pérégrinations. — Sagacité. — Peu de billets perdus. — La Banque ne profite pas des billets perdus. — Annulation des billets. — Signes du zodiaque. — Mauvaise odeur. — Destruction. — Auto-da-fé. — Annulation moins considérable que la fabrication. — Billets de 200 francs et de 5,000 francs. — Un homme de lettres. — La photographie. — L'impression en bleu. — Laboratoire d'expérimentation. — Les faussaires. — Histoire invraisemblable. — Mauvaise plaisanterie. — Un adversaire redoutable. — Indice révélateur. — Giraud de Gâtebourse. — Planches à modifier. — Refonte proposée. — Emblèmes surannés. — Le beau est indispensable.......... 298

III. — LES OPÉRATIONS.

Emplacement de la Banque. — Activité. — Universalité. — L'escompte — Taux. — Argent-marchandise. — Droit de présentation. — L'examen matériel. — L'examen moral. — Opérations mystérieuses. — Le comité d'escompte. — Coopération des deux pouvoirs. — Nombre et valeur des effets escomptés. — Les petits négociants. — Les gros bonnets. — Le portefeuille ! — La galerie. — Les garçons de recette. — La tournée. — Les jours d'échéance. — Les boxs. — Division de la galerie. — Le rêve d'un invalide. — Différentes physionomies. — Filous. — *Toupiniers*. — Vérifications. — Les garçons de recette sont volés. — École. — Les malins. — Les comptes courants. — Les virements. — Le comptant. — Avances. — Dépôts. — Avances sur métaux. — Garde des objets précieux. — Dépouilles de Mexico. — Vieilles actions. — Dépôt des titres. — La *serre*. — Constructions incombustibles. — Le bureau des actions. — Le *grand-livre*. — Le bureau des succursales. — Ravitaillement des succursales. — Le bureau de change. — Erreur accréditée. — Le contentieux. — Longanimité de la Banque. — Contrôle permanent. —

Un seul effet perdu depuis 20 ans. — Les *livres*. — Les *balanciers*. — L'importance d'une virgule. — La Banque toujours en balance. . 548

IV. — LES CAVES.

Caisses partielles. — Tentative de vol. — Escorte des caissiers. — La caisse principale. — Les millions. — Le métal et le papier. — Le budget en billets de banque. — Un tanneur de Dijon. — Les caves. — Conte de fées. — Forteresse. — L'escalier. — Le trésor. — Les lingots. — Moyens de défense. — Les rondes de veilleurs. — La Banque pendant la nuit. — Précautions contre l'incendie. — Le personnel. — Caisse de retraite. — L'avancement. — Tout employé de la Banque est actionnaire. — Restaurant. — Mauvais conseils non suivis. — *Mole sua stat*. — Menaces. — Le plus grand organe de crédit public. 559

PIÈCES JUSTIFICATIVES

N° 1. — Impôts du vin. 551
N° 2. — Prix du setier de froment comparé à la valeur du marc d'argent pur. 553
N° 3. — Les Halles au quatorzième siècle. 554
N° 4. — Vente en gros du gibier, 1867-1869. 555
N° 5. — Incendie des Halles. 556
N° 6. — Timbres-poste livrés par la Monnaie à l'Administration générale des postes, 1849-1873 561
N° 7. — Opérations de la Banque pendant la période de 1850 à 1873. 564

FIN DE LA TABLE DU DEUXIÈME VOLUME.

Typographie Lahure, rue de Fleurus, 9, à Paris.

www.ingramcontent.com/pod-product-compliance
Lightning Source LLC
Chambersburg PA
CBHW050549170426
43201CB00011B/1626